Das Wahlrecht des Arbeitnehmers im Kontext des tarifrechtlichen Günstigkeitsprinzips (§ 4 Abs. III TVG)

Europäische Hochschulschriften

Publications Universitaires Européennes
European University Studies

Reihe II
Rechtswissenschaft

Série II Series II
Droit
Law

Bd./Vol. 4218

PETER LANG
Frankfurt am Main · Berlin · Bern · Bruxelles · New York · Oxford · Wien

Grischa Kehr

Das Wahlrecht des Arbeitnehmers im Kontext des tarifrechtlichen Günstigkeitsprinzips (§ 4 Abs. III TVG)

Zum Verhältnis von Privatautonomie und Tarifautonomie einschließlich der Bezüge zur Regelungsbefugnis der Betriebsparteien insbesondere im Hinblick auf beschäftigungssichernde Vereinbarungen

PETER LANG
Europäischer Verlag der Wissenschaften

Bibliografische Information Der Deutschen Bibliothek
Die Deutsche Bibliothek verzeichnet diese Publikation in der Deutschen Nationalbibliografie; detaillierte bibliografische Daten sind im Internet über <http://dnb.ddb.de> abrufbar.

Zugl.: Bonn, Univ., Diss., 2004

D 38
ISSN 0531-7312
ISBN 3-631-53820-0

www.peterlang.de

Meiner Mutter

Vorwort

Die vorliegende Arbeit wurde von der Rechts- und Staatswissenschaftlichen Fakultät der Rheinischen Friedrich-Wilhelms-Universität Bonn im Sommer 2004 als Dissertation angenommen. Rechtsprechungs- und Literaturnachweise sind auf dem Stand von Anfang 2003, konnten jedoch noch um Nachweise aktueller Entwicklungen in Gesetzgebung, Rechtsprechung und Literatur bis März 2005 ergänzt werden.

Die Arbeit geht auf eine Anregung von Herrn Prof. Dr. Meinhard Heinze† zurück, der am 20.07.2003 unerwartet verstorben ist und das im Dezember 2002 eingereichte Manuskript nicht mehr begutachten konnte. Ihm gebührt mein Dank für die freundliche Betreuung während der Anfertigung der Dissertation, deren Abschluss er leider nicht mehr erleben konnte.

Besonders möchte ich mich bei Herrn Prof. Dr. Martin Henssler bedanken, der durch die freundliche Bereitschaft zur Übernahme der weiteren Betreuung der Dissertation und die rasche Erstattung des Erstgutachtens den erfolgreichen Abschluss der Promotion möglich gemacht hat.

Mein weiterer Dank gilt Herrn Priv.-Doz. Dr. Oliver Ricken für die zügige Erstattung des Zweitgutachtens und Herrn Prof. Dr. Gregor Thüsing LL.M. (Harvard) für die Führung des Vorsitzes der Prüfungskommission in der rechtswissenschaftlichen Disputation.

Meiner Schwester Sarah Kehr möchte ich herzlich für die Durchsicht und Korrektur des Manuskripts sowie ihren bestärkenden Zuspruch und ihre Unterstützung danken.

Mein größter Dank und meine tief empfundene Anerkennung gilt meiner Mutter, Frau Magdalene Kehr, der ich diese Arbeit widmen möchte. Sie hat meinen persönlichen und beruflichen Werdegang wie auch die Entstehung dieser Arbeit stets mit unermüdlichem Einsatz unterstützt und gefördert.

Bonn, im April 2005

Grischa Kehr

Inhaltsverzeichnis

§ 1 Einleitung

I.) Problemstellung

Der Arbeitsmarkt ist zweifelsohne einer der wichtigsten Märkte einer Volkswirtschaft. Die gegebenen Rahmenbedingungen in Form von Löhnen oder sonstigen Arbeitsbedingungen können weitreichenden Einfluss auf die gesamtwirtschaftliche Entwicklung und Stabilität einer Volkswirtschaft haben. Die Vereinbarung von Lohn- und Arbeitsbedingungen im Wege mehr oder weniger staatsfreier Tarifverhandlungen seitens der von Organisationen auf Arbeitnehmer- und Arbeitgeberseite gebildeten Kartelle der Arbeitsanbieter und –nachfrager ist dabei in nahezu allen demokratisch regierten Ländern fester Bestandteil der wirtschafts- und sozialpolitischen Konzeption. Die Rechtfertigungsgründe für die so vollzogene weitgehende Herausnahme des Arbeitsmarktes aus dem Regulativ des freien Wettbewerbs betreffen das zentrale Anliegen der sozialverträglichen und menschenwürdigen Ausgestaltung der Marktwirtschaft[1] im Hinblick auf die Erfahrungen aus der ersten Phase der Industrialisierung und die hieraus gezogene Schlussfolgerung eines arbeitsmarktspezifischen Marktversagens in Form ruinöser Konkurrenz.[2]

In Deutschland ist der Gesetzgeber dem Erfordernis einer Kompensation der hier zutage getretenen Defizite des Individualvertrages durch die Bereitstellung eines funktionsfähigen Tarifvertragswesens im Rahmen des Tarifvertragsgesetzes (TVG) nachgekommen, das eine Kollektivierung der Interessenverfolgung und die Bildung von Marktgegenmacht gegenüber den Nachfragern von Arbeitskraft zum Gegenstand hat und mit der grundsätzlich normativen Wirkung des Tarifvertrages (§ 4 Abs. I TVG) eine Umsetzung der kollektiv geregelten Arbeitsbedingungen in das Arbeitsverhältnis gewährleistet. Zum Schutz dieser Transformation tariflich geregelter Arbeitsbedingungen in das Arbeitsverhältnis ist die Wirkung der Tarifnormen auf das Arbeitsverhältnis nach § 4 Abs. I TVG nicht nur unmittelbar, sondern grundsätzlich auch unabdingbar ausgestaltet. Die Vereinbarung von Arbeitsbedingungen durch Tarifverträge vollzieht sich in Deutschland überwiegend in Gestalt überbetrieblicher Flächentarifverträge zwischen Arbeitgeberverbänden und Gewerkschaften. Es dominieren Tarifverträge, deren fachliche und räumliche Gel-

---

1 Vgl. *Konzen*, in: Tarifautonomie auf dem Prüfstand, S.25ff. (26); eine Zusammenfassung und kritische Würdigung der jüngeren Diskussion zur Rechtfertigung des Arbeitsmarktes als Ausnahmebereich findet sich bei *Seitel*, insb. S. 66ff.

2 Vgl. *Konzen*, in: Tarifautonomie auf dem Prüfstand, S. 25ff. (26); kritisch gegenüber dem Rechtfertigungsgrund des Marktversagens in Form ruinöser Konkurrenz *Möschel*, in: Tarifautonomie auf dem Prüfstand, S. 11ff (17f.); vgl. hierzu auch *Reuter*, ZfA 1995, S. 1ff. (26f.); *ders.*, FS-Wiedemann, S. 449ff. (449).

tungsbereiche den weitgehend komplementären Organisationsbereichen von Arbeitgeberverbänden und Gewerkschaften entsprechen und damit in der Regel zumindest für das jeweilige Bundesland, nicht selten aber auch bundesweit gelten[3] und zudem häufig viele unterschiedliche Branchen erfassen.[4] Zusätzlich kommt es auch im Hinblick auf Tarifverträge mit eingeschränkterem räumlichen Geltungsbereich zu einem hohen Ausmaß an verdeckten Einflüssen zentralisierter Prägung durch das System der sogenannten „Pilotabschlüsse".[5]

Im Hinblick auf diese Strukturmerkmale des Tarifwesens in der Bundesrepublik Deutschland ist bei grundsätzlich unbestrittener Anerkennung der Tarifautonomie als Garant für eine sozialstaatskonforme Gestaltung von Arbeitsbedingungen angesichts anhaltend hoher Arbeitslosenzahlen[6] in Deutschland insbesondere die Unabdingbarkeit von Tarifverträgen in jüngster Zeit verstärkt in die Kritik geraten.[7] Die vor dem Hintergrund des Flächentarifvertrages zumeist relativ zentral geführten Lohnverhandlungen und –abschlüsse zielen hiernach häufig gerade nicht im Sinne eines Handelns der Gewerkschaften als gemeinwohlmaximierender Akteur auf das Ausmaß von Lohnzurückhaltung und Lohndifferenzierung, das zur weitgehenden Erreichung des Ziels der Vollbeschäftigung geboten wäre.[8, 9] Mit der unter anderem

---

3 Vgl. den Überblick bei *Zachert*, RdA 1996, S. 140ff. (141); kritisch *Sodan*, JZ 1998, S. 421ff. (421) m.w.N.

4 So werden etwa in der Metallindustrie im Hinblick auf den fachlichen Geltungsbereich 14 Branchen erfasst, vgl. Arbeitgeberverband Gesamtmetall, Die Metall- und Elektro-Industrie der Bundesrepublik Deutschland, Ausgabe 1995, Tab. Nr. 3.

5 Vgl. *Sachverständigenrat*, Jahresgutachten 2000/2001, Kapitel 5, S. 231; sowie *Sachverständigenrat*, Jahresgutachten 2002/2003, Kapitel 5 I, S.372: „In den Tarifrunden – so in der letzten – kann das traditionelle Geleitzugverfahren beobachtet werden: In der oft wirtschaftlich starken Pilotregion einer Branche wird abgeschlossen, dieses Verhandlungsergebnis wird auf andere Tarifbezirke mehr oder weniger übertragen, und dies selbst dann, wenn dort die wirtschaftliche Basis deutlich schwächer und die Arbeitslosigkeit erheblich höher sind. Zudem stellt der Abschluss in einem Sektor eine Orientierung für die Abschlüsse in anderen Sektoren dar".

6 Vier Millionen Menschen waren im Jahre 2002 als Arbeitslose registriert; hinzu kommen 1,7 Millionen Menschen, die verdeckt arbeitslos sind; vgl. *Sachverständigenrat*, Jahresgutachten 2002/2003, Kapitel 5 I, S.404 sowie die grafische Darstellung der Entwicklung der Arbeitslosigkeit in Deutschland von 1960 bis 2002, *Sachverständigenrat*, a.a.O., S. 373.

7 Auch in anderen OECD-Staaten ist eine Tendenz hin zu einer Dezentralisierung der Lohnfindungsstrukturen zu verzeichnen; vgl. hierzu den Überblick bei *Berthold/Fehn*, in: Tarifautonomie auf dem Prüfstand, S. 57ff. (59) m.w.N.; vgl. zu der erfolgreichen beschäftigungswirksamen Umsetzung der Flexibilisierung in anderen Staaten den Überblick bei *Hromadka*, NZA 1998, S. 1ff. (3) m.w.N.

8 Vgl. *Berthold/Fehn*, in: Tarifautonomie auf dem Prüfstand, S. 57 m.w.N.; *Murmann*, in: Tarifautonomie auf dem Prüfstand, S. 43ff. (44); *Reuter*, ZfA 1995, S.1ff. (4/5); eingehend *P. G. Schmidt*, in: Tarifautonomie auf dem Prüfstand, S. 95ff. (101).

9 Ob insoweit eine Gemeinwohlbindung der Tarifparteien besteht, wird in Rechtsprechung und Literatur unterschiedlich beurteilt: **Gemeinwohlbindung befürwortend**: BVerfGE 38, S. 281ff. (307); *Baumann*, RdA 1987, S. 270ff. (271); *Biedenkopf*, Grenzen der Tarifautonomie,

aufgrund dieser Faktoren nachlassenden Investitionsbereitschaft der Unternehmen im Wirtschaftsstandort Deutschland und der zunehmenden Verlagerung von Produktionsstätten und Produktionsteilen in das Ausland infolge der weitgehend starren Regulierung des Arbeitsmarktes und hoher Lohnkosten droht die Erosion des Arbeitsmarktes. Des weiteren ist eine permanente Abnahme des durchschnittlichen Organisationsgrades auf Arbeitnehmer- wie auf Arbeitgeberseite zu verzeichnen,[10] die sich sicher nicht monokausal, aber zumindest als wesentlichen Faktor auch auf die Inflexibilität des Tarifvertragssystems zurückführen lässt.[11] Durch die Unabdingbarkeit des Tarifvertrages fehlt es jedenfalls dem Flächentarifvertrag von seinem gedanklichen und strukturellen Ansatz an der erforderlichen Flexibilität zur Überwindung von Unternehmenskrisen mit dem Ziel der Erhaltung bestehender Arbeitsverhältnisse. Der Tarifvertrag selbst kann lediglich auf die Festlegung angemessener Arbeitsbedingungen für den tarifgebundenen Durchschnittsbetrieb unter wirtschaftlichen Normalbedingungen abzielen und ist damit von seinem grundsätzlichen Ansatz her zunächst nicht in der Lage, die Situation von Krisenzeiten oder Grenzbetrieben zu berücksichtigen.[12]

Auch sind die aus den Erfahrungen der ersten Phase der Industrialisierung entwickelten Prämissen der Entwicklung des Tarifvertragswesens, die These von der Verelendungskonkurrenz der Arbeitnehmer (sog. inverse Reaktion des Arbeitsangebots)[13] einerseits sowie die Vorstellung vom Arbeitsverhältnis als einem Herrschaftsverhältnis (Fremdbestimmung kraft struktureller wirtschaftlicher Überlegenheit des Arbeitgebers) andererseits jedenfalls in ihrer Allgemeingültigkeit in Zwei-

---

S. 63, 68; *Galperin*, DB 1969, 704ff. (706); *Möschel*, in: Tarifautonomie auf dem Prüfstand, S. 14; *Rüfner*, RdA 1985, S. 193ff. (194/195); *Säcker*, Gruppenautonomie und Übermachtkontrolle, S. 277/278; *Schaub*, in: Schaub, § 200 II 1, Rn. 12, S. 2072; *Sodan*, JZ 1998, S. 421ff. (425); *Söllner*, ArbuR 1966, S. 257ff. (263); *Wiedemann*, FS-Larenz, S. 199ff. (214/215). **Gemeinwohlbindung ablehnend:** *Badura*, AöR 104 (1979), S. 246ff. (253); *Muhr*, RdA 1973, S. 9ff. (11); *Pfarr-Kittner*, RdA 1974, S. 284 (291).
Selbst bei Annahme einer Gemeinwohlbindung der Tarifvertragsparteien wäre diese jedoch nur in Exzessfällen justitiabel, da ansonsten der Gestaltungsspielraum der Tarifautonomie ausgehöhlt würde; vgl. *Konzen*, in: Tarifautonomie auf dem Prüfstand, S. 25ff. (27); *Schaub*, in: Schaub, § 200 II 1, Rn. 12, S. 2072. Die Gemeinwohlbindung vermag insoweit allenfalls eher theoretische Grenzfälle auszuschließen, vgl. *Möschel*, in: Tarifautonomie auf dem Prüfstand, S. 14; ebenso *Reuter*, ZfA 1995, S. 1ff. (14): erfasst sei lediglich die „Überschreitung des Erträglichen".

10 Vgl. etwa den Bericht über die Mitgliederentwicklung der DGB-Gewerkschaften in: Unternehmen & Gesellschaft, Ausgabe 02/2002, S. 20/21.

11 Zum abnehmenden Organisationsgrad der Arbeitgeberverbände vgl. *Ehmann*, Deutschland, eine Standortfrage ?: Flucht aus den Tarifverträgen und aus der sozial- und nationalstaatlichen Ordnung, S. 10ff.; *Hank*, FAZ vom 11.06.1996, S. 12.

12 *Adomeit*, NJW 1984, S. 26ff. (27).

13 Vgl. hierzu Marktöffnung und Wettbewerb (Bericht der Deregulierungskommission), 1991, Rn. 549.

fel gezogen worden.[14] Die Reichweite der Unabdingbarkeit von Tarifnormen sei hiernach jedenfalls nicht unter pauschalem Verweis auf die Erwägung zu rechtfertigen, Arbeitnehmer seien per se außerstande, ihre Interessen selbst zu wahren, so dass die Alternative zur Bevormundung durch Gesetz und Tarifvertrag stets das wesentlich schlimmere Diktat der Arbeitgeberseite sei.[15]

II.) Die rechtlichen Grundlagen des Problems

Im Tarifvertragsgesetz legt § 4 I TVG die unmittelbare und zwingende Wirkung des normativen Teils des Tarifvertrages fest. Auf der Ebene des Betriebsverfassungsrechts sieht zusätzlich § 77 III BetrVG einen Vorrang des Tarifvertrages gegenüber Betriebsvereinbarungen vor. Arbeitsentgelte und sonstige Arbeitsbedingungen, die durch Tarifvertrag geregelt sind oder üblicherweise geregelt werden, können nach dieser Vorschrift nicht Gegenstand einer Betriebsvereinbarung sein. Nach der herrschenden Auffassung schließt diese Regelungssperre des § 77 Abs. III BetrVG im Bereich tariflicher oder tarifüblicher Regelungen der Arbeitsbedingungen das Gestaltungsmittel der Betriebsvereinbarung schlechthin aus.[16] Ein Teil der rechtswissenschaftlichen Literatur schlägt hier vor, der Betriebsvereinbarung durch eine Streichung bzw. Einschränkung der Regelungssperre des § 77 Abs. III BetrVG oder durch eine gesetzliche Regelung zwingender tarifvertraglicher Öffnungsklauseln im Sinne des § 77 Abs. III S. 2 BetrVG zumindest im Fall der bestandsgefährdenden Unternehmenskrise einen Anwendungsbereich zur Anpassung von Arbeitsbedingungen zu eröffnen,[17] um so die erforderliche Flexibilität kollektiver Lohnfindungsprozesse auch im Hinblick auf Unternehmenskrisen zu erreichen.

Die Normwirkung des Tarifvertrages erfährt indes auch nach bestehendem Recht bereits ausdrücklich geregelte Durchbrechungen. So verdrängen abweichende Abmachungen gemäß § 4 III TVG die unmittelbar wirkenden Normen des Tarifvertra-

[14] Vgl. etwa *Möschel*, in: Tarifautonomie auf dem Prüfstand, S. 11ff (17f.); *Reuter*, ZfA 1995, S. 1ff. (26f.); *ders.*, FS-Wiedemann, S. 449ff. (449 - 453); *Richardi*, DB 2000, S. 42ff. (42): „Die Lehre vom persönlichen Herrschaftsverhältnis (so Otto v. Gierke) oder vom Gewaltverhältnis, das wegen des Eigentums an den Produktionsmitteln den Arbeitnehmer unter die Verfügungsgewalt des Arbeitgebers stellt (so Hugo Sinzheimer), haben den Boden für Freirechtsschöpfungen bereitet, die man zutreffend als „Kampf gegen den Arbeitsvertrag" gekennzeichnet hat, um eine Zwangsordnung in der Arbeitsverfassung durchzusetzen".

[15] *Reuter*, FS-Wiedemann, S. 449ff. (449/450).

[16] Auch das Günstigkeitsprinzip des § 4 Abs. III TVG ist nach herrschender Auffassung auf das Verhältnis zwischen Betriebsvereinbarung und Tarifvertrag nicht anwendbar, vgl. dazu eingehend unten § 9 I 1 a, S. 211ff.

[17] Vgl. die Verhandlungen des 61. DJT 1996 Karlsruhe 1996, abgedruckt in DB 1996, S. 2030f. (2030/2031), dort Nr. 3; ferner die Vorschläge der Monopolkommission, Zehntes Hauptgutachten 1992/93, BT-Drucksache 12/8323, insb. Nr. 933/934 (S. 375/376), Nr. 936 am Ende (S. 376), Nr. 937 (S. 376/377); vgl. dazu den Überblick und die Kritik von *Richardi*, NZA 2000, S. 617ff. (620) sowie eingehend unten unter § 9 II 1, S. 246ff.

ges (Günstigkeitsprinzip),[18] soweit sie für den Arbeitnehmer günstiger sind. Das in § 4 III TVG verankerte Günstigkeitsprinzip ist indes – vorbehaltlich der wiederum vom Willen der Tarifvertragsparteien abhängigen Möglichkeit der Vereinbarung von Öffnungsklauseln im Tarifvertrag - die einzige gesetzlich normierte Durchbrechung der Unabdingbarkeit von Tarifverträgen.[19] Es ist daher in jüngster Zeit verstärkt Gegenstand vielfältiger Untersuchungen und Abhandlungen gewesen, die eine Flexibilisierung des Tarifvertragsystems zugunsten dezentraler anpassungsfähigerer Lohnfindungsprozesse über das Günstigkeitsprinzip zu verwirklichen suchen.[20, 21]

Ein neuerer Ansatz des Großen Senats des BAG[22] führte zunächst im Bereich der betrieblichen Altersgrenze den Gedanken des Wahlrechts des Arbeitnehmers ein. Günstiger im Sinne des § 4 III TVG sei hiernach unabhängig von einem konkreten Vergleich der Arbeitsbedingungen eine vom Tarifvertrag abweichende Vereinbarung schon dann, wenn sie dem Arbeitnehmer eine Wahlmöglichkeit zwischen der tariflichen und einer abweichenden Regelung eröffne.[23] In einem anderen Verfahren deutete der 4. Senat des BAG an, dass er diese Rechtsprechung auch auf die Gestaltung der Wochenarbeitszeit übertragen wolle.[24]

---

[18] § 4 Abs. III TVG: „Abweichende Abmachungen sind nur zulässig, soweit sie durch den Tarifvertrag gestattet sind oder eine Änderung zugunsten des Arbeitnehmers enthalten."

[19] § 4 Abs. III Alt.1 TVG sieht neben dem Günstigkeitsprinzip auch die Möglichkeit abweichender Vereinbarungen vor, „...soweit sie durch den Tarifvertrag gestattet sind...". Namentlich die IG-Metall weist daraufhin, dass sie über derartige Öffnungsklauseln in den letzten Jahren verstärkt auf eine flexiblere Handhabungsmöglichkeit der Tarifverträge hingewirkt habe, vgl. *IG*-Metall, Offensive 2010, S. 12/13, Rn. 25.

[20] Vgl. auch den am 18.06.2003 von der CDU/CSU-Bundestagsfraktion eingebrachten Gesetzesentwurf zur Modernisierung des Arbeitsrechts (BT-Drucks. 15/1182); zur verfassungsrechtlichen Zulässigkeit der dortigen Vorschläge *Zachert*, AuR 2004, S. 121ff.; vgl. ferner den Beschlussantrag der FDP-Bundestagsfraktion zur Reform des Tarifvertragsrechts vom 28.01.2000 (BT-Drucksache 14/2612) und den am 04.07.2001 vorgelegten Gesetzesentwurf (BT-Drucksache 14/6548) zur Änderung des § 4 Abs. 3 TVG, hierzu eingehend auf verfassungsrechtlicher Sicht *Dieterich*, RdA 2002, S. 1ff. [8f. und 13f.].

[21] Für die Etablierung eines gerichtlichen Sanierungsverfahrens zur Bewältigung von Unternehmenskrisen auf Antrag des Arbeitgebers als Voraussetzung einer möglichen Abweichung vom Tarifvertrag hingegen *Dieterich/Hanau/Henssler/Oetker/Wank/Wiedemann*, Arbeitsgruppe Tarifvertragsrecht, Empfehlungen zur Entwicklung des Tarifvertragsrechts, in RdA 2004, S. 65ff.

[22] BAG, BB 1990, S. 1840ff. (1841).

[23] BAG, BB 1990, S. 1840ff. (1841).

[24] Vgl. den Bericht von *Buchner*, DB 1990, S. 1715ff. (1720).

Dieses Kriterium des Wahlrechts des Arbeitnehmers im Rahmen des Günstigkeitsprinzips hat im Schrifttum teilweise Zustimmung[25], jedoch auch Ablehnung erfahren.[26]

III.) Gegenstand und Gang der Untersuchung

Gegenstand dieser Untersuchung ist die Frage, ob der von der Rechtsprechung im Bereich der Arbeitszeitregelungen eingeführte Wahlrechtsgedanke Ausdruck eines allgemeinen Prinzips ist, das dem Günstigkeitsprinzip des § 4 Abs. III TVG im Wege der verfassungskonformen Auslegung zu entnehmen ist. Als Grundlage der Auslegung des § 4 Abs. III TVG werden dabei zunächst die historischen und die verfassungsrechtlichen Grundlagen des Günstigkeitsprinzips und der Tarifautonomie im Hinblick auf die Frage erörtert, ob diese eine Auslegung des § 4 Abs. III TVG entsprechend der traditionellen und herrschenden Dogmatik des Günstigkeitsvergleichs im Sinne eines objektiven Sachgruppenvergleichs stützen.

Sodann werden im Wege der verfassungskonformen Auslegung des § 4 Abs. III TVG Kriterien für dessen Handhabung im Spannungsfeld zwischen Privatautonomie und Tarifautonomie entwickelt. Daran anknüpfend wird untersucht, ob und nach Maßgabe welcher Kriterien der Wahlrechtsansatz im Rahmen des § 4 Abs. III TVG über die Fallgruppe der Arbeitszeitregelungen hinaus insbesondere auch auf beschäftigungssichernde, individualvertragliche Lohnvereinbarungen Anwendung finden kann und muss.

Abschließend wird die Frage erörtert, ob das so verstandene Günstigkeitsprinzip unbeschadet des in § 77 III BetrVG angeordneten Tarifvorrangs auch im Verhältnis zwischen Betriebsvereinbarung und Tarifvertrag Wirksamkeit entfaltet und mithin auch betriebsbezogene flexible Anpassungen von in Tarifverträgen festgelegten Arbeitsbedingungen im Wege der Betriebsvereinbarung ermöglicht. Vor dem Hintergrund des Ergebnisses wird auch der Frage nachgegangen, ob hier eine Neuordnung der Regelungsbefugnisse der Tarifparteien im Verhältnis zu den Betriebsparteien durch einen gesetzgeberischen Eingriff wünschenswert und verfassungsrechtlich zulässig erscheint.

---

[25] *Bengelsdorf*, ZfA 1990, S. 563ff. (598/599); *Buchner*, DB 1990, S. 1715ff. (1720); *ders.*, RdA 1990, S. 1ff. (16); *Heinze*, NZA 1991, S. 329ff. (335); *Löwisch*, BB 1991, S. 59ff. (62); *ders.*, ZfA 1996, S. 293ff. (310); *Löwisch/Rieble*, TVG, § 4, Rn. 208; *Richardi*, ZfA 1990, S. 211ff. (242).

[26] *Däubler*, Tarifvertragsrecht, Rn. 221; *Kempen*/Zachert, TVG, § 4, Rn. 191, 197; *Linnenkohl/Rauschenberg/Reh*, BB 1990, S. 628ff. (630); *Zachert*, DB 1990, S. 986ff. (989).

§ 2 Die historischen Grundlagen des Günstigkeitsprinzips

Die Analyse des Begriffs und der Grenzen des sogenannten Günstigkeitsprinzips des § 4 Abs. III TVG setzt zunächst eine Betrachtung der geschichtlichen Entwicklung des Günstigkeitsprinzips im Tarifvertragsrecht voraus. Die geschichtlichen Grundlagen des Tarifrechts sowie des Günstigkeitsprinzips sind von Bedeutung für die Bestimmung des Inhalts und der Reichweite der in Art. 9 III S. 1 GG gewährleisteten Tarifautonomie und des Günstigkeitsprinzips als sich gegenseitig beschränkender und ergänzender Rechtsinstitute im Wege der historischen Auslegung.[27] Bei der Bestimmung der Tragweite des Art. 9 Abs. III GG ist insoweit die historische Entwicklung zu berücksichtigen,[28] als insbesondere Änderungen und Anpassungen des Tarifvertragswesens an veränderte gesellschaftliche und wirtschaftliche Umstände das Institut des Tarifvertrages nicht seines tradierten Sinnes berauben dürfen.[29] Maßgeblich für die verfassungskonforme Ausgestaltung des Tarifvertrtragswesens ist insoweit die in die Verfassung aufgenommene Gewährleistung in ihrem am historisch entwickelten Sinn des Instituts orientierten Auslegung, nicht der unterverfassungsrechtliche Normenkomplex des TVG.[30]

I.) Die Entwicklung der Tarifautonomie und des Günstigkeitsgedankens von der Mitte des 19. Jahrhunderts bis zur Tarifvertragsverordnung von 1918

Die Anfänge des Tarifvertrages nach heutigem Verständnis finden sich in der Mitte des 19. Jahrhunderts. Bereits um 1848 kam es insbesondere im Buchdruckergewerbe zum Abschluss erster Kollektivverträge, die wesenstypische Merkmale von Tarifverträgen trugen[31] und als Einläuten kollektiver Lohnfindungsprozesse gewertet wurden.[32]

Die industrielle Revolution machte durch den technischen Fortschritt im Bereich der maschinellen Produktion und der zunehmenden Mechanisierung von Betriebsabläufen eine Typisierung der Arbeitsbedingungen in den Betrieben möglich.[33] Die bis dahin bestehende Vielzahl inhaltlich individuell gestalteter Arbeitsverträge und

---

[27] Vgl. zur Bedeutung der geschichtlichen Entwicklung des Tarifvertragswesens bei der Bestimmung des Schutzbereichs des Art. 9 III S.1 GG BVerfGE 4, S. 96ff. (106); BVerfGE 50, S. 290ff. (367, 371).

[28] BVerfGE 4, S. 96ff. (101f. 106, 108); BVerfGE 18, S. 18ff. (28f.); BVerfGE 19, S. 303ff. (314); BVerfGE 38, S. 386ff. (395).

[29] Vgl. *Kemper*, in: v. Mangoldt/Klein/Starck, GG, Art. 9 Abs. 3, Rn. 232.

[30] Vgl. *Kemper*, in: v. Mangoldt/Klein/Starck, GG, Art. 9 Abs. 3, Rn. 232 m.w.N.

[31] Vgl. dazu *Krahl*, Buchdrucker, 1. Bd. S. 205ff.

[32] Vgl. *Krahl*, Buchdrucker, Bd. 1, S. 206ff.; vgl. hierzu auch *Belling*, Günstigkeitsprinzip, S. 28; *Th. B. Schmidt*, Günstigkeitsprinzip, S. 25ff.

[33] Vgl. *Schulze*, Günstigkeitsprinzip, S. 31.

Arbeitsbedingungen ließ sich zunehmend den sich herausbildenden Typen von Arbeit und Arbeitsbedingungen zuordnen. Bei diesen ersten tariflichen Vereinbarungen standen sich jedoch Arbeitnehmer und Arbeitgeber lediglich dem äußeren Anschein nach als gleichrangige Parteien gegenüber. Die Zusammenschlüsse von Arbeitnehmern beschränkten sich auf kleine Gruppen, die auf die Verwertung ihrer Arbeitskraft angewiesen und der Arbeitgeberseite daher wirtschaftlich stark unterlegen waren.

Erst der Tarifvertrag der Breslauer Buchdrucker im Jahre 1848 sowie erste Impulse aus der Rechtswissenschaft[34] für eine rechtliche Billigung von Arbeitervereinen mit dem Ziel der Schaffung besserer Arbeitsbedingungen leiteten eine Entwicklung[35] ein, die im Jahre 1869 zu einer Aufhebung des Koalitionsverbotes auf dem Arbeitsmarkt durch die Schaffung des § 152 GewO in seiner damaligen Fassung[36] führte. 1873 trat schließlich der erste Reichstarifvertrag für das Buchdruckergewerbe in Kraft,[37] gefolgt vom „Allgemeinen Deutschen Buchdrucker-Tarif" von 1889.[38] Bis 1890 kam es auch in 17 anderen Branchen außerhalb des Buchdruckergewerbes zu insgesamt 64 Tarifvereinbarungen, von denen 51 über das Jahr 1890 hinaus in Kraft blieben.[39] Der Tarifvertrag hatte damit faktisch als Gestaltungsmittel der Arbeitsverhältnisse Bedeutung erlangt.

Der Arbeitskampf als Mittel zur Erreichung von Tarifvereinbarungen wurde jedoch trotz des Wortlautes des § 152 Abs. 1 GewO zu dieser Zeit noch erheblich erschwert. § 152 GewO bedeutete keine Garantie der Koalitionsfreiheit, sondern nur eine Duldung der Koalitionen. Dem entsprachen zahlreiche bestehende Restriktionen des Vereinsrechts sowie die restriktive Rechtsprechung des Reichsgerichts zum

---

[34] Zu nennen ist hier etwa *v. Mohl*, Polizei-Wissenschaft, Band II, S. 298, der bereits 1866 die Auffassung vertrat, dass angesichts der bestehenden Möglichkeiten der Verabredungen auf Arbeitgeberseite „...unläugbar die Gestattung einer gemeinschaftlichen Gegenwirkung und Vertheidigung der Arbeiter gegen unbillige Anmuthungen nur Sache der Gerechtigkeit und selbst Nothwendigkeit..." sei.

[35] Eingehend zu dieser Entwicklung bis zur Schaffung des § 152 GewO *Ullmann*, Tarifverträge, S. 23 – 102; *Krummel*, Die Geschichte des Unabdingbarkeitsgrundsatzes und des Günstigkeitsprinzips im Tarifvertragsrecht, S. 13.

[36] § 152 Abs. I GewO lautete: „Alle Verbote und Strafbestimmungen gegen Gewerbetreibende, gewerbliche Gehülfen, Gesellen oder Fabrikarbeiter wegen Verabredungen und Vereinigungen zum Behufe der Erlangung günstigerer Lohn- und Arbeitsbedingungen, insbesondere mittelst Einstellung der Arbeit oder Entlassung der Arbeiter, werden aufgehoben."; vgl. *Krummel*, Die Geschichte des Unabdingbarkeitsgrundsatzes und des Günstigkeitsprinzips im Tarifvertragsrecht, S. 13, Fn. 29.

[37] *Krahl*, Buchdrucker, 1. Bd., Anhang S. 28 – 32; *Ullmann*, Tarifverträge, S. 40.

[38] Abgedruckt bei *Ullmann*, Tarifverträge, S. 65ff; diesem Tarifvertrag lag bereits das Verständnis von tariflichen Regelungen als Mindestarbeitsbedingungen zugrunde (vgl. § 33 des Allgemeinen deutschen Buchdruckertarifes vom 1.1.1889). Insoweit finden sich hier bereits erste Ansätze zum Günstigkeitsgedanken.

[39] Vgl. *Ullmann*, Tarifverträge, S. 79.

Arbeitskampfrecht. Noch 1890 sah ein Strafsenat des Reichsgerichts den Streik als strafbare Erpressung an.[40] Erst 1906 urteilte ein Zivilsenat des Reichsgerichts, dass die zur Erlangung günstiger Lohn- und Arbeitsbedingungen ergriffenen Maßnahmen der Koalitionen mit dieser Zielsetzung nicht schon deshalb als rechtswidrig anzusehen seien, weil sie eine Schädigung eingerichteter Gewerbebetriebe zur Folge haben.[41]

Gegenstand der juristischen Diskussion wurde das soziale Phänomen des Tarifvertrages erst um die Jahrhundertwende.[42] Der Reichstag befasste sich 1905, 1908, 1910 und 1911 wiederholt mit den Möglichkeiten einer gesetzlichen Normierung des Tarifvertrages, nachdem der deutsche Juristentag 1908 eine ausdrückliche Empfehlung der Normierung des Tarifvertrages ausgesprochen hatte.[43] Gleichwohl kam es aufgrund zu großer zu erwartender Widerstände im Reichstag nicht einmal zu einer diesbezüglichen Gesetzesvorlage.[44] Die Entwicklung der rechtlichen Diskussion um die Rechtsnatur und Anerkennung von Tarifverträgen blieb somit zunächst Rechtsprechung und Literatur überlassen.

Die anfänglich unklare Rechtsprechung des Reichsgerichts zu § 152 Abs. II GewO in seiner damaligen Fassung auf Tarifverträge hemmte die Fortentwicklung des Tarifvertrages als Gestaltungsmittel. In einer frühen Entscheidung aus dem Jahre 1904[45] bejahte ein Strafsenat des Reichsgerichts die Anwendung des § 153 GewO[46] auch auf Tarifverträge einer Koalition, wenn und soweit diese bestimmt und geeignet seien, auf Nichtmitglieder einen gegen die Koalitionsfreiheit verstoßenden Zwang auszuüben, sich der Koalition anzuschließen oder sich den von ihr festgesetzten Arbeitsbedingungen zu unterwerfen. Aufgrund des zugrundeliegenden Sachverhalts sowie zumindest missverständlicher Ausführungen in den Urteils-

40 RGSt 21, S. 112ff. (119ff.).

41 RGZ 64, S. 52ff. (56).

42 Grundlegend für den Beginn der juristischen Diskussion *Lotmar,* Die Tarifverträge zwischen Arbeitgebern und Arbeitnehmern, in: Brauns Archiv für soziale Gesetzgebung und Statistik, 1900, S. 1.

43 *Gossmann*, in Kaskel (Hrsg.), Hauptfragen II, S. 7.

44 *Gossmann*, in Kaskel (Hrsg.), Hauptfragen II, S. 7. Der damalige Staatssekretär des Innern, Theobald von Bethmann-Hollweg, erklärte in einer der einschlägigen Reichstagsdebatten am 15. Februar 1909, dass die gesetzliche Regelung des Tarifvertragswesens zur Zeit nicht wünschenswert sei, da hierdurch die natürliche Entwicklung gestört werden könne; vgl. *Sinzheimer,* Rechtsfragen des Arbeitstarifvertrages, S. 7.

45 RGSt 36, 236, 237f.; dem folgend RGSt 40 S. 227ff, S. 228; RGSt 41, S. 365ff.,S. 367/368.

46 § 153 GewO für das Deutsche Reich: „Wer andere durch Anwendung körperlichen Zwanges, durch Drohungen, durch Ehrverletzung oder durch Verrufserklärung bestimmt oder zu bestimmen versucht, an solchen Verabredungen (§ 152) Teil zu nehmen oder ihnen Folge zu leisten, oder Andere durch gleiche Mittel hindert oder zu hindern versucht, von solchen Verabredungen zurückzutreten, wird mit Gefängnis bis zu drei Monaten bestraft, sofern nach dem allgemeinen Strafgesetze nicht eine härtere Strafe eintritt."

gründen[47] deuteten zahlreiche Stimmen in der damaligen Literatur[48] diese Entscheidung als grundsätzliche Qualifizierung des Tarifvertrages als Koalition i.S. des § 152 Abs. II GewO[49] und somit als Tendenz der Rechtsprechung, dem Tarifvertrag jegliche Rechtsverbindlichkeit abzusprechen. Der VI. Zivilsenat des Reichgerichts verwarf jedoch in einem Urteil aus dem Jahre 1910[50] ausdrücklich den Gedanken, dass § 152 Abs. II GewO auf den Tarifvertrag Anwendung finde und folgte den Ansichten in der Literatur, die allein die Tarifvertragsparteien, nicht jedoch den Tarifvertrag als Koalition i.S.d. § 152 Abs. II GewO qualifizierten.[51]

Der so eingeleiteten rechtlichen Anerkennung des Tarifvertrages und dessen grundsätzlicher rechtlicher Verbindlichkeit folgte die Diskussion um die dogmatische Einordnung und die rechtliche Konstruktion der Einwirkung tarifvertraglicher Vereinbarungen auf die Arbeitsverträge.

1) Die damaligen Ansichten zur Rechtsnatur des Tarifvertrages

Die Ansichten bezüglich der Qualifizierung der Rechtsnatur des Tarifvertrages waren anfänglich sehr vielfältig.[52] Tarifverträge wurden als Arbeitsverträge, Vorverträge, Vergleiche oder Verträge zugunsten Dritter eingestuft.[53]

---

47 Vgl. RGSt 36, S. 240: „Die Annahme, dass die von der Siebener-Kommission gebildete Vereinigung und die von ihr getroffenen Verabredungen unter §§ 152, 153 GewO fallen, ist nicht zu beanstanden."

48 Vgl. *Nipperdey,* NZfA 1926, Sp. 193, Fn. 1; *Simson*, in Kaskel (Hrsg.), Hauptfragen II, S. 16.

49 § 152 II GewO für das Deutsche Reich: „Jedem Teilnehmer steht der Rücktritt von solchen Vereinbarungen und Verabredungen frei, und es findet aus letzteren weder Klage noch Einrede statt."

50 RGZ 73, S. 92ff.; das Reichsgericht stützte die Nichtanwendung des § 152 II GewO auf die Erwägung, dass dieser seinem Wortlaut nach nur auf Vereinigungen, die zum Zwecke des Kampfes geschlossen, und auf Verabredungen, die über den Kampf und seine Führung getroffen sind Anwendung finden könne. Der Tarifvertrag stelle jedoch selbst keine Vereinbarung zu Zwecke des Kampfes, sondern gerade das Ergebnis und das angestrebte Ziel des Arbeitskampfes in Gestalt eines Friedenschlusses dar (vgl. RGZ 73, S. 100). Des weiteren führte das Reichsgericht aus: „Der Meinung, dass auf die Tarifverträge die Bestimmung des § 152 Abs. 2 GewO Anwendung zu finden habe, steht übrigens auch die Erwägung entgegen, dass es nicht als die Absicht des Gesetzgebers angesehen werden kann, Einigungen zwischen Gruppen von Arbeitgebern und Arbeitnehmern über Lohn- und sonstige Arbeitsbedingungen durch Versagung jeden Rechtsschutzes für die hierauf abzielenden Vereinbarungen zu entwerten und damit mittelbar zu verhindern." (vgl. RGZ 73, S. 100); nach *Lotmar* Der Arbeitsvertrag, Band I, S. 772 waren Tarifverträge schon deshalb nicht als eine „Vereinigung" im Sinne des § 152 GewO anzusehen, weil dieser nicht eine Vereinigung von Berufsgenossen untereinander, sondern eine solche zweier sich gegenüberstehender wirtschaftlicher Gruppen enthalte.

51 Grundlegend *Lotmar,* Arbeitsvertrag, Band I, S. 767 und 771.

52 Vgl. die Übersicht über den damaligen Meinungsstand bei *Simson,* in Kaskel, Hauptfragen II, S. 15ff sowie bei *Engel*, Über die Rechtsnatur des Tarifvertrages, S. 2ff.

53 Vgl. *Ullmann,* Tarifverträge, S. 107.

Die Einordnung des Tarifvertrages als Arbeitsvertrag setzte sich im Hinblick auf die wachsenden Erkenntnisse über die verschiedenen Zielrichtungen der Rechtsinstitute nicht durch. Der Arbeitsvertrag war nach damaliger Sichtweise dadurch gekennzeichnet, dass er die Vereinbarung von Arbeitsleistung und Entgelt zwischen den Parteien eines konkret entstehenden Arbeitsverhältnisses zum Gegenstand hatte, während das Wesen des Tarifvertrages in der Vereinbarung von Tarifnormen im Hinblick auf künftige Arbeitsverträge gesehen wurde.[54] Gegen die Deutung des Tarifvertrages als Vorvertrag zum Arbeitsvertrag wurde hingegen die Tatsache geltend gemacht, das der Tarifvertrag keine verpflichtende Zusage des Abschlusses künftiger Arbeitsverträge beinhalte.[55]

Auch die Qualifizierung des Tarifvertrages als Vergleich konnte sich nicht durchsetzen. Als kennzeichnend für einen Vergleich wurde die Klärung eines streitigen Rechtsverhältnisses angesehen, wohingegen der Tarifvertrag eine Einigung im Hinblick auf widerstreitende Interessen der Arbeitgeber- und Arbeitnehmerseite zum Gegenstand habe.[56] Auch sei für den Tarifvertrag keinesfalls immer ein „gegenseitiges Nachgeben“ charakteristisch, wie es § 779 BGB für den Vergleich voraussetze.[57]

Gegen die Konstruktion des Tarifvertrages als Vertrag zugunsten Dritter wurde schließlich geltend gemacht, dass die Mitglieder der Verbandes hier durch den Abschluss tarifwidriger Arbeitsverträge die Geltung der Tarifnormen sich selbst gegenüber einfach beseitigen könnten.[58]

2) Die damaligen Ansätze zur rechtlichen Konstruktion der Einwirkung tarifvertraglicher Vereinbarungen auf die Arbeitsverträge

Weitgehende Einigkeit herrschte in der Literatur bereits zu diesem Zeitpunkt bezüglich der Erkenntnis, dass die wesentliche Funktion und die Vorteile kollektiver Lohnvereinbarungen in Frage gestellt würden, wenn diese ohne weiteres einzelvertraglich abbedungen und umgangen werden könnten.[59] Bei der Ausschaltung derartiger einzelvertraglicher Umgehungsmöglichkeiten wurden jedoch dogmatisch verschiedene Wege beschritten.

[54] *Lotmar*, Arbeitsvertrag, Band I, S. 768.
[55] *Lotmar*, Arbeitsvertrag, Band I, S. 769.
[56] *Wölbling*, Der Akkordvertrag und der Tarifvertrag, S. 311.
[57] *Lotmar*, Arbeitsvertrag, Band I, S. 770.
[58] *Sinzheimer*, Der korporative Arbeitsnormenvertrag, II. Teil, S. 146.
[59] *Sinzheimer*, Arbeitstarifgesetz, S. 104 charakterisierte die Diskussion wie folgt: "Es ist kein Streit über das "Ob" der rechtlichen Bindung des Einzelwillens, über den Grundsatz, sondern ein Streit über das "Wie" der rechtlichen Bindung, über die Technik."

a) Die Diskussion über den persönlichen Geltungsbereich von Tarifverträgen

Eine wesentliche Weichenstellung für die dogmatische Konstruktion der zwingenden Einwirkung des Tarifvertrags auf das Arbeitsverhältnis ergab sich dabei zunächst aus der vorverlagerten Frage nach dem persönlichen Geltungsbereich von Tarifverträgen, d.h. dem Kreis der Personen, der aus dem Tarifvertrag berechtigt und verpflichtet sein sollte.

aa) Die sog. Vertretungstheorie

Die sog. Vertretungstheorie bediente sich bei der Erklärung der Einwirkung von Tarifverträgen auf das Arbeitsverhältnis der Rechtsfigur der Stellvertretung.[60] Die Verbände treten hiernach bei Abschluss eines Tarifvertrages als bevollmächtigte Stellvertreter der Mitglieder auf. Folgerichtig sollten allein die Verbandsmitglieder Träger der Rechte und Pflichten aus dem Tarifvertrag sein.[61]

Die Figur der Stellvertretung entspreche dem Wesen des Tarifvertrages, da die dazu bevollmächtigten Verbände diesen für die Parteien der Arbeitsverhältnisse abschließen wollen und der Tarifvertrag zwischen den Arbeitsvertragsparteien Rechtswirkung entfalten solle.[62] Diese Lösung trage auch dem Bedürfnis nach einer Einheitlichkeit der Arbeitsbedingungen Rechnung, da die Parteien des Tarifvertrages insoweit mit den Parteien der bestehenden oder künftig zu schließenden Arbeitsverträge identisch seien.[63] Die erforderliche Vertretungsmacht der Verbände werde von den Verbandsmitgliedern im Wege der Vollmacht bzw. einer nachträglichen Genehmigung erteilt. Die Rechtswirkungen des Tarifvertrages treffen hiernach nur diejenigen Mitglieder, die aufgrund einer derartigen Willenserklärung vom Verband wirksam vertreten worden seien. Der Eintritt von Personen in den Verband nach Abschluss des Tarifvertrages stelle eine konkludente Genehmigung des Tarifvertrages dar, so dass dieser auch Rechtswirkung gegenüber Personen entfalte, die nachträglich in den Verband eintreten.[64]

bb) Die sog. Verbandstheorie

Die sog. Verbandstheorie ging demgegenüber davon aus, dass allein die unmittelbar am Abschluss des Tarifvertrages beteiligten Verbände aus dem Tarifvertrag be-

---

60 Grundlegend *Lotmar*, Arbeitsvertrag, Band I, S. 797f.
61 *Lotmar*, Der Arbeitsvertrag, Band I, S. 798.
62 *Lotmar*, Der Arbeitsvertrag, Band I, S. 765, 766f.
63 *Lotmar*, Der Arbeitsvertrag, Band I, S. 798.
64 *Lotmar*, Der Arbeitsvertrag, Band I, S. 797/798.

rechtigt und verpflichtet seien.[65] Es bestehe hiernach ein Interesse des Verbandes, sich durchzusetzen und selbst zu behaupten und insoweit selbst als Partei berechtigt und verpflichtet zu werden.[66] Die Vertretungstheorie könne ferner den ihr zugrunde liegenden individualistischen Ansatz nicht konsequent zu Ende führen. Soweit man im Sinne der Vertretungstheorie die Arbeiter selbst als durch einen Bevollmächtigten vertretene Partei des Tarifvertrages ansehe, müsste den Arbeitnehmern konsequenterweise das Recht zustehen, diesen im Zusammenwirken mit dem anderen Tarifvertragspartner nachträglich zu ändern oder gar aufzuheben, was jedoch auch die Vertretungstheorie ablehne.[67]

Des weiteren sei das Vertretungsmodell auch praktisch gar nicht durchführbar. Da der Tarifvertrag nach der Vertretungstheorie nur für und gegen die Mitglieder des Verbandes wirke, die tatsächlich eine Vollmacht erteilt oder den Tarifvertrag nachträglich genehmigt haben, bereite es erheblich Schwierigkeiten zu erkennen, welche Personen tatsächlich Partei des Tarifvertrages geworden seien.[68]

cc) Die sog. Kombinationstheorie

Die Kombinationstheorie vereinte schließlich Elemente der Vertretungs- und der Verbandstheorie. Die Verbände würden hiernach beim Abschluss von Tarifverträgen zum einen als Vertreter ihrer Mitglieder mit dem Willen tätig, für die Mitglieder Rechte und Pflichten zu begründen. Zum anderen sei das Tätigwerden der Verbände jedoch teilweise auch auf die Begründung eigener Rechte und Pflichten gerichtet, die ihrem Wesen nach auch nur von den Verbänden selbst erfüllbar seien.[69] Zusätzlich komme die Vereinbarung von Regelungen in Betracht, die auf die Erzeugung von Rechtswirkungen sowohl für die Mitglieder als auch für den Verband gerichtet sei. Die Natur der einzelnen Regelungskomplexe des Tarifvertrages entscheide nach einer vorzunehmenden Auslegung der Regelungen über die Frage, welche der drei in Betracht kommenden Gruppen im Einzelfall aus der Regelung berechtigt und verpflichtet seien.[70]

---

[65] Grundlegend *Sinzheimer*, Der korporative Arbeitsnormenvertrag, I. Teil, S. 81ff.; ferner *Oertmann*, Zur Lehre vom Tarifvertrag, ZSocWiss 1907, S. 1ff. (10/11); *Zeitler*, Die rechtliche Natur des Arbeitstarifvertrages, S. 34, 37.

[66] *Sinzheimer*, Der korporative Arbeitsnormenvertrag, I. Teil, S. 85.

[67] *Oertmann*, Zur Lehre vom Tarifvertrag, ZSocWiss 1907, S. 1 (9); *Sinzheimer*, Der korporative Arbeitsnormenvertrag, I. Teil, S. 83, Fn. 46.

[68] *Zeitler*, Die rechtliche Natur des Arbeitstarifvertrages, S. 34, 37; vgl. dazu auch *Sinzheimer*, Der korporative Arbeitsnormenvertrag, I. Teil, 1907, S. 81ff.

[69] *Rundstein*, Die Tarifverträge, S. 108ff.; *Schall*, Das Privatrecht der Arbeitsverträge, S. 114; *Wölbling*, Der Akkordvertrag und der Tarifvertrag, S. 327f.

[70] *Rundstein*, Die Tarifverträge, S. 108; *Schall*, Das Privatrecht der Arbeitstarifverträge, S. 114; *Zimmermann*, Rechtsfragen des Arbeitstarifvertrages, S. 25.

Auch das Reichsgericht bediente sich in einer Entscheidung aus dem Jahre 1910 im Hinblick auf den persönlichen Geltungsbereich eines Tarifvertrages auf Arbeitgeberseite zumindest in Ansätzen der differenzierenden Sichtweise der Kombinationstheorie, ohne die Frage des persönlichen Geltungsbereichs jedoch ausdrücklich zu entscheiden.[71]

b) Die rechtliche Wirkung und Unabdingbarkeit von Tarifverträgen

Die grundlegenden Unterschiede zwischen der Vertretungstheorie und der Verbandstheorie führten zu verschiedenen Lösungsansätzen auch im Hinblick auf die Wirkung des Tarifvertrages und das einheitlich angestrebte Ziel einer Absicherung der Umsetzung seines Inhalts im Hinblick auf das Arbeitsverhältnis.[72]

aa) Die Theorie von der Unabdingbarkeit von Tarifverträgen und der unmittelbaren Gestaltung des Arbeitsverhältnisses durch tarifliche Regelungen

Die Vertretungstheorie sowie der überwiegende Teil der Anhänger der Kombinationstheorie gelangten zu der Auffassung, dass die betreffenden Tarifnormen das Arbeitsverhältnis unmittelbar gestalten, ohne dass es einer auf die Einbeziehung der Tarifnormen in das Arbeitsverhältnis gerichteten Willenserklärung der Parteien des Arbeitsvertrages bedürfe.[73] Diese unmittelbare Geltung der Tarifvertragsnormen folgte nach dieser Ansicht aus dem Zweck des Tarifvertrages und dem Willen der Tarifvertragsparteien, einheitliche Arbeitsbedingungen zu schaffen. Aus dem Modell der Stellvertretung ergebe sich, dass die Tarifvertragsparteien die Schaffung unmittelbar das Arbeitsverhältnis gestaltender Regelungen beabsichtigen.[74]

Namentlich *Lotmar* und *Rundstein* vertraten auf der Grundlage der unmittelbaren Geltung der Tarifvertragsnormen darüber hinaus erstmals ausdrücklich die Theorie von der Unabdingbarkeit des Tarifvertrages.[75] Das sozialpolitische Ziel des Tarifvertrages gebiete die unmittelbare und zwangsweise Geltung der tarifvertraglichen Regelungen auf die Arbeitsverträge. Der Zweck der Schaffung einheitlicher Arbeitsbedingungen für die erfassten Arbeitsverhältnisse setze die Bindung des Wil-

---

[71] RGZ 73, S. 92ff. (105); das Gericht führt in der Entscheidung aus, dass ein Arbeitgeberverband mit dem Tarifabschluss in der Regel den Schutz der verbandsangehörigen Arbeitgeber vor übertariflichen Lohnforderungen der Arbeitnehmer bezwecke. Dies schließe nicht aus, dass der Verband zusätzlich ein eigenes Interesse an der Vermeidung von Arbeitskämpfen verfolgen könne.

[72] Vgl. den Überblick bei *Hofbauer*, Rechtscharakter der Tarifverträge, S. 27ff.

[73] *Rundstein,* Die Tarifverträge, S. 143.

[74] *Rundstein,* Die Tarifverträge, S. 143; *Lotmar*, Der Arbeitsvertrag, Band I, S. 775f., 780.

[75] *Rundstein,* Die Tarifverträge, S. 143; *Lotmar*, Der Arbeitsvertrag, Band I, S. 781.

lens der tarifgebundenen Arbeitsparteien an den kollektiven Willen voraus.[76] Aus der von den Tarifvertragsparteien beabsichtigten Geltung der Tarifvertragsnormen für alle erfassten Arbeitsverhältnisse folge somit, dass der Tarifvertrag nicht abdingbar sei und alle Abweichungen vom Inhalt des Tarifvertrages in den erfassten Arbeitsverträgen unwirksam seien.[77] Die Bindung des Willens der Arbeitsvertragsparteien an den kollektiven Willen verstoße auch nicht gegen die Grundsätze der individuellen Vertragsfreiheit. Trotz des Vertretungsmodells seien die Parteien des Arbeitsverhältnisses nicht identisch. Partei des Arbeitsvertrages sei der einzelne Arbeitnehmer, wohingegen Partei des Tarifvertrages die Gesamtheit der tarifgebundenen Arbeitnehmer sei. Die Regelungen des Tarifvertrages seien hiernach durch eine Mehrheit von Arbeitnehmern geschaffen und könnten nicht durch den einzelnen Arbeitnehmer auf arbeitsvertraglicher Ebene beseitigt werden.[78]

bb) Die eine Unabdingbarkeit von Tarifverträgen ablehnenden Auffassungen

Für die Anhänger der Verbandstheorie folgte die Ablehnung dieser Unabdingbarkeit von Tarifverträgen notwendig aus deren Auffassung bezüglich des persönlichen Geltungsbereichs von Tarifverträgen. Aus dem Tarifvertrag könne sich nur eine Verpflichtung zwischen den tarifvertragschließenden Verbänden sowie kraft des Mitgliedsverhältnisses zwischen den Verbänden und deren Mitgliedern ergeben, die tariflichen Arbeitsbedingungen in den Einzelarbeitsvertrag aufzunehmen.[79] Eine zwingende Geltung der Normen des Tarifvertrages sei nur dann denkbar, wenn die Parteien des Tarifvertrages und der später abzuschließenden Arbeitsverträge identisch seien. Eine unmittelbare und erst recht eine unabdingbare unmittelbare Geltung komme daher regelmäßig nicht in Betracht. Den Parteien des Arbeitsvertrages müsse es selbst überlassen bleiben, ob sie die schuldrechtliche Verpflichtung im Arbeitsvertrag wieder lösen.[80]

Für die Frage der Wirkung von Tarifverträgen sei ferner entgegen der Argumentation der Theorie von der Unabdingbarkeit von Tarifnormen auch nicht der Wille maßgeblich, mit dem die Tarifvertragsparteien den Tarifvertrag abschlössen. Auch aus dem Recht selbst folge eine Anerkennung der Unabdingbarkeit von Tarifverträgen nicht, da der Tarifvertrag nach dem geltenden Recht ein Rechtsverhältnis wie jedes andere sei.[81] Zwar sei der Gedanke an sich durchaus zutreffend, dass die durch eine Mehrheit von Arbeitnehmern geschaffenen Tarifvertragsnormen nicht

---

[76] *Rundstein*, Die Tarifverträge, S. 143; *Lotmar*, Der Arbeitsvertrag, Band I, S. 775f., 780.
[77] *Lotmar*, Der Arbeitsvertrag, Band I, S. 780.
[78] *Lotmar*, Der Arbeitsvertrag, Band I, S. 781f.
[79] *Rosenthal*, Die gesetzliche Regelung des Tarifvertrages, S. 175.
[80] *Oertmann*, Zur Lehre vom Tarifvertrag, ZSocWiss 1907, S. 1ff. (24/25); *Zeitler*, Die rechtliche Natur des Arbeitstarifvertrages, S. 119.
[81] *Sinzheimer*, Arbeitstarifgesetz, S. 104.

ohne weiteres durch den einzelnen Arbeitnehmer beseitigt werden können. Der Abschluss tarifwidriger Arbeitsverträge beseitige jedoch den rechtlichen Bestand des Tarifvertrages als solchen nicht und ziele auch nicht auf eine inhaltliche Abänderung des Tarifvertrages, so dass kein unzulässiger Eingriff in den Tarifvertrag in diesem Sinne vorliege.[82]

Konstruktiv verzichte der einzelne Arbeitnehmer hierdurch auch nicht in unzulässigerweise auf ein Recht der Gesamtheit der Arbeitnehmer, da der Abschluss eines Tarifvertrages kein Gesamtdienstverhältnis begründe. Das zwischen den Tarifvertragsparteien bestehende Rechtsverhältnis begründe lediglich einen Anspruch auf Unterlassung des Abschlusses tarifwidriger Arbeitsverträge unter den Tarifvertragsparteien und erfordere nicht die unmittelbare und gar zwingende Wirkung der Tarifvertragsnormen auf das Arbeitsverhältnis.[83] Eine Einschränkung der individuellen Vertragsfreiheit zum Schutz der Geltung von Tarifverträgen sei deshalb rechtlich weder zulässig noch erforderlich.[84] Zudem sei es widersprüchlich, wenn die Vertretungstheorie einerseits einen derartigen Verzicht der Arbeitsvertragsparteien für unzulässig halte, andererseits den Abschluss tarifwidriger Arbeitsverträge durch Tarifverpflichtete mit Außenseitern jedoch zulasse.[85]

cc) Entwicklung des Günstigkeitsgedankens und tariflicher Öffnungsklauseln

Insgesamt bestand jedoch Einigkeit, dass jedenfalls eine Abweichung arbeitsvertraglicher Regelungen vom Tarifvertrag zugunsten des Arbeitnehmers möglich sein müsse und dieser insoweit grundsätzlich Mindestarbeitsbedingungen enthalte.[86]

Da der Tarifvertrag hauptsächlich dem Schutz des Arbeitnehmers diene, gebühre einer günstigeren individualvertraglichen Abrede der Vorrang, damit „aus Schutz nicht Schaden werde".[87] Insbesondere dem Arbeitnehmer, der aufgrund hoher eigener Qualifikation und überdurchschnittlich zu bewertender Arbeitskraft eine starke eigene Verhandlungsposition innehabe und daher in der Lage sei, übertarifliche Vereinbarungen auszuhandeln, müsse hiernach die entsprechende Verwertung sei-

82 *Sinzheimer* Der korporative Arbeitsnormenvertrag, II. Teil, S. 83.
83 *Wölbling*, Der Akkordvertrag und der Tarifvertrag, S. 389f.
84 *Sinzheimer* Der korporative Arbeitsnormenvertrag, II. Teil, S. 82f.; vgl. auch GewGer Berlin, Urt. v. 21. August 1903 – Nr. 843, RABl. 1904, S. 63 f.; anders allerdings GewGer Berlin vom 11. Januar 1908, RABl. 1908, S. 707; hier erklärte das Berliner Gewerbegericht die einzelvertragliche Abbedingung einer im Reichstarifvertrag für das Buchdruckergewerbe festgelegten Kündigungsfrist für unzulässig.
85 *Wölbling*, Der Akkordvertrag und der Tarifvertrag, S. 391.
86 GewGer Ludwigshafen, GewKfGer 1911, S. 381; *Schall*, Das Privatrecht der Arbeitstarifverträge, S. 78; *Sinzheimer*, Der korporative Arbeitsnormenvertrag, II. Teil, S. 60f.; *Rundstein*, Die Tarifverträge, S. 160; vgl. zu den damaligen abweichenden Auffassungen die Nachweise bei *Sinzheimer*, Der korporative Arbeitsnormenvertrag, II. Teil, S. 62 Fn. 75.
87 *Flatow / Kahn-Freund*, Betriebsrätegesetz, § 66 Anm. VIII 2a.

ner Arbeitskraft möglich bleiben.[88] Dies entspreche im übrigen auch dem Willen der Tarifvertragsparteien, da der höhere Lohn aus der Individualabrede des Arbeitnehmers zwangsläufig den tariflichen Mindestlohn beinhalte. Die individualvertragliche Vereinbarung übertariflicher Löhne beeinträchtige mithin die Geltung und Umsetzung derartiger tariflicher Mindestlohnvereinbarungen gerade nicht und könne insoweit nach dem Willen der Tarifvertragsparteien niemals eine unzulässige Abweichung vom Tarifvertrag sein.[89] Die Öffnung des Tarifvertrages für arbeitnehmergünstige individualvertragliche Abweichungen wurde ferner als weiterführender Beitrag zum Hauptziel kollektiver Lohnfindungsprozesse gesehen, der Gefahr einer Unterbietungsspirale und der sogenannten „Schleuderkonkurrenz" zwischen den Arbeitnehmern und ihrer wirtschaftlichen Nachteile für die Arbeitnehmerschaft in ihrer Gesamtheit zu begegnen.[90]

In der rechtswissenschaftlichen Literatur war man sich indes bereits zu diesem Zeitpunkt auch der besonderen Aufgabe des Günstigkeitsprinzips im Hinblick auf die Dialektik von Kollektiv und Individuum unter dem Gesichtspunkt der Freiheit des Individuums durchaus bewusst, wie folgende Ausführungen *Sinzheimers* aus dem Jahre 1908 belegen:

> „Man wird ihn [*Anm. d. Verf.*: den zum Auslegungsgrundsatz verfestigten Günstigkeitsgedanken] deshalb bei der Auslegung der Verträge überall anwenden müssen, wenn nicht, was nur in seltenen Fällen geschehen dürfte, in dem Vertrag selbst unzweideutig ein entgegenstehender Wille zum Ausdruck gelangt. Indem die beteiligten Parteien von vornherein diese Auffassung betätigten, haben sie in der glücklichsten Weise die beiden Interessen, einerseits der in Frage kommenden Arbeiterschaft ein gewisses Lebensminimum durch eine allgemeine Regel zu sichern, andererseits aber einen Aufstieg des höherwertigen Individuums im Arbeitsvertrag doch nicht zu hindern, aufs Beste versöhnt – *ein praktischer Versuch der Verbindung von individualistischer und sozialistischer Lebensregelung* [H. d. Verf.]. Damit entfällt der Vorwurf, der vom Standpunkt ... der individuellen Freiheit gegen die Arbeitsnormenverträge immer noch erhoben wird,..."[91]

---

88 GewGer Ludwigshafen, GewKfGer 1911, S. 381; *Sinzheimer*, Der korporative Arbeitsnormenvertrag, II. Teil, S. 60.

89 Die Fokussierung auf den Willen der Tarifvertragsparteien als Kriterium für die Zulässigkeit individualvertraglicher Abweichungen vom Tarifvertrag führte bei einigen Stimmen in der Literatur jedoch auch schon vor Geltung der TVVO zu der Ansicht, dass die Tarifvertragsparteien die entsprechende Tarifregelung ausdrücklich auch als Höchstgrenze vereinbaren konnten mit der Folge eines Ausschlusses auch übertariflicher Individualvereinbarungen, vgl. *Rundstein*, Die Tarifverträge, S. 158f.

90 Vgl. *Rundstein*,, Die Tarifverträge, S. 160/161.

91 *Sinzheimer*, Der korporative Arbeitsnormenvertrag, II. Teil, S. 62 und 63.

Ursächlich für die in dieser Zeit gleichwohl festzustellende Unterordnung des Aspekts der individuellen Freiheit bei der dogmatischen Durchdringung des Günstigkeitsgedankens mögen die präsenten Erfahrungen aus der ersten Phase der Industrialisierung gewesen sein. Dass vor diesem Hintergrund die Frage der individuellen Gestaltungsfreiheit des Einzelnen im Hinblick auf seine privaten Rechtsbeziehungen, seine Würde und seine Persönlichkeitsentfaltung bei der dogmatischen Durchdringung erforderlicher Durchbrechungen der zwingenden Wirkung von Tarifverträgen an den Rand gedrängt wurden, lag umso näher, als der Arbeitnehmer im Sinne des damals geltenden Rechtssystems nicht als ein das eigene Existenzrisiko vorrangig selbst tragendes Individuum begriffen wurde.[92] Vor diesem Hintergrund gewann vielmehr der Ordnungsgedanke an Bedeutung, der namentlich von *Nipperdey* als die Wechselwirkung zwischen Unabdingbarkeit und Günstigkeitsprinzip determinierender Grundsatz hervorgehoben wurde.[93] Der Anwendung des Ordnungsprinzips lag dabei letztlich die Vorstellung zugrunde, die Kollektivnormen dienten unmittelbar der Herstellung einer neuen Ordnung, die nicht auf individualvertraglicher Ebene vereitelt werden dürfe.

Insbesondere *Sinzheimer* wies bereits zu diesem frühen Zeitpunkt der Entwicklung des Günstigkeitsgedankens darauf hin, dass gerade die Beurteilung ob eine bestimmte einzelvertragliche Regelung günstiger sei als die tarifliche Regelung im Einzelfall Probleme bereiten könne.[94] Während die einzelvertragliche Erhöhung des Stundenlohnes gegenüber dem Tarifvertrag unproblematisch als günstiger qualifiziert werden könne, sei beispielsweise die Umwandlung einer Zeitlohnabrede in eine Akkordlohnabrede oder die Verkürzung der tariflichen Kündigungsfrist je nach den Umständen für den Arbeitnehmer nicht eindeutig als günstig oder ungünstig einzustufen. In seinem „Entwurf eines Arbeitstarifgesetzes" von 1916 regte *Sinzheimer* eine typisierende Festlegung der individualvertraglichen Abweichungen vom Tarifvertrag an, die als günstiger einzustufen sein sollten.[95]

---

[92] Vgl. *Heinze*, DB 1996, S. 729 (730): „Vereinfachend ausgedrückt lässt sich sagen, dass der Schutz der Arbeitnehmer sowohl im Arbeits- als auch im Sozialrecht durch das rechtlich verfasste Kollektiv, nicht aber als Individuum in der Gesellschaft erfolgt ist".

[93] Im Rahmen der Besprechung eines Reichgerichtsurteils aus dem Jahre 1925, das unter anderem die Günstigkeit einer individualvertraglichen Abweichung vom Tarifvertrag zum Gegenstand hatte, führte Nipperdey aus: „Zunächst ist immer dann, wenn es zweifelhaft bleibt, ob eine Änderung zugunsten des Arbeitnehmers erfolgt ist, die Abänderung als unzulässig anzusehen. Denn die Bestimmung des § 1, I 2 [d.h. das Günstigkeitsprinzip / Erg. d. Verf.] ist die besonders zu begründende Ausnahme von dem allgemeinen Prinzip, das in erster Linie anzuwenden ist", vgl. *Nipperdey,* NZfA 1926, Sp.193ff. (209).

[94] *Sinzheimer*, Der korporative Arbeitsnormenvertrag, II. Teil, S. 61.

[95] *Sinzheimer*, Arbeitstarifgesetz, S. 114, S. 222 befürwortete hier in seinem Entwurf eines Arbeitstarifgesetzes eine Regelung des Inhalts: „Tarifbestimmungen, die den Lohn oder eine Fürsorge des Arbeitgebers festsetzen, geben das Mindestmaß; Tarifbestimmungen, die die Arbeitszeit oder die Arbeitsleistung regeln, geben das Höchstmaß dieser Leistungen an". Gerade

Auch der Gedanke einer auf dem Willen der Tarifvertragsparteien beruhenden Möglichkeit zur Abweichung von den Normen des Tarifvertrages entwickelte sich bereits zu diesem Zeitpunkt in unmittelbarem Zusammenhang mit der Unabdingbarkeitstheorie. Als Hauptargument für die Zulässigkeit derartiger tariflicher Öffnungsklauseln wurde angeführt, dass die Wirkung des Tarifvertrages nach seinem Sinn und Zweck nicht weiter reichen könne, als von den Tarifvertragsparteien beabsichtigt.[96] Den Tarifvertragsparteien stehe es daher frei, die individualvertragliche Abweichung von den Vereinbarungen des Tarifvertrages ausdrücklich zuzulassen.

II.) Tarifautonomie und Günstigkeitsprinzip im Rahmen der Tarifvertragsverordnung von 1918

Das sogenannte „Stinnes-Legien-Abkommen"[97] vom 15. November 1918[98] erhöhte den Druck auf den Gesetzgeber, das Tarifwesen gesetzlich zu regeln. Das Abkommen beinhaltete in Ziffer 6 eine Vereinbarung, dass „die Arbeitsbedingungen für alle Arbeiter und Arbeiterinnen [...] entsprechend den Verhältnissen des betreffenden Gewerbes durch Kollektivvereinbarungen mit den Berufsvereinigungen der Arbeitnehmer festzusetzen" waren. Auf der Grundlage der rechtswissenschaftlichen Diskussion zur Rechtsdogmatik des Tarifvertrages sowie zahlreicher zum Teil auch aus der Rechtswissenschaft stammender Gesetzesentwürfe[99] begannen die Beratungen über ein Gesetz zur Regelung des Tarifwesens. Das Gesetzgebungsverfahren fand mit dem Erlass der „Verordnung über Tarifverträge, Arbeiter- und Angestelltenausschüsse und Schlichtung von Arbeitsstreitigkeiten" (TVVO)[100] am 23. Dezember 1918 seinen Abschluss.

Nach § 1 Abs.1 Satz 1 und 3 TVVO[101] kam den Normen des Tarifvertrages unmittelbare und zwingende Wirkung zu. Die Regelungen des Tarifvertrages setzten sich

die Tatsache, dass bei einer bestehenden Stundenlohnabrede die Erhöhung der Arbeitszeit auch mit einer Erhöhung des Gesamtlohns verbunden ist zeigt jedoch, dass die Günstigkeitsbeurteilung sich zumindest einer so stark vereinfachenden Typisierung gerade entzieht.

96 *Sinzheimer*, Der korporative Arbeitsnormenvertrag, II. Teil, S. 59; *Rundstein*, Die Tarifverträge, S. 157.

97 Das Abkommen ist nach den am Vertragsschluss beteiligten Vertretern der Verbände, dem Repräsentanten der deutschen Industrie, Hugo Stinnes und dem der Gewerkschaften, Karl Legien, benannt.

98 Abgedruckt in: *Blanke/Erd/Mückenberger/Stascheit*, Kollektives Arbeitsrecht, Bd. 1, S. 181 – 183.

99 Vgl. die Zusammenstellung bei *Sinzheimer*, Arbeitstarifgesetz, Anlagen, S. 239 – 270.

100 RGBl. 1918, S. 1456 – 1467.

101 § 1 I Satz 1 TVVO lautete: „Sind die Bedingungen für den Abschluss von Arbeitsverträgen zwischen Vereinigungen von Arbeitnehmern und einzelnen Arbeitgebern oder Vereinigungen von Arbeitgebern durch schriftlichen Vertrag geregelt (Tarifvertrag), so sind Arbeitsverträge zwischen den beteiligten Personen insoweit unwirksam, als sie von der tariflichen Regelung

gegenüber tarifwidrigen Abweichungen im Arbeitsvertrag durch, die insoweit unwirksam waren, als sie von den Regelungen des Tarifvertrages abwichen. Zum einen hatte damit der Unabdingbarkeitsgrundsatz seine ausdrückliche normative Ausprägung gefunden. Zum anderen war der Gesetzgeber hiermit in grundlegenden Fragen der Ausgestaltung der Wirkungen des Tarifvertrages im wesentlichen der Auffassung *Lotmars*[102] gefolgt. Durch die TVVO wurden die Vereinbarungen des Tarifvertrages unmittelbar Inhalt des jeweiligen Arbeitsverhältnisses und nicht erst durch eine entsprechende Vereinbarung der Arbeitsvertragsparteien.[103]

Gleichzeitig war die Wirkung des Tarifvertrages nicht eindeutig einer der bekannten Formen der Normwirkung zuzuordnen, da eine gesetzliche Normwirkung nach herkömmlichem Verständnis grundsätzlich die Nichtigkeit abweichender Arbeitsverträge gem. §§ 134, 139 BGB zur Folge gehabt hätte. § 1 I S.3 TVVO stellte jedoch sicher, dass abweichende Arbeitsverträge mit dem Inhalt des Tarifvertrages wirksam sein sollten.[104] Sozialpolitischer Hintergrund dieser Ausgestaltung war das Ziel eines möglichst weitgehenden Schutz des Arbeitnehmers, der bei einer Nichtigkeit des Arbeitsvertrages schlechter gestanden hätte als ohne jede Normwirkung des Tarifvertrages.[105] Ferner war es den Tarifvertragsparteien vorbehalten, die unmittelbare und zwingende Wirkung des Tarifvertrages auszuschließen.

Aufgrund der vom Willen der Arbeitsvertragsparteien unabhängigen Wirkung der Regelungen des Tarifvertrages auf das Arbeitsverhältnis nach Maßgabe des § 1 I S. 1 und 3 TVVO setzte sich für die betreffenden Teile des Tarifvertrages früh die Bezeichnung als Tarifnormen durch.[106] Hierauf aufbauend entwickelte *Kaskel* kurz

abweichen."; § 1 I Satz 3 TVVO lautete: „An die Stelle unwirksamer Vereinbarungen treten die entsprechenden Bestimmungen des Tarifvertrages."

102 Vgl. oben unter § 2 I 2 b aa, S. 14f.

103 Insbesondere war die Wirkung der Tarifvertragsnormen auch nicht von einer wie auch immer erteilten Einwilligung oder Genehmigung des Tarifvertrages durch die Arbeitsvertragsparteien abhängig, wie sie zum Teil der Konstruktion der Vertretungstheorie zugrunde gelegt wurde. Die Wirkung von Tarifnormen war nach der TVVO vielmehr unmittelbar an die Mitgliedschaft bei den tarifschließenden Verbänden geknüpft; vgl. § 3 II TVVO: „Beteiligte Personen im Sinne des Abs. 1 sind Arbeitgeber und Arbeitnehmer, die Vertragsparteien des Tarifvertrages oder Mitglieder der vertragschließenden Vereinigungen sind oder die den Arbeitsvertrag unter Berufung auf den Tarifvertrag abgeschlossen haben."

104 *Sitzler*, Die Verordnung über Tarifverträge, Arbeiter- und Angestelltenausschüsse und Schlichtung von Arbeitsstreitigkeiten, GewKfGer 1919, S. 95, 96.

105 *Krummel*, Die Geschichte des Unabdingbarkeitsgrundsatzes und des Günstigkeitsprinzips im Tarifvertragsrecht, S. 69.

106 Vgl. *Kahn-Freund*, Umfang der normativen Wirkung des Tarifvertrages, S. 6f.; *Kaskel*, NZfA 1922, S. 397ff. (Sp. 403); *Nipperdey*, ArbR 1924, S. 554ff. (557); *Potthof*, ArbR 1923, S. 193ff. (194/195); *Jacobi*, Grundlehren des Arbeitsrechts, S. 273 wies hingegen darauf hin, dass die Wirkung des Tarifvertrages nach § 1 I S. 1 und 3 TVVO jedenfalls die Verbandsmitgliedschaft der Arbeitsvertragsparteien voraussetze und daher keinesfalls völlig unabhängig

darauf die auch heute noch geltende Unterteilung des Tarifvertrages in einen obligatorischen und einen normativen Bestandteil.[107] Nach damals überwiegender Auffassung beruhte die normative Wirkung konstruktiv auf einer staatlichen Ermächtigung zur Rechtsetzung durch die TVVO.[108]

1) Die Normierung des Günstigkeitsprinzips in § 1 Abs. I S.2 TVVO

Im Hinblick auf die nun ausdrücklich geregelte normative Wirkung von Tarifverträgen entfachte auch die Diskussion um das Verhältnis zwischen der individuellen Freiheit des Arbeitnehmers und der Rechtsetzungsgewalt des Kollektivs erneut. So beklagte *Hallstein*[109] als Folge der normativen Wirkung von Tarifverträgen eine „Entindividualisierung" der Arbeitsbeziehungen. Die weitreichende Unterordnung des Arbeitsvertrages als privatrechtliches Gestaltungsmittel wurde ferner als „Entthronung des Arbeitsvertrages"[110] und als sichtbarer Rückzug des Individuums gegenüber dem „eisernen Druck des Normativen"[111] gewertet.

Mit der Normierung des aus der rechtswissenschaftlichen Diskussion hervorgegangenen Günstigkeitsgedankens in § 1 I S.2 TVVO[112] sah der Gesetzgeber eine Durchbrechungsmöglichkeit der Unabdingbarkeit von Tarifverträgen vor. Im Gegensatz zu dem in § 1 I S. 1 und 3 TVVO klar formulierten Vorrang des Tarifvertrages gegenüber dem Einzelvertrag war das Günstigkeitsprinzip jedoch lediglich als Auslegungsregel ausgestaltet.[113] Das Günstigkeitsprinzip konnte von den Tarifvertragsparteien im Tarifvertrag ausdrücklich ausgeschlossen werden und stand somit zur Disposition der Tarifvertragsparteien.[114] Machten die Tarifvertragspartei-

---

von deren Willen eintrete. Er befürwortete daher für den Tarifvertrag statt der Bezeichnung „Normenvertrag" die Bezeichnung „kollektiver Schuldvertrag"(vgl. aaO, S. 278).

107 *Kaskel*, NZfA 1922, S. 397ff. (Sp. 399).

108 Die Frage kann auch heute noch als nicht abschließend geklärt gelten, vgl. die ausführliche Darstellung zu der Entwicklung und den Grundpositionen der Diskussion bei *Hinz*, Tarifhoheit und Verfassungsrecht, S. 33ff.

109 *Hallstein*, SJZ, 1946, S. 1ff. (2, rechte Spalte oben).

110 So der Titel des Beitrags von *Potthoff*, NZfA 1931, Sp. 283ff., (284f.), der diese Entwicklung jedoch ausdrücklich begrüßte.

111 So *Hedemann*, Das bürgerliche Recht und die neue Zeit, (1919), S. 13.

112 § 1 I S. 2 TVVO lautete: „Abweichende Vereinbarungen sind jedoch wirksam, soweit sie im Tarifvertrag grundsätzlich zugelassen sind, oder soweit sie eine Änderung der Arbeitsbedingungen zugunsten des Arbeitnehmers enthalten und im Tarifvertrag nicht ausdrücklich ausgeschlossen sind."

113 *Hueck*, Das Tarifrecht, S. 60; *Jacobi*, Grundlehren des Arbeitsrechts, S. 232.

114 *Hueck*, Das Tarifrecht, S. 60; *Jacobi*, Grundlehren des Arbeitsrechts, S. 232; *Richardi*, Kollektivgewalt und Individualwille, S. 361.

en von dieser Möglichkeit Gebrauch[115], so wirkten die Tarifvertragsnormen nicht nur als Mindestsätze, sondern auch als zwingende Höchstsätze.[116]

Die auch in der vorausgegangenen Diskussion bereits hervorgehobene Aufgabe des Günstigkeitsprinzips als einer Beschränkung der Kollektivmacht im Hinblick auf die individuelle Vertragsfreiheit blieb insoweit unberücksichtigt. Darüber hinaus ließ die dispositive Ausgestaltung des Günstigkeitsprinzips in § 1 I S.2 TVVO jedoch auch der Erwägung keinen Raum, dass man mit dem Günstigkeitsprinzip gerade die Fälle erfasse, in denen der Arbeitnehmer seine Vertragsfreiheit augenscheinlich zu seinem Vorteil ausüben könne und damit ein schützenswerter Bereich realer individueller Vertragsgestaltungsfreiheit vorliege. Sowohl diesen Erwägungen als auch dem einfachen Gedanken „dass aus Schutz nicht Schaden werden dürfe“[117] und daher stets die günstigere Vereinbarung gelten müsse, trug § 1 I S. 2 TVVO insoweit nicht Rechnung, als die Tarifvertragsparteien das Günstigkeitsprinzip abbedingen und die Vereinbarungen des Tarifvertrages somit als zwingende Höchstnormen ausgestalten konnten.

Gesellschaftspolitische Erwägungen und die Sorge vor einem Machtverlust der Gewerkschaften durch konkurrierende Betriebsräte prägten diese dispositive Ausgestaltung des Günstigkeitsprinzips in § 1 I S. 2 TVVO und führten dazu, dass die Begrenzung der Tarifmacht zugunsten der Freiheit des Individuums aus dem Blickfeld geraten war.[118]

2) Die Diskussion um die Maßstäbe des Günstigkeitsvergleichs

Die Diskussion um das Günstigkeitsprinzip konzentrierte sich nach Inkrafttreten der TVVO bald auf die Frage, nach welchen Maßstäben der Günstigkeitsvergleich im Einzelfall vorzunehmen sein sollte. Grundlegende Weichenstellung war die Frage, ob beim Günstigkeitsvergleich ein kollektiver oder ein individueller Vergleichsmaßstab Anwendung finden sollte.

---

115 Dass von dieser Möglichkeit auch Gebrauch gemacht wurde zeigt das Beispiel RAG, Bensh-Samml., Bd. 12, S. 11ff. sowie ein Reichstarifvertrag der deutschen Flaschenindustrie aus dem Jahre 1920, in dem es lautete: „Der Vertrag macht alle Sonderabreden, gleichgültig, ob sie dem Beteiligten ein Mehr oder Weniger zugestehen, und gleichgültig, wann sie getroffen sind, null und nichtig“; abgedruckt bei *Nipperdey*, Beiträge zum Tarifrecht, S. 8, Anm. 11b.

116 *Potthof*, NZfA 1929, Sp. 95ff. (96); *Th. B. Schmidt*, Günstigkeitsprinzip, S. 31.

117 Vgl. schon oben unter § 2 I 2 b cc, S. 16f.

118 So auch *Belling*, Günstigkeitsprinzip, S. 37; *Magis*, Günstigkeitsprinzip, S. 16.

a) Die Auffassung vom kollektiven Günstigkeitsmaßstab

Nach einer zu dieser Zeit von der Rechtsprechung[119] und Teilen der Literatur[120] vertretenen Auffassung sollte für den Günstigkeitsvergleich das Interesse der Gesamtarbeitnehmerschaft maßgeblich sein.

Dies folge aus dem Wesen des Tarifvertrages, der als Kollektivvereinbarung nicht die Verfolgung der Interessen einzelner Arbeitnehmer, sondern der Gesamtheit aller Arbeitnehmer zum Ziel habe. Ziel des Tarifvertrages sei es, durch eine möglichst weitgehende Festlegung einheitlicher Arbeitsbedingungen für alle Arbeitnehmer der Unterlegenheit der Arbeitnehmer gegenüber dem Arbeitgeber sowie ihrer wirtschaftlichen Folgen entgegenzuwirken. Dem Ziel der Vermeidung einer Unterbietungsspirale zwischen den Arbeitnehmern widerspreche es jedoch, wenn man durch die Berücksichtigung der Interessen einzelner Arbeitnehmer zur Zulässigkeit für den Einzelnen günstigerer Arbeitsbedingungen gelange und damit wieder eine uneinheitliche Lohnstruktur zulasse.[121] Der einzelne Arbeitnehmer, der auf diese Weise günstigere Arbeitsbedingungen erlangen könnte, müsse die Unterbietung durch andere Arbeitnehmer fürchten und daher zur Sicherung seiner Existenz auf derartige Forderungen häufig verzichten. Um einem derartigen Unterbietungswettkampf vorzubeugen sei daher vom Gesamtinteresse der Arbeitnehmerschaft und nicht von dem Interesse des Einzelnen auszugehen.[122] Soweit die Abweichung zum Tarifvertrag zwar für den Einzelnen vorteilhaft sei, den Interessen der Gesamtarbeitnehmerschaft aber zuwider laufe, sei daher letzteres entscheidend und führe zu einer negativen Günstigkeitsbeurteilung.[123]

aa) Die einzelvertragliche Verlängerung tarifvertraglicher Höchstarbeitszeiten

Die den kollektiven Günstigkeitsvergleich befürwortende Auffassung kam auf der Grundlage dieser Argumentation für den Fall einer einzelvertraglichen Verlängerung tarifvertraglich festgelegter Höchstarbeitszeiten zu dem Ergebnis, dass diese

---

[119] RG, JW 1927, S. 241ff. (242); Sächs. OVG, NZfA 1927, Sp. 184f. (185); GewGer Oberlahnstein, GewKfGer 1924, S. 46f. (47); LG Bautzen, NZfA 1925, 553f. (554).

[120] *Baum*, Das Recht des Arbeitstarifvertrages in der sozialistischen Republik, JW 1919, S. 70ff. (72); *Hueck*, Die Vereinbarung untertariflicher Löhne zur Verhütung der Arbeitslosigkeit, in: SchlichtW 1924, S. 183 (184f.); *ders.* , Das Tarifrecht, S. 61; *Joerges*, SchlichtW 1926, S. 83ff. (83/84).

[121] *Hueck*, SchlichtW 1924, S. 183ff. (184f.).

[122] *Ehlers*, „Unabdingbarkeit" und Wirtschaftskrise, GewKfGer 1926, S. 495f. (497); *Hueck*, SchlichtW 1924, S. 183ff. (185); *ders.*, Das Tarifrecht, S. 61.

[123] RG, JW 1927, S. 241ff. (242); *Hueck*, Das Recht des Tarifvertrages unter besonderer Berücksichtigung der Verordnung vom 23. Dezember 1918, S. 119/120.

generell als ungünstiger im Sinne des § 1 I S.2 TVVO einzustufen sei, auch wenn der Arbeitnehmer in Folge der Mehrarbeit einen höheren Verdienst erziele.[124]

Zwar sei die Erhöhung des Verdienstes als solches für den einzelnen Arbeitnehmer vorteilhaft. Dem Interesse der Gesamtarbeitnehmerschaft widerspreche es jedoch, wenn der Tarifvertrag bezüglich so wesentlicher Regelungsgegenstände wie der Lohnhöhe und der Arbeitszeiten durch Einzelabreden seiner Wirkung beraubt werde. Die Festlegung von Höchstarbeitszeiten in Tarifverträgen sei gerade im Hinblick auf vorausgegangene Forderungen der Arbeitnehmerschaft nach einer Arbeitszeitverkürzung erfolgt und belege, dass die Arbeitszeitverkürzung dem Interesse der Gesamtheit der Arbeitnehmer entspreche. Die einzelvertragliche Verlängerung tarifvertraglicher Höchstarbeitszeiten stelle eine Verletzung dieses Gesamtinteresses der Arbeitnehmerschaft dar[125] und sei selbst dann unzulässig, wenn diese dem Arbeitnehmer im Einzelfall wünschenswert erscheine.[126]

bb) Die einzelvertragliche Vereinbarung untertariflicher Löhne

Zu unterschiedlichen Ergebnissen kamen die Vertreter der Auffassung vom kollektiven Günstigkeitsvergleich hingegen bezüglich der Zulässigkeit der einzelvertraglichen Vereinbarung untertariflicher Löhne.

aaa) Zulässigkeit untertariflicher Lohnabreden im Einzelvertrag

Teile der Rechtsprechung gingen in einzelnen Entscheidungen aufgrund besonderer Umstände des Falles von einer Zulässigkeit einer untertariflichen Lohnabrede im Einzelvertrag aus. So hatte das Gewerbegericht Oberlahnstein im Jahre 1924 über einen Fall[127] zu entscheiden, bei dem eine Grube wegen Unwirtschaftlichkeit stillgelegt worden war. Die ehemaligen Arbeiter der Grube waren auf Arbeitslosenunterstützung angewiesen, die jedoch auf lange Sicht zur Bestreitung des Lebensnotwendigen nicht ausreichte. Die Arbeiter erklärten sich zu einer untertariflich entlohnten Arbeit in der Grube bereit und erreichten so die Wiederinbetriebnahme der Grube. Das Gewerbegericht Oberlahnstein stufte die arbeitsvertragliche Vereinbarung aufgrund der erreichten Wiederaufnahme des Betriebs der Grube und der Be-

---

124 RG, JW 1927, S. 241 (242); *Baum,* Das Recht des Arbeitstarifvertrages in der sozialistischen Republik, JW 1919, S. 70ff. (72); *Hueck*, Das Recht des Tarifvertrages unter besonderer Berücksichtigung der Verordnung vom 23. Dezember 1918, S. 120.

125 RG JW 1927, S. 241ff. (242); *Hueck*, Das Recht des Tarifvertrages unter besonderer Berücksichtigung der Verordnung vom 23. Dezember 1918, S. 120.

126 *Baum,* Das Recht des Arbeitstarifvertrages in der sozialistischen Republik, JW 1919, S. 70ff. (72); *Hueck*, Das Recht des Tarifvertrages unter besonderer Berücksichtigung der Verordnung vom 23. Dezember 1918, S. 120.

127 GewGer Oberlahnstein, GewKfGer 1924, S. 46 (47).

schäftigung der Arbeiter – wenn auch zu untertariflichen Löhnen – als günstiger im Sinne des § 1 I S. 2 TVVO ein.[128]

Das Landgericht Bautzen hatte über einen ähnlichen Fall[129] zu entscheiden, bei dem eine ganze Betriebsabteilung stillgelegt worden war. Eine Wiederaufnahme des Betriebes der Abteilung war auch hier dem Arbeitgeber nur bei einem Lohn von 0,35 RM statt des Tariflohnes von 0,45 RM wirtschaftlich möglich. Das LG Bautzen argumentierte, dass die Lage der betroffenen Arbeitnehmer nur durch die Schaffung einer Arbeits- und Verdienstmöglichkeit verbessert werden konnte. Ein wirtschaftlicher Betrieb der Abteilung ohne die Gefahr einer baldigen erneuten Schließung sei jedoch nur zu untertariflichen Löhnen möglich gewesen. Die Vereinbarung der untertariflichen Entlohnung sei daher aufgrund der Umstände des Falles als günstiger im Sinne des § 1 I S.2 TVVO einzustufen.[130]

Einer anderen Entscheidung des Gewerbegerichts Königsberg[131] lag der Sachverhalt zugrunde, dass es bei einem verarbeitenden Betrieb zu Engpässen bei der Rohstoffversorgung und daraus folgend zu einem Rückgang des Bedarfs an Arbeitskraft gekommen war. Angesichts der drohenden Entlassungen beurteilte das Gericht die Vereinbarung untertariflicher Löhne als günstiger, wenn hierdurch die Gesamtheit des Betriebes – wenn auch zu geringeren Löhnen – weiterbeschäftigt werden könne.

bbb) Die prinzipielle Unzulässigkeit untertariflicher Lohnabreden im Einzelvertrag

Andere Teile der Rechtsprechung[132] und der Literatur[133] vertraten hingegen auf der Grundlage des kollektiven Günstigkeitsvergleichs die Auffassung, dass die einzelvertragliche Vereinbarung untertariflicher Löhne für den Arbeitnehmer niemals als günstiger im Sinne des § 1 I S.2 TVVO einzustufen und daher stets unzulässig sei.

Auch der Umstand, dass ein Unternehmen sich in einer wirtschaftliche Krise außerstande sehen könne, einzelne Arbeitnehmer zu tariflichen Bedingungen zu beschäftigen und diese daher entlassen müsste, könne die einzelvertragliche Absenkung des Lohns unter das Tarifniveau nicht rechtfertigen.

---

[128] GewGer Oberlahnstein, GewKfGer 1924, S. 46 (47).
[129] LG Bautzen, NZfA 1925, S. 553f. (554).
[130] LG Bautzen, NZfA 1925, S. 553f. (554).
[131] GewGer Königsberg i.Pr., GewKfGer 1921, S. 88 (90).
[132] SächsOVG NZfA 1927, S. 184f. (185).
[133] *Baum*, Das Recht des Arbeitstarifvertrages in der sozialistischen Republik, JW 1919, S. 70ff. (72); *Hueck*, Das Recht des Tarifvertrages unter besonderer Berücksichtigung der Verordnung vom 23. Dezember 1918, S. 120; *ders.*, SchlichtW 1924, S. 183ff. (184).

Die Sonderbehandlung einzelner Arbeitnehmer eines Betriebes, die bei tariflicher Entlohnung nicht weiter beschäftigt werden könnten, verbiete sich schon im Hinblick auf den maßgeblichen kollektiven Günstigkeitsmaßstab und den hieraus folgenden Schutz der Interessen der Gesamtarbeitnehmerschaft des Betriebes.[134]

Entsprechendes gelte jedoch auch im Fall der drohenden Schließung ganzer Betriebe. Der kollektive Günstigkeitsmaßstab stelle nicht auf die Interessen der gesamten Belegschaft eines einzelnen Betriebes, sondern auf das Gesamtinteresse aller unter die Geltung des Tarifvertrages fallenden Arbeitnehmer ab. Auch der Betrieb sei jedoch im Verhältnis zu dieser Gesamtheit der am Tarifvertrag beteiligten Arbeitnehmer nur eine Minderheit, deren Interessen aufgrund des kollektiven Günstigkeitsmaßstabs nicht ausschlaggebend seien.[135] Zudem berge die Absenkung der Löhne die Gefahr eines Unterbietungswettkampfes zwischen den Arbeitnehmern eines bzw. verschiedener Betriebe, die insgesamt zu einem Absinken des Lohnniveaus führen könne und auch insoweit nie den Interessen der am Tarifvertrag beteiligten Gesamtarbeitnehmerschaft entspreche.[136]

cc) Die vom Tarifvertrag abweichende Vereinbarung kürzerer Arbeitszeiten

Von der konsequenten Anwendung des kollektiven Günstigkeitsmaßstabs rückten die Vertreter dieser Auffassung allerdings für den Fall der einzelvertraglichen Verkürzung der Arbeitszeit gegenüber dem Tarifvertrag wieder ab. Die einzelvertragliche Verkürzung der Arbeitszeit oder der einzelvertragliche Ausschluss nach dem Tarifvertrag an sich zulässiger Überstundenarbeit lasse nach dieser Ansicht das Interesse der Gesamtarbeitnehmerschaft unberührt. Daher sei hier ausschließlich das Sonderinteresse des betroffenen Arbeitnehmers maßgeblich.[137]

Bei der Beurteilung sei zu berücksichtigen, dass die Arbeitszeitverkürzung mit dem Nachteil eines entsprechenden Verdienstrückgangs des Arbeitnehmers verbunden sei, andererseits jedoch im Hinblick auf etwaige Nebenbeschäftigungen oder die Wahrung der eigenen Gesundheit auch Vorteile bieten könne. Nach den konkreten Umständen und den spezifischen Sonderinteressen des betroffenen Arbeitnehmers sei daher im Einzelfall zu ermitteln, ob die einzelvertragliche Abweichung im Hinblick auf diese Faktoren als für den Arbeitnehmer günstiger im Sinne des § 1 Abs. I S. 2 TVVO zu beurteilen sei. Dies sei anzunehmen, wenn die Änderung der Ar-

[134] SächsOVG, NZfA 1927, S. 184f. (185).
[135] *Hueck*, SchlichtW 1924, S. 183 (184).
[136] *Hueck*, Das Recht des Tarifvertrages unter besonderer Berücksichtigung der Verordnung vom 23. Dezember 1918, S. 120/121.
[137] *Hueck*, Das Recht des Tarifvertrages unter besonderer Berücksichtigung der Verordnung vom 23. Dezember 1918, S. 121.

beitsbedingungen nicht das Interesse der Gesamtheit verletze und im Interesse gerade des betreffenden Arbeitnehmers liege.[138]

b) Die Auffassung vom individuellen Günstigkeitsmaßstab

Eine andere Auffassung lehnte hingegen die Lehre vom kollektiven Günstigkeitsmaßstab ab und stellte im Rahmen des Günstigkeitsvergleichs nach Maßgabe des § 1 I S. 2 TVVO allein auf das individuelle Interesse des betroffenen Arbeitnehmers ab.[139]

Schon dem Wortlaut nach verlange § 1 I S.2 TVVO, dass die einzelvertragliche Abweichung zugunsten „des Arbeitnehmers“ erfolgen müsse, nicht jedoch zugunsten „der Arbeitnehmerschaft“,[140] so dass die Anwendung eines individuellen Günstigkeitsmaßstabs und eine ausschließliche Berücksichtigung der Interessen des betroffenen Arbeitnehmers geboten sei.[141] Bei dem Günstigkeitsprinzip handele es sich nicht – wie verbreitet in der Literatur vertreten – um eine Ausnahme von der Unabdingbarkeit, sondern um einen Vorbehalt zugunsten der individuellen Vertragsfreiheit der Parteien des Arbeitsvertrages.[142]

Die Anwendung eines kollektiven Günstigkeitsmaßstabes könne auch nicht aus dem Wesen des Tarifvertrages als Kollektivvereinbarung gefolgert werden. Das Günstigkeitsprinzip in § 1 I S. 2 TVVO trage nach seinem Wortlaut rein individuellen Charakter und habe gerade die Funktion, individuelle Abweichungen von der Kollektivvereinbarung zu ermöglichen. Ein unmittelbarer Einfluss dieser Abweichungen auf die Arbeitsverhältnisse anderer Arbeitnehmer komme gar nicht in Betracht, da die einzelvertragliche Abweichung den Inhalt der übrigen Arbeitsverhältnisse gar nicht berühre.

Verfehlt sei auch das Argument einer Beeinträchtigung kollektiver Interessenverfolgung unter dem Gesichtspunkt, dass sich insbesondere übertariflich entlohnte Arbeitnehmer möglicherweise an der Durchsetzung einer Tariflohnerhöhung nicht oder nicht mehr in gleichem Umfang beteiligen würden.[143] Der Günstigkeitsvergleich würde so zunehmend auf spekulativen Wertungen basieren, wohingegen der

---

138 *Hueck*, Das Recht des Tarifvertrages unter besonderer Berücksichtigung der Verordnung vom 23. Dezember 1918, S. 121.

139 *Balz*, Grenzen der Unabdingbarkeit von Tarifverträgen, S. 29; *Jacobi*, Grundlehren des Arbeitsrechts, S. 233, Fn. 29; *Nipperdey*, Beiträge zum Tarifrecht, S. 9.

140 *Balz*, Grenzen der Unabdingbarkeit von Tarifverträgen, S. 26.

141 *Balz*, Grenzen der Unabdingbarkeit von Tarifverträgen, S. 26; *Jacobi*, Grundlehren des Arbeitsrechts, S. 233, Fn. 29; *Nipperdey*, Beiträge zum Tarifrecht, S. 9.

142 *Jacobi*, Grundlehren des Arbeitsrechts, S. 232/233; *Nipperdey*, Beiträge zum Tarifrecht, S. 9/10.

143 *Nipperdey*, Beiträge zum Tarifrecht, S. 10.

Wortlaut des § 1 I S.2 TVVO einen individuellen Günstigkeitsvergleich anhand der konkreten Arbeitsbedingungen vorsehe.

Gegen den individuellen Charakter des § 1 I S.2 TVVO könne ferner nicht der Umstand geltend gemacht werden, dass den Tarifvertragsparteien nach dem Gesetz die Möglichkeit offen stehe, das Günstigkeitsprinzip abzubedingen. Gerade weil das Gesetz dem Unabdingbarkeitsgrundsatz und damit dem kollektiven Willen im Rahmen der Tarifvertragsverordnung einen so hohen Stellenwert einräume, müsse die Durchbrechung dieser Unabdingbarkeit in Form des Günstigkeitsprinzips – soweit dessen Anwendung nicht ohnehin tarifvertraglich ausgeschlossen sei – als eine Öffnung des Tarifvertrages zugunsten der individuellen Vertragsfreiheit verstanden werden.[144]

aa) Die einzelvertragliche Verlängerung tarifvertraglicher Höchstarbeitszeiten

Auf der Grundlage des individuellen Günstigkeitsmaßstabes stufte diese Auffassung die einzelvertragliche Verlängerung tarifvertraglicher Höchstarbeitszeiten als günstiger im Sinne des § 1 I S.2 TVVO ein, soweit diese Abweichung tatsächlich dem individuellen Interesse des Arbeitnehmers entspreche.[145]

Dem könne auch nicht entgegengehalten werden, dass durch derartige Vereinbarungen der Tarifvertrag hinsichtlich des wesentlichen Regelungsgegenstandes der Arbeitszeiten seiner Wirkung beraubt werde, da § 1 I S.2 TVVO diese gegebenenfalls auch vielfache Durchbrechung des Tarifvertrages ausdrücklich und auch nur unter der strengen Voraussetzung zulasse, dass diese dem Interesse des Arbeitnehmers entspreche. Die dadurch erreichte interessengerechte Ausgestaltung des Arbeitsverhältnisses im Einzelfall gebiete es, die Durchbrechung des Tarifvertrages hinzunehmen.[146]

bb) Die einzelvertragliche Vereinbarung untertariflicher Löhne

Bezüglich der einzelvertraglichen Vereinbarung untertariflicher Löhne kam namentlich *Nipperdey* als einer der stärksten Verfechter des individuellen Günstigkeitsmaßstabs für den Fall der einzelvertraglichen Vereinbarung untertariflicher Löhne zu dem Ergebnis, dass diese unter keinen Umständen als günstiger im Sinne des § 1 I S.2 TVVO qualifiziert werden könne.[147]

---

[144] *Nipperdey*, Beiträge zum Tarifrecht, S. 10; zustimmend *Jacobi*, Grundlehren des Arbeitsrechts, S. 233, Fn. 29.

[145] *Nipperdey*, Beiträge zum Tarifrecht, S. 10/11.

[146] *Nipperdey*, Beiträge zum Tarifrecht, S. 11.

[147] *Nipperdey*, Beiträge zum Tarifrecht, S. 12; dem folgend *Jacobi*, Grundlehren des Arbeitsrechts, S. 233, Fn.29.

Im Hinblick auf seine Ablehnung des kollektiven Vergleichmaßstabs begründete *Nipperdey* diesen Standpunkt folgerichtig nicht mit der drohenden Gefahr einer Herabsenkung des Lohnniveaus und einer somit drohenden Verletzung der Interessen der Gesamtarbeitnehmerschaft. Maßgeblich sei nach *Nipperdey* vielmehr die sich aus § 1 I S.2 TVVO ergebende Beschränkung des Günstigkeitsvergleichs auf unmittelbar im Arbeitsverhältnis begründete Vergleichsgegenstände. Die Möglichkeit der Rettung des Arbeitsplatzes oder ganzer Betriebe durch untertarifliche Entlohnung in Krisenzeiten des Unternehmens könne das Günstigkeitsurteil nicht rechtfertigen, da dieser Umstand in den Günstigkeitsvergleich von vornherein nicht einbezogen werden dürfe. Vielmehr seien ausschließlich die tariflichen Arbeitsbedingungen mit den in der einzelvertraglichen Vereinbarung vorgesehenen Arbeitsbedingungen zu vergleichen.[148] Im Falle des drohenden Verlustes des Arbeitsplatzes oder der drohenden Schließung ganzer Betriebe sei nicht die Situation der Arbeitslosigkeit und der Angewiesenheit auf eventuell unzureichende Arbeitslosenunterstützung mit der Situation einer Beschäftigung bei untertariflichem Lohn zu vergleichen, sondern allein der tarifliche mit dem einzelvertraglich vereinbarten untertariflichen Lohn.[149] Der untertarifliche Lohn wirke sich jedoch unmittelbar zuungunsten des Arbeitnehmers aus und könne daher nie die Voraussetzungen des § 1 I S.2 TVVO erfüllen.[150]

Die kollektive Lohnfindung auf der Grundlage der Tarifvertragsverordnung ziele gerade darauf ab, Arbeitsbedingungen weitestgehend unabhängig von temporären wirtschaftlichen Krisen und Schwankungen festzulegen. Die Berücksichtigung des Arbeitsplatzverlustes als Vergleichskriterium gefährde jedoch dieses Ziel kollektiver Lohnfindung.[151]

c) Die vermittelnde Ansicht des Reichsarbeitsgerichts und von Teilen der Literatur

Das Reichsarbeitsgericht[152] sowie Teile der Literatur[153] vertraten im Hinblick auf den Vergleichsmaßstab im Rahmen des Günstigkeitsprinzips einen vermittelnden

---

[148] Hiergegen *Hueck*, SchlichtW 1924, S. 183ff. (184): Die Unterscheidung zwischen unmittelbaren Begünstigungen wie der Lohnhöhe, und mittelbaren wie etwa dem Arbeitsplatzerhalt, sei rein formalistisch und nicht aus der Interessenlage, sondern allenfalls aus dem Wortlaut des § 1 I S. 2 TVVO ableitbar.

[149] *Jacobi*, Grundlehren des Arbeitsrechts, S. 233, Fn. 29.

[150] *Nipperdey*, Beiträge zum Tarifrecht, S. 12.

[151] *Nipperdey*, Die Rechtsprechung des Reichsgerichts zum Tarifrecht (1919-1925), NZfA 1926, S. 193f. (212).

[152] RAG, BenshSamml 2, S. 1ff. (4); RAG BenshSamml 3, S. 125ff. (127).

[153] *Sitzler/Goldschmidt*, Tarifvertragsrecht, 1929, Anm. 5 b) zu § 1 TVVO.

Standpunkt, der sowohl Elemente des kollektiven als auch des individuellen Günstigkeitsmaßstabs in sich vereinte.

Im Hinblick auf die Vergleichsgegenstände folgte die Auffassung im wesentlichen den Ausführungen *Nipperdeys* und beschränkte die Vergleichsgegenstände auf die sich unmittelbar aus dem Tarifvertrag und aus dem Arbeitsvertrag ergebenden Arbeitsbedingungen des individuell betroffenen Arbeitnehmers. Die Gefahr des Arbeitsplatzverlustes und die Angewiesenheit auf Arbeitslosenunterstützung sowie auch deren Höhe seien Kriterien, die gerade von einem vertragslosen Zustand ausgingen und daher im Günstigkeitsvergleich keine Berücksichtigung finden dürften.[154] Anders als nach der Auffassung vom individuellen Günstigkeitsmaßstab könne ferner nach dieser Auffassung auf einer zweiten Ebene eine Beurteilung nach dem Interesse der Gesamtarbeitnehmerschaft in Betracht kommen, sofern nach der primär vorzunehmenden individuellen Günstigkeitsbeurteilung die Günstigkeit der einzelvertraglichen Abweichung vom Tarifvertrag zweifelhaft geblieben sei.[155]

Folgerichtig kam diese Auffassung wie auch *Nipperdey* in einem Fall, in dem das tarifliche Monatsgehalt zur Rettung des Arbeitsplatzes einzelvertraglich unter das Tarifniveau gesenkt worden war, aufgrund der Beschränkung des Vergleichs auf sich unmittelbar aus Arbeits- bzw. Tarifvertrag ergebende Arbeitsbedingungen zu dem Ergebnis, dass diese ohne weiteres als ungünstiger im Sinne des § 1 I S.2 TVVO zu qualifizieren sei.[156] Einer sekundär vorzunehmenden Beurteilung nach dem Interesse der Gesamtarbeitnehmerschaft bedurfte es damit nicht mehr. Auch nach dieser Auffassung war vielmehr die einzelvertragliche Vereinbarung eines untertariflichen Lohnes unabhängig von deren Zweck oder den weiteren Umständen stets ungünstiger im Sinne des § 1 I S.2 TVVO und damit unzulässig.

3) Die Diskussion um einen objektiven oder subjektiven Beurteilungshorizont

Als Erkenntnisquelle für die zur Zeit der Tarifvertragsverordnung vorherrschende Sicht des Verhältnisses von kollektiver Lohnfindung und individueller Vertragsfreiheit ist auch die damalige Diskussion von Bedeutung, ob die Günstigkeitsbeurteilung nach der Anschauung des betroffenen Arbeitnehmers, d.h. von einem subjektiven Beurteilungshorizont, oder nach objektiven Kriterien zu erfolgen habe.

---

[154] RAG, BenshSamml 2, S. 1ff. (4); RAG BenshSamml 3, S. 125ff. (127).

[155] RAG, BenshSamml 2, S. 1ff. (4); *Sitzler/Goldschmidt*, Tarifvertragsrecht, 1929, Anm. 5) b) zu § 1 TVVO.

[156] RAG, BenshSamml 2, S. 1ff. (4).

a) Die Auffassung vom Vorrang des subjektiven Beurteilungshorizonts

Nach einer in der Literatur vertretenen Auffassung[157] sollte die individuelle Anschauung des betroffenen Arbeitsnehmers jedenfalls dann für die Beurteilung vorrangig und maßgeblich sein, wenn sich die einzelvertragliche Abweichung aufgrund sowohl vorteilhafter als auch nachteiliger Wirkungen einer Beurteilung nach objektiven Maßstäben entziehe.

Zwar lege der Wortlaut des § 1 I S.2 TVVO nahe, dass für den Günstigkeitsvergleich grundsätzlich die objektive Sachlage maßgeblich sein solle. Soweit die einzelvertragliche Regelung dem Arbeitnehmer im Vergleich zum Tarifvertrag jedoch sowohl Vorteile als auch Nachteile biete, lasse jedoch eine nach objektiven Maßstäben ausgerichtete Beurteilung die erforderliche Gewichtung der verschiedenen Wirkungen der Regelung im Einzelfall nicht zu. Wegen der Verschiedenheit der Vergleichgegenstände müsse in derartigen Fällen vielmehr vorrangig auf die persönliche Sicht des Arbeitnehmers bzw. der Gesamtarbeitnehmerschaft abgestellt werden, sofern auch deren Interessen betroffen seien.[158]

Insbesondere für den Fall einer einzelvertraglichen Verkürzung der Arbeitszeit gegenüber dem Tarifvertrag müsse die persönliche Sicht des Arbeitnehmers den Ausschlag geben, da insoweit in den meisten Fällen eine einzelfallunabhängige Beurteilung nicht möglich sei. Beurteile der Arbeitnehmer die einzelvertragliche Abweichung trotz des mit der Arbeitszeitverkürzung einhergehenden Lohnverlustes insgesamt als seinem Interesse entsprechend, so müsse sich diese Beurteilung durchsetzen.[159] Als Begründung wurde neben der Unzulänglichkeit objektiver Beurteilungsmaßstäbe in derartigen Fällen auch geltend gemacht, dass sich die Aufgabe des Tarifvertrages darauf beschränke, den einzelnen Arbeiter vor der wirtschaftlichen Überlegenheit des Arbeitgebers zu schützen und zu verhindern, dass dieser sich unter dem Druck wirtschaftlicher Not auf ungünstigere Arbeitsbedingungen einlasse.

b) Die Auffassung vom Vorrang des objektiven Beurteilungshorizonts

Andere Teile der Literatur[160] vertraten hingegen die Auffassung, der Günstigkeitsbeurteilung sei ein objektiver Maßstab zugrunde zu legen, der aus dem Zweck der tariflichen Regelung und der Verkehrsanschauung zu ermitteln sei.

---

[157] *Hueck*, Das Tarifrecht, S. 62/63; *ders.*, Das Recht des Arbeitsvertrages unter besonderer Berücksichtigung der Verordnung vom 23. Dezember 1918, S. 121.

[158] *Hueck*, Das Recht des Arbeitsvertrages, S. 121.

[159] *Hueck*, aaO, S. 122: „...wird man als maßgebend zu erachten haben, was die Arbeiter selbst für erstrebenswert halten".

[160] *Nipperdey*, Beiträge zum Tarifrecht, S. 12/13.

Die von *Hueck* vorgeschlagene Heranziehung der Anschauung eines bestimmten Berufskreises statt der Verkehrsanschauung der Gesamtheit berge die Gefahr in sich, dass das Interesse der Gesamtarbeitnehmerschaft durch eigensüchtige Gewerkschaftsinteressen beeinflusst sein könne, was die in § 1 I S.2 TVVO beabsichtigte unparteiische Nachprüfung des Einzelfalls in Frage stelle. Der grundsätzliche Vorrang des objektiven Beurteilungshorizonts sei geboten, um den Arbeitnehmer im Fall einer objektiv ungünstigen Abrede vor sich selbst zu schützen.[161]

4) Die Diskussion um die Zulässigkeit eines Verzichts auf den Tariflohn

Die Tarifvertragsverordnung von 1918 beinhaltete keine ausdrückliche Regelung der Möglichkeit des arbeitnehmerseitigen Verzichts auf den Tariflohn. Da die Möglichkeit eines solchen Verzichts auf den Tariflohn in gleicher Weise geeignet erschien, die Wirkung des Tarifvertrages zu beinträchtigen, wie eine vom Tarifvertrag zu seinem Nachteil abweichende Lohnvereinbarung, war die Zulässigkeit eines derartigen Verzichts in Rechtsprechung und Literatur höchst umstritten.

a) Die Auffassung von der Zulässigkeit des individuellen Verzichts auf den Tariflohn

Die Rechtsprechung[162] und Teile der Literatur[163] vertraten zur Zeit der Tarifvertragsverordnung von 1918 den Standpunkt, dass der individuelle Verzicht des Arbeitnehmers auf seinen Tariflohn zumindest für bereits entstandene Lohnansprüche, d.h. für die Vergangenheit, prinzipiell zulässig sei.

Die Auffassung stützte sich zunächst darauf, dass der Verzicht in § 397 BGB ausdrücklich geregelt sei. Mangels einer ausdrücklichen Regelung in der Tarifvertragsordnung bezüglich der Unzulässigkeit eines Verzichts sei auch im Bezug auf tarifliche Lohnansprüche insoweit von einer Zulässigkeit des Verzichts zumindest für die Vergangenheit auszugehen. Auch aus der in § 1 I TVVO geregelten Unabdingbarkeit von Tarifverträgen könne die Unzulässigkeit eines Verzichts auf bereits entstandene Lohnansprüche nicht gefolgert werden.[164] Die aus dem Unabdingbarkeitsgrundsatz folgende Bindung der Parteien des Arbeitsvertrages erstrecke sich nur auf den Abschluss des Arbeitsvertrages und seine inhaltlich tarifvertragskonforme Ausgestaltung, nicht jedoch auf die Verfügung über die aus dem Arbeitsver-

---

[161] *Nipperdey*, Beiträge zum Tarifrecht, S. 13/14.

[162] RG, JW 1927, S. 241ff. (242); RAG BenshSamml 2, S.1ff. (6); RAG BenshSamml 3, S. 125ff (127); GewGer Dresden, ArbGer 1927, S. 231; LG Dortmund, NZfA 1926, Sp. 305/306; LG Dresden, NZfA 1926, Sp. 757/758.

[163] *Hueck*, Das Recht des Tarifvertrages unter besonderer Berücksichtigung der Verordnung vom 23. Dezember 1918, S. 115.

[164] LG Dresden, NZfA 1926, S. 757/758.

trag entstandenen Ansprüche. Der Arbeitnehmer könne daher auf seinen Tariflohn auch ganz oder teilweise verzichten, so wie es ihm auch unzweifelhaft freistehe, seinen Lohnanspruch schenkungsweise an einen Dritten abzutreten.[165] Sofern sich die Wirkung des Unabdingbarkeitsgrundsatzes überhaupt auch auf die Verfügung des Arbeitnehmers über entstandene Lohnansprüche erstrecke, lasse hiernach jedenfalls der Günstigkeitsgrundsatz in § 1 I S.2 TVVO einen derartigen Verzicht auf entstandene Lohnansprüche im gleichen Umfang zu, wie dieser auch Tariflohnunterschreitungen zugunsten des Interesses der Gesamtarbeitnehmerschaft zulasse.[166]

In der widerspruchslosen Hinnahme eines untertariflichen Lohnes und der Fortsetzung des Arbeitsverhältnisses zu diesen Bedingungen sei ein stillschweigender[167] Verzicht des Arbeitnehmers auf die Differenz zwischen tariflichem und tatsächlich ausgezahltem Lohn zu sehen,[168] sofern nicht der Arbeitnehmer die Geltendmachung des Restbetrages seines tariflichen Lohnanspruchs ausschließlich im Hinblick auf eine andernfalls seitens des Arbeitgebers angedrohte Kündigung des Arbeitsverhältnisses unterlassen habe. In letzterem Fall stelle das Verhalten des Arbeitgebers eine widerrechtliche Drohung im Sinne des § 123 BGB dar und schließe die Annahme eines konkludenten Verzichts des Arbeitnehmers aus.[169] Sei dies jedoch nicht der Fall, so spreche für die Annahme eines konkludenten Verzichts bei stillschweigender Hinnahme einer untertariflichen Bezahlung, dass der Arbeitnehmer gegen den Grundsatz von Treu und Glauben verstoße, wenn er zunächst über längere Zeit eine untertarifliche Bezahlung widerspruchslos hinnehme, später jedoch mit erheblichen Nachforderungen an den Arbeitgeber herantrete.[170] Jedenfalls in den Fällen, in denen sich der Tariflohn aufgrund wirtschaftlicher Probleme des Unternehmens für den Arbeitgeber als untragbar erweise, bedeute ein Tariflohnverzicht wie auch die Vereinbarung eines untertariflichen Lohnes im Arbeitsvertrag für den Arbeitnehmer keine unbillige Härte und sei daher zulässig.[171]

---

165 *Hueck*, Das Recht des Tarifvertrages unter besonderer Berücksichtigung der Verordnung vom 23. Dezember 1918, S. 115.

166 GewGer Königsberg i.Pr., GewKfGer 1921, S. 88 (90).

167 Der Konstruktion lag die Annahme zugrunde, dass bei einer grundsätzlichen Zulässigkeit des Tariflohnverzichts dieser auch stillschweigend erklärt werden können müsse, vgl. LG Dresden, NZfA 1926, Sp. 757f. (758).

168 LG Dortmund, NZfA 1926, Sp. 305.

169 GewGer Dresden, ArbGer 1927, S. 231; *Hueck*, Das Recht des Tarifvertrages unter besonderer Berücksichtigung der Verordnung vom 23. Dezember 1918, S. 117.

170 GewGer Königsberg i.Pr., GewKfGer 1921, S. 88 (89).

171 KfGer Dresden, GewKfGer 1925, S. 79.

b) Die Auffassung von der Unzulässigkeit des individuellen Verzichts auf den Tariflohn

Eine andere Auffassung in der Rechtsprechung[172] und in der Literatur[173] stufte hingegen den Verzicht auf den Tariflohn als grundsätzlich unzulässig ein.

Zweck der Regelung von Tarifverträgen im allgemeinen wie auch des Unabdingbarkeitsprinzips im besonderen im Rahmen der TVVO sei es hiernach, die wirtschaftlich unterlegene Verhandlungsposition der Arbeitnehmer gegenüber den Arbeitgebern und die hieraus folgenden strukturellen Nachteile für die Arbeitnehmerschaft zu beseitigen und durch eine möglichst weitreichende Geltung einheitlicher Arbeitsbedingungen einen ruinösen Unterbietungswettkampf zwischen den Arbeitnehmern zu verhindern.[174] Das in § 1 I TVVO normierte Unabdingbarkeitsprinzip schließe insoweit alle rechtlichen Gestaltungsmöglichkeiten aus, durch die dieser Zweck des Unabdingbarkeitsgrundsatzes vereitelt werde.[175] Hierzu gehöre jedoch auch der Verzichtsvertrag bezüglich entstandener Lohnansprüche aus einem Arbeitsverhältnis, da dieser faktisch untertarifliche Arbeitsbedingungen herbeiführe.

Des weiteren sei zu befürchten, dass es zum Abschluss derartiger Verzichtsverträge seitens der Arbeitnehmer lediglich aufgrund einer anderenfalls vom Arbeitgeber angedrohten Kündigung oder ähnlichen Repressalien kommen könne. Der Arbeitnehmer fiele so wieder in eine unterlegene Verhandlungsposition zurück, in der er sich gezwungen sehen könne, dem Begehren seines Arbeitgebers nach einem Lohnverzicht nachzugeben.[176] Auch die Deutung der widerspruchlosen Hinnahme der Zahlung eines untertariflichen Lohnes als konkludenter Lohnverzicht des Arbeitnehmers für bereits entstandene Lohnansprüche sei hiernach als verkehrfremd abzulehnen. [177] Vielmehr gehe die Auffassung der Parteien dahin, dass die gezahlte Lohnsumme auch für künftige Lohnansprüche zumindest der näheren Zukunft maßgeblich sein solle. Damit liege jedoch gerade eine gemäß § 1 I TVVO unzulässige tarifwidrige Lohnvereinbarung vor.[178]

Für die Annahme eines konkludenten Lohnverzichts könne auch nicht geltend gemacht werden, dass die nachträgliche Forderung des Differenzbetrages im Verhältnis zum Tariflohn durch den Arbeitnehmer nach vorausgegangener widerspruchs-

---

[172] KfGer Berlin, ArbGer 1927, S. 170; LG Leipzig, NZfA 1922, S. 575/576.

[173] *Nipperdey*, Beiträge zum Tarifrecht, S. 26; *Michaelsen*, Tarifverzicht ?, in: GewKfGer 1926, S. 499ff. (500).

[174] KfGer Berlin, ArbGer 1927, S. 170.

[175] *Nipperdey*, Beiträge zum Tarifrecht, S. 23/24.

[176] LG Leipzig, NZfA 1922, S. 575/576; *Nipperdey*, Beiträge zum Tarifrecht, S. 23.

[177] LG Leipzig, NZfA 1922, S. 575/576; KfGer Berlin, ArbGer 1927, S. 170; *Nipperdey*, Beiträge zum Tarifrecht, S. 39/40.

[178] *Nipperdey*, Beiträge zum Tarifrecht, S. 39/40.

loser Hinnahme der Auszahlung eines untertariflichen Lohnes gegen Treu und Glauben verstoße. Im Hinblick auf den in § 1 I TVVO normierten Unabdingbarkeitsgrundsatz sei vielmehr das auf die Herbeiführung untertariflicher Arbeitsbedingungen gerichtete Verhalten des Arbeitgebers die entscheidende Verfehlung. Die Situation des Arbeitnehmers sei dann einer Notwehrlage vergleichbar.[179]

Auch die Tatsache, dass sich der Arbeitgeber aufgrund wirtschaftlicher Schwierigkeiten des Unternehmens nicht in der Lage sehe, den Arbeitnehmern den Tariflohn zu zahlen, könne einen Tariflohnverzicht wie auch die einzelvertragliche Unterschreitung der Tariflöhne[180] nicht rechtfertigen. Schließlich gestehe man dem Arbeitgeber auch nicht zu, Rohstoffe unter dem Marktpreis verlangen zu können, wenn und soweit ihm die finanziellen Mittel für den Erwerb der für die Produktion erforderlichen Rohstoffe zu üblichen und angemessenen Marktpreisen fehlten.[181]

III.) Ergebnis der historischen Betrachtung

Lange vor der Regelung des Tarifwesens im Rahmen der TVVO hatte die Rechtswissenschaft die besondere Aufgabe des Günstigkeitsgedankens im Spannungsfeld zwischen individueller Freiheit und kollektivem Schutz erkannt, wie insbesondere die Ausführungen von *Sinzheimer* und *Flatow*[182] belegen. Die Wurzeln des Günstigkeitsprinzips liegen auch entstehungsgeschichtlich in der besonderen Dialektik des durch kollektive Lohnfindung zu erreichenden Schutzes der Arbeitnehmer und deren individueller Vertragsfreiheit.[183]

Mit der Zulassung von Abweichungen „zugunsten" der Arbeitnehmer legte § 1 I S.2 TVVO es allerdings vordergründig begrifflich nahe, die Zulässigkeit einer individualvertraglichen Abrede in Abweichung zum Tarifvertrag von einem rein quantitativen Vergleich der verschiedenen Arbeitsbedingungen abhängig zu machen. Zu dieser Ausgestaltung mag die Auffassung beigetragen haben, dass man mit den Fällen, in denen der Arbeitnehmer individuell günstigere Arbeitsbedingungen auszuhandeln imstande sei, gerade die Fälle einer faktisch bestehenden individuellen Vertragsfreiheit des Arbeitnehmers und eines anzuerkennenden Gestaltungsinteresses des Arbeitnehmers erfasse. Insbesondere im Hinblick auf die dispositive Ausgestaltung des Günstigkeitsprinzips entsprach § 1 I S.2 TVVO der damaligen juristischen Diskussion um die Regelung des Tarifvertragswesens, die sich vorrangig mit der Aufgabe befasste, dem Gestaltungsmittel des Tarifvertrages zu einer möglichst stabilen Geltung und Wirksamkeit zu verhelfen, dabei jedoch zum

179 LG Leipzig, NZfA 1922, S. 575/576.
180 Vgl. dazu schon oben unter § 2 II 2 a bb bbb, S. 25f.
181 LG Leipzig, NZfA 1922, S. 575/576.
182 Vgl. oben unter § 2 I 2 b cc, S. 16f.
183 So auch *Th. B. Schmidt*, Günstigkeitsprinzip, S. 52.

Teil die erforderliche Begrenzung der Tarifmacht im Hinblick auf die individuelle Freiheit aus dem Blick verlor.[184] Einfluss auf diese Fassung des § 1 I S.2 TVVO dürfte auch eine gewisse Sorge vor einer Beeinträchtigung der Etablierung eines funktionsfähigen Tarifvertragssystems und der ihm angehörenden Verbände durch eine starke konkurrierende Betriebsrätebewegung gehabt haben.

Die so erfolgte Verkürzung des Günstigkeitsgedankens in der Fassung der Tarifvertragsverordnung von 1918 verstellte jedoch zum Teil den Blick für eine sachgerechte und befriedigende Lösung von Konfliktlagen im Rahmen der Geltung von Tarifverträgen und bei der Anwendung des Günstigkeitsprinzips. Der Umstand, dass sich die Auffassungen vom kollektiven und vom individuellen Günstigkeitsvergleich insbesondere in der Frage der Zulässigkeit untertariflicher Lohnabreden zur Rettung des Arbeitsplatzes oder ganzer Betriebe zu Modifikationen von zum Teil grundlegenden eigenen Wertungen veranlasst sahen belegt, dass die ausschließliche Fixierung auf eine quantitative Meßlatte im Rahmen des Günstigkeitsvergleichs keine insgesamt tragfähige und harmonische Regelung des Verhältnisses von individueller Freiheit und kollektiven Lohnfindungsstrukturen ermöglichte.

Gleichwohl ist historisch der dem Tarifvertragswesen zugrundeliegende Ausgangsgedanke einer Kompensation mangelnder Durchsetzungskraft des Individuums durch eine Kollektivierung vertraglicher Interessenverfolgung im Hinblick auf Zielsetzung und Funktionsweise ideen- wie wirtschaftsgeschichtlich ein Geschöpf vor allem des Liberalismus.[185] Es ging nach diesem Grundgedanken darum, den Einzelnen zwar zusammen mit Dritten, aber doch um seiner individuellen Position und seiner individuellen Interessen willen gerade unter Festhalten am Gestaltungsmittel des Vertrages und Verzicht auf hoheitliche Festlegung und Kontrolle von Arbeitsbedingungen frei wirken zu lassen.[186]

Auf der Grundlage dieses Befundes bezüglich der historischen Grundlagen ist weiter zu prüfen, welche verfassungsrechtlichen Vorgaben sich unter der Geltung des Grundgesetzes vor dem Hintergrund der Menschenwürde und der Freiheit des Individuums als Leitbild des Grundgesetzes für die Ausgestaltung des sog. Günstigkeitsprinzips des § 4 Abs. III TVG im Spannungsfeld zwischen kollektiver Schutzgewährung und individueller Freiheitsverbürgung ergeben.[187]

---

[184] So auch *Belling*, Günstigkeitsprinzip, S. 37; *Hueck/Nipperdey/Tophoven/Stahlhacke*, TVG, § 1, Rn. 156; *Magis*, Günstigkeitsprinzip, S. 16.

[185] Vgl. ausführlich *Picker*, FS-Knobbe-Keuk, S. 879ff. (882).

[186] Vgl. *G. Müller*, Tarifautonomie, S. 26.

[187] Vgl. auch *Schmidt*, Günstigkeitsprinzip, S. 53.

§ 3 Verfassungsrechtliche Grundlagen des Günstigkeitsprinzips und der Tarifautonomie

I.) Die verfassungsrechtliche Gewährleistung der Tarifautonomie (Art. 9 Abs. III GG)

1) Inhalt der verfassungsrechtlichen Gewährleistung der Tarifautonomie

Art. 9 III S. 1 gewährleistet „das Recht, zur Wahrung der Arbeits- und Wirtschaftsbedingungen Vereinigungen zu bilden". Damit ist zunächst dem einzelnen Arbeitgeber sowie Arbeitnehmer das Individualgrundrecht garantiert, sich mit anderen zu einer Koalition[188] zusammenzuschließen, einer solchen Koalition beizutreten sowie in ihr zu verbleiben.[189] Umgekehrt schützt Art. 9 Abs. III GG als Individualgrundrecht schließlich auch die negative Koalitionsfreiheit, d.h. das Recht, Verbänden fernzubleiben bzw. aus diesen auszutreten.[190]

Nach der Rechtsprechung des Bundesverfassungsgerichts schütze Art. 9 Abs. III GG ferner die Koalitionen „in ihrem Bestand, ihrer organisatorischen Ausgestaltung und ihrer Betätigung, soweit diese gerade in der Wahrung und Förderung der Arbeits- und Wirtschaftsbedingungen besteht".[191] Insoweit tritt neben die Gewährleistung der Koalitionsfreiheit als Individualgrundrecht nach dieser Auffassung die Koalitionsfreiheit als Kollektivgrundrecht.[192] Mit dieser Anerkennung der sogenannten kollektiven Koalitionsfreiheit besitzt Art. 9 III S.1 GG nach wohl überwiegender Auffassung den Charakter eines „Doppelgrundrechts".[193]

Zu den geschützten Betätigungen zählt hiernach namentlich der Abschluss von Tarifverträgen und die Mittel, die zur Erreichung des Ziels von adäquaten Tarifver-

---

188 Vgl. zum Koalitionsbegriff Sachs/*Höfling*, Art. 9 GG, Rn. 53ff. m.w.N.

189 Vgl. BVerfGE 50, S. 290ff. (367); Sachs/*Höfling*, Art. 9 GG, Rn. 63.

190 St. Rspr.: BVerfGE 50, S. 290ff. (367); BVerfGE 64, 208ff. (213); BVerfGE 73, 261ff. (270); BVerfGE 84, S. S. 212ff. (224); vgl. ferner *Pieroth*/Schlink, Rn. 736; Sachs/*Höfling*, Art. 9 GG, Rn. 65; *Scholz*, HstR VI, § 151, Rn. 82/83; a.A. AK/*Kittner*, GG, Art. 9 III, Rn. 41: negative Koalitionsfreiheit sei Art. 2 Abs. I GG zuzuordnen.

191 So BVerfGE 84, S. 212ff. (224); unter Bezugnahme auf BVerfGE 4, S.96ff. (101); BVerfGE 50, S. 290ff. (367).

192 BAGE 20, 175ff. (211); *Scholz*, in: Maunz/Dürig, GG, Bd. 1, Art. 9, Rn. 170; *Jarass*, in: Jarass/Pieroth, GG, Art. 9, Rn. 27ff; Sachs/*Höfling*, Art. 9 GG, Rn. 66; *Sodan*, JZ 1998, S. 421 (422); kritisch *Scholz*, HStR VI, § 151, Rn. 73.

193 Sachs/*Höfling*, Art. 9 GG, Rn. 66; *Sodan*, JZ 1998, S. 421 (422); kritisch zur dogmatischen Konstruktion des Doppelgrundrechts *Pieroth/Schlink*, Staatsrecht II, Rn. 731 und 737.

tragsabschlüssen geeignet erscheinen.[194] Die Tarifautonomie ist nach der Rechtsprechung des Bundesverfassungsgerichts „darauf angelegt, die strukturelle Unterlegenheit der einzelnen Arbeitnehmer beim Abschluss von Arbeitsverträgen durch kollektives Handeln auszugleichen und damit ein annähernd gleichgewichtiges Aushandeln der Löhne und Arbeitsbedingungen zu ermöglichen".[195] Die verfassungsrechtliche Garantie auch der genannten Betätigungsformen der Koalitionen zur Verfolgung des in Art. 9 Abs. III GG genannten Koalitionszwecks beschränkt sich indes nicht auf die Abwehr staatlicher Eingriffe im Sinne der Funktion der Grundrechte als Abwehrrechte.

Gewährleistet wird nach der Rechtsprechung des Bundesverfassungsgerichts auch der vom Staat zu schaffende und zu erhaltende Bestand von Normen, die den Trägern des Grundrechts der kollektiven Koalitionsfreiheit die Wahrnehmung ihrer Aufgabe einer „sinnvollen Ordnung" und „Befriedung" des Arbeitslebens[196] im Hinblick auf die einfach-gesetzliche Regelung der Tarifvertragsfreiheit und ihre konkrete Inanspruchnahme ermöglichen und das Tarifvertragssystem bilden.[197] Art. 9 Abs. III GG gewährleistet insoweit auch die Freiheit zur Ausübung eines rechtlichen Könnens, d.h. die Kompetenz der Träger des Grundrechts zur Wahrnehmung des in Art. 9 Abs. III GG genannten Koalitionszwecks. Eben dieser Verpflichtung hat der Gesetzgeber dadurch entsprochen, dass er „den Koalitionen ... im Tarifvertragsgesetz das Mittel des Tarifvertrages an die Hand gegeben" hat, „damit sie die von Art. 9 Abs. III GG intendierte autonome Ordnung des Arbeitslebens verwirklichen können".[198] Die kollektive Koalitionsfreiheit ist damit in ihrer Ausprägung als Tarifvertragsfreiheit zugleich eine Institutsgarantie.[199]

Die Institutsgarantie als solche gewährleistet jedoch den jeweils einschlägigen einfachgesetzlichen Normenkomplex weder in seinem aktuellen Umfang noch in seinem aktuellen Inhalt, sondern bewirkt nur, dass gewisse typische Merkmale, wie sie sich in der geschichtlichen Entwicklung als charakteristisch herausgebildet haben, durch den Gesetzgeber ohne eine Verfassungsänderung bezüglich Art. 9 Abs.

---

194 Sachs/*Höfling*, Art. 9 GG, Rn. 67.

195 BVerfG DB 1991, S. 1678ff. (1680).

196 Vgl. dazu BVerfGE 18, S. 18ff. (27/28); BVerfGE 20, S. 312ff. (317); BVerfGE 44, S. 322ff. (340/341); BVerfGE 50, S. 290ff. (367); BVerfGE 58, S. 233ff. (246/247).

197 Vgl. *Kemper*, in: v.Mangoldt/Klein/Starck, GG, Art. 9 III, Rn. 225.

198 BVerfGE 44, S. 322ff. (341).

199 Diejenigen Grundrechte, die nicht nur ein Dürfen, sondern auch eine Kompetenz und deshalb auch die Bereitstellung des die Kompetenz schaffenden einfach-gesetzlichen Normenkomplexes garantieren, werden als Institutsgarantien bezeichnet; vgl. *Kemper*, in: v.Mangoldt/Klein/Starck, GG, Art. 9 Abs. 3, Rn. 227 m.w.N.; eingehend *ders.*, Koalitionsfreiheit, S. 19.

III GG nicht beseitigt werden können.[200] In diesem Zusammenhang führt das BVerfG aus:

> „Eine solche Gewährleistung ist aber ganz allgemein und umfasst nicht die besondere Ausprägung, die das Tarifvertragssystem in dem zur Zeit des Inkrafttreten des Grundgesetzes geltenden Tarifvertragsgesetz hat. Sie lässt dem Gesetzgeber einen weiten Spielraum zur Ausgestaltung der Tarifautonomie."[201]

> „In der Gestaltung des Tarifsystems, insbesondere in seiner sachgemäßen Fortbildung, ist der Gesetzgeber nur dadurch beschränkt, dass mit dem Grundrecht der Koalitionsfreiheit zugleich die Institution eines gesetzlich geregelten und geschützten Tarifvertragssystems verfassungsrechtlich gewährleistet ist, dessen Partner frei gebildete Vereinigungen im Sinne des Art. 9 Abs. III GG sein müssen."[202]

Die Funktionsfähigkeit des Tarifvertragswesens ist dabei nach herrschender Auffassung insbesondere durch die Möglichkeit der Tarifvertragsparteien bedingt, miteinander vertragliche Regelungen der „Arbeits- und Wirtschaftsbedingungen" zu treffen, die normativ zugunsten und zulasten der beiderseits Tarifgebundenen wirken und nicht lediglich zwischen den Tarifvertragsparteien Wirkung entfalten.[203] Das BVerfG geht davon aus, dass eine Beschränkung der Tarifautonomie durch den Gesetzgeber in diesem Sinne nur insoweit zulässig sei, als diese „im Prinzip erhalten und funktionsfähig" bleibe.[204] Auch eine richterrechtliche Ausgestaltung des Tarif- und Koalitionsrechts entgegen diesen verfassungsrechtlichen Vorgaben wäre als Eingriff in die tarifvertragliche Normsetzungsfreiheit anzusehen.[205]

2) Grenzen der verfassungsrechtlichen Gewährleistung der Tarifautonomie

Aus der verfassungsrechtlichen Gewährleistung der Tarifautonomie in Art. 9 Abs. III GG selbst ergeben sich jedoch auch immanente Grenzen der Gewährleistung der Koalitionsfreiheit.

---

[200] *Kemper*, in: v.Mangoldt/Klein/Starck, GG, Art. 9 III, Rn. 232 m.w.N.
[201] BVerfGE 20, S. 312ff. (317); zustimmend Dreier/*Bauer*, GG, Art. 9, Rn. 78.
[202] BVerfGE 4, S. 96ff. (108).
[203] BVerfGE 44, S. 322ff. (341); BVerfGE 55, S. 7ff. (23); *Kemper*, in: v.Mangoldt/Klein/Starck, GG, Art. 9 III, Rn. 235; *Löwer*, in v.Münch/Kunig, GG, Bd. 1, Art. 9, Rn. 80, Stichwort „Tarifautonomie"; AK/*Kittner*, GG, Art. 9 Abs. 3, Rn. 65; Sachs/*Höfling*, GG, Art. 9, Rn. 90; a.A.: *Scholz*, in: HStR VI, § 151, Rn. 38.
[204] BVerfGE 50, S. 290ff. (373).
[205] *Kemper*, in: v.Mangoldt/Klein/Starck, GG, Art. 9 III, Rn. 240 a.E.

a) Grenzen aufgrund des materialen Koalitionszwecks der „Wahrung und Förderung der Arbeits- und Wirtschaftsbedingungen" in Art. 9 Abs. III GG

Das Bundesverfassungsgericht hat in einer Entscheidung aus dem Jahre 1964 für die Befugnis der Koalitionen zur tarifvertraglichen Normsetzung den Begriff Tarifautonomie geprägt und betrachtet diese als Bestandteil der in Art. 9 III S.1 GG gewährleisteten Koalitionsfreiheit.[206] Die Anerkennung einer Vereinigung als Koalition im Sinne des Art. 9 Abs. III GG und die damit verbundene Eröffnung des Schutzbereichs des Art. 9 Abs. III GG in persönlicher Hinsicht ist jedoch nach dessen Wortlaut dadurch bedingt, dass der Zweck der Vereinigung auf die „Wahrung und Förderung der Arbeits- und Wirtschaftsbedingungen" gerichtet sein muss.

Ist nun die Tarifautonomie ein Bestandteil der Koalitionsfreiheit, so muss dieses Erfordernis der „Wahrung und Förderung der Arbeits- und Wirtschaftsbedingungen" auch die tarifvertragliche Regelungsmacht begrenzen.[207] Folgerichtig geht das Bundesverfassungsgericht davon aus, dass auch die Befugnis der Koalitionen zur tarifvertraglichen Normsetzung ihre verfassungsrechtliche Grenze darin finde, dass es sich um Rechtsregeln zur Wahrung und Förderung der Arbeits- und Wirtschaftsbedingungen handeln müsse.[208] Dieser Koalitionszweck stellt somit eine grundrechtstatbestandliche und verfassungsunmittelbare Schranke für die tarifvertragliche Regelungsbefugnis dar.[209]

Indes gibt die Rechtsprechung des Bundesverfassungsgerichtes keinen Aufschluss über die genaue Definition des in Art. 9 Abs. III GG genannten Koalitionszwecks und der sich aus ihm ergebenden Grenzen der Regelungsbefugnis der Tarifvertragsparteien. Auch in der Literatur wird zumeist unter Verweis auf die These von den „zeitoffenen Begriffen"[210] in Art. 9 III S.1 GG von einer genaueren Konkretisierung des Begriffs der „Wahrung und Förderung der Arbeits- und Wirtschaftsbedingungen" abgesehen.

---

[206] Vgl. BVerfGE 18, S. 18 (28) = JZ 1965, S. 103 (104f): „...aus der Koalitionsfreiheit entspringende Tarifautonomie.."
[207] *Sodan*, JZ 1998, S. 421 (422).
[208] BVerfGE 44, S. 322ff. (349).
[209] Vgl. *Sodan*, JZ 1998, S. 421 (422/423).
[210] So *Löwer*, in: v.Münch/Kunig, GG, Bd. 1, Art. 9, Rn. 70; Dreier/*Bauer*, GG, Art. 9, Rn. 70; Sachs/*Höfling*, GG, Art. 9, Rn. 55; *Scholz*, in: Maunz/Dürig, GG, Bd. 1, Art. 9, Rn. 259.

aa) Hinreichend hohe Rendite des Faktors Kapitals als verfassungsrechtliche Grenze der Tarifautonomie?

Namentlich *Sodan*[211] ist hier für eine hinreichende inhaltliche Bestimmung des Begriffs der „Wahrung und Förderung der Arbeits- und Wirtschaftsbedingungen" eingetreten. Die Formulierung in Art. 9 Abs. III GG zeige dabei zunächst durch die kumulativ zu verstehenden „Und"-Verknüpfungen, dass sich die tarifvertragliche Regelung sowohl auf die Arbeitsbedingungen als auch auf die Wirtschaftsbedingungen beziehen müsse[212] und diese sowohl wahren als auch fördern müsse.[213] Die Erhaltung positiver allgemeiner wirtschaftlicher Bedingungen sei jedoch Voraussetzung für die Wahrung der Arbeitsbedingungen, da letztere zuerst die Wahrung der Existenz der Arbeitsverhältnisse erfordere.[214] Infolge der Globalisierung der Märkte bestehe bei einer ungünstigen Ausgestaltung der wirtschaftlichen Bedingungen die Gefahr der Verlagerung von Arbeitsplätzen in andere Staaten. Die Tarifautonomie habe hier die Aufgabe, gerade die allgemeinen tariflichen Bedingungen des Arbeitens und Wirtschaftens gleichermaßen zu wahren und zu fördern, nicht nur die Wirtschaftsbedingungen und noch existierenden Arbeitsverhältnisse in Zeiten globaler Arbeitsteilung.[215] Nur eine dauerhafte, im nationalen Vergleich hinreichend hohe Rendite des Faktors Kapital nach Abzug der Kosten der Arbeit vermöge die Wirtschafts- und Arbeitsbedingungen und den elementaren Bestand von Arbeitsverhältnissen durch Investitionsfähigkeit, Kapitalmarktattraktivität und Krisenfähigkeit die Wirtschafts- und Arbeitsverhältnisse dauerhaft zu wahren und zu fördern.[216]

Im Sinne der Wahrung und Förderung dauerhafter Arbeits- und Wirtschaftsbedingungen umfasse die Tarifautonomie damit bereits in ihrem Schutzbereich von vornherein nur Tarifverträge, welche im gesamten Tarifgebiet Löhne so festsetzen, dass die Summe der Kosten der Arbeit hinreichend unterhalb der Produktivität der Arbeit liege.[217] Auch die objektiven Wertentscheidungen in der Verfassung durch die Konstituierung der in Art. 12 I GG garantierten Berufsfreiheit[218] und auf Seiten der Unternehmer auch der Eigentumsgarantie unter dem Gesichtspunkt der Privat-

[211] *Sodan*, JZ 1998, S. 421ff.

[212] So auch *Scholz*, in: Maunz/Dürig, GG, Bd. 1, Art. 9, Rn. 256; *Söllner*, Das Begriffspaar der Arbeits- und Wirtschaftbedingungen in Art. 9 Abs. 3 GG, in: *ders.*, Arbeitsrecht in der Verfassungsordnung des Grundgesetzes, S. 199ff. (200).

[213] *Sodan*, JZ 1998, S. 421ff. (423).

[214] *Sodan*, JZ 1998, S. 421ff. (423).

[215] *Sodan*, JZ 1998, S. 421ff. (423).

[216] *Sodan*, JZ 1998, S. 421ff. (424).

[217] *Sodan*, JZ 1998, S. 421ff. (424).

[218] Vgl. zu den Grundrechten als objektive Wertentscheidung das grundlegende Lüth-Urteil des Bundesverfassungsgerichts, BVerfGE 7, S. 198ff. (205).

nützigkeit des Eigentums stünden einer Auslegung von Art. 9 III S.1 GG entgegen, die in den Schutz dieses Grundrechts Tarifverträge einbezieht, welche die allgemeine Wettbewerbsfähigkeit deutscher Unternehmen bzw. Unternehmer existenzgefährdend beeinträchtigen.[219] Tarifnormen, welche diesen verfassungsrechtlichen Rahmen der Normsetzungskompetenz der Koalitionen überschreiten, stünden hiernach im Widerspruch zum verbindlichen objektiven Wertgehalt von Art. 9 Abs. III S.1 GG und seien infolge dieser Verletzung der Verfassung als nichtig anzusehen.[220]

bb) Stellungnahme

Der These *Sodans*, bereits aus dem Schutzbereich des Art. 9 Abs. III S.1 GG fielen Tarifverträge heraus, aus denen Lohnkosten resultieren, die langfristig und dauerhaft die allgemeine Produktivität der Arbeit im Tarifgebiet übersteigen, ist nur in ihren Ansätzen zu folgen. In der Tat stößt die Normsetzungskompetenz infolge der einschränkenden Voraussetzung des auch für die Normsetzungskompetenz der Tarifvertragsparteien geltenden Koalitionszwecks des Art. 9 III S.1 GG dort an ihre verfassungsrechtliche Grenze, wo diese in einer Weise realisiert wird, die nicht mehr zur Wahrung und Förderung der Arbeits- und Wirtschaftsbedingungen im Sinne des Art. 9 Abs. III GG geeignet erscheint[221]. Indes muss zum Schutz der Tarifautonomie und ihrer Funktionsfähigkeit dieser äußere Rahmen der Normsetzungskompetenz der Koalitionen äußerst weit gesteckt werden.

Das Kriterium der einzuhaltenden Differenz zwischen den sich aus dem Tarifvertrag ergebenden Lohnkosten und der allgemeinen Produktivität der Arbeit im Tarifgebiet erscheint dabei als solches nur bedingt geeignet. Denn aufgrund der abweichenden Produktivität des Faktors Arbeit in verschiedenen Betrieben und Produktionszweigen ist eine solche Bewertung auf die Zugrundelegung von Durchschnittswerten angewiesen. Wollte man entlang dieses Durchschnittswertes der Produktivität der Arbeit im Verhältnis zu den Lohnkosten die Grenze der Wirksamkeit tarifvertraglicher Normsetzung verlaufen lassen, so würde dies eine nachhaltige Beeinträchtigung der Funktionsfähigkeit der Tarifautonomie bedeuten. Nicht zuletzt aufgrund der Einräumung der Tarifvertragsfreiheit und der Kompetenz zur tarifvertraglichen Normsetzung sowie der Komplexität nationalökonomischer Vorgänge und ihrer Bewertung wird man hier den Koalitionen – insbesondere den Gewerkschaften – eine Einschätzungsprärogative zubilligen müssen, die gerade Wesensmerkmal einer autonomen Gestaltung der Arbeits- und Wirtschaftsbedingungen durch Tarifverträge ist. Insoweit kann eine Überschreitung der Normset-

---

219 *Sodan*, JZ 1998, S. 421ff. (425).
220 *Sodan*, JZ 1998, S. 421ff. (426).
221 So auch *Dieterich*, FS-Schaub, S. 117ff. (127).

zungskompetenz der Koalitionen nur bei evidenten Verstößen des Tarifvertrages gegen den in Art. 9 III S.1 GG genannten Koalitionszweck angenommen werden. Gerade zu einer solch eklatanten Abweichung des Tarifvertrages von den wirtschaftlichen Rahmenbedingungen wird es jedoch allein aufgrund des Verhandlungsgegengewichts auf Seiten der Arbeitgeber kaum kommen.

b) Überschreitung der Tarifmacht bei beschäftigungspolitisch motivierten tarifvertraglichen Arbeitszeitregelungen ?

Im Zusammenhang mit den jüngsten tarifvertraglichen Arbeitszeitverkürzungen ist darüber hinaus im Schrifttum die Frage aufgeworfen worden, inwieweit die verfassungsrechtliche Garantie der Tarifautonomie in Art. 9 Abs. III GG auch die Verfolgung arbeitsmarktpolitischer Zwecke umfasse oder ob es schon an einer Regelungszuständigkeit der Tarifparteien für beschäftigungspolitische Arbeitszeitverkürzungen fehle.[222]

Die Frage stellt sich anhand der Fallgruppe kollektivvertraglicher Arbeitszeitregelungen insoweit in besonderer Weise, als hier offenkundig und nachweislich ein Wandel bezüglich der mit tarifvertraglichen Arbeitszeitregelungen verfolgten Zielsetzung namentlich auf Seiten der Gewerkschaften stattgefunden hat.[223] Zu einer Zeit, als die Arbeitszeit noch täglich elf Stunden und mehr betrug, stand das Bestreben um eine Arbeitszeitverkürzung zuvorderst im Dienste des Gesundheitsschutzes der Arbeitnehmer, da sich ein solcher Umfang der täglichen Arbeitszeit als übermäßige gesundheitliche Belastung für die Arbeitnehmer darstellte.[224]

Ausgangs der 60er Jahre wurde tarifvertraglich die 40-Stunden-Woche eingeführt. Damit war jedoch bezüglich der Arbeitszeit eine Schwelle erreicht, ab der jedenfalls ein zwingendes sozialpolitisches Regelungsbedürfnis nach einer weiteren tarifvertraglichen Verringerung der wöchentlichen Arbeitszeit aus Gründen des Gesundheitsschutzes nicht mehr ohne weiteres angenommen werden konnte. Auch der Gesetzgeber[225] und Teile der rechtswissenschaftlichen Literatur[226] gehen davon aus, dass eine Gesundheitsgefährdung unterhalb einer Schwelle von 40 Stunden Wochenarbeitszeit und weniger nicht in Rechnung zu stellen ist. Folgerichtig begründeten auch die Gewerkschaften die Forderung nach einer 35-Stunden-Woche und

---

[222] Vgl. *Bergner*, Zulässigkeit kollektivvertraglicher Arbeitszeitregelungen, S. 121; *Hanau/Thüsing*, in: Thüsing (Hrsg.), Tarifautonomie im Wandel, S. 7ff. [19].

[223] Vgl. hierzu *Deutschmann/Dybowski-Johannson*, Wirtschaftliche und soziale Determinanten der Arbeitszeitpolitik, in: Mitteilungen aus der Arbeitsmarkt- und Berufsforschung 1979, S. 313ff. (315f.).

[224] *Joost*, ZfA 1984, S. 173ff. (181); eingehend *Konzen*, in: Tarifautonomie auf dem Prüfstand, S. 25ff. (26) m.w.N.

[225] Vgl. § 3 S. 1 ArbZG sowie zum Gesundheitsschutz als Zweck des Gesetzes § 1 Nr.1 ArbZG.

[226] *Hromadka*, DB 1992, S. 1042ff. (1045) m.w.N.; ablehnend Zachert, DB 1990, S. 986ff. (987).

die fortgesetzte Arbeitszeitverkürzungspolitik in der jüngeren Vergangenheit erklärtermaßen beschäftigungspolitisch, d.h. die gewerkschaftliche Arbeitszeitpolitik erfolge hiernach zumindest auch als eine Reaktion auf die anhaltend hohe Arbeitslosigkeit.[227]

aa) Die Auffassung von der Ausklammerung beschäftigungspolitisch motivierter Arbeitszeitregelungen aus der Gewährleistung der Koalitionsfreiheit

In Rechtsprechung[228] und Literatur[229] besteht weitgehende Einigkeit insoweit, als grundsätzlich auch die Regelung der Dauer und Verteilung der Arbeitszeit von der Normsetzungskompetenz der Tarifvertragsparteien erfasst und die Arbeitszeit insoweit prinzipiell einer Regelung durch Tarifvertrag zugänglich ist.[230] Die in jüngerer Zeit erfolgte Wahrnehmung dieser Regelungskompetenz zur Verfolgung beschäftigungspolitischer Intentionen wird jedoch in der jüngeren Literatur mit dem Hinweis kritisiert, dass die Verbände aus Art. 9 Abs. III GG kein beschäftigungspolitisches Mandat herleiten können und im übrigen strukturell zu einer sinnvollen und effektiven Gestaltung von Beschäftigungspolitik auch außerstande seien.[231] Eine Instrumentalisierung der ihnen zur Wahrung und Förderung der Arbeits- und Wirtschaftsbedingungen verliehenen Normsetzungskompetenz für beschäftigungspolitische Ziele sei durch die verfassungsrechtliche Gewährleistung des Grundrechts der Koalitionsfreiheit und der Tarifautonomie nicht mehr umfasst.[232]

---

[227] Vgl. *Joost*, ZfA 1984, S. 173ff. (181); zur beschäftigungspolitischen Wirksamkeit der Arbeitszeitverkürzung vgl. *Vorkötter*, Auswirkungen einer Verkürzung der Wochenarbeitszeit auf die Nachfrage der Unternehmen nach Arbeitskräften, S. 13ff.

[228] BAG, DB 1987, S. 892ff. (893); BAGE 56, S. 18ff. (25).

[229] *Buchner*, DB 1990, S. 1715ff. (1718); *Däubler*, DB 1989, S. 2534ff. (2535); *Hromdaka*, DB 1992, S. 1042ff. (1043); *Joost*, ZfA 1984, S. 173ff. (174); *Käppler*, NZA 1991, S. 745ff. (748); *Mayer*, Das Verhältnis des Tarifvertrages zu früheren und späteren günstigeren arbeitsvertraglichen Absprachen, S. 99; *Pabst*, Möglichkeiten einer Flexibilisierung der Arbeitszeit, S. 80 - 83; *Richardi*, FS-Merz, S. 481ff. (492): „Es lässt sich nicht in Frage stellen, dass neben den Löhnen auch die Dauer und die Verteilung der Arbeitszeit zu den Arbeitsbedingungen gehören, die durch Tarifvertrag geregelt werden können"; *ders.*, ZfA 1990, S. 211ff. (218); *Th.B. Schmidt*, Das Günstigkeitsprinzip, S. 135ff; *Wank*, in: Wiedemann, TVG § 4, Rn. 481; *Zöllner*, DB 1989, S. 2121ff. (2122).

[230] Vgl. *Buchner*, DB 1990, S. 1715ff. (1718); *Richardi*, ZfA 1990, S. 211ff. (218).

[231] *Bengelsdorf*, ZfA 1990, S. 563ff. (571); *Loritz*, ZfA 1990, S. 133ff. (163); *Zöllner*, DB 1989, S. 2121ff. (2122) sowie ausführlich *Picker*, ZfA 1998, S. 573ff. (662f.).

[232] *Bengelsdorf*, ZfA 1990, S. 563ff. (570); *Buchner*, DB 1990, S. 1715ff. (1719); *Hromadka*, DB 1992, S. 1042ff. (1045); *Loritz*, ZfA 1990, S. 133ff. (163); *Zöllner*, DB 1989, S. 2121ff. (2122).

bb) Die Auffassung von der Einbeziehung beschäftigungspolitisch motivierter Arbeitszeitregelungen in die Gewährleistung der Koalitionsfreiheit

Nach der Gegenauffassung sei die Reichweite der Normsetzungsbefugnis der Tarifvertragsparteien hingegen nicht unter dem Aspekt der durch die tarifliche Regelung verfolgten Intention, sondern allein vom Regelungsgegenstand her zu definieren. Art. 9 Abs. III GG mache gerade keine weiteren Vorgaben hinsichtlich der Ausübung der Tarifautonomie, solange die tarifvertragliche Regelung nur die „Wahrung und Förderung der Arbeits- und Wirtschaftsbedingungen“ zum Gegenstand habe.[233] Die Arbeitszeit gehöre als Regelungsgegenstand jedoch gerade unzweifelhaft zu den Arbeits- und Wirtschaftsbedingungen im Sinne des Art. 9 Abs. III GG.[234] Der Umfang der Gewährleistung kollektiver Koalitionsbetätigung durch Art. 9 Abs. III GG sei insoweit aus dem Zweck der verfassungsrechtlichen Garantie abzuleiten, den das BVerfG als Zuweisung der Aufgabe einer „sinnvollen Ordnung des Arbeitslebens“ [235] charakterisiere. Die Zuweisung dieser Ordnungsaufgabe erfordere und eröffne jedoch auch die Möglichkeit einer gestaltenden Tätigkeit der Tarifvertragsparteien bezüglich der Arbeitszeit im Hinblick auf den Arbeitsmarkt und die hiermit verbundene Frage der Verteilung des Gesamtvolumens der benötigten Leistung abhängiger Arbeit.[236]

Sofern man für die Bestimmung der Grenzen der Normsetzungskompetenz der Tarifvertragsparteien hingegen dennoch nicht auf den Regelungsgegenstand, sondern auf die Zielsetzung der Arbeitszeitregelungen abstelle, sei jedoch auch unter diesem Gesichtspunkt von einer durch Art. 9 Abs. III GG erfassten Normsetzungs-

---

233 *Däubler*, DB 1989, S. 2534ff. (2535); *Dieterich*, RdA 2002, S. 1ff. (10); Käppler, NZA 1991, S. 745ff. (748); *Linnenkohl/Rauschenberg/Reh*, BB 1990, S. 628ff. (628); *Richardi*, ZfA 1990, S. 211ff. (218/219).

234 *Joost*, ZfA 1984, S. 173ff. (174); *Mayer*, Das Verhältnis des Tarifvertrages zu früheren und späteren günstigeren arbeitsvertraglichen Absprachen, S. 99; *Peters/Ossenbühl*, Übertragung von öffentlich-rechtlichen Befugnissen, S. 23.

235 Vgl. BVerfGE 4, S. 96ff. (107); BVerfGE 18, S. 18ff. (27); BVerfGE 20, S. 312ff. (317); BVerfGE 44, S. 322ff. (342); BVerfGE 50, S. 290ff. (367); BVerfGE 58, S. 233ff. (246/247).

236 *Dieterich*, RdA 2002 S. 1ff. (10); demgegenüber bezweifeln *Bergner*, Die Zulässigkeit kollektivvertraglicher Arbeitszeitregelungen, S. 123 und *Wank*, Recht auf Arbeit, S. 91f. zwar die Effektivität von tarifvertraglichen Arbeitszeitregelungen als Mittel zur Gestaltung einer in diesem Sinne angestrebten Verteilung des Gesamtbedarfs an Arbeit in abhängiger Beschäftigung, erkennen diesen Umstand jedoch nicht als Argument an, den Tarifvertragspartnern schon die Legitimation zur Verfolgung arbeitsmarktpolitischer Zielsetzungen durch Arbeitszeitregelungen in Tarifverträgen abzusprechen; auch *Adomeit*, Regelungen von Arbeitsbedingungen und ökonomische Notwendigkeiten, S. 46, weist darauf hin, dass jedenfalls für Außenseiter stets die Möglichkeit einer Vereinbarung längerer Arbeitszeiten bestehe, so dass das Ziel, durch Arbeitszeitverkürzung mehr Beschäftigung zu erreichen, auf „schwachen Füßen“ stehe; ähnlich *ders.*, Das Arbeitsrecht und unsere wirtschaftliche Zukunft, S. 32.

kompetenz der Tarifvertragsparteien auszugehen, da Art. 9 Abs. III GG den Tarifvertragsparteien ein beschäftigungspolitisches Mandat einräume.[237]

cc) Stellungnahme

Der letztgenannten Auffassung ist zunächst darin zuzustimmen, dass der Gewährleistung der Koalitionsfreiheit in Art. 9 Abs. III GG über die Bindung der Tarifautonomie an den in Art. 9 Abs. III GG genannten Koalitionszweck hinaus keine Aussage darüber entnommen werden kann, welche Zielsetzung mit den einzelnen Regelungen des Tarifvertrages durch die Tarifvertragsparteien verfolgt werden muss. Geht man mit der herrschenden Auffassung davon aus, dass die Tarifautonomie grundsätzlich auch die Regelungskompetenz der Tarifvertragsparteien bezüglich der Arbeitszeit beinhaltet[238], so steht der spezifischen Ausklammerung beschäftigungspolitisch motivierter Arbeitszeitregelungen aus dem Schutzbereich des Art. 9 Abs. III GG gerade der Umstand entgegen, dass sich auch diese Ausübung der durch Art. 9 Abs. III GG eingeräumten Tarifautonomie als Regelungstätigkeit zur „Wahrung und Förderung der Arbeits- und Wirtschaftsbedingungen" im Sinne des Art. 9 Abs. III GG und als Wahrnehmung der Aufgabe einer „sinnvollen Ordnung des Arbeitslebens"[239] begreifen lässt.[240] Der bewusst weit gefasste Wortlaut des Art. 9 Abs. III GG spricht insoweit für die Annahme einer prinzipiell weiten Regelungszuständigkeit der Koalitionen.[241]

Die Ausklammerung von Arbeitszeitregelungen mit beschäftigungspolitischer Zielsetzung aus dem Schutzbereich der Tarifautonomie stößt darüber hinaus auf praktische Abgrenzungsschwierigkeiten. Eine beschäftigungspolitische Zielsetzung tarifvertraglicher Arbeitszeitregelungen hängt naturgemäß von den wirtschaftlichen

---

237 *Hanau*, RdA 1998, S. 65ff. (68); *ders.*, DB 1998, S. 69ff. (75); *Käppler*, NZA 1991, S. 745ff. (748); *Reichold*, ZfA 1998, S. 237ff. (246); *Schlüter*, FS-Stree/Wessels, S. 1061ff. (1066/1067); *Schweibert*, Die Verkürzung der Wochenarbeitszeit durch Tarifvertrag, S. 77ff.; *Waltermann*, NZA 1991, S. 754ff. (757, 759); *Wiedemann*, RdA 1997, S. 297ff. (299); *Zachert*, ArbuR 1995, S. 1ff. (9/10).

238 Vgl. die Nachweise oben § 3 I 2 b aa, S.44.

239 Auf eben diese Aufgabenzuweisung stützen auch *Schweibert*, Die Verkürzung der Wochenarbeitszeit durch Tarifvertrag, S. 68, 79 sowie *Bergner*, Die Zulässigkeit kollektivvertraglicher Arbeitszeitregelungen, S. 123, die Annahme eines auch beschäftigungspolitischen Mandats der Tarifvertragsparteien.

240 Ebenso *Käppler*, NZA 1991, S. 745ff. (748): „Wenn jedoch der unmittelbare Gegenstand einer Vereinbarung eindeutig Arbeitsbedingungen, zumal deren Kernbereich betrifft, zu dem Dauer und Lage der Arbeitszeit gehören, so kann die tarifautonome Regelungsmacht nicht ausgeschlossen werden, weil die interessenschützende Funktion vermeintlich verfehlt oder durch andere Zielsetzungen begleitet oder überlagert wird".

241 So auch *Badura*, Das Recht der Koalitionen, in: Arbeitsrecht der Gegenwart, Band 15, S. 17ff. (28); *Bergner*, Die Zulässigkeit kollektivvertraglicher Arbeitszeitregelungen, S. 122; *Misera*, Tarifmacht, S. 31ff. und 46; *Waltermann*, NZA 1991, S. 754ff. (757).

Rahmenbedingungen ab und trat auch in der Vergangenheit immer in den Zeiten der Massenarbeitslosigkeit und der Rationalisierungen auf.[242] Bei Vorliegen entsprechender wirtschaftlicher Rahmenbedingungen kann insoweit eine mehr oder weniger stark ausgeprägte beschäftigungspolitische Zielsetzung auftreten, die begleitend neben die Zielsetzung des Gesundheitsschutzes bzw. der Steigerung der Lebensqualität durch mehr Freizeit treten kann, diese jedoch nicht schon allein aufgrund eines bestehenden relativ niedrigen Niveaus der wöchentlichen Arbeitszeit verdrängen oder überlagern muss.[243]

Insbesondere aufgrund dieser Abhängigkeit beschäftigungspolitischer Zielsetzungen von wirtschaftlichen Faktoren stellt sich dann jedoch die Frage, wie zunächst die Gewichtung der verschiedenen Zielsetzungen objektiv bestimmt werden kann und ab welchem Verhältnis der Zielsetzungen zueinander von einer Dominanz beschäftigungspolitischer Zielsetzungen ausgegangen werden kann, die ein Heraustreten der Tarifvertragsparteien aus dem verfassungsrechtlich gesteckten Kompetenzrahmen des Art. 9 Abs. III GG darstellt. Soweit beide Zielsetzungen in Betracht kommen, wäre hier nichts gewonnen, wenn die Wirksamkeit der Regelung von dem formalen Erfordernis der richtigen Begründung abhinge und die Gewerkschaften insofern nur die formale Begründung umstellen müssen, um den identischen Regelungsinhalt vereinbaren zu können.[244] Eine Erforschung und Überprüfung der

---

[242] Vgl. *Schweibert*, Die Verkürzung der Wochenarbeitszeit durch Tarifvertrag, S. 28, 30.

[243] Die Gewerkschaften gehen offenkundig von einem solchen Nebeneinander verschiedener Regelungsziele bei der Vereinbarung tarifvertraglicher Arbeitszeitregelungen aus und trugen folgende Gründe für eine Arbeitszeitverkürzung vor:

> „Ohne eine nachhaltige Verkürzung der Arbeitszeit ist die Wiederherstellung der Vollbeschäftigung auch in den 90er Jahren ausgeschlossen. Die Arbeitszeitverkürzung ist eine Voraussetzung zur Verringerung der Arbeitslosigkeit; nur sie beseitigt den Widerspruch zwischen Wachstum und stärkerer technologisch bedingter Produktivitätssteigerung."
>
> „Die Arbeitszeitverkürzung ist zugleich ein wirksamer Beitrag zum Schutz der Arbeitnehmer vor den gesundheitlichen Folgen der ständig wachsenden Arbeitsbelastungen und somit ein wichtiger Bestandteil der Bemühungen zur Humanisierung der Arbeit."
>
> „Außerdem leistet die Arbeitszeitverkürzung einen wichtigen Beitrag zur Verbesserung unserer allgemeinen Lebensbedingungen. Sie vergrößert unsere Freizeit und ermöglicht uns damit eine breitere Beteiligung am gesellschaftlichen, sozialen und kulturellen Leben. Sie trägt außerdem zur Chancengleichheit der Frauen und Männer in der Arbeitswelt bei und erleichtert die Erfüllung der Familienpflichten";

vgl. *DGB* (Hrsg.), Arbeit für alle durch Arbeitszeitverkürzung, S. 4 ff.

Demgegenüber vertrat die Arbeitgeberseite die Ansicht, eine Beschäftigungsförderung sei alleine über Investitionen zu erreichen, die jedoch durch eine weitere Arbeitszeitverkürzung und die damit verbundenen Erhöhung der Kosten und die Schwächung des Wirtschaftswachstums behindert werde; vgl. *Arbeitgeberverband Gesamtmetall*, in: Der Arbeitgeber 1983, S. 330f.; für die rechtliche Qualität als Regelungsziel ist indessen unerheblich, ob die von den Gewerkschaften verfolgte arbeitsmarktpolitische Zielsetzung auch von den Arbeitgebern geteilt wird, vgl. *Hromadka*, DB 1992, S. 1042ff. (1043); *Käppler*, NZA 1991, S. 745ff. (748).

[244] So auch *Hromadka*, DB 1992, S. 1042ff. (1043).

maßgeblichen oder ausschlaggebenden Motive für den Tarifvertrag und des Überwiegens bestimmter Motivationen gegenüber anderen in diesem Sinne ist schlicht nicht möglich[245] und eine derartige Differenzierung zwischen Regelungsgegenstand und Regelungsziel ist auch aus rechtlichen Gründen nicht gerechtfertigt.[246] Auch außerhalb des Tarifvertragsrechts fehlt es im übrigen an einer derartigen Motivkontrolle für das zweiseitige Regelungsverfahren des Vertrages.[247]

Auch unter anderen Gesichtspunkten kann bei tarifvertraglicher Vereinbarung einer 40-minus-X-Stunden-Woche nicht stets eine Überschreitung der Tarifmacht seitens der Tarifvertragsparteien angenommen werden. Es existiert verfassungsrechtlich kein konkretisierter Inhaltsbezug der Schutzintention des Tarifvertragswesens dahingehend, Arbeitszeitregelungen in einem gesundheitsgefährdenden Umfang, d.h. mit einer Wochenarbeitszeit von 40 Stunden + X zu verhindern.[248] Ein nicht unerheblicher Teil der Arbeitnehmerschaft mag tatsächlich - auch unter Inkaufnahme von Einkommenseinbußen - an mehr Freizeit durch kürzere Arbeitszeiten auch deutlich unterhalb der Schwelle von 40-Wochen-Stunden interessiert sein.[249] Da das Interesse der Arbeitgeber jedoch regelmäßig dahin tendieren wird, möglichst lange Wochenarbeitszeiten zu vereinbaren, besteht auch hier die typisierbare Gefahrenlage einer arbeitgeberseitigen Oktroyierung der Arbeitszeitvereinbarung unter Ausnutzung einer unterlegenen Verhandlungsposition des Arbeitnehmers. Für diesen Befund der Gefahr einer arbeitgeberseitigen Fremdbestimmung ist unmaßgeblich, ob die so zustande gekommene Regelung der Arbeitszeit immer noch unter der

---

[245] *Rieble*, ZTR 1993, S. 54ff. (56); *Schweibert*, Die Verkürzung der Wochenarbeitszeit durch Tarifvertrag, S. 73.

[246] Vgl. dazu eingehend *Schweibert*, Die Verkürzung der Wochenarbeitszeit durch Tarifvertrag, S. 73f.

[247] *Rieble*, ZTR 1993, S. 54ff. (56/57).

[248] Ebenso *Buchner*, in: Hromadka, Arbeitszeitrecht im Umbruch, S. 3ff. (15); in diesem Sinne aber *Richardi*, DB 1990, S. 1613ff. (1617); vgl. hierzu ablehnend *Däubler*, DB 1989, S. 2534ff. (2535); nach *Hromadka*, DB 1992, S. 1042ff. (1045), ergibt sich hingegen eine derartige Einschränkung zwar nicht aus Art. 9 Abs. III GG, jedoch aus Art. 12 GG, da die Vereinbarung einer 40-Minus-X-Stunden-Woche als Höchstarbeitszeit nicht durch die Schranken des Art. 12 GG gedeckt sei. Wie auch *Buchner*, in: Hromadka, Arbeitszeitrecht im Umbruch, S. 3ff. (15/16) nimmt *Hromadka* allerdings eine Beschränkung der Normsetzungsbefugnis nur insoweit an, als derartige Arbeitszeiten nicht als Höchstarbeitszeiten vereinbart werden können.

[249] So auch *Hromadka*, DB 1992, S. 1042ff. (1045); *Rieble*, RdA 1996, S. 151ff. (156); nach *Zachert*, DB 1990, S. 986ff. (987) ist hingegen auch unter einer 40-Stunden-Woche mit gesundheitlichen Beeinträchtigungen zu rechnen. Auch wenn man dem nicht in dieser Allgemeinheit folgen will, so ist doch in Rechnung zu stellen, dass zumindest bei einzelnen Arbeitnehmern der Wunsch nach einer geringeren Arbeitszeit – etwa aufgrund einer geringeren Leistungsfähigkeit oder Belastbarkeit – auch von derartigen Erwägungen getragen sein kann. Insoweit ist ohnehin vor einer Absolutierung der 40-Stunden-Grenze als Maßstab zu warnen.

Schwelle von 40 Wochenstunden liegt. [250] Auch im Hinblick auf Arbeitszeitregelungen ist der Schutz des Arbeitnehmers vor einer Beeinträchtigung der Willensbetätigung der Leitgedanke des Tarifvertragswesens, nicht jedoch der Gesundheitsschutz als solcher.[251] Gerade deshalb lassen sich an letzteren ebenso wenig die Grenzen der Tarifmacht anknüpfen. Vielmehr können die Tarifvertragsparteien durchaus die Durchsetzung über den Gesundheitsschutz hinausgehender Freizeitinteressen ihrer Mitglieder verfolgen.[252, 253]

Die Argumentation von *Hromadka*, Arbeitszeitregelungen seien einem Günstigkeitsvergleich (im Sinne der traditionellen Dogmatik eines quantitativen Sachgruppenvergleichs) von vornherein nicht zugänglich,[254] so dass es zur Sicherung privatautonomer Gestaltungsfreiheit der Ausklammerung von Arbeitszeitregelungen bereits aus dem Anwendungsbereich des § 4 Abs. I TVG bedürfe, geht bereits von der Prämisse aus, dass sich der Regelungsinhalt des § 4 Abs. III TVG in der Eröffnung paralleler individualvertraglicher Gestaltungskompetenz nach Maßgabe eines quan-

250 *Hromadka*, DB 1992, S. 1042 (1046) begreift Arbeitszeitregelungen unterhalb der Schwelle des Arbeitsschutzes nur als „Regelarbeitsbedingungen" ohne zwingende Wirkung. Zudem geht er davon aus, dass bei Abschluss des Individualarbeitsvertrages – anders als bei seiner späteren Änderung - im Normalfall kein Anlass bestehe, an der Freiheit der Willensbetätigung zu zweifeln. M. E. verkennt diese Argumentation, dass das Prinzip der Gegenmachtbildung im Kollektiv auch darauf abzielt, durch die Herstellung von vertragsparitätischen Bedingungen das Aushandeln von Bedingungen zu ermöglichen, die über das hinausgehen, was der Arbeitnehmer aus eigener Verhandlungsmacht hätte „herausholen" können (so etwa kürzere Arbeitszeiten). Die sozialstaatliche Dimension der Grundrechtsgewährung des Art. 9 Abs. III GG liegt insoweit in der bei diesen Bedingungen regelmäßig besser verwirklichten Vertragsgerechtigkeit. Misst man den Arbeitszeitregelungen hingegen nur den Charakter von Regelarbeitszeiten zu, so ist eben die Umsetzung dieses Verhandlungsvorteils in das Arbeitsverhältnis nicht mehr gewährleistet; „frei" ist der Arbeitnehmer insoweit nur noch hinsichtlich der Entscheidung, ob er die arbeitgeberseitige Vorgabe der Arbeitszeit akzeptieren oder den Abschluss des Arbeitsvertrages ablehnen will.

251 Letzterer ist vielmehr erwartete Folge des Prinzips der Gegenmachtbildung insoweit, als bei vertragsparitätischen Bedingungen der Arbeitnehmer regelmäßig nicht der Vereinbarung eines gesundheitsgefährdenden Umfangs der vertraglichen Leistungspflichten zustimmen wird.

252 Ebenso *Buchner*, in: Hromadka, Arbeitszeitrecht im Umbruch, S. 3ff. (15/16).

253 Zu weitgehend daher m.E. die Empfehlung des Deutschen Juristentages an die Rechtsprechung, anzuerkennen, dass es allein Sache des Arbeitsvertragsparteien ist, den zeitlichen Umfang der Arbeits- und Beschäftigungspflicht festzulegen (vgl. Beschlüsse des 61. DJT Karlsruhe 1996, Abdruck in DB 1996, S. 2030f. (2031), dort Nr. 11). Die dem Tarifvertragswesen zugrundeliegende Annahme einer Gefährdung der Selbstbestimmung des Arbeitnehmers hat grundsätzlich auch in diesem Bereich eine gewisse Gültigkeit. Die von der Frage der Tarifmacht im Bereich Arbeitszeitregelungen getrennt zu betrachtende und m.E. hier maßgebliche Frage lautet vielmehr, ob und unter welchen Voraussetzungen sich eine andere Präferenz der Arbeitsvertragsparteien und eine entsprechende individualvertragliche Vereinbarung bezüglich der Arbeitszeitregelung gegenüber der tariflichen Regelung durchsetzen muss; in diesem Sinne auch *Buchner*, in: Hromadka, Arbeitszeitrecht im Umbruch, S. 3ff. (15/16).

254 *Hromadka*, DB 1992, S. 1042ff. (1046) m.w.N.; so auch *Henssler*, ZfA 1994, S. 487ff. (506).

titativen Sachgruppenvergleichs erschöpfen müsse.[255] Soweit sich Arbeitszeitregelungen aufgrund der Ambivalenz der Wirkungen indes tatsächlich einer Günstigkeitsbeurteilung im Sinne eines objektiv quantitativen Sachgruppenvergleichs entziehen, ist hieraus zunächst ausschließlich die Untauglichkeit der traditionellen Dogmatik des § 4 Abs. III TVG in ihrer Anwendung auf ambivalente individualvertragliche Regelungen zu folgern, soweit § 4 Abs. III TVG gerade die Aufgabe zukommt, einen Ausgleich zwischen kollektiven und individuellen Gestaltungsinteressen zu schaffen.[256] Der Konflikt zwischen den im Einzelfall kollidierenden Gestaltungsinteressen ist dann jedoch durch eine verfassungskonforme Auslegung des § 4 Abs. III TVG zu lösen, in dessen Regelungsbereich die Konfliktlösung zwischen Kollektiv- und Individualinteresse ausweislich der historischen Entwicklung des Tarifvertragswesens sowie systematisch angesiedelt ist.[257]

Einer Ausübung der Normsetzungskompetenz bezüglich Arbeitszeitregelungen mit zumindest auch beschäftigungspolitischer Zielsetzung kann auch nicht entgegengehalten werden, dass diese auch auf die Beeinflussung der Situation von Außenseitern abziele und insoweit gegen die negative Koalitionsfreiheit der Außenseiter verstoße.[258] Soweit die tarifvertragliche Regelung beschäftigungspolitische Wirkungen auch auf die Arbeitsverhältnisse Koalitionsungebundener zeitigt handelt es sich allenfalls um Regelungsreflexe, die auch bezüglich Lohnvereinbarungen und deren Auswirkungen auf eine gesamtwirtschaftliche Nachfrage nach Arbeitskraft zu konstatieren sind und keineswegs ein Spezifikum beschäftigungspolitischer Arbeitszeitverkürzungen darstellen.[259] Gerade wenn und soweit eine Wahrnehmung der Mitgliederinteressen und damit des Ordnungsauftrags der Koalitionen in einigen Regelungsbereichen nicht ohne faktische Ausstrahlungswirkungen auch auf Koalitionsungebundene erfolgen kann, müssen derartige unvermeidliche Reflexe in

---

255 Vgl. *Hromadka*, DB 1992, S. 1042ff. (1046).

256 Vgl. *Richardi*, ZfA 1990, S. 211ff. (231).

257 Vgl. zu den historischen Grundlagen schon oben § 2, S. 7ff.; gerade weil die Begrenzung der kollektivrechtlichen Regelungsbefugnis durch § 4 Abs. III TVG darauf abzielt, dem Individualarbeitsvertrag ein Gestaltungsspielraum zur Regelung der Arbeits- und Wirtschaftsbedingungen im Sinne eines Ausgleichs zwischen Tarifautonomie und Vertragsfreiheit nach dem Prinzip der praktischen Konkordanz zu sichern, ist auch die Problematik der arbeitsvertraglichen Vereinbarung einer längeren Arbeitszeit, als sie durch Kollektivnorm festgelegt ist, im Rahmen des § 4 Abs. III TVG zu lösen, vgl. *Richardi*, ZfA 1990, S. 211ff. (231); so auch *Buchner*, Hromadka, Arbeitszeitrecht im Umbruch, S. 3ff. (14); *Däubler*, DB 1989, S. 2534ff. (2536/2537); *Joost*, ZfA 1984, S. 173ff. (174/175); *Zöllner*, DB 1989, S. 2121ff. (2124/2125).

258 Vgl. dazu *Koller*, ZfA 1978, S. 45ff. (59); *Kraft*, ZfA 1973, S. 243ff. (248); *Püttner*, BB 1987, S. 1122ff. (1225/1226).

259 So auch *Bergner*, Die Zulässigkeit kollektivvertraglicher Arbeitszeitregelungen, S. 124.

gewissen Grenzen aufgrund des beim Ausgleich kollidierender Grundrechtspositionen geltenden Gebots praktischer Konkordanz hingenommen werden.[260]

Auch unterhalb der Schwelle des Gesundheitsschutzes ist somit grundsätzlich eine Kompetenz der Tarifvertragsparteien zur normativen Gestaltung von Arbeitszeitregelungen durch Tarifvertrag anzuerkennen.

c) Grundrechtsbindung der Tarifautonomie

Hiervon zu trennen ist die grundsätzliche Frage, inwieweit die Tarifvertragsparteien bei der Normsetzung durch kollidierende Grundrechte von Koalitionsmitgliedern oder Außenseitern beschränkt werden.

aa) Unmittelbare Grundrechtsbindung

Die bislang herrschende Auffassung ging von einer unmittelbaren Grundrechtsbindung der Tarifautonomie aus. In Anbetracht der Tatsache, dass Adressat der Grundrechte grundsätzlich der Staat ist und sich die Grundrechte im Grundsatz nicht gegen die Ausübung privater Macht richten,[261] beschäftigen sich die Vertreter dieser Auffassung vor allem mit der Frage, wie die Tarifvertragsparteien in diesem Verhältnis zum Grundrechtsadressaten werden können und insoweit in diesem Kontext gewissermaßen die Rolle des staatlichen Normgebers einnehmen.

Die bisherige Rechtsprechung des Bundesarbeitsgerichts und der überwiegende Teil der Literatur gingen dabei davon aus, dass sich die Grundrechtsbindung der Tarifvertragsparteien aus Art. 1 Abs. III GG ergebe. Die Vereinbarung von Tarifverträgen stelle hiernach aufgrund der in § 4 I TVG angeordneten Normwirkung des normativen Teiles des Tarifvertrages Gesetzgebung im Sinne des Art. 1 III GG dar und sei deshalb nach Maßgabe des Art. 1 III GG unmittelbar an die Grundrechte gebunden.[262] Zum Teil wird dieses Verständnis der Tarifnormen als Ausübung von Gesetzgebung im Sinne des Art. 1 Abs. III GG konstruktiv mit der Delegation staatlicher Rechtsetzungsmacht an die Tarifvertragsparteien begründet (sog. Delegationstheorie).[263] Andere Begründungen stellen für die unmittelbare Grundrechtsbindung der Tarifvertragsparteien auf einen öffentlichen Status der Tarifvertrags-

[260] Vgl. *Bergner*, Die Zulässigkeit kollektivvertraglicher Arbeitszeitregelungen, S. 124; *Säcker/Oetker*, Grundlagen und Grenzen der Tarifautonomie, S. 69/70.

[261] Vgl. hierzu im Zusammenhang mit der Frage einer Grundrechtsbindung der Kollektivvertragsparteien *Waltermann*, RdA 1990, S. 138ff. (139).

[262] BAGE 1, S. 258ff. (262); BAGE 4, S. 240 (250f); *Gamillscheg*, Die Grundrechte im Arbeitsrecht, S. 103-105; *Hueck/Nipperdey*, Arbeitsrecht II 1, § 19 II, S. 373; einschränkend *Schaub*, in: Schaub, § 198 III 1, Rn. 17, S. 2042.

[263] So BAGE 1, S. 258ff. (264); BAGE 4, S. 240ff. (250); *Nikisch*, Arbeitsrecht II, § 69 IV 1, S. 227ff; *Stark*, Arbeitsplatzsicherung, S. 114/115.

parteien als beliehene Verbände ab[264] oder gehen von einer unmittelbaren Grundrechtsbindung aufgrund tatsächlicher sozialer Macht[265] aus. Die verschiedenen Begründungsansätze lassen sich in der Weise zusammenfassen, dass die herrschende Auffassung die Tarifautonomie als materielle Rechtsetzung staatlich verliehener oder doch zumindest anerkannter[266] Art begreift und hieraus die unmittelbare Grundrechtsbindung der Tarifautonomie nach Art. 1 III GG folgert.

Den Delegationstheorien in diesem weiteren Sinn steht ein anderer Begründungsansatz nahe, der an die rechtliche Qualifikation des Tarifvertrages als Normsetzungsvertrag anknüpft und eine erforderliche unmittelbare Grundrechtsbindung daraus ableitet, dass dieser für nicht unmittelbar am Vertragsschluss Beteiligte Regeln aufstelle.[267]

In einem neueren Urteil hat der 3. Senat des BAG noch einmal die traditionelle Rechtsprechung einer unmittelbaren Bindung der Tarifparteien an die Grundrechte prinzipiell bestätigt.[268]

bb) Mittelbare Grundrechtsbindung

In neuerer Zeit gehen nunmehr der 7. Senat des BAG[269] sowie der 4. Senat des BAG[270] demgegenüber von einem privatrechtlichen Verständnis auch des normativen Teils von Tarifverträgen aus und gelangen über die erstmals im Lüth-Urteil des BVerfG[271] ausgearbeitete „Ausstrahlungswirkung" der Grundrechte zu einer lediglich mittelbaren Bindung der Tarifvertragsparteien an die Grundrechte.[272] Auch in der neueren Literatur zeichnet sich ein Meinungsumschwung hin zu der Annahme einer nur mittelbaren Grundrechtsbindung der Tarifvertragsparteien ab.[273]

---

264 Vgl. *Scheuner*, in: Weber/Scheuner/Dietz, Koalitionsfreiheit, S. 27ff. (62); *Wiedemann*, RdA 1969, S. 321ff. (327, 330).

265 *Däubler*, Tarifvertragsrecht, Rn. 414; *Gamillscheg*, AcP 164 (1964), S. 385ff. (407); *Löwisch*, ZfA 1996, S. 293ff. (300); *Waltermann*, RdA 1990, S. 138ff. (141).

266 Im Sinne einer staatlichen Anerkennung auch das BVerfG: „Die durch die Vereinbarung der Tarifparteien und nach Maßgabe des TVG verbindlichen Regeln für den Inhalt der davon erfassten Arbeitsverträge sind, wie immer man das auch im einzelnen begründen mag, Rechtsregeln („normative Bestandteile des Tarifvertrages") kraft Anerkennung durch die staatliche Gewalt, ...", vgl. BVerfGE 34, S. 307ff. (317).

267 Vgl. *Biedenkopf*, Grenzen der Tarifautonomie, S. 31, 61, 73; *Fastrich*, Richterliche Inhaltskontrolle im Privatrecht, S. 205ff.; *Säcker/Oetker*, Grundlagen und Grenzen der Tarifautonomie, S. 242f.; kritisch dazu *Singer*, ZfA 1995, S. 611ff. (618).

268 BAG RdA 2001, S. 110f.

269 BAG NZA 1998, S. 715ff. (716).

270 BAGE 95, S. 277ff. (283, 289).

271 BVerfGE 7, S. 198ff. (205ff.).

272 BAGE 95, S. 277ff. (283, 289).

273 *F. Kirchhof*, Private Rechtsetzung, S. 521; *C.J.Müller*, Die Berufsfreiheit des Arbeitgebers, S. 237ff.; *Rieble*, Arbeitsmarkt und Wettbewerb, S. 382/383, Rn. 1273; MünchH-

Von Bedeutung ist die Unterscheidung zwischen unmittelbarer und mittelbarer Bindung an die Grundrechte insoweit, als der mittelbaren Bindung an die Grundrechte regelmäßig eine geringere Schutzwirkung zuzumessen ist. Im Bereich tarifvertraglicher Normsetzung wird die Minderung des Grundrechtsschutzes bei lediglich mittelbarer Bindung an die Grundrechte damit begründet, dass der Gestaltungsfreiraum der Tarifvertragsparteien auf autonomer Unterwerfung ihrer Mitglieder beruhe und insoweit weitergehen müsse als die Staatsbefugnisse zu hoheitlichen Eingriffen.[274]

cc) Die Theorie vom Schutzauftrag der Verfassung (Untermaßverbot)

Auch bezüglich der mittelbaren Grundrechtsbindung hat sich demgegenüber zunächst im allgemeinen Zivilrecht auf der Grundlage eines Beitrags von *Canaris*[275] und zweier neuerer Entscheidungen des Bundesverfassungsgerichts[276] eine Auffassung zunehmend durchgesetzt, die grundlegende Modifikationen der These von der mittelbaren Grundrechtswirkung beinhaltet. Die wesentliche Abweichung dieser Auffassung zu der These der mittelbaren Grundrechtsbindung liegt darin, dass hiernach die Grundrechte ihre Wirkung im Privatrecht lediglich dergestalt entfalten können, dass sie Gesetzgebung und Rechtsprechung zu einer aktiven Ausrichtung der Privatrechtsverhältnisse an der Wertordnung der Verfassung verpflichten. Grundrechtsadressat könne insoweit auch im Privatrecht nur die staatliche Gewalt und nicht der einzelne Staatsbürger sein.[277] Die staatliche Gewalt bleibe Schuldner des grundrechtlichen Schutzanspruchs der Bürger in der Weise, dass diese von ihr eine – eventuell auf das Privatrechtsverhältnis angepasste – Durchsetzung des Grundrechtsschutzes im Privatrecht verlangen können.[278] Im Bereich des Privat-

bArbR/*Richardi*, Bd. 1, § 10, Rn. 22ff; *Säcker/Oetker*, Grundlagen und Grenzen der Tarifautonomie, S. 244/245; *Zöllner*/Loritz, Arbeitsrecht, § 7 III, S. 92/93; differenzierend *Käppler*, NZA 1991, S. 745ff. (749/750).

[274] Vgl. BAGE 95, S. 277ff. (283, 289); Wiedemann/*Wiedemann*, TVG, Einl. Rn. 202, S. 182; teilweise wird auch davon ausgegangen, dass trotz der lediglich mittelbaren Grundrechtsbindung der Grundrechtsschutz weitgehend gleich ausgestaltet sein müsse wie bei einer unmittelbaren Bindung (vgl. etwa *Waltermann*, RdA 1990, S. 138ff. (141) und insofern auch zu einer vollen Nachprüfbarkeit durch die Arbeitsgerichte führe, vgl. *Rieble*, Arbeitsmarkt und Wettbewerb, S. 383/384, Rn. 1276/1277; *Schwarze*, ZTR 1996, S. 1 ff. (7); *Söllner*, NZA 1996, S. 897ff. (901); ähnlich - allerdings nur bezüglich dieser Erwägung - auch *Dieterich*, FS-Schaub, S. 117ff. (121).

[275] *Canaris*; AcP 184 (1984), S. 201ff. (228).

[276] BVerfGE 81, S. 242ff. (255) (Handelsvertreterfall); BVerfGE 89, S. 214ff. (232ff.) (Bürgschaftsfall); vgl. dazu *Dieterich*, RdA 1995, S. 129ff. (132/133); *Fastrich*, RdA 1997, S. 65ff. (66f.).

[277] Wiedemann/*Wiedemann*, TVG, Einl., Rn. 204, S. 183.

[278] Wiedemann/*Wiedemann*, TVG, Einl., Rn. 204, S. 183.

rechts resultiere insoweit aus diesem grundrechtlichen Schutzauftrag ein „Untermaßverbot“[279], dessen Adressat allein die staatliche Gewalt sein könne.

Diese Lehre vom Untermaßverbot hat auch im Tarifvertragsrecht Anerkennung gefunden.[280] In der Staatsrechtslehre gewinnt zunehmend die Auffassung an Boden, dass Tarifvertragsparteien keineswegs Grundrechtsverpflichtete wie der Staat und seine Organe seien und ihre Normen nicht in gleicher Weise wie staatliche Vorschriften an den Grundrechten zu messen seien.[281] Dieser Auffassung haben sich Teile der arbeitsrechtlichen Verfassungsrechtslehre[282] sowie in einigen Entscheidungen zur Berufsfreiheit auch der siebte Senat des BAG angeschlossen. So folge zwar aus Art. 9 Abs. III GG, dass den Tarifvertragsparteien ein Freiraum bei der Gestaltung von Arbeits- und Wirtschaftbedingungen einzuräumen sei. Aus den Grundrechten der tarifunterworfenen Mitglieder und der damit verbundenen Schutzpflicht der staatlichen Gewalt folge jedoch andererseits, dass diese nicht schutzlos bleiben dürften.[283] Nur aus dem entsprechenden Untermaßverbot an die staatliche Gewalt lasse sich insoweit über die Grundrechte eine ungeschriebene Grenze der Tarifautonomie ableiten.[284]

Demgegenüber berge die Annahme einer mittelbaren Grundrechtsbindung der Tarifvertragsparteien die Gefahr, dass die sich hieraus ergebende Gerichtskontrolle von Tarifverträgen anhand der mit Verfassungsgehalt angereicherten §§ 138, 242 BGB eine Tarifzensur ermögliche, die mit dem herkömmlichen Verständnis der Tarifautonomie nicht vereinbar sei.[285]

---

[279] *Canaris*, AcP 184 (1984), S. 201ff. (228); *Isensee*, in: HStR V, § 111, Rn. 165.

[280] Vgl. *Dieterich*; FS-Schaub, S. 117ff. (122); *Kempen/Zachert*, Grundlagen, Rn. 154/155; *Wiedemann*, Die Bindung der Tarifnormen an die Grundrechte, 1994, S. 108ff; *Singer*, ZfA 1995, S. 611ff. (623); *Söllner*, NZA 1996, S. 897ff (902); kritisch *Gamillscheg*, RdA 1998, S. 2ff. (6).

[281] *Scholz*, in: Maunz/Dürig, GG, Bd. 1, Art. 9, Rn. 357; *Starck*, in: v.Mangoldt/Klein/Starck, GG, Art. 1 Abs. 3, Rn. 221.

[282] *Dieterich*, FS-Schaub, S. 117ff. (122); Kasseler Handbuch/*Dörner*, 8.1 III 2 b, Rn. 15, S. 1709; ähnlich auch *Schlachter*, FS-Schaub, S. 651ff. (655); einschränkend *Söllner*, NZA 1996, S. 897ff. (901).

[283] Vgl. zur grundrechtlichen Verpflichtung des Gesetzgebers zum Koalitionsmitgliederschutz eingehend *Wiedemann*, Die Bindung der Tarifnormen an die Grundrechte, S. 116ff.; einen abweichenden Ansatz vertritt *Schwabe*, AöR 100 (1975), S. 442ff. (453): auch nach seiner Auffassung gebe es kein Problem der Drittwirkung von Grundrechten. Vielmehr gehe es stets nur um die Bindung staatlicher Gewalt aus Art. 1 III GG. Der Staat beteilige sich durch die Bereitstellung und Durchsetzung eines Privatrechtssystems an den infolge dieses Systems möglichen Grundrechtsbeeinträchtigungen der Bürger untereinander und müsse sich diese insoweit als zwar privat bewirkte, aber dennoch staatliche Eingriffe zurechnen lassen.

[284] *Dieterich*, FS-Schaub, S. 117ff. (122); Kasseler Handbuch/*Dörner*, 8.1 III 2 b, Rn. 15, S. 1709; *Söllner*, NZA 1996, S. 897ff. (901); ähnlich auch *Schlachter*, FS-Schaub, S. 651ff (656).

[285] *Dieterich*, FS-Schaub, S. 117ff. (122/123).

dd) Stellungnahme

Der Theorie der unmittelbaren Grundrechtsbindung der Tarifvertragsparteien über Art. 1 III GG ist entgegenzuhalten, dass Art. 1 III GG ausdrücklich regelt, wer unmittelbar durch die Grundrechte gebunden wird. Art. 1 III GG ordnet diese unmittelbare Grundrechtsbindung nur für die „Gesetzgebung, vollziehende Gewalt und Rechtsprechung" an. Der Herleitung der unmittelbaren Grundrechtsbindung der Koalitionen aus Art. 1 III GG ist daher schon im Hinblick auf den eindeutigen Wortlaut des Art. 1 III GG zu widersprechen. Auch die Tarifautonomie und die den Koalitionen durch § 4 I TVG eingeräumte Normsetzungskompetenz rechtfertigt für das Tarifvertragsrecht keine abweichende Beurteilung. Zwar kommt den tarifvertraglichen Normen gemäß § 4 I TVG eine Normwirkung zu. Die hieraus gezogene Schlussfolgerung, die Koalitionen würden insoweit eine der Rolle des Gesetzgebers im Grundrechtsgefüge entsprechende Funktion ausüben und daher in gleicher Weise gemäß Art. 1 III GG an die Grundrechte gebunden sein, vernachlässigt jedoch grundlegende Unterschiede zwischen tarifvertraglicher und gesetzlicher Normsetzung. Tarifverträge sind anders als Gesetze nicht Ausübung staatlicher Regelungskompetenz, sondern das Ergebnis einer kollektiven Ausübung der Privatautonomie.[286] Diese privatautonome Legitimation rechtfertigt weitergehende Gestaltungsmöglichkeiten tarifvertraglicher Normsetzung insoweit, als Grundrechtsträger ihre Freiheit selbst in einem weiteren Umfang einschränken können, als sie zur Duldung staatlicher Eingriffe in diese Freiheit verpflichtet wären.[287] Anders als im Verhältnis zum Staat stehen sich hier Privatrechtssubjekte und damit Grundrechtsträger gegenüber, bei denen es um die Abgrenzung kollidierender Grundrechte geht.

Durch die mit der Theorie von der mittelbaren Grundrechtsbindung einhergehende Einschränkung, dass als Wirkbereiche dieser Ausstrahlung der Wertordnung der Grundrechte grundsätzlich nur die Generalklauseln in Betracht kommen sollen, würde hingegen diese mittelbare Grundrechtseffektivität im Privatrecht in die Abhängigkeit von einer entsprechenden gesetzlichen Ausgestaltung durch den einfachen Gesetzgeber gestellt. Nach der verfassungsrechtlichen Grundentscheidung gelten jedoch vielmehr umgekehrt die Gesetze nach Maßgabe des Grundgesetzes.[288]

Die Konstruktion einer mittelbaren Bindung der Tarifvertragsparteien eröffnet darüber hinaus die Möglichkeit einer Gerichtskontrolle von Tarifverträgen anhand der mit Verfassungsgehalt angereicherten §§ 138, 242 BGB. Zwar versucht das Bundesarbeitsgericht den insoweit gegebenen Bedenken bezüglich der Gefahr einer Ta-

---

[286] So nun auch BAGE 95, S. 277ff. (283); vgl. auch *Dieterich*, FS-Schaub, S. 117ff. (121); *Giesen*, Tarifvertragliche Rechtsgestaltung, S. 236; *Singer*, ZfA 1995, S. 611ff. (618f.).

[287] Vgl. *Dieterich*, FS-Schaub, S. 117ff. (121).

[288] Vgl. *Richardi*, FS-Schwarz, S. 781ff. (786); *Wiedemann*, Die Bindung der Tarifnormen an Grundrechte, S. 108.

rifzensur durch eine Zurücknahme der Kontrolldichte bei Tarifvertragsnormen zu begegnen. Dennoch setzt die Gerichtskontrolle bei der inhaltlichen Ausgestaltung des Tarifvertrags durch die Tarifvertragsparteien an und stellt damit eine schon dem Wesen des Tarifvertragsrechts fremde Inhaltskontrolle von Tarifnormen dar.[289]

Die Theorie von den Grundrechten als staatliche Schutzpflichten setzt hingegen konstruktiv bereits vor diesem Zeitpunkt an und vermeidet die Gefahr einer Tarifzensur weitgehend insoweit, als sie bereits den Gesetzgeber auf der Grundlage der Schutzpflichten der Grundrechte zu einer Ausgestaltung der rechtlichen Grundlagen der Tarifautonomie verpflichtet, die einen hinreichenden Schutz der Grundrechte der Mitglieder gewährleistet.[290] Nur bei einer unzureichenden Verwirklichung des grundrechtlichen Schutzauftrags durch den Gesetzgeber kommt hiernach subsidiär eine Wahrnehmung des Schutzauftrags durch die Rechtsprechung in Form einer entsprechenden richterrechtlichen Ausrichtung des Privatrechtsverhältnisses an den Grundrechten der Verfassung bzw. einer entsprechenden Rechtsanwendung in Betracht.[291] Das Verhältnis zwischen Kollektivvertrag und individueller Freiheit wird so zutreffender erfasst, weil sich eine etwaige Durchbrechung der Tarifautonomie zugunsten der individuellen Freiheit hiernach gerade als eine Abgrenzung zweier grundrechtlich geschützter Freiheitsbereiche begreifen lässt, nicht jedoch als Konsequenz einer bestehenden Bindung der Koalitionen an Grundrechte, die auf ihre Funktion im Subordinationsverhältnis zwischen Bürger und Staat hin konzipiert sind.

II.) Rechtsnatur und verfassungsrechtliche Verankerung des Günstigkeitsprinzips

Dem sog. Günstigkeitsprinzip in § 4 III TVG kommt als Durchbrechung der zwingenden Wirkung der Tarifnormen für eine dem oben beschriebenen Schutzauftrag der staatlichen Gewalt entsprechenden Ausgestaltung des Tarifvertragswesens eine herausragende Bedeutung zu. Es stellt sich die Frage, ob auch das sog. Günstigkeitsprinzip verfassungsrechtlich garantiert ist insoweit, als es sich aus den Grundrechten der Koalitionsmitglieder und einer hiermit korrespondierenden Schutzpflicht des Staates ergeben könnte.

---

[289] Vgl. *Dieterich*, FS-Wiedemann, S. 229ff. (235):" Will man dennoch die Gestaltungsfreiheit der Tarifparteien respektieren, so muss man Spielräume als nachträgliches Korrektiv unsystematisch und ergebnisorientiert in ein Kontrollprogramm einfügen, das eigentlich dafür nicht konzipiert ist".

[290] Kritisch im Hinblick auf die fehlende Rechtssicherheit bei der richterlichen Konkretisierung von Schutzpflichten, jedoch wie hier unter der Maßgabe einer prioritären Wahrnehmung des privatrechtsgestaltenden Auftrages seitens des Gesetzgebers zustimmend *Giesen*, Tarifvertragliche Rechtsgestaltung, S. 244 – 246.

[291] *Dieterich*, FS-Schaub, S. 117ff. (125); *Wiedemann*, Bindung der Tarifnormen an Grundrechte, S. 122-125; *Singer*, ZfA 1995, S.611ff. (623); *Söllner*, NZA 1996, S. 897ff. (901).

1) Der Meinungstand

Inwieweit das Günstigkeitsprinzip verfassungsrechtlich garantiert ist und wie eine entsprechende verfassungsrechtliche Garantie des Günstigkeitsprinzips herzuleiten ist, wird in Rechtsprechung und Literatur nicht einheitlich beurteilt.

a) Die einen Verfassungsrang des Günstigkeitsprinzips befürwortenden Auffassungen

Nach einem Teil der Rechtsprechung und Teilen der Literatur kommt dem sog. Günstigkeitsprinzip Verfassungsrang zu. Uneinigkeit herrscht zwischen diesen Auffassungen jedoch darüber, wie die verfassungsrechtliche Garantie des sog. Günstigkeitsprinzips herzuleiten ist.

aa) Lehre von der Tarifautonomie als Einrichtungsgarantie und der Teilhabe des Günstigkeitsprinzips an dieser Gewährleistung[292]

Nach einer Auffassung gehöre zu einem funktionsfähigen Tarifvertragssystem im Sinne der Institutsgarantie des Art. 9 Abs. III TVG notwendig auch das Günstigkeitsprinzip; dieses sei Teil des historisch gewachsenen und heute maßgebenden Tarifvertragsbegriffes[293] und partizipiere daher an der institutionellen Garantie. Günstigkeitsprinzip und Unabdingbarkeitsgrundsatz seien hiernach eine untrennbare Einheit. Da jedoch gerade die zwingende Wirkung der Tarifnormen den unverzichtbaren Kern der Einrichtungsgarantie darstelle, müsse auch das Günstigkeitsprinzip als notwendiges Element des Tarifvertragssystems an der Einrichtungsgarantie teilhaben.[294]

bb) Günstigkeitsprinzip als Innenschranke der kollektiven Koalitionsfreiheit (Art. 9 Abs. III GG)[295]

Nach einer anderen Auffassung sei das Günstigkeitsprinzip auch als Ausdruck eines Übermaßverbotes im Hinblick auf Innenschranken der Koalitionsfreiheit ver-

---

292 Vgl. grundlegend die Entscheidung BVerfGE 4, S. 96ff. (106); ferner *Badura*, RdA 1974, S. 129ff (132); *Hueck/Nipperdey*, Lb. II/1, S. 232 (insb. Fn. 38).

293 *Belling*, Das Günstigkeitsprinzip, S. 64ff.; *ders.*, DB 1982, S. 2513ff. (2514); *Bergner*, Zulässigkeit kollektivvertraglicher Arbeitszeitregelungen, S. 56ff; *Hueck/Nipperdey*, Arbeitsrecht, Bd. II/1, 1967, § 30 I 3, S. 573, Fn. 2b sowie § 13 VII 2 c, S. 232f., Fn. 38; *Junker*, ZfA 1996, S. 383 (397/398); *Kauffmann*, NJW 1966, S. 1681ff. (1683); *Karakatsanis*, Die kollektivrechtliche Gestaltung des Arbeitsverhältnisses und ihre Grenzen, S. 111; *Küchenhoff*, ArbuR 1963, S. 321ff. (323); *Löwisch*, DB 1989, S. 1185ff. (1186); *Schnorr*, AuR 1963, S. 136ff. (138).

294 *Belling*, Das Günstigkeitsprinzip, S. 64ff.; *Bergner*, Zulässigkeit kollektivvertraglicher Arbeitszeitregelungen, S. 57.

295 Vgl. *Belling*, Günstigkeitsprinzip, S. 69ff.; *ders.*, DB 1982, S. 2513ff. (2514); Scholz in HbdSt Bd. VI, § 151, Rn. 75; *Papritz*, Günstigkeitsprinzip, S. 51.

fassungsrechtlich garantiert.[296] Die positive kollektive Koalitionsfreiheit erfahre hiernach ihre verfassungsrechtliche Grenze in dem ihr innewohnenden Zweck, im Wege der „Organisation gesellschaftlicher Selbsthilfe im Arbeitsleben“[297] die individuelle Koalitionsfreiheit ihrer Mitglieder zu verwirklichen.[298] Das Tarifvertragssystem könne hiernach nur die Gestalt annehmen, die das Individualgrundrecht, zu dessen Verwirklichung die Koalitionsfreiheit diene, verlange.[299] Sinn und Aufgabe der Gewährleistung der Koalitionsfreiheit als Individualgrundrecht in Art. 9 Abs. III GG sei gerade die Behebung des strukturellen Machtungleichgewichts zwischen Arbeitgeber und Arbeitnehmer durch die Möglichkeit des Zusammenschlusses zum Zwecke kollektiver Interessenverfolgung.[300] Die Unabdingbarkeit von Tarifnormen müsse insoweit dort enden, wo es dieses Schutzes zur Überbrückung des Machtunterschieds zwischen Kapital und abhängiger Arbeit nicht bedürfe.[301] Von einem bestehenden Verhandlungsgleichgewicht und einer fehlenden Schutzbedürftigkeit des Arbeitnehmers sei jedoch auszugehen, wenn der Arbeitnehmer aus eigener Kraft zu einer gerechten Gestaltung seiner Arbeitsbedingungen in der Lage sei oder gar günstigere Arbeitsbedingungen erziele als die Tarifvertragsparteien.[302]

Eben diese Aufgabe komme dem Günstigkeitsprinzip zu, dass für diesen Fall eine Durchbrechung der Unabdingbarkeit von Tarifnormen vorsehe und insoweit an der verfassungsrechtlichen Gewährleistung der Koalitionsfreiheit in seiner Ausprägung als Individualgrundrecht partizipiere, aus der sich die genannte implizite Begrenzung der kollektiven Koalitionsfreiheit ergebe.[303]

cc) Das Günstigkeitsprinzip als Außenschranke der Kollektivmacht, Art. 12 I GG, Art. 2 Abs. I GG

Nach anderer Auffassung ist das Günstigkeitsprinzip als einfachgesetzliche Ausprägung einer Außenschranke der Tarifautonomie verfassungsrechtlich gewährleis-

---

[296] *Belling*, Das Günstigkeitsprinzip, S. 70; *Hueck/Nipperdey*, Arbeitsrecht, Band I, § 7 VI, S. 29; *Födisch*, RdA 1955, S. 88ff. (93).

[297] So anschaulich *Scholz*, Koalitionsfreiheit als Verfassungsproblem, S. 43.

[298] *Wendt*, Der Günstigkeitsvergleich, S. 15.

[299] *Belling*, Das Günstigkeitsprinzip, S. 68; *Papritz*, Das Günstigkeitsprinzip, S. 51.

[300] *Papritz*, Das Günstigkeitsprinzip, S. 51; *Wendt*, Der Günstigkeitsvergleich, S. 20.

[301] So zum Teil auch die Vertreter der zuvor dargestellten Ansichten, vgl. *Belling*, Das Günstigkeitsprinzip, S. 68/69; *Biedenkopf*, Grenzen der Tarifautonomie, S. 75, 146/147; *Heinze*, NZA 1991, S. 329ff. (331); *Joost*, ZfA 1984, S. 173ff. (175); *Richardi*, Kollektivgewalt und Individualwille, S. 381; *Säcker*, Gruppenautonomie und Übermachtkontrolle, S. 51ff.; *Zöllner*, DB 1989, S. 2121ff. (2126).

[302] *Belling*, Das Günstigkeitsprinzip, S. 69; *Papritz*, Das Günstigkeitsprinzip, S. 52; *Wendt*, Der Günstigkeitsvergleich, S. 20.

[303] *Belling*, Das Günstigkeitsprinzip, S. 69; *Papritz*, Das Günstigkeitsprinzip, S. 52; *Wendt*, Der Günstigkeitsvergleich, S. 20.

tet.[304] Die Außenschranke der Tarifautonomie stelle die Vertragsfreiheit dar, die dem Arbeitnehmer das Recht garantiere, privatautonom Arbeitsbedingungen mit dem Arbeitgeber auszuhandeln, solange bei einer ex post Betrachtung von einer tatsächlich bestehenden Vertragsparität auszugehen sei.[305]

Dies sei jedoch gerade immer dann der Fall, wenn die individualvertragliche Vereinbarung für den Arbeitnehmer günstiger sei als die tarifvertragliche Regelung.[306] § 4 Abs. III TVG sei hiernach eine Ausprägung des Grundrechtsschutzes des Arbeitnehmers aus den Art. 12 GG, Art. 1 GG und Art. 2 Abs. I GG.[307]

Diese Vertragsfreiheit sei für den Arbeitsvertrag von Art. 12 GG geschützt, da die Freiheit der Berufsausübung auch die inhaltliche Gestaltung des Arbeitsverhältnisses erfasse[308] und Art. 2 Abs. I GG als lex generalis insoweit zurücktrete.[309] Die inhaltliche Ausgestaltung des Arbeitsverhältnisses sei im Kontext des Art. 12 GG auf der Ebene der Berufsausübung im Sinne des Gesetzesvorbehalts des Art. 12 I S. 2 GG einzuordnen und somit entsprechend der Dreistufentheorie des Bundesverfassungsgerichts[310] weniger weitreichend geschützt als die Freiheit der Berufwahl. Der Gesetzgeber sei hiernach verfassungsrechtlich nicht gehindert, das Günstigkeitsprinzip für einzelne Regelungen zur Disposition der Tarifvertragsparteien zu stellen oder selbst Höchstarbeitsbedingungen festzulegen, wenn vernünftige Erwägungen des Gemeinwohls dies zweckmäßig erscheinen lassen.[311]

---

[304] *Belling*, DB 1982, S. 2513ff. (2514); *Kreis*, RdA 1961, S. 97ff. (98); *Schmidt*, Günstigkeitsprinzip, S. 67; *Schweibert*, Die Verkürzung der Wochenarbeitszeit durch Tarifvertrag, S. 236/237.

[305] *Wendt*, Der Günstigkeitsvergleich, S. 20.

[306] Vgl. *Wendt*, Der Günstigkeitsvergleich, S. 20.

[307] *Bengelsdorf*, ZfA 1990, S. 563ff. (590).

[308] Vgl. dazu *Boemke*, NZA 1993, S. 532 (534); *Gitter/Boerner*, RdA 1990, S. 129ff. (133); *Papier*, RdA 1989, S. 137ff. (138); *Scholz*, in: Maunz/Dürig, GG, Bd. 2, Art. 12, Rn. 115; *Scholz*, Die Koalitionsfreiheit als Verfassungsproblem, S. 10/11; *ders.*, ZfA 1981, S. 265ff. (275); *Wendt*, Der Günstigkeitsvergleich, S. 20/21.

[309] So die herrschende Auffassung in der Literatur, vgl. *Boemke*, NZA 1993, S. 532 (534); *Gitter/Boerner*, RdA 1990, S. 129ff. (133); *Papier*, RdA 1989, S. 137ff. (138); *Scholz*, in: Maunz/Dürig, GG, Band 2, Art. 12, Rn. 115; *ders.*, Die Koalitionsfreiheit als Verfassungsproblem, S. 10 ff.; *ders.*, ZfA 1981, S. 265ff. (275); *Söllner*, RdA 1989, S. 144ff. (147); nach *Belling*, Günstigkeitsprinzip, S. 74, erfasse hingegen Art. 12 GG nur den Abschluss des Arbeitsvertrages und die Wahl des Vertragspartners erfasse. Für die inhaltliche Gestaltung sei hingegen Art. 2 I GG einschlägig; ähnlich *Kreis*, Die Zulässigkeit von Höchstarbeitsbedingungen, S. 53.

[310] Grundlegend BVerfGE 7, S. 377ff. (405).

[311] Vgl. *Belling*, Günstigkeitsprinzip, S. 79; *Kreis*, Zulässigkeit von Höchstarbeitsbedingungen, S. 53; *ders.* , RdA 1961, S. 97ff. (99), obwohl beide hinsichtlich der Arbeitsvertragsfreiheit als Außenschranke der Tarifautonomie und Grundlage des Günstigkeitsprinzips auf Art. 2 I GG abstellen. Vgl. zu den Anforderungen an eine Rechtfertigung von Eingriffen in die Freiheit der Berufsausübung nach der Drei-Stufen-Lehre BVerfGE 28, S. 364ff. (374); BVerfGE 39, S. 210ff. (225); *Schmidt-Bleibtreu*, in: Schmidt-Bleibtreu/Klein, GG, Art. 12 GG, Rn. 12, 18f..

Auch das Sozialstaatsprinzip (Art. 20 I, Art. 28 I GG) setze der individuellen Vertragsfreiheit Grenzen, als es die Verwirklichung eines Mindestmaßes an Vertragsgerechtigkeit gebiete und damit zur Herstellung praktischer Konkordanz[312] Einschränkungen der individuellen Vertragsfreiheit dahingehend rechtfertige, dass individualvertraglichen Vereinbarungen bei Fehlen dieser sozialstaatlich gebotenen Vertragsgerechtigkeit die Wirksamkeit zu versagen sei.[313]

Trotz dieser Einschränkungen der verfassungsrechtlichen Gewährleistung des Günstigkeitsprinzips als Außenschranke der Tarifautonomie sei jedoch jedenfalls eine völlige Aufhebung des Günstigkeitsprinzips insoweit verfassungsrechtlich gesperrt, als hierdurch die Vertragsfreiheit der Arbeitnehmer hinsichtlich der inhaltlichen Ausgestaltung des Arbeitsverhältnisses in ihrem Kernbereich angetastet würde (Art. 19 II GG).[314]

b) Die den Verfassungsrang des Günstigkeitsprinzips ablehnenden Auffassungen

Demgegenüber vertreten Teile der Literatur[315] sowie das Bundesverwaltungsgericht[316] die Auffassung, dass dem Günstigkeitsprinzip in § 4 III TVG kein Verfassungsrang zukomme.

Die Auffassung stützt ihre Ablehnung des Verfassungsrangs des Günstigkeitsprinzips im Schwerpunkt auf die Rechtsprechung des BVerfG, nach der die in Art. 9 Abs. III GG enthaltene institutionelle Garantie der Tarifautonomie ganz allgemein aufzufassen sei und nicht die besondere Ausprägung erfasse, die das Tarifvertrags-

---

312 Auch *Belling*, Das Günstigkeitsprinzip, S. 69ff. und *Löwisch*, BB 1991, S. 59ff. (60f.) sehen die Aufgabe des Günstigkeitsprinzips im Spannungsfeld zwischen Koalitionsfreiheit, Privatautonomie und gerechter sozialstaatlicher Ordnung in der Herstellung praktischer Konkordanz.

313 *Schmidt*, Das Günstigkeitsprinzip, S. 68/69, der auf § 138 I BGB verweist, dem dieser Gedanke ebenfalls zugrunde liege.

314 *Wendt*, Der Günstigkeitsvergleich, S. 21; Wiedemann/Wank, TVG, S. 1094, § 4, Rn. 394; ähnlich *Söllner*, RdA 1989, S. 144ff. (149), der dem Günstigkeitsprinzip zwar keinen Verfassungsrang zubilligt, jedoch eine Abschaffung oder Einschränkung des Günstigkeitsprinzips unter Umständen dennoch als einen unverhältnismäßigen Eingriff in die Vertragsfreiheit ansieht.

315 *Bieback*, ZfA 1979, S. 453ff. (477); *Dietz*, DB 1965, S. 591ff. (593); *Kempen/Zachert*, TVG, § 4, Rn. 163/164; *Scholz*, in: Maunz/Dürig, GG, Bd. 1, Art. 9, Rn. 273; *Monjau*, DöD 1964, S. 224 (228); *Nikisch*, DB 1963, S. 1254ff. (1255); *Papier*, RdA 1989, S. 137ff. (141); *Scholz*, Koalitionsfreiheit als Verfassungsproblem, S. 364; *Söllner*, RdA 1989, S. 144ff. (149); *Zeuner*, DB 1965, S. 630ff. (632); differenzierend *Richardi*, Kollektivgewalt und Individualwille, S. 367, der eine verfassungsrechtliche Gewährleistung des Günstigkeitsprinzips nur in seiner Anwendung auf für allgemein verbindlich erklärte Tarifverträge annimmt, da die Tarifbindung hier ohne individuelle Unterwerfung erfolge, eine verfassungsrechtliche Gewährleistung des Günstigkeitsprinzips im übrigen aber ablehnt.

316 BVerwG, AP § 4 TVG Angleichungsrecht Nr.4.

system in dem zur Zeit des Inkrafttretens des Grundgesetzes geltenden Tarifvertragsgesetz erhalten habe.[317] Die institutionelle Garantie des Art. 9 Abs. III GG gewährleiste die Tarifautonomie entsprechend der Rechtsprechung des Bundesverfassungsgerichts des weiteren lediglich in dem Sinne, dass ausschließlich der wesenstypische Kern der Tarifautonomie verfassungsrechtlich garantiert sei.[318] Zu diesem wesenstypischen Kernbereich der Tarifautonomie gehöre das Prinzip der Gestaltung der Arbeits- und Wirtschaftsbedingungen durch Verbände und die unmittelbare (d.h. normative) Einwirkung der Tarifnormen auf die Arbeitsverhältnisse, nicht jedoch das Günstigkeitsprinzip.[319] Die Einbeziehung des Günstigkeitsprinzips in die institutionelle Garantie des Art. 9 Abs. III GG stilisiere die gegenwärtige Ausgestaltung des Tarifvertragswesens zu Wesensmerkmalen der Tarifautonomie im Sinne des Grundgesetzes schlechthin und entziehe somit dem Gesetzgeber weitgehend die Möglichkeit einer Änderung des gegenwärtigen Tarifvertragssystems auch dann, wenn eine funktionsgerechte Anpassung der Tarifautonomie geboten erscheine.[320]

Gegen eine Einbeziehung des Günstigkeitsprinzips in den wesenstypischen Kern des Tarifvertragswesens und die damit verbundene Partizipation desselben an der institutionellen Garantie des Art. 9 Abs. III GG spreche im übrigen auch die historische Entwicklung des Tarifrechts,[321] zu deren Anfang das Günstigkeitsprinzip lediglich als Auslegungsregel ausgestaltet war und zur Disposition der Tarifvertragsparteien stand.[322] Ferner konstituiere Art. 9 Abs. III GG einen Vorrang der kollektiven Privatautonomie der Verbände gegenüber der individuellen Privatautonomie, da die Verbände die ihnen zugewiesene Aufgabe einer sinnvollen Ordnung des Ar-

---

[317] Vgl. BVerfGE 4, S. 96ff. (106); BVerfGE 19, S. 303ff. (321/322); BVerfGE 20, S. 312ff. (317); BVerfGE 28, S. 295ff. (305/306); BVerfGE 50, S. 290ff. (367/368).

[318] Zu beachten ist, dass das BVerfG die ursprüngliche Kernbereichsrechtsprechung für Art. 9 Abs. III GG mittlerweile aufgegeben hat, vgl. BVerfGE 93, S 352ff. (359); BVerfGE 94, S. 268ff. (283); BVerfGE 100, S. 214ff. (221). In der Vergangenheit hatte das BVerfG in ständiger Rechtsprechung die Auffassung vertreten, das Grundrecht der Koalitionsfreiheit sei nur in einem Kernbereich geschützt, vgl. BVerfGE 4, 96ff. (106); 19, 303ff. (321); 50, 290ff. (374); 57, 220ff. (246). Indes wurde der Kernbereich durch das BVerfG hier in seinem Umfang so weit gefasst, dass sich das BVerfG trotz der Kernbereichslehre nicht an einer weiten Auslegung des Schutzbereichs gehindert sah. Das BVerfG verwendete den Begriff des Kernbereichs in diesem Kontext mithin nicht – obwohl diese Implizierung begrifflich nahe liegt – im Sinne des Wesenkerns als unantastbares Rechtsgut nach Art. 19 Abs. II GG. Der Abschied von der Kernbereichslehre ist somit mehr von grundrechtsdogmatisch klarstellender denn von praktischer Relevanz; vgl. *Giesen*, Tarifvertragliche Rechtsgestaltung, S. 153/154.

[319] BVerwGE 18, S. 135ff. (139).

[320] *Bieback*, ZfA 1979, S. 453ff. (476).

[321] So insbesondere *Bieback*, ZfA 1979, S. 453ff. (476); vgl. auch *Wiedemann*, TVG, § 4, Rn. 400f.; *Schweibert*, Die Verkürzung der Wochenarbeitszeit durch Tarifvertrag, S. 232: Die zwingende Ausgestaltung des Günstigkeitsprinzips stelle sich eher als Bruch denn als Ausdruck der Kontinuität in der Geschichte der Tarifautonomie dar.

[322] Vgl. dazu oben unter § 2 II 1, S. 21f.

beitslebens nur dann zu erfüllen imstande seien, wenn ihnen die Kompetenz zur Vereinbarung zwingender Tarifnormen gewährt werde.[323] Dieser wertungsmäßige Vorrang der kollektiven Privatautonomie spreche jedoch gegen eine Teilhabe des Günstigkeitsprinzips an der verfassungsrechtlichen Gewährleistung des Art. 9 Abs. III GG, zumal die Ausgestaltung dieses Vorrangs einfachgesetzlich erfolge und mithin dem Gesetzgeber überlassen sei.[324]

Schließlich könne die verfassungsrechtliche Garantie des Günstigkeitsprinzips auch nicht aus dessen Qualifizierung als einfachgesetzliche Konkretisierung der Außenschranken der Tarifautonomie hergeleitet werden. Insbesondere die individuelle Vertragsfreiheit könne nicht als Außenschranke in diesem Sinne fungieren, da die Tarifautonomie diese nicht einschränke bzw. mit dieser konkurriere, sondern sich als Fortsetzung der individuellen Vertragsfreiheit auf kollektiver Ebene begreifen lasse. Im übrigen unterwerfe sich der Arbeitnehmer mit dem Beitritt zu der Koalition freiwillig der Normsetzungsgewalt der Koalition.[325]

c) Stellungnahme

aa) zur Teilhabe des Günstigkeitsprinzip an der Institutsgarantie des Art. 9 I GG

Das Wesen der hier einschlägigen Institutsgarantie des Art. 9 Abs. III GG verpflichtet den Staat zu der Bereitstellung eines funktionierenden Tarifvertragssystems „im Sinne des modernen Arbeitsrechts".[326] Die herrschende Auffassung geht davon aus, dass diese Institutsgarantie des Art. 9 Abs. III GG namentlich die Einräumung einer Kompetenz der Tarifvertragsparteien zur Gestaltung unmittelbarer und zwingender Tarifnormen einschließe,[327] da den Verbänden ohne eine derartige Befugnis eine Ausübung ihrer Koalitionsfreiheit entsprechend der ihnen übertragenen Aufgabe nicht effektiv möglich sei.[328] Die Einrichtungsgarantie des Art. 9 Abs. III GG ist hiernach auf die einfachgesetzliche Einräumung einer Normsetzungskompetenz der Koalitionen und damit auf die Zuweisung einer Rechtsmacht zum

---

[323] *Papier*, RdA 1989, S. 137ff. (141).
[324] *Papier*, RdA 1989, S. 137ff. (141).
[325] *Bieback*, ZfA 1979, S. 453ff. (477); *Richardi*, Kollektivgewalt und Individualwille, S. 367.
[326] BVerfGE 4, S. 96ff. (106); *Richardi*, AöR 93 (1968), S. 243ff. (263/264); *Kemper*, Koalitionsfreiheit, S. 97.
[327] Insbesondere auf diese Erwägung stützt sich die Auffassung, Art. 9 Abs. III GG beinhalte eine Institutsgarantie, die immer dann anzunehmen ist, wenn das Freiheitsrecht seiner Natur nach nicht durch ein bloßes „Dürfen" zu verwirklichen ist, sondern zu seiner wirksamen Ausübung der gesetzlichen Begründung eines rechtlichen „Könnens", d.h. einer Kompetenz bedarf; vgl. *Kemper*, in: v.Mangoldt/Klein/Starck, GG, Art. 9 Abs. 3, Rn. 227; vgl. dazu im Hinblick auf Art. 9 Abs. III GG BVerfGE 50, S. 290ff. (368); *Kemper*, Koalitionsfreiheit, S. 97.
[328] *Kemper*, Koalitionsfreiheit, S. 96/97; kritisch *Th. B. Schmidt*, Das Günstigkeitsprinzip, S. 64.

Zwecke der Grundrechtsverwirklichung gerichtet[329], während das Günstigkeitsprinzip für die Koalitionen gerade im Gegenteil rechtsmachtbegrenzend wirkt.[330] Da es sich bei dem Günstigkeitsprinzip mithin um eine Einschränkung der Tarifautonomie aufgrund von verfassungsrechtlichen Grenzen und Wertungen handelt, die systematisch gerade nicht zur Garantie der kollektiven Koalitionsfreiheit selbst gehören, kann eine verfassungsrechtliche Gewährleistung des Günstigkeitsprinzips nicht aus einer Teilhabe an der verfassungsrechtlichen Gewährleistung der kollektiven Koalitionsfreiheit in ihrer Ausprägung als Institutsgarantie hergeleitet werden.[331]

Die Auffassung von der Teilhabe des Günstigkeitsprinzips an der verfassungsrechtlichen Gewährleistung der Institutsgarantie als Ausfluss der kollektiven Koalitionsfreiheit des Art. 9 Abs. III GG ist daher abzulehnen.[332]

bb) zum Günstigkeitsprinzip als Innenschranke der Tarifautonomie (Art. 9 Abs. III GG)

Lässt sich folglich eine verfassungsrechtliche Gewährleistung des Günstigkeitsprinzips nicht über die Institutsgarantie des Art. 9 Abs. III GG als Ausfluss der Tarifautonomie herleiten, so ist damit nicht zugleich eine Herleitung der verfassungsrechtlichen Gewährleistung des Günstigkeitsprinzips aus dem Grundrecht des Art. 9 Abs. III GG als verfassungsimmanente Schranke der Tarifautonomie im Hinblick auf deren Zweck und einen etwaigen Ausgleich von individueller und kollektiver Koalitionsfreiheit ausgeschlossen.[333]

Der Sinn und Zweck der Koalitionsfreiheit in seiner Ausprägung als Individualgrundrecht besteht darin, dem Arbeitnehmer die Überwindung des strukturellen Machtungleichgewichts zwischen Arbeitgeber und Arbeitnehmer durch den Zu-

---

[329] Vgl. BVerfGE 4, S. 96ff. (106); BVerfGE 20, S. 312ff. (317); BVerfGE 44, S. 322ff. (340f.); *Däubler*, Tarifvertragsrecht, Rn. 362; *Dietz*, DB 1965, S. 591ff. (593); *Kannengießer*, in: Schmidt-*Bleibtreu/Klein*, GG, Art. 9, Rn. 12c; *Schweibert*, Die Verkürzung der Wochenarbeitszeit durch Tarifvertrag, S. 233; *Wendt*, Der Günstigkeitsvergleich, S. 14; *Zeuner*, DB 1965, S. 630ff. (632); anderer Auffassung insoweit *Schmidt*, Das Günstigkeitsprinzip, S. 64, nach dem es an der Voraussetzungen für die Annahme einer Institutsgarantie fehle, da die Existenz eines funktionierenden Tarifvertragssystems nicht vom Vorhandensein einer bestimmten rechtlichen Ausgestaltung und auch nicht von der Einräumung einer normativen Regelungsmacht abhänge. Dies zeige die rechtsvergleichende Sicht auf das System des „free collective bargaining" in Großbritannien, wo eine Normierung des Tarifwesens bis heute feh-

[330] Vgl. *Th. B. Schmidt*, Das Günstigkeitsprinzip, S. 65; *Schweibert*, Die Verkürzung der Wochenarbeitszeit durch Tarifvertrag, S. 233/234.

[331] Zutreffend insoweit *Th. B. Schmidt*, Das Günstigkeitsprinzip, S. 66. *Schweibert*, Die Verkürzung der Wochenarbeitszeit durch Tarifvertrag, S. 233/234.

[332] So auch *Schmidt*, Das Günstigkeitsprinzip, S. 65/66.

[333] A.A.: *Schmidt*, Das Günstigkeitsprinzip, S. 67, der auch diesen Ansatz als Rückgriff auf außerhalb des Art. 9 GG liegende Wertungen kritisiert, die nicht in den Begriff der Tarifautonomie zurückverlagert werden sollten.

sammenschluss in Verbänden zum Zwecke kollektiver Interessenverfolgung zu ermöglichen.[334] Die Tarifautonomie in ihrer Ausgestaltung als Normsetzungsmacht der Koalition hat hier dienenden Charakter insofern, als sie dem Grundrechtsschutz des Individuums aus Art. 9 Abs. III GG Effektivität verleit, indem es die Umsetzung kollektiv vereinbarter Arbeitsbedingungen in das Arbeitsverhältnis absichert.[335] Die Gewährleistung der kollektiven Koalitionsfreiheit besteht in diesem Sinne nicht um ihrer selbst willen, sondern nur um des zugrundeliegenden Individualgrundrechts und des Schutzes des Arbeitnehmers willen.[336] Der Staat hat mithin für eine Ausgestaltung des Tarifvertragssystems zu sorgen, die in erster Linie an den Anforderungen der Koalitionsfreiheit als Individualgrundrecht und dem damit verfolgten Schutzzweck auszurichten ist.[337]

Während die grundsätzlich durch die kollektive Koalitionsfreiheit gewährleistete Unabdingbarkeit von Tarifnormen[338] der tatsächlichen Umsetzung des durch kollektive Interessenwahrnehmung erreichten Verhandlungsvorteils der Arbeitnehmerseite in den Arbeitsverhältnissen dient und damit ihre Existenz gerade durch ein „mehr" an Grundrechtseffektivität hinsichtlich der individuellen Koalitionsfreiheit legitimiert, nimmt die Vereinbarung von Höchstarbeitsbedingungen durch die Tarifvertragsparteien dem Individuum die Freiheit zur Realisierung über den Tarifvertrag hinausgehender Vorteile, ohne dass hiermit ein mehr an Grundrechtseffektivität bezüglich der individuellen Koalitionsfreiheit verbunden wäre. Angesichts fehlender Legitimation durch den Schutzzweck der individuellen Koalitionsfreiheit muss die Unabdingbarkeit von Tarifnormen dort enden, wo der Arbeitnehmer aus eigener Kraft über den Tarifvertrag hinausgehende Arbeitsbedingungen auszuhandeln in der Lage ist, damit sich das zum Schutz des Arbeitnehmers gedachte Grundrecht der Koalitionsfreiheit nicht in einen Nachteil für den Arbeitnehmer verkehrt. Die kollektive Koalitionsfreiheit muss zurückstehen, wenn auf individueller Ebene ein Machtungleichgewicht nicht besteht und damit der Schutzzweck des Art. 9 Abs. III GG, auf kollektiver Ebene annähernde Vertragsparität herzustellen, bereits erreicht ist.

---

[334] *Papritz*, Das Günstigkeitsprinzip, S. 51; *Wendt*, Der Günstigkeitsvergleich, S. 20.

[335] Vgl. *Papritz*, Das Günstigkeitsprinzip, S. 51; *Wendt*, Der Günstigkeitsvergleich, S. 20.

[336] *Papritz*, Das Günstigkeitsprinzip, S. 50; *Wendt*, Der Günstigkeitsvergleich, S. 18; vor diesem Hintergrund geht zumindest im Hinblick auf das einzelne betroffene Arbeitsverhältnis der Hinweis von *Weiss*, in: Simon/Weiss, Zur Autonomie des Individuums, S. 467ff. (472) sowie *Zachert*, DB 1990, S. 986ff. (989) fehl, das Abstellen auf subjektive Interessen der Arbeitnehmer dürfe nicht dazu führen, den im Tarifvertrag zum Ausdruck kommenden Willen der Tarifvertragsparteien zu konterkarieren.

[337] *Papritz*, Das Günstigkeitsprinzip, S. 50.

[338] Vgl. zur verfassungsrechtlichen Gewährleistung des Unabdingbarkeitsgrundsatzes *Dietz*, DB 1965, S. 591ff. (593); *Däubler*, Tarifvertragsrecht, Rn. 362; *Schweibert*, Die Verkürzung der Wochenarbeitszeit durch Tarifvertrag, S. 233; *Zeuner*, DB 1965, S. 630ff. (632).

Das Günstigkeitsprinzip ist als Ausprägung dieser grundrechtsimmanenten Schranken des Art. 9 Abs. III GG zumindest in dem Umfang verfassungsrechtlich gewährleistet, in dem es die Vereinbarung zwingender Höchstarbeitsbedingungen ausschließt.

cc) zum Günstigkeitsprinzip als Außenschranke der Kollektivmacht, Art. 12 GG, Art. 2 I GG

Neben der Gewährleistung des Günstigkeitsprinzips als immanente Schranke des Art. 9 Abs. III GG kommt auch eine Gewährleistung des Günstigkeitsprinzips als Außenschranke der Tarifautonomie im Hinblick auf die Vertragsfreiheit in Betracht. In der Literatur ist jedoch umstritten, ob die Vertragsfreiheit im Bereich der Arbeitsverhältnisse durch Art. 12 GG gewährleistet wird oder ob vielmehr auf die Gewährleistung der Vertragsfreiheit als Bestandteil der allgemeinen Handlungsfreiheit[339] durch Art. 2 I GG zurückzugreifen ist.

aaa) Art. 12 GG als für die Arbeitsvertragsfreiheit einschlägiges Grundrecht

Der wohl überwiegende Teil der Literatur geht davon aus, dass die inhaltliche Ausgestaltung der Arbeitsverhältnisse die Berufsausübung im Sinne des Art. 12 GG zwangsläufig beeinflusse und insoweit durch die Berufsausübung im Sinne des Art. 12 GG erfasst sei.[340] Die individuelle Vertragsfreiheit auf dem Gebiet der Arbeitsverhältnisse unterfalle damit der Berufsfreiheit nach Art. 12 GG,[341] da dieser diesbezüglich lex specialis sei und Art. 2 I GG als lex generalis stets zurücktreten müsse, wenn ein Spezialgrundrecht eingreife, das eine besondere Erscheinungsform der Vertragsfreiheit schütze.[342]

---

339 Zum Schutz der Vertragsfreiheit durch Art. 2 I GG vgl. BVerfGE 8, S. 274ff. (328); BVerfGE 12, S. 341ff. (347); BVerfGE 60, S. 329ff. (339).

340 BVerfGE 81, S. 242ff. (254); *Boemke*, NZA 1993, S. 532 (534); *Gitter/Boerner*, RdA 1990, S. 129ff. (133); *Heinze*, NZA 1991, S. 329ff. (330); *ders.*, DB 1996, S. 729f. (731); *Papier*, RdA 1989, S. 137ff. (138); *Scholz*, in: Maunz/Dürig, GG, Bd. 2, Art. 12, Rn. 115; *ders.*, ZfA 1981, S. 265ff. (275); *Söllner*, RdA 1989, S. 144ff. (147); *Wendt*, Der Günstigkeitsvergleich, S. 20/21.

341 *Heinze*, NZA 1991, S. 329ff. (330); *Scholz*, FS-Rittner, S. 629ff. (641); *Söllner*, RdA 1989, S. 144ff. (147/148); *Wank*, in: Wiedemann, TVG, § 4, Rn. 394; *Wendt*, Der Günstigkeitsvergleich, S. 21.

342 Klarstellend ist anzumerken, dass bezüglich der Qualifizierung des Art. 2 I GG als grundsätzlich subsidiäre lex generalis Einigkeit zwischen den Auffassungen besteht, vgl. BVerfGE 8, S. 274ff. (328); BVerfGE 12, S. 341ff. (347); *Söllner*, RdA 1989, S. 144ff. (147); Die Meinungsverschiedenheit ergibt sich bezüglich der Frage, ob und in welchem Umfang Art. 12 GG die Arbeitsvertragsfreiheit erfasst und insoweit eine Anwendung des Art. 2 GG nach dem Grundsatz „lex specialis derogat legi generali" sperren kann, vgl. *Belling*, Günstigkeitsprinzip, S. 74.

Damit komme jedoch auch eine verfassungsrechtliche Gewährleistung des Günstigkeitsprinzips als Ausprägung der die Tarifautonomie von außen beschränkenden individuellen Vertragfreiheit nur aus Art. 12 I GG in Betracht. Folglich unterliege die verfassungsrechtliche Gewährleistung des Günstigkeitsprinzips unter dem Aspekt der individuellen Vertragsfreiheit jedoch auch den Schranken des Art. 12 GG.[343]

bbb) Art. 2 I GG als für die Arbeitsvertragsfreiheit einschlägiges Grundrecht

Nach der Gegenauffassung seien hingegen die Arbeitsverträge nicht Teil der Berufsausübung im Sinne des Art. 12 GG und somit nicht durch Art. 12 GG erfasst.[344] Die Arbeitsvertragsfreiheit sei nicht als beiderseitige Berufsausübung im Sinne des Art. 12 I GG anzusehen,[345] sondern sachlich eher dem Art. 2 I GG zuzuordnen.[346] Damit sei auf die lex generalis des Art.2 I GG zurückzugreifen, die als Bestandteil der allgemeinen Vertragsfreiheit auch die Arbeitsvertragsfreiheit umfassend gewährleiste[347] und zugleich durch das Sozialstaatsprinzip als Schranke eine missbräuchliche Ausübung ausschließe.[348] Somit sei auch das Günstigkeitsprinzip im Hinblick auf den Schutz der Arbeitsvertragsfreiheit in Art. 2 I GG verfassungsrechtlich verankert.[349]

ccc) Die differenzierende Ansicht

Ein weiterer Teil der Literatur vertritt schließlich die Auffassung, dass unter die Berufsausübung im Sinne des Art. 12 GG nur der Abschluss des Arbeitsvertrages und die Wahl des Vertragspartners falle. Die inhaltliche Gestaltung der Arbeitsverträge sei hingegen durch Art. 12 GG nicht erfasst und daher über die lex generalis

---

343 So ausdrücklich *Wendt*, Der Günstigkeitsvergleich, S. 21; *Wank*, in: Wiedemann, TVG, § 4, Rn. 394 setzt dies bei seinen Ausführungen voraus.

344 *Däubler*, Tarifvertragsrecht, Rn. 197; *Gubelt*, in: v.Münch/Kunig, GG, Bd. 1 Art. 12, Rn. 93; *Nipperdey*, Soziale Marktwirtschaft und Grundgesetz, S. 43, Fn. 60; *Küchenhoff*, FS-Nipperdey, Bd. II, S. 317ff. (343).

345 *Nipperdey*, Soziale Marktwirtschaft und Grundgesetz, S. 43, Fn. 60; **a.A.:** *Papier*, RdA 1989, S. 137ff. (138), nach dem sich die Begründung und Ausgestaltung von Arbeitsverhältnissen stets als zweiseitige Wahrnehmung des Grundrechts der Berufsfreiheit darstelle; nicht nur der Arbeitnehmer, sondern auch der Arbeitgeber nehme insoweit seine berufsgrundrechtliche Freiheit war.

346 *Nipperdey*, Soziale Marktwirtschaft und Grundgesetz, S. 43, Fn. 60.

347 *Däubler*, Tarifvertragsrecht, Rn. 197; *Gubelt*, in: v.Münch/Kunig, GG, Bd. 1, Art. 12, Rn. 93; *Kreis*, RdA 1961, S. 97ff. (99); *Nipperdey*, Soziale Marktwirtschaft und Grundgesetz, S. 43, Fn. 60.

348 *Kreis*, RdA 1961, S. 97ff. (99); *Nipperdey*, Soziale Marktwirtschaft und Grundgesetz, S. 43, Fn. 60.

349 *Knigge*, Einschränkbarkeit des Günstigkeitsprinzips, S. 132 – 136; *Kreis*, RdA 1961, S. 97ff. (99); *Nipperdey*, Soziale Marktwirtschaft und Grundgesetz, S. 43, Fn. 60.

des Art. 2 I GG gewährleistet.[350] Das Günstigkeitsprinzip stehe im engen Zusammenhang mit der Freiheit der inhaltlichen Gestaltung der Arbeitsverträge und sei damit der verfassungsrechtlichen Gewährleistung des Art. 2 I GG zuzuordnen.[351]

ddd) Stellungnahme

Bezüglich einer Einbeziehung der Arbeitsvertragsfreiheit in den Schutzbereich des Art. 12 GG als Bestandteil der Berufsausübung ist zunächst festzuhalten, dass Art. 12 GG (anders als Art. 9 Abs. III GG) ein „Deutschengrundrecht" ist und insoweit die beträchtliche Zahl der Arbeitsverträge in Deutschland tätiger ausländischer Arbeitnehmer nicht erfasst, auf die unzweifelhaft das Günstigkeitsprinzip ebenfalls anzuwenden ist. Insoweit ist auch nach dieser Auffassung eine umfassende Lösung nicht ohne Rückgriff auf Art. 2 I GG möglich.[352]

Unzweifelhaft umfasst des weiteren die Berufsausübung im Sinne des Art. 12 GG die gesamte Tätigkeit, in der ein gewählter Beruf seinen realen Niederschlag findet, namentlich auch die Bestimmung des Umfangs und des Inhalts des konkreten Arbeits- und Produktionsfeldes innerhalb eines bestimmten Berufs.[353] Gerade diese Umstände sind jedoch typischerweise auch Gegenstand arbeitsvertraglicher Regelung. Die von der letztgenannten Auffassung befürwortete Differenzierung lässt hier den Nachweis vermissen, warum die Berufsausübung im Sinne des Art. 12 GG gerade dann nicht Umstände der konkreten Berufsausübung erfassen soll, wenn diese unmittelbar durch arbeitsvertragliche Vereinbarung zwischen den Arbeitsvertragsparteien geregelt werden. Dieser Nachweis ist angesichts des Charakters des Art. 2 I GG als subsidiärem „Auffanggrundrecht" jedoch zunächst zu führen, woraus sich dann erst auf die Erforderlichkeit einer Differenzierung schließen ließe, nicht jedoch umgekehrt. Der differenzierenden Auffassung kann daher nicht gefolgt werden.

Für eine Auslegung der „Berufsausübung" im Sinne des Art. 12 GG, die auch die konkrete Ausgestaltung des Arbeitsverhältnisses im Wege einzelvertraglicher Gestaltung durch die Arbeitsvertragsparteien erfasst, sprechen im übrigen auch gewichtige Gründe. Denn der Schutz der Arbeit als Beruf in Art. 12 GG setzt die berufliche Tätigkeit in Beziehung zu der Persönlichkeit des Arbeitenden im Sinne der Hauptfreiheitsrechte der Art. 1 I GG und Art. 2 I GG im Hinblick auf eine eigenverantwortliche Daseinssicherung und Lebensführung. Dies rechtfertigt jedoch den stärkeren Schutz der Freiheit des Berufes und des Abschlusses berufsbezogener

[350] *Belling*, Günstigkeitsprinzip, S. 74 m.w.N.
[351] *Belling*, Günstigkeitsprinzip, S. 74.
[352] Vgl. *Th. B. Schmidt*, Günstigkeitsprinzip, S. 67, FN. 58.
[353] *Breuer*, in: HStR VI, § 147, Rn. 57, S. 919.

Verträge, den das Schrankensystem des Art. 12 GG gegenüber dem allgemeinen Recht der wirtschaftlichen Betätigung nach Art. 2 I GG vermittelt.[354]

Der herrschenden Auffassung ist damit zu folgen. Das Günstigkeitsprinzip ist als Bestandteil der Gewährleistung der individuellen Arbeitsvertragsfreiheit durch Art. 12 I GG verfassungsrechtlich gewährleistet. Nicht zuletzt im Hinblick auf die in Art. 2 I GG zum Ausdruck kommende freiheitliche Grundentscheidung der Verfassung und der hohen Wechselwirkung der Berufsausübung mit der persönlichen Lebensgestaltung insgesamt kann jedoch eine verfassungsrechtliche Analyse des Umfangs und der Grenzen der Gewährleistung des Günstigkeitsprinzips nicht ohne Rückgriff auf Art. 2 I GG erfolgen.[355]

2) Ergebnis zu der verfassungsrechtlichen Gewährleistung des Günstigkeitsprinzips

Das Günstigkeitsprinzip ist als Innenschranke der Tarifautonomie über Art. 9 Abs. III GG sowie als Außenschranke der Tarifautonomie im Hinblick auf die Vertragsfreiheit über Art. 12 GG sowie Art. 2 I GG verfassungsrechtlich gewährleistet. Hieraus folgt zunächst, dass eine völlige Aufhebung des Günstigkeitsprinzips wegen Eingriffs in den Kernbereich der Arbeitsvertragsfreiheit gemäß Art. 19 II GG unzulässig wäre.[356]

Darüber hinausgehende Schlussfolgerungen aus der verfassungsrechtlichen Gewährleistung des Günstigkeitsprinzips des § 4 Abs. III TVG erfordern zunächst eine Auseinandersetzung mit dem Verhältnis der verfassungsrechtlichen Gewährleistung der Tarifautonomie einerseits und deren einfachgesetzlich in § 4 Abs. III TVG ausgeprägten Außenschranken im Hinblick auf Art. 12 GG sowie Art. 2 GG andererseits.

III.) Das Spannungsfeld der verfassungsrechtlichen Gewährleistung von Privatautonomie einerseits und Tarifautonomie andererseits

Die Untersuchung der historischen und verfassungsrechtlichen Grundlagen des Günstigkeitsprinzips unter der Geltung des Grundgesetzes hat ergeben, dass das in § 4 III TVG normierte sogenannte Günstigkeitsprinzip dem Schutz der Privatautonomie im Arbeitsrecht dient[357] und an der verfassungsrechtlichen Gewährleistung der Vertragsfreiheit durch Art. 12 GG sowie Art. 2 I GG als Außenschranke der Tarifautonomie teilhat.

---

[354] Vgl. *Badura*, Arbeit als Beruf (Art. 12 I GG), in: FS-Herschel, S. 28f.; *Breuer*, in: HStR VI, § 147, Rn. 57, S. 919; *Wendt*, DÖV 1984, S. 601 (602).

[355] So auch *Dreier/Gröschner*, GG, Art. 20, Rn. 28.

[356] Vgl. *Wendt*, Günstigkeitsvergleich, S. 21; Wiedemann/Wank, TVG, S. 1094, § 4, Rn. 394.

[357] Dazu eingehend auch *Martens*, in: FS-Zeuner, S. 101ff (110).

Die Parameter einer verfassungskonformen Auslegung des Günstigkeitsprinzips sind mithin aus dem Verhältnis dieser Verfassungsgüter zueinander zu gewinnen, in deren Spannungsfeld das Günstigkeitsprinzip des § 4 III TVG Ausgleich zu schaffen sucht. Die Betrachtung der verfassungsrechtlichen Gewährleistung der Vertragsfreiheit namentlich im Bereich des Arbeitsrechts kann dabei nicht ohne Berücksichtigung der grundsätzlichen Bedeutung der Privatautonomie unter dem Grundgesetz erfolgen, wie sie in Art. 1 I, 2 I GG vorbehaltlich des Eingreifens spezieller Gewährleistungen der Vertragsfreiheit ihren Niederschlag gefunden hat.

1) Die Grundentscheidung des Grundgesetzes für die Menschenwürde und die individuelle Freiheit

Der Stellenwert der Vertragsfreiheit nach dem Grundgesetz ist Konsequenz der grundlegenden Entscheidung der Verfassung für die Menschenwürde und die individuelle Freiheit. Prägender Grundsatz des gesamten Grundgesetzes ist die Vorstellung vom Menschen als einem Wesen mit der Fähigkeit zur autonomen und eigenverantwortlichen, an geistig-sittlichen Maßstäben orientierten Wahrnehmung der Freiheit und zur grundsätzlich selbstbestimmten Ausgestaltung der eigenen Lebensführung im Rahmen dieser Maßstäbe.

Das Bundesverfassungsgericht hat die Eigenständigkeit und die Selbstverantwortlichkeit der Person als wesentliche Grundpfeiler des Menschenbildes des Grundgesetzes herausgestellt.[358] Die gesamte Verfassung sei geprägt durch

> „...die Vorstellung vom Menschen als einem geistigsittlichem Wesen, das darauf angelegt ist, in Freiheit sich selbst zu bestimmen..." (BVerfGE 45, S. 187ff. [227f.]).

An andere Stelle führt das Bundesverfassungsgericht aus:

> „Im Mittelpunkt der grundgesetzlichen Ordnung stehen Wert und Würde der Person, die in freier Selbstbestimmung als Glied einer freien Gesellschaft wirkt." (BVerfGE 65, S. 1ff. [41]).

Das Grundgesetz geht somit grundsätzlich von der Fähigkeit des Menschen aus, die für ihn adäquaten Lebensbedingungen in autonomer Selbstbestimmung selbst herzustellen.[359] Die in Art. 2 I GG als grundlegender Verfassungswert verankerte Freiheit der Person ist dabei eng verknüpft mit der verfassungsrechtlichen Grundentscheidung des Art. 1 I GG für die unantastbare Würde des Menschen als Grundlage des Wertsystems des Grundgesetzes. Art. 2 I GG garantiert die freie Entfaltung der Persönlichkeit gerade als primäres Wesensmerkmal und vornehmlichen Inhalt der

[358] BVerfGE 6, S. 32ff. (40); BVerfGE 8, S. 274ff. (329).
[359] *Th. B. Schmidt*, Günstigkeitsprinzip, S. 68.

Menschenwürde im Sinne des Art. 1 I GG.[360] So rekurrieren gerade auch die Theorien zu der komplexen Frage der Reichweite des Schutzbereichs der Menschenwürde des Art. 1 I GG einmütig auf die Eigenständigkeit und Selbstbestimmung des Menschen als Wesensmerkmal der ihm zukommenden Menschenwürde.[361]

2) Die verfassungsrechtlichen Vorgaben der Privatautonomie im Zivilrecht

Diesem Menschenbild des Grundgesetzes entspricht das Recht des Einzelnen, seine rechtlichen Beziehungen ohne Bevormundung seitens des Staates in seinem Sinne selbstbestimmt zu gestalten[362] und die von der Verfassung garantierte Anerkennung einer persönlichen und ökonomischen Sphäre autonomer individueller Lebensgestaltung in einer freiheitlichen Gesellschaft.[363] Der prägende Charakter dieser freiheitlichen Grundentscheidung der Verfassung und die Ausgestaltung der allgemeinen Handlungsfreiheit als Grundrecht in Art. 2 I GG zielen auf eine möglichst weitgehende Verwirklichung des Prinzips der individuellen Freiheit.[364] Folgerichtig geht die absolut herrschende Auffassung davon aus, dass Art. 2 I GG - vorbehaltlich des Eingreifens spezieller Gewährleistungen – als Bestandteil der allgemeinen Handlungsfreiheit insbesondere auch die Freiheit der inhaltlichen Gestaltung von Verträgen gewährleiste.[365] Nach der Grundkonzeption des Grundgesetzes gestalten die Vertragspartner ihre Rechtsbeziehungen ohne staatlichen Zwang eigenverantwortlich auf der Grundlage der Privatautonomie als wesentlichem Strukturelement einer freiheitlichen Gesellschaftsordnung.

Die grundsätzliche Anerkennung und der verfassungsrechtliche Schutz der Vertragsfreiheit im Hinblick auf die sich hierin verwirklichende Selbstbestimmung des Menschen im Sinne der Art. 2 I GG und Art. 1 I GG wird zusätzlich legitimiert,

---

360 Vgl. *Maunz/Dürig*, GG, Art. 2 Abs. I, Rn. 1.

361 Die Auffassungen zur positiven Bestimmung des Schutzbereichs der Menschenwürde unterscheiden sich bezüglich des angenommenen Ursprungs der dem Menschen zukommenden Menschenwürde. Während die Menschenwürde nach der sog. „Mitgifttheorie" ihren Ursprung u.a. in dem Wert der Eigenständigkeit des menschlichen Wesens habe, der dem Menschen von Gott bzw. der Natur her zukomme, ist nach der sog. „Leistungstheorie" wesenstypisches Merkmal der Menschenwürde die Leistung der autonomen Identitätsbildung. Dem Mensch komme hiernach seine Würde aufgrund seines eigenen selbstbestimmten Verhaltens zu; vgl. zum Ganzen *Pieroth/Schlink*, Staatsrecht II, Rn. 354ff., S. 80.

362 BVerfGE 89, S. 214ff. (231) = NJW 1994, S. 36ff. (38); *Erichsen*, in: HStR VI, § 152, Rn. 58: „Selbstbestimmung des Einzelnen im Rechtsleben". Im KPD-Urteil führte das BVerfG aus: „Der Mensch ist danach eine mit der Fähigkeit zu eigenverantwortlicher Lebensgestaltung begabte „Persönlichkeit". ... Er wird [...] als fähig angesehen, und es wird ihm demgemäss abgefordert, seine Interessen und Ideen mit denen der anderen auszugleichen"; vgl. BVerfGE 5, S. 85ff. (204); ferner *Junker*, NZA 1997, S. 1305ff. (1306).

363 *Heinze*, NZA 1991, S. 329ff. (332); *ders.*, DB 1996, S. 729ff. (730).

364 Vgl. *Heinze*, DB 1996, S. 729ff. (729).

365 Vgl. *Erichsen*, in: HStR VI, § 152, Rn. 56f. m.w.N.

soweit der Vertrag strukturell bedingt eine hohe Gewähr für die Herbeiführung einer grundsätzlich interessengerechten Ausgestaltung der Rechtsbeziehungen bietet. Denn die Vertragsfreiheit bezieht ihre Richtigkeitsgewähr aus der Möglichkeit beider Seiten, im Falle des Ansinnens unangemessener Vertragsbedingungen auf den Vertragsschluss zu verzichten; sei es, dass man den Vertragsgegenstand entbehren, sei es, dass man auf alternative Vertragsgelegenheiten ausweichen kann.[366] Aus den genannten Erwägungen folgt, dass der Staat die im Rahmen der Privatrechtsordnung getroffenen Regelungen der Rechtsbeziehungen nach dem Grundverständnis der Vertragsfreiheit im Grundgesetz grundsätzlich zu respektieren hat.[367]

Die aus der Menschenwürde fließende Privatautonomie im Sinne des Art. 2 I GG ist jedoch nach der Wertentscheidung des Grundgesetzes nicht schrankenlos gewährleistet insofern, als sie nicht als gewissermaßen durch ein isoliertes Individuum wahrnehmbare und in diesem Sinne weitgehend unbeschränkt zu bemessende Freiheit gedacht werden kann.[368] Das Grundgesetz hat vielmehr die individuelle Freiheit im Sinne der Gemeinschaftsbezogenheit und der Gemeinschaftsgebundenheit des Individuums ausgestaltet.[369] Dem entspricht die Schrankentrias des Art. 2 I GG und die damit verbundene Relativierung des verfolgten Verfassungsziels der Verwirklichung der individuellen Freiheit, wenn und soweit schützenwerte Individualwerte der „anderen" Mitmenschen, ethisch-moralische Werte im Sinne des „Sittengesetzes" oder der zu bewahrende Gemeinschaftswert der „verfassungsmäßigen Ordnung" entgegenstehen.

Das Grundgesetz legt in Art. 20 I GG die Verfassungsordnung der Bundesrepublik auf das Staatsziel des „sozialen Bundesstaats" als Bestandteil der verfassungsmäßigen Ordnung fest. Hierin liegt eine deutliche Abkehr vom bürgerlich-liberalen Rechtsstaat, der weitgehend die bestehende Güterordnung bewahrte, anstatt Veränderungen im Sinne eines sozialen Ausgleichs zu ermöglichen und zu fördern.[370] Eine der wesentlichen Direktiven des in der sozialstaatlichen Staatszielbestimmung des Art. 20 I GG liegenden Gestaltungsauftrags an den Gesetzgeber ist der Abbau von sozialer Ungleichheit und Wohlstandsdifferenzen[371] und der Schutz der sozial und wirtschaftlich Schwächeren[372] sowie die hierzu erforderliche Kontrolle von Abhängigkeitsverhältnissen.[373] Die Privatautonomie bedarf hier im Hinblick auf die

---

[366] *Junker*, NZA 1997, S. 1305ff. (1307); *Reuter*, in: Bydlinski, Die ethischen Grundlagen des Privatrechts, S. 105ff. (109); *Zöllner*, AcP 196 (1996), S. 1ff. (31).
[367] BVerfGE 81, S. 242 (252) = NZA 1990, S. 389ff. (390).
[368] Vgl. *Maunz/Dürig*, GG, Art. 2 Abs. I, Rn. 4.
[369] BVerfGE 4, S. 7 (15/16); Dreier/*Gröschner*, GG, Art. 20, Rn. 25, S. 90.
[370] Vgl. *Schnapp*, in: v. Münch/Kunig, GG, Bd. 2, Art. 20, Rn. 36.
[371] BVerfGE 5, S. 85ff. (198); *Schnapp*, in: v. Münch/Kunig, GG, Bd. 2, Art. 20, Rn. 36; *Zacher*, in: Isensee/Kirchhof, HStR I, § 25 II 2, Rn. 25, S. 1060.
[372] BSGE 10, S. 97ff. (100); *Schnapp*, in: v. Münch/Kunig, GG, Bd. 2, Art. 20, Rn. 37.
[373] *Zacher*, in: Isensee/Kirchhof, HStR I, § 25 II 2, Rn. 25, S. 1060.

Gemeinschaftsgebundenheit des Individuums und die sozialstaatliche Ausrichtung des Grundgesetzes eines Korrektivs, das der autonomen Rechtsgestaltung dort eine Grenze setzt, wo sie in Widerspruch zu den Grundprinzipien unserer Rechts- und Sittenordnung tritt.[374]

Dem sozialstaatlichen Ziel der Herstellung sozialer Gerechtigkeit sind Gesetze zuzuordnen, die den Schutz des Schwächeren im Rechtsverkehr anstreben und damit in diesem Sinne als Korrektiv „liberaler" Vertragsfreiheit wirken.[375] Beispiele auf dem Gebiet des Zivilrechts abseits des Arbeitsrechts sind Regelungen des Mieter- und Pächterschutzrechts,[376] des Verbraucherschutzrechts, Preisbindungen etwa im Verlagswesen[377] sowie die Regelung des § 138 BGB,[378] die bei einem krassen Missverhältnis von Leistung und Gegenleistung vertraglichen Regelungen die Wirksamkeit versagt.[379] Die Privatautonomie gewährt mithin keine totale, absolute Freiheit zur beliebigen Ausgestaltung rechtlicher Beziehungen. Namentlich im Vertragsrecht wird die Privatautonomie ergänzt durch das Prinzip der ausgleichenden Vertragsgerechtigkeit.[380] Als Grundlage derartiger gesetzgeberischer Eingriffsakte kommt im Rahmen einer Abwägung mit etwaig betroffenen grundrechtlich geschützten Belangen Dritter – hier etwa der Vertragsfreiheit - das Sozialstaatsprinzip in seinen speziellen Ausformungen als Eingriffslegitimation in Betracht.[381]

Nach der Konzeption des Grundgesetzes ist diese Verantwortung des Gemeinwesens für die sozialstaatliche Absicherung des Individuums indes nur eine subsidiäre.[382] Dem Menschenbild des Grundgesetzes und der aus ihm folgenden Freiheitsvermutung entspricht im sozialstaatlichen Kontext der prinzipielle Vorrang der so-

---

374 Palandt/*Heinrichs*, § 138, Rn.1.

375 *Degenhart*, Staatsrecht I, § 4 II, Rn. 428, S. 161.

376 Vgl. hierzu und zu den Parallelen des Mieterschutzes zum Arbeitsrecht *von Stebut*, Der soziale Schutz als Regelungsproblem des Vertragsrechts, S. 138ff., 286ff.

377 Zur sozialstaatlichen Legitimation einer Preisbindung siehe BVerfGE 8, S. 274ff. (329).

378 Im Kontext der Schrankentrias des Art. 2 I GG lässt sich § 138 BGB freilich auch als Ausprägung der Schranke des Sittengesetzes begreifen. Umgekehrt gehört z. B. zu den Wertentscheidungen, die den Rechtsbegriff der guten Sitten im Sinne des § 138 I BGB mitbestimmen, nach der Rechtsprechung des BVerfG auch die Sozialstaatsklausel des Art. 20 GG (vgl. BVerfGE 8, S. 274ff. (329); BVerfG NJW 1994, S. 37ff. (38). Da das BVerfG als „verfassungsmäßige Ordnung" i.S.d. Art. 2 I GG die gesamte der Verfassung gemäße Rechtsordnung begreift, kommt § 138 I BGB jedenfalls auch als Konkretisierung dieser Schranke in Betracht.

379 So etwa beim Miet- oder Kreditwucher, im Bezug auf Arbeitsverträge namentlich auch beim Lohnwucher („Hungerlohn"), vgl. Staudinger/*Sack*, § 138, Rn. 12 ff, S. 233ff.

380 *Boemke*, NZA 1993, S. 532ff. (532).

381 *Degenhart*, § 4 III 3, Rn. 436, S. 164/165.

382 Vgl. *Picker*, Privatautonomie und Kolektivautonomie, FS-Richardi, S. 25ff. [74]: „Denn gil diese Beziehung von Freiheit und Schutz, so gilt für die nie gänzlich vermeidbaren Fälle eines „gestörten Vertrags": Bevor man die privatautonome Gestaltung als Prinzip suspendiert, muß man versuchen, ihre Hindernisse beiseite zu räumen".

zialen Eigenverantwortung und Selbsthilfe.[383] Der sozialstaatliche Schutz- und Gestaltungsauftrag greift nur ein, wenn und soweit eine Befriedigung der sozialen Belange und Bedarfe nach dem Prinzip der Freiheit und Eigenverantwortlichkeit des Individuums nicht verwirklicht werden kann. Nur in diesem Fall und nur in dem zur Erreichung des sozialstaatlichen Schutzzwecks erforderlichen Umfang kommt das Sozialstaatsprinzip als Legitimation für gesetzgeberische Eingriffe in die Belange Dritter – namentlich der individuellen Vertragsfreiheit - in Betracht.[384]

Nach der aus der Anerkennung der Menschenwürde folgenden verfassungsrechtlichen Grundentscheidung für die Freiheit und Eigenverantwortlichkeit des Individuums genießt die Privatautonomie auf dem Gebiet des Zivilrechts somit grundsätzlich Vorrang und verfassungsrechtlichen Schutz vor sozialstaatlich motivierter hoheitlicher Beeinträchtigung, solange und soweit das Prinzip der privatautonomen und eigenverantwortlichen Gestaltung der Lebensbedingungen durch das Individuum im jeweiligen Kontext zu einer gerechten Ausgestaltung der Sozialordnung führt und der Bedarf des Einzelnen befriedigt werden kann.[385]

3) Der verfassungsrechtliche Rahmen für Privatautonomie im Arbeitsrecht

Dieser dem Menschenbild des Grundgesetzes entspringende Grundgedanke des grundsätzlichen Vorrangs der Privatautonomie und des Primats der Selbstverantwortung für das allgemeine Zivilrecht beherrscht als allgemeines bürgerlichrechtliches Prinzip grundsätzlich auch das Arbeitsrecht.[386, 387]

---

[383] BVerfGE 17, S. 38ff. (56); Dreier/*Gröschner*, GG, Art. 20, Rn. 17; *Zacher*, in: HStR I, § 25 II 3 a) bb), Rn. 28, S. 1062: "Primat der Selbstverantwortung".

[384] Vgl. *Picker*, Privatautonomie und Kolektivautonomie, FS-Richardi, S. 25ff. [75]: „Der soziale Schutz, der dem Einzelnen auf Kosten seine individuellen Freiheit zuteil wird, ist immer nur als eine situationsbedingte Regelung zu begreifen. [...]Und ebenso sind auch die Kollektive, die diesen Schutz kraft ihrer Machtpositionen gewähren, als zeitbedingte und zeitgebundene Institutionen zu sehen. Beide sind deshalb in ihrer Rechtfertigung immer von Neuem zu überprüfen. Und beide sind – gibt man die Freiheit als Endziel nicht preis – als Regelungen mit situativer und zeitlicher Begrenzung zu deuten: Beide verkörpern eine Rechts- und Sozialgestaltung auf Abruf".

[385] Vgl. *Zacher*, in: Isensee/Kirchhof, HStR I, § 25 II 3 a) bb), Rn. 28, S. 1062.

[386] BAG, NZA 1989, S. 439; *Hueck/Nipperdey*, Arbeitsrecht, Bd. 1, § 25 I, S. 145; *Martens*, JuS 1987, S. 337ff. (341f.); MünchHdbArbR/*Richardi*, Bd. 1, § 1, Rn. 26ff.

[387] Ausführlich zum verfassungsrechtlichen Schutz der Privatautonomie im Arbeitsrecht *Papier*, RdA 1989, S. 137ff.; *Scholz*, ZfA 1981, S. 265ff. (274f.); *Söllner*, RdA 1989, S. 144ff.; ein anderes Verständnis des Individuums liegt allerdings offenkundig der Entscheidung BAGE 13, S. 129ff. (136/137) zugrunde. Das BAG begründete hier die Beschränkung der Bindungswirkung einer vom Arbeitgeber vorgesehenen Gratifikationsgewährung und -regelung mit der Erwägung, der Arbeitnehmer könne in unangenehme Drucksituationen geraten, wenn er später das Arbeitsverhältnis doch kündige, die zurück zu zahlende Gratifikation jedoch bereits verausgabt habe; vgl. hierzu und zum Menschenbild des Arbeitsrechts insgesamt *Fastrich*, FS-Kissel, S. 193ff.

Auf der einfachgesetzlichen Ebene findet dieser Gedanke in § 105 GewO Ausdruck, nach dem arbeitsvertragliche Beziehungen grundsätzlich „Gegenstand freier Übereinkunft" der Arbeitsvertragsparteien sind, soweit gesetzliche Vorschriften nicht entgegenstehen. Auf dieser Grundlage gilt das Gebot einer möglichst umfassenden Berücksichtigung individueller Vertragsgestaltungsinteressen auch im Arbeitsrecht.[388]

Auch und insbesondere auf dem Gebiet des Arbeitsrechts stehen diesem Grundprinzip jedoch sozialstaatliche Einschränkungen der Privatautonomie gegenüber. Die formale äußere Gleichheit und Freiheit muss nach den Intentionen des Sozialstaatsprinzips bei der rechtlichen Gestaltung von Arbeitsverhältnissen zurückzutreten, wo es das Gebot sozialer Gerechtigkeit verlangt. Dieses sozialstaatliche Gebot steht dabei mit der grundrechtlichen Gewährleistung der Würde des Menschen und der freien Entfaltung seiner Persönlichkeit in engem Zusammenhang und ergänzt den sozialen Freiheitsbegriff gerade im Arbeitsrecht.[389]

Für den Arbeitnehmer findet hier auf der einen Seite die durch Art. 2 I GG grundrechtlich gesicherte individuelle Vertragsfreiheit eine spezielle Ausprägung in der – durch Art. 12 I GG garantierten – beruflichen Handlungsfreiheit.[390] Gleichzeitig hat die Ausgestaltung des Arbeitsverhältnisses wie kein anderer Vertragstyp Auswirkungen auf den individuellen Lebensentwurf insgesamt als Schutzgut des Art. 2 I GG.[391] Ferner setzt die Verweisung auf das Prinzip der individuellen Freiheit und der primären sozialen Eigenverantwortung auch gewisse Rahmenbedingungen im Sinne einer sozialstaatlichen Wirtschaftsordnung voraus. So ist unabweisbar Grundvoraussetzung der primären Verweisung auf eine eigenverantwortliche Existenzsicherung durch eigene Erwerbstätigkeit das faktische Bestehen von Arbeitsplätzen und Erwerbsmöglichkeiten.[392] Das Sozialstaatsprinzip besitzt hier nicht allein Bedeutung für eventuell sozialstaatlich gebotene Einschränkungen bei der inhaltlichen Ausgestaltung von Arbeitsverhältnissen, sondern verpflichtet den Staat zunächst auf eine möglichst weitgehende Umsetzung des Ziels der Vollbeschäftigung,[393] um die Voraussetzungen zu schaffen, die eine Wahrnehmung sozialer Ei-

---

388 Vgl. *Däubler*, NZA 1988, S. 857ff. (864f.).

389 *Post*, ZfA 1978, S. 421ff. (435).

390 *Heinze*, NZA 1991, S. 329ff. (330); *Junker*, NZA 1997, S. 1305ff. (1306).

391 Vgl. *Häberle*, JZ 1984, S. 345ff. (351).

392 *Zacher*, in: Isensse/Kirchhof, HStR I, § 25, Rn. 28, S. 1063: „Die Verweisung auf Arbeit etwa setzt Arbeit voraus."

393 Ein Recht *auf* Arbeit ist aus dieser Teilhabedimension des Art. 12 GG indes nicht im Sinne eines einklagbaren subjektiv-öffentlichen Rechts des Individuums, sondern lediglich als Maßgabegrundrecht ableitbar, vgl. *Häberle*, JZ 1984, S. 345ff. (352); *Löwisch*, ArbR, Rn. 123, S. 35; *Wank*, Recht auf Arbeit, S. 66.

genverantwortung und eine autonome Existenzsicherung durch eigene Erwerbstätigkeit seitens des Individuums erst ermöglichen.

Mit der in dieser Hinsicht sozialstaatlich gebotenen Schaffung der Rahmenbedingungen für Privatautonomie und soziale Eigenverantwortlichkeit im Arbeitsrecht korrespondiert die Schaffung der Koalitionsfreiheit und des Tarifvertragswesens und deren eigenständige verfassungsrechtliche Verankerung in Art. 9 Abs. III GG.[394] Der verfassungsrechtliche Schutz der Koalitionen ergibt sich in diesem Sinne aus der Garantie der individuellen Koalitionsfreiheit, deren Aufgabe darin besteht, dem Einzelnen die Möglichkeit zur Entfaltung seiner Persönlichkeit in der Gemeinschaft zu geben.[395] Die über Art. 9 Abs. III GG verfassungsrechtlich gewährleistete individuelle und kollektive Koalitionsfreiheit hat die Aufgabe, durch die Möglichkeit des Individuums zur Entfaltung in der Gemeinschaft bestehenden Abhängigkeitsverhältnissen entgegenzuwirken und so die sozialgerechte Ausgestaltung von Arbeitsverhältnissen zu gewährleisten.

Nach der herrschenden Auffassung ist wesenstypischer und unverzichtbarer Bestandteil eines funktionierenden Tarifvertragssystems im Sinne der Gewährleistung des Art. 9 Abs. III GG die in § 4 Abs. I TVG geregelte normative Wirkung von tarifvertraglichen Vereinbarungen auf das Arbeitsverhältnis.[396] Während dieser an der Institutsgarantie des Art. 9 Abs. III GG teilhabende grundsätzliche normative Geltungsanspruch tarifvertraglich geregelter Arbeitsbedingungen für tarifgebundene Arbeitsvertragsparteien auf der einen Seite der kollektiven Lohnfindung erst Effizienz verleiht und insofern als der Verwirklichung des Individuums auf kollektiver Ebene dienend begriffen werden kann, kollidiert er andererseits mit der durch Art. 12 GG, Art 2 I GG verfassungsrechtlich garantierten Vertragsfreiheit der Arbeitsvertragsparteien, soweit diese im geltenden Tarifvertrag keine ihren Bedürfnissen entsprechende Regelung der Arbeitsbedingungen finden und eine individualvertragliche Ausgestaltung der Arbeitsbedingungen unter zumindest teilweiser Abweichung vom Tarifvertrag wünschen.[397]

---

[394] *Zacher*, in. Isensee/Kirchhof, HStR I, § 25, Rn. 31, S. 1065, insb. FN 173.

[395] *Födisch*, RdA 1955, S. 88ff. (93); *Hueck/Nipperdey*, Arbeitsrecht, Bd. 1, § 7 VI, S. 29.

[396] Vgl. BVerfGE 4, S. 96ff. (106) sowie schon oben § 3 I 1, S. 37ff.; **a.A.:** *Schmidt*, Das Günstigkeitsprinzip, S. 64 mit rechtsvergleichendem Verweis auf das System des „free collective bargaining" in Großbritannien.

[397] Vgl. *Joost*, ZfA 1984, S. 173ff. (175): „Ohne die Schranke des Günstigkeitsprinzips würde der Kollektivvertrag sogar in Widerstreit geraten zur freien Persönlichkeitsentfaltung des Arbeitnehmers"; vgl. ferner *Nikisch*, Arbeitsrecht, Bd. II, § 82 I 3, S. 420f.; *Karakatsanis*, Die kollektivrechtliche Gestaltung des Arbeitsverhältnisses und ihre Grenzen, S. 111ff.

4) Der verfassungsrechtliche Vorrang der individuellen Vertragsfreiheit vor der Tarifautonomie

Die Betrachtung der verfassungsrechtlichen Grundlagen der Privatautonomie hat gezeigt, dass die hier zum Ausdruck kommende freiheitliche Grundentscheidung des Grundgesetzes auch im Arbeitsrecht Geltung beansprucht und hier in der durch Art. 12 I GG und Art. 2 I GG verfassungsrechtlich gewährleisteten individuellen Arbeitsvertragsfreiheit ihre besondere Ausprägung findet.

Hieraus folgt für das Verhältnis von Privatautonomie und Tarifautonomie zunächst, dass die in Art. 9 Abs. III GG verfassungsrechtlich gewährleistete Tarifautonomie nicht im Sinne einer umfassenden Monopolisierung der Arbeitsvertragsgestaltung bei den Koalitionen ausgedehnt werden kann. Denn die hieraus folgende völlige Verdrängung der durch Art. 12 I, Art 2 Abs. I GG grundrechtlich gewährleisteten individuellen Arbeitsvertragsfreiheit als Mittel zur Gestaltung von Arbeitsverträgen griffe in den Wesensgehalt dieser Grundrechte ein und kollidierte somit mit der Wesensgehaltsgarantie des Art. 19 II GG.[398]

Klarstellend ist festzuhalten, dass eine unmittelbare Einwirkung der Tarifvertragsparteien auf den Inhalt von Arbeitsverhältnissen in diesem Sinne nach der Konzeption des Tarifvertragsgesetzes gemäß § 4 I TVG ohnehin nur bei den Arbeitsverhältnissen beiderseits tarifgebundener Vertragsparteien (§ 3 I TVG) in Betracht kommt.[399] Insoweit steht einer umfassenden Monopolisierung der Gestaltung von Arbeitsbedingungen bei den Verbänden bereits die verfassungsrechtliche Gewährleistung der negativen Koalitionsfreiheit in Art. 9 Abs. III GG entgegen, die den Arbeitsvertragsparteien die Freiheit garantiert, sich durch Verbandsaustritt[400] bzw. durch Fernbleiben aus dem Verband einer tarifvertraglichen Einwirkung auf die Ausgestaltung des Arbeitsverhältnisses zu entziehen.

Auch bei bestehender Tarifbindung lässt die den kollektiven Ansatz rechtfertigende Schwäche des Arbeitnehmers als Verhandlungspartner diesen jedoch nicht indivi-

---

398 *Heinze*, NZA 1991, S. 329ff. (331); *ders.*, DB 1996, S. 729ff. (730).

399 Eine Ausnahme stellt die in § 5 TVG geregelte Allgemeinverbindlicherklärung von Tarifverträgen dar. Ist diese nach Maßgabe der §§ 5 Abs. I bis III erfolgt, so erfassen die Rechtsnormen des Tarifvertrages gemäß § 5 IV TVG innerhalb dessen räumlichen Geltungsbereich auch die Arbeitsverhältnisse zwischen nicht tarifgebundenen Arbeitnehmern und Arbeitgebern. Der Anteil der für allgemeinverbindlich erklärten an der Gesamtzahl der Tarifverträge liegt gegenwärtig indes bei nur 1,2 Prozent (vgl. *Wiedemann/Wank*, TVG, § 5, Rn.7).

400 Dies gilt indes nicht bezüglich der Normwirkung eines bereits bestehenden Tarifvertrags während dessen vertraglicher Laufzeit, da § 3 III TVG hier insoweit im Fall eines Austritts eines Mitglieds aus der Tarifvertragspartei den Fortbestand der Tarifgebundenheit und mithin zwingend die Weitergeltung des Tarifvertrages bis zum Ende der Laufzeit des Tarifvertrages anordnet; vgl. zum Zweck der Vorschrift Wiedemann/*Oetker*, TVG, § 3, Rn. 46, S. 853.

dualfreiheitsrechtlich im Kollektiv aufgehen.[401] Das Grundgesetz statuiert nach seinem Grundverständnis des Individuums vielmehr – soweit nicht das Sozialstaatsgebot Ausnahmen legitimiert oder gar erzwingt – den Vorrang der individuellen Privatautonomie vor der Kollektivautonomie.[402] Die Verpflichtung zur Anerkennung des Prinzips der Freiwilligkeit auf Seiten des Arbeitnehmers ist hiernach auch für die Arbeitnehmerkoalitionen bereits verfassungsmäßig angelegt.[403] Auch das tarifliche Arbeitsrecht findet seine verfassungsrechtliche Grenze an der Vertragsfreiheit der Arbeitsvertragsparteien, soweit die Vertragsautonomie sich als funktionsfähig erweist.[404]

IV.) Ergebnis zu den verfassungsrechtlichen Grundlagen

Die verfassungsrechtliche Gewährleistung der Tarifautonomie durch Art. 9 Abs. III GG im Verhältnis zur Privatautonomie kann insbesondere im Hinblick auf die Befugnis zu einer normativ bindenden Ausgestaltung von Arbeitsbedingungen nur soweit reichen, wie der tarifgebundene Arbeitnehmer bei der Arbeitsvertragsgestaltung solche Rahmenbedingungen vorfindet, die ihm einen Vertragsabschluss entsprechend den sozialstaatlichen Grundsätzen der Arbeitsvertragsgerechtigkeit von vornherein nicht ermöglichen, d.h. aufgrund derer der Individualarbeitsvertrag seine Funktion als Gestaltungsmittel im Bereich der abhängigen Arbeit nicht erfüllen kann.[405] Das Zurückdrängen der Privatautonomie des Arbeitnehmers zugunsten der kollektiv ausgeübten Privatautonomie in Gestalt des Tarifvertrages kann nur im Hinblick auf diese Finalität und Akzessorietät durch Art. 9 Abs. III GG gerechtfertigt werden.[406]

Soweit die verfassungsrechtliche Gewährleistung der Tarifautonomie in ihrer Reichweite nach der zu schützenden tradierten Zielsetzung und der Funktion des Tarifvertrages zu bemessen ist, ergibt sich hieraus, dass sowohl nach außen als auch im Binnenverhältnis des Verbandes die Ableitung einer gleichsam überindividuellen verbandlichen Heteronomie aus der verfassungsrechtlichen Gewährleistung des Art. 9 Abs. III GG, soweit diese sich auf den Gedanken einer originären Machtträgerschaft der Koalitionen als zwischen dem Individuum und dem Staat angesiedelte Ordnungsinstanzen zu stützen sucht, nach dem gewachsenen geltenden Recht

---

401 *Freihube*, Probleme der Tarifbindung, S. 84; *Löwer*, in: v.Münch/Kunig, GG, Bd. 1, Art. 9, Rn. 80, Stichwort „Öffnungsklauseln"; so grundsätzlich auch *Wank*, in: Wiedemann, TVG, § 4, Rn. 459, S. 1116.

402 Vgl. *Födisch*, RdA 1955, S. 88ff. (93); *Heinze*, NZA 1991, S. 329ff. (333); *Joost*, ZfA 1984, S. 173ff. (178/179); *Rieble*, ZfA 2000, S. 5ff. (17).

403 *Födisch*, RdA 1955, S. 88ff. (93).

404 *Heinze*, NZA 1995, S. 329ff. (332); *Junker*, NZA 1997, S. 1305ff. (1307).

405 *Freihube*, DB 2000, S. 1022ff. (1025); *Heinze*, NZA 1991, S. 329ff. (331); *Picker*, ZfA 1998, S. 573ff. (678).

406 So auch *Freihube*, DB 2000, S. 1022ff. (1025).

wie nach den Maximen des Gesamtsystems der sozialen Ordnung verfassungsrechtlich keine Stütze findet.[407] Die Frage nach Legitimation und Reichweite kollektiver Regelungsmacht ist nicht durch einen pauschalen Verweis auf die in Deutschland positivierte Befugnis der Tarif- und Betriebsparteien zur „Normsetzung" zu lösen, um bereits daraus eine quasi-staatliche Hoheitsgewalt und aus ihr eine originäre eigene Autonomie abzuleiten.

Zentraler Ausgangspunkt ist vielmehr die Frage, inwieweit das Kollektiv hier eine Regelungskompetenz reklamiert, die „eigentlich" - d.h. nach der Grundwertung der geltenden Ordnung - ursprünglich dem Individuum als Freiheitsrecht oder aber dem Staat als eigene Gestaltungsmacht zusteht.[408] Nach der sachlichen Reichweite ihrer Regelungsbefugnis sind die Koalitionen auf dem Boden des Grundgesetzes weder nach außen noch nach innen befugt, Heteronomie auszuüben; jenseits wie diesseits ihres funktionellen und legitimatorischen Rahmens findet ihre Gestaltungsmacht vielmehr in der Individualautonomie ihre Grenze.[409] Weil vorrangiger Anknüpfungspunkt für Legitimation und Reichweite der tarifvertraglichen Normwirkung und zur Inhaltskontrolle von Arbeitsverträgen mithin nicht die Begrenzung der Vertragsfreiheit des Arbeitnehmers zu Gunsten eines anderen zu schützenden Rechtsguts, sondern die Entfaltung seiner Vertragsfreiheit ist, ist verfassungsrechtlich die entscheidende Weichenstellung hinsichtlich des Bedürfnisses und der Legitimation einer Inhaltskontrolle und des Schutzes durch die Normativität und Unabdingbarkeit tariflicher Regelungen die Frage, ob die abweichende individualvertragliche Vereinbarung das Ergebnis eines freien Willens des Arbeitnehmers war oder nicht.[410] Mit anderen Worten ist Voraussetzung für die spezifische Legitimation der Unabdingbarkeit der Tarifnormwirkung als sozialstaatlichem Schutzmechanismus stets der Befund einer gestörten Vertragsparität und der hieraus folgenden Gefahr einer Fremdbestimmung zuungunsten des Arbeitnehmers.[411]

---

407 Ebenso *Picker*, ZfA 1998, S. 573ff. (680); *ders.*, NZA 2002, S. 761ff. (762).
408 *Picker*, NZA 2002, S. 761ff. (762).
409 *Picker*, NZA 2002, S. 761ff. (768).
410 Vgl. *Thüsing*, FS-Wiedemann, S. 559ff. (568).
411 Vgl. *Thüsing*, FS-Wiedemann, S. 559ff. (568).

§ 4 Tarifautonomie und Günstigkeitsprinzip im Tarifvertragsgesetz (TVG)

I.) Die Entstehung des Tarifvertragsgesetzes (TVG)

Als Folge der allmählichen Wiederherstellung[412] der Regelungsbefugnis von Gewerkschaften und Arbeitgeberverbänden für kollektive Lohnfindungsprozesse und der Aufhebung der staatlichen Begrenzung der Lohnhöhe[413] nach der NS-Zeit kam es zu einem sprunghaften Anstieg der Zahl von Tarifvertragsabschlüssen. Um diesen praktischen Bedürfnissen Rechnung zu tragen und einen gestaltenden Einfluss hin zur einer freiheitlich demokratischen Arbeitsverfassung mit einer klaren Abkehr von staatlichem Totalitarismus ausüben zu können bedurfte es zeitnah einer gesetzlichen Regelung des Tarifvertragswesens.[414]

---

412 Insbesondere mit Beginn des zweiten Weltkriegs wurde in der national-sozialistischen Arbeitsverfassung die Regelung der Löhne der Selbstgestaltung durch Zusammenschlüsse auf Arbeitgeber- und Arbeitnehmerseite entzogen und auf den Staat übertragen. Dies lag hauptsächlich darin begründet, dass das Günstigkeitsprinzip und die damit verbundene Eigenverantwortlichkeit und Selbstbestimmung geeignet gewesen wäre, staatlich vorgegeben gesamtwirtschaftliche Zielsetzungen in Frage zu stellen und die Konzentration auf die Rüstungsproduktion zu hemmen, vgl. *Belling*, Günstigkeitsprinzip, S. 39 – 41 m.w.N. Der erste entscheidende Schritt wurde durch die „Verordnung über die Lohngestaltung" vom 25. Juni 1938 (vgl. RGBl. 1938, Teil I, S. 691ff.) vollzogen, die in § 1 die Reichs- und Sondertreuhänder der Arbeit ermächtigte, in vom Reichsarbeitsminister festgesetzten Wirtschaftzweigen „Löhne mit bindender Wirkung nach oben und unten" festzusetzen. § 18 Abs. 1 der „Kriegswirtschaftsverordnung" vom 4. September 1939 (vgl. RGBl. 1939, Teil I, S. 1609ff.) verpflichtete schließlich die Reichstreuhänder der Arbeit, Tarifordnung, Löhne und sonstige Arbeitsbedingungen an die Kriegsverhältnisse anzupassen und „mit bindender Kraft nach oben" festzusetzen. Eine Abweichung zugunsten des Arbeitnehmers war nach § 21 dieser Verordnung sogar sowohl für den Lohnfordernden als auch den Lohngewährenden unter Strafe gestellt.

413 Das Amt des in der NS-Zeit für die Festlegung der Löhne zuständigen Reichstreuhänders der Arbeit wurde bereits mit Erlass und Inkrafttreten des „Gesetzes Nr. 77" durch die Militärregierung am 18. September 1944 aufgelöst. Das die obrigkeitliche Lohnfestsetzung vorsehende AOG galt jedoch zunächst weiter und die Befugnisse des Reichstreuhänders der Arbeit zur einseitig behördlichen Lohngestaltung wurden zunächst durch die „Verordnung Nr. 7" vom 27. Mai 1945 auf die Präsidenten der Landesarbeitsämter übertragen (vgl. *Beine*, RdA 1948, S. 137ff. [138]). Mit Inkrafttreten des „Gesetzes Nr. 40" vom 30. November 1946 wurde das AOG jedoch aufgehoben und es entfiel die Möglichkeit zum Erlass einseitig behördlicher Tarifregelungen. Nach anfänglich nur sporadischen Lockerungen des Lohnstopps entfiel mit Inkrafttreten des „Gesetzes zur Aufhebung des Lohnstopps" vom 3. November 1948 endgültig jede staatliche Begrenzung der Löhne nach oben, vgl. *Herschel*, RdA 1948, S. 121ff. (121).

414 Vgl. *Nipperdey*, BB 1948, S. 157ff. (160); Begründung zum Referenten-Entwurf des Zentralamtes für Arbeit einer Verordnung über den Tarifvertrag, abgedruckt in ZfA 1973, Materialien zur Entstehung des Tarifvertragsgesetzes vom 9.4.1949, S. 132; ferner bei Wiedemann/Oetker, TVG, S. 29, Rn. 23; sowie die Begründung zu dem Entwurf eines Tarifvertragsgesetzes des

Die Entwürfe bei der Schaffung des Tarifvertragsgesetzes orientierten sich zwar im wesentlichen zunächst an Konzeption und Inhalt der Tarifvertragsverordnung von 1918, beinhalteten aber insbesondere in der letzten Phase der Beratungen und in der endgültigen Fassung des TVG hinsichtlich der Unabdingbarkeit von Tarifverträgen sowie des Günstigkeitsprinzips auch bedeutsame Abweichungen.[415]

Einigkeit bestand hinsichtlich der Tatsache, dass auch das TVG auf dem in der Rechtswissenschaft schon lange entwickelten und bereits in der Tarifvertragsverordnung normierten Konzept einer unmittelbaren und zwingenden Wirkung von „Tarifnormen" auf das Arbeitsverhältnis basieren sollte. Während jedoch nach der TVVO nur die Bestimmungen des Tarifvertrages an der unmittelbaren und zwingenden Wirkung Teil hatten, die „Bedingungen für den Abschluss von Arbeitsverträgen" enthielten, erweiterte der Referenten-Entwurf des Zentralamtes für Arbeit (sog. Lemgoer Entwurf[416]) den Kreis der als Rechtsnormen wirkenden Regelungen innerhalb von Tarifverträgen auf solche, die „das Eingehen, den Inhalt und die Beendigung von Arbeitsverhältnissen"[417] ordnen können. Mit kleinen Änderungen in der Formulierung fand diese Erweiterung inhaltlich Eingang in § 1 TVG in seiner jetzt noch geltenden Fassung.

Auch bei der Beschreibung der Wirkung der Tarifnormen wurde die Formulierung des § 1 Abs. I TVVO[418] nicht übernommen. Man glaubte durch den Wortlaut hinreichend klargestellt zu haben, dass der tarifvertragswidrige Arbeitsvertrag nicht gemäß § 134 BGB vollständig nichtig sei, sondern vielmehr durch den Tarifvertrag berichtigt werde.[419] Ferner wurde der in der wissenschaftlichen Diskussion zur TVVO zuletzt vorherrschenden Ansicht entsprechend der Tarifvertrag in § 4 Abs. IV TVG ausdrücklich gegen eine Umgehung durch Verzicht oder ähnliche Umgehungsgeschäfte abgeschirmt.[420]

Gewerkschaftsrates der Vereinten Zonen, abgedruckt in ZfA 1973, Materialien zur Entstehung des Tarifvertragsgesetzes vom 9.4.1949, S. 145f.; Wiedemann/*Oetker*, TVG, S. 45, Rn.33.

415 Zur Entstehung des Tarifvertragsgesetzes aus damaliger Zeit *Koselke*, BB 1949, S. 83f. (83); *Meissinger*, DB 1949, S. 623; *Nipperdey*, RdA 1949, S. 81ff. (82); *Storch*, BB 1949, S. 233f. (233); sowie aus neuerer Zeit *Herschel*, ZfA 1973, S. 183ff. (187f.); *Krummel*, Die Geschichte des Unabdingbarkeitsgrundsatzes und des Günstigkeitsprinzips im Tarifvertragsrecht, S. 7ff.

416 Der Entwurf ist nach dem damaligen Sitz des Zentralamtes für Arbeit benannt und unter diesem Namen in die Geschichte eingegangen. Ein Abdruck des Entwurfs findet sich bei Wiedemann/*Oetker*, TVG, S. 27, Rn. 22; ferner in ZfA 1973, Materialien zur Entstehung des Tarifvertragsgesetzes vom 9.4.1949, S. 130.

417 Vgl. den Wortlaut des § 3 Abs. 1 des Lemgoer Entwurfs, ZfA 1973, Materialien zur Entstehung des Tarifvertragsgesetzes vom 9.4.1949, S. 130.

418 § 1 I S.3 TVVO: „An die Stelle unwirksamer Vereinbarungen treten die entsprechenden Bestimmungen des Tarifvertrags."; vgl. den Abdruck bei Wiedemann/*Oetker*, TVG, S. 13, Rn. 8.

419 *Herschel*, ZfA 1973, S. 183ff. (193).

420 *Herschel*, ZfA 1973, S. 183ff. (193).

Im Lemgoer Entwurf war zunächst vorgesehen, den Tarifvertragsparteien wie schon in der TVVO die Möglichkeit zu eröffnen, Abweichungen vom Tarifvertrag ausdrücklich auszuschließen und damit die Regelungen des Tarifvertrages als Höchstarbeitsbedingungen auszugestalten.[421] Das Günstigkeitsprinzip behielt damit zunächst in nahezu allen Entwürfen seinen Charakter als tarifdispositive Auslegungsregel für den mutmaßlichen Willen der Tarifvertragsparteien.[422] Nachdem die Ausgestaltung des Günstigkeitsprinzips in dieser Weise zunächst Zustimmung gefunden hatte, stellte erstmals *Herschel* in einer Sitzung des Ausschusses für Arbeit am 13. Oktober 1948[423] die Befugnis der Tarifvertragsparteien, Höchstnormen zu vereinbaren, zur Diskussion. Zunehmend setzte sich die Erkenntnis durch, dass eine nach oben einengende Wirkung der Tarifvertragsnormen weder einem praktischen Bedürfnis noch der natürlichen Funktion des Tarifvertrages entspreche.[424] In der Sitzung des Ausschusses für Arbeit vom 3. November 1948[425] kam es schließlich zu einem Änderungsvorschlag - bemerkenswerter Weise seitens der Gewerkschaften – der die Anwendung des Günstigkeitsprinzips unabhängig vom Willen der Tarifvertragsparteien vorsah.[426]

Diese Fassung des Günstigkeitsprinzips fand schließlich Eingang in § 4 Abs. III des am 22. April 1949 in Kraft getretenen Tarifvertragsgesetzes. Rechtsprechung und Literatur werteten die Entscheidung für diese Fassung des Günstigkeitsgedankens

---

[421] Vgl. 4 Abs. I S.2 des Lemgoer Entwurfs, abgedruckt bei Wiedemann/*Oetker*, TVG, S. 28, Rn. 22; zur Begründung wurde ausgeführt: „Im allgemeinen wird kein praktisches Bedürfnis gegeben sein, die Tarifnormen zugleich als Maximalbedingungen auszugestalten. Wo aber die Tarifvertragsparteien, zum Beispiel im öffentlichen Dienst, hierzu ein Bedürfnis empfinden sollten, muss der Gesetzgeber ihnen die erforderlichen Rechtsformen an die Hand geben. Dem sucht der Entwurf in Übereinstimmung mit dem älteren Tarifvertragsrecht zu entsprechen"; vgl. den Abdruck bei Wiedemann/*Oetker*, TVG, S. 31, Rn. 23; dazu ferner *Belling*, Günstigkeitsprinzip, S. 48.

[422] So auch in § 3 II S. 2 des Entwurfs der Arbeitsrechtsausschusses des Länderrats eines Tarifvertragsgesetzes (Zusmarshausener oder Stuttgarter Entwurf; vgl. ZfA 1973, Materialien zur Entstehung des Tarifvertragsgesetzes vom 9.4.1949, S. 138); § 5 I S.2 des ersten und des zweiten Vorentwurfs zu dem Entwurf des Bundesvorstandes des Deutschen Gewerkschaftsbundes für die britische Zone (vgl. aaO S. 141 bzw. 142); in § 5 I S. 2 des Entwurfs des Bundesvorstandes des Deutschen Gewerkschaftsbundes für die britische Zone (vgl. aaO S. 143); § 5 I S.3 des Entwurfs eines Tarifvertragsgesetzes des Gewerkschaftsrates der Vereinigten Zonen (vgl. aaO S. 144ff.); und sogar noch bis zum Initiativ-Antrag der SPD-Fraktion, Entwurf eines Gesetzes über Tarifverträge, dort in § 5 I S.3 (vgl. aaO S. 149ff.).

[423] Materialien zur Entstehung des Tarifvertragsgesetzes, ZfA 1973, S. 129ff. (152).

[424] *Herschel*, ZfA 1973, S. 183 (193).

[425] Materialien zur Entstehung des Tarifvertragsgesetzes, ZfA 1973, S. 129ff. (155).

[426] Unter Zugrundelegung des Vorschlages der Gewerkschaften wurde der bisher in allen vorhergehenden Entwürfen enthaltene einschränkende letzte Halbsatz „...und durch den Tarifvertrag nicht ausdrücklich ausgeschlossen sind" in § 4 III des Entwurfes eines Tarifvertragsgesetzes des Ausschusses für Arbeit vom 3. November 1948 gestrichen (vgl. ZfA 1973, Materialien zur Entstehung des Tarifvertragsgesetzes vom 9.4.1949, S. 129 (157).

als bewusste Abkehr von der entsprechenden Regelung in § 1 I S.2 TVVO und als ausdrücklich gewollten Ausschluss der Befugnis der Tarifvertragsparteien, Höchstarbeitsbedingungen zu vereinbaren.[427] Das Günstigkeitsprinzip in seiner Fassung in § 4 III TVG beschränkte damit die zwingende Wirkung der tariflichen Rechtsnormen – der arbeitsvertragsbezogenen Schutzfunktion der Tarifautonomie entsprechend – auf Mindestarbeitsbedingungen.

Das Günstigkeitsprinzip hatte damit erstmals den Charakter einer Schranke der Tarifmacht[428] und eine neue rechtliche Qualität als Schutzinstrument zugunsten des Individuums im Spannungsfeld zwischen Kollektivmacht und individueller Freiheit erlangt und sicherte die Freiheit der Selbstbestimmung der Vertragspartner.[429] Obwohl eine Begründung für die endgültige Gesetzesfassung nicht existiert, ist davon auszugehen, dass diese wesentliche Änderung gegenüber der Regelung in § 1 I S. 2 TVVO im Zusammenhang mit der bereits in der Entwicklung befindlichen Ausgestaltung der Grundrechte des Grundgesetzes steht[430], die gegenüber den Grundrechten der Weimarer Verfassung nicht lediglich als Programmsätze, sondern als Abwehrrechte des Individuums gegenüber dem Staat angelegt und damit in weit stärkerem Maße Ausdruck des Individualschutzes sein sollten.[431]

II.) Die rechtliche Grundlage der Tarifmacht der Verbände

Bereits zu Beginn der Entwicklung des Tarifwesens lange vor der heute geltenden Normierung im TVG wurden verschiedene Lösungsansätze zur rechtlichen Konstruktion der Tarifmacht der Verbände vertreten.[432] Die Frage der Legitimation der tarifvertraglichen Normsetzungsbefugnis zwischen Normgeber und Normunterworfenen kann auch heute noch nicht als abschließend geklärt gelten. Sie ist auch nicht als durch § 1 TVG geklärt oder erledigt anzusehen.[433]

---

427 BAGE 10, S. 247ff. (255); *Nipperdey*, RdA 1949, S. 81ff. (87); *Nikisch*, DB 1963, S. 1254ff. (1254); Wiedemann/*Wank*, TVG, § 4, Rn. 382, S. 1090; *Kreis*, RdA 1961, S. 97ff. (98); eingehend *Roos*, Höchstnormen, S. 12f..

428 *Belling*, Günstigkeitsprinzip, S. 48.

429 BAGE 10, S. 247ff. (255/256); BAG (GS), Beschluss vom 16.09.1986, AP Nr. 17 zu § 77 BetrVG 1972, Bl.269 Rückseite = BAGE 53, S. 42ff. (60); *Hueck/Nipperdey*, Arbeitsrecht, Bd. II/1, § 30 I 2, S. 572; *Nikisch*, Arbeitsrecht, Bd. II, § 82 I 3, S. 420; *Wlotzke*, Günstigkeitsprinzip, S. 22ff.; *Wank*, in: Wiedemann, TVG, § 4, Rn. 387.

430 Zu beachten ist, dass es sich bei dem TVG um vorkonstitutionelles Recht handelt. Die Erfahrungen aus der Zeit der Weimarer Verfassung hatten jedoch insgesamt eine Tendenz in der Rechtswissenschaft hin zu einem stärkeren Schutz des Individuums ausgelöst, der schließlich auch durch die Ausgestaltung der Grundrechte verfassungsmäßig verankert wurde.

431 So auch *Belling*, Günstigkeitsprinzip, S. 48.

432 Vgl. dazu schon oben unter § 2 I 2, S. 11ff.

433 So aber *Bötticher*, Gestaltungsrecht und Unterwerfung, S. 19f., 22/23; *Wiedemann*, in: Wiedemann, TVG, § 1, Rn. 150.

Zum einen ist die Bezeichnung „Rechtsnorm" in § 1 TVG keinesfalls eindeutiger Beleg für eine staatliche Gewährung hoheitlich gearteter Rechtsetzungsmacht im Gegensatz zu einer Legitimation der Tarifmacht der Koalition durch den Verbandsbeitritt ihrer Mitglieder.[434] Zum anderen hängt von der Qualifizierung der Legitimation der Tarifmacht der Verbände die zutreffende Bestimmung der Grenzen der Legitimation tariflicher Rechtssetzungsmacht gerade im Verhältnis zur Privatautonomie ab.

1) Meinungstand

a) Die sog. Delegationstheorie

Teile der Arbeitsrechtslehre[435] und das BAG in seiner früheren Rechtsprechung[436] vertraten auch unter der Geltung des TVG die sog. Delegationstheorie. Hiernach habe die Tarifmacht der Tarifvertragsparteien ihren Ursprung in der Delegation gesetzgeberischer Normsetzungsbefugnisse auf die Tarifvertragsparteien durch den Gesetzgeber. Die Delegation der Normsetzungsbefugnis auf die Tarifvertragsparteien erfolge durch § 1 Abs. I TVG.[437] Soweit namentlich das BAG die Anordnung dieser Delegation im TVG verortete, ist festzuhalten, dass hierin eine deutliche Absage an Art. 9 Abs. III GG als Delegationsnorm und an eine hieraus folgende unmittelbare verfassungsrechtliche Festschreibung der Normsetzungsbefugnis zu erblicken war.[438] In der Literatur wurde demgegenüber die Delegationstheorie auch unter Verweis auf Art. 9 Abs. III GG als Delegationsnorm vertreten.[439]

Überwiegend werden von den Vertretern der Delegationstheorie die Regelungen des TVG bzw. die Regelung des Art. 9 Abs. III GG auf der Grundlage des Delegationsgedankens als Beleihung der Tarifpartner mit echter, qualitativ-staatlicher

---

434 Vgl. *Rieble*, ZfA 2000, S. 5ff. (9 und 18).

435 *Bötticher*, Gestaltung und Unterwerfung, S. 22ff.; *E. R. Huber*, Wirtschaftsverwaltungsrecht, Bd. II, S. 431/432; *Hueck/Nipperdey*, Arbeitsrecht II/1, § 18 III 2, S. 346f.; *Misera*, Tarifmacht, S. 12, 18; *Nikisch*, Arbeitsrecht, Bd. II, § 69 II 4, S. 216; *Peters/Ossenbühl*, Übertragung von öffentlich-rechtlichen Befugnissen, S. 12/13; *Säcker*, Grundprobleme der kollektiven Koalitionsfreiheit, S. 73 ff.; *Stark*, Arbeitsplatzsicherung, S. 114/115; *Wendt*, Der Günstigkeitsvergleich, S. 130.

436 BAGE 1, S. 258ff. (264); BAGE 4, S. 240ff. (251); BAGE 40, S. 327ff. (335).

437 BAGE 1, S. 258ff. (264); BAGE 4, S. 240ff. (251); BAGE 40, S. 327ff. (335); *Adomeit*, Rechtsquellenfragen im Arbeitsrecht, 1969, S. 132, 137; *Bötticher*, Gestaltungsrecht und Unterwerfung, S. 22; *Hueck/Nipperdey*, Arbeitsrecht, Band II/1, § 18 III 2, S. 347; *Peters/Ossenbühl*, Übertragung von öffentlich-rechtlichen Befugnissen, S. 14; *Misera*, Tarifmacht, S. 20f.; *Säcker*, Grundprobleme der kollektiven Koalitionsfreiheit, S. 40 ff.

438 Vgl. *Giesen*, Tarifvertragliche Rechtsgestaltung, S. 146/147.

439 So jedenfalls i.E. *Biedenkopf*, Grenzen der Tarifautonomie, S. 104; *Galperin*, in: FS-Molitor, S. 143ff. (157); *Herschel*, FS-Bogs, S. 125; im Hinblick auf die Verortung der Delegation unmittelbar in der Verfassung wird diese Auffassung auch als „Integrationstheorie" bezeichnet, vgl. etwa bei *Hromadka/Maschmann*, Arbeitsrecht, Band 2, § 13, Rn. 12.

Rechtssetzungsmacht verstanden[440] und aufgrund dieser Erwägung die Normsetzungsbefugnis der Tarifvertragsparteien ihrem Wesen nach ausdrücklich dem öffentlichen Recht zugeordnet (sog. öffentlich-rechtliche Delegationstheorie).[441]

b) Privatautonom verbandsrechtliches Mandat (sog. mandatarische Theorien)

Nach den sog. mandatarischen Theorien und einer neueren Entscheidung des siebten Senats des BAG[442] beruhe hingegen die Befugnis der Verbände zur tariflichen Gestaltung der Arbeitsverhältnisse nicht auf delegierter Hoheitsgewalt, sondern sei als privatrechtliche Rechtsetzungsgewalt zu qualifizieren.[443] Die Gestaltungsmacht der Verbände beruhe auf privatautonomer Unterwerfung, die sich aus dem freiwilligen Beitritt zum Verband als Mitglied ergebe. Auch die Erfüllung der Gestaltungsaufgabe durch die Verbände erfolge nicht in hoheitlichen Handlungsformen, sondern durch den Abschluss von Tarifverträgen, d.h. mit den Mitteln des Privatrechts. Die Tarifautonomie stelle sich hiernach als Recht zur kollektiven Ausübung der Privatautonomie dar.[444] Da der Tarifvertrag hinsichtlich der Gestaltung der Arbeitsverhältnisse sodann Rechtsnormwirkung entfalte, sei er als besonderer Fall normativer Gestaltung innerhalb der Privatautonomie – als sog. Rechtsnormenvertrag - zu qualifizieren.[445]

Das Bundesverfassungsgericht geht davon aus, dass es sich um eine von der Verfassung anerkannte[446] und vom Staat im TVG ausgeformte Normsetzungsbefugnis der Tarifvertragsparteien in einem Bereich handele, in dem der Staat seine Rechtsetzungszuständigkeit „zurückgenommen" und den Tarifvertragsparteien in weitem Umfang „überlassen" habe.[447] Das BVerfG ordnet damit den Tarifvertrag weder eindeutig als Ausübung staatlicher noch als Ausübung privatautonomer Rechtsetzungsmacht ein. Das grundlegende Modell einer Anerkennung der Rechtsetzungsmacht durch die Verfassung und einer Ausformung der Rechtsetzungsmacht durch

---

440 Vgl. etwa BAGE 1, S. 258ff. (264); *Adomeit* Rechtsquellenfragen, S. 132; *Wiedemann*, in: Wiedemann, TVG, § 1, Rn. 25ff.

441 *E. R. Huber*, Wirtschaftsverwaltungsrecht, Bd. II, S. 432; *Nikisch*, Bd. II, § 69 II 4, S. 216 ff.; hiergegen *Dürig*, in: Maunz/*Dürig*, GG, Bd. 1, Art. 1, Rn. 115f.

442 BAG NZA 1998, S. 715f. (716).

443 *Richardi*, Kollektivgewalt und Individualwille, S. 164; *Rieble*, Arbeitsmarkt und Wettbewerb, S. 358ff, Rn. 1194f.; *Scholz*, in: Maunz/Dürig, GG, Bd. 1, Art. 9, Rn. 301; *Singer*, ZfA 1995, S. 611ff. (620); *Zöllner/Loritz*, Arbeitsrecht, § 7 III, S. 93; kritisch dazu *Säcker*, RdA 1969, S. 291ff. (295/296); *ders.*, ArbuR 1994, S. 1ff. (6).

444 BAG NZA 1998, S. 716; *Richardi*, Kollektivgewalt und Individualwille, S. 164; MünchHbArbR/*Löwisch/Rieble*, Bd. 3, § 253, Rn. 19; *Rieble*, Arbeitsmarkt und Wettbewerb, S. 359, Rn. 1198; *Scholz*, in: Maunz/Dürig, GG, Bd. 1, Art. 9 , Rn. 301; *Singer*, ZfA 1995, S. 611ff. (620); *Zöllner/Loritz*, Arbeitsrecht, § 7 III, S. 93.

445 *Richardi*, Kollektivgewalt und Individualwille, S. 164.

446 BVerfGE 34, S. 307ff. (317); *Scholz*, in: Maunz/Dürig, GG, Bd. 1, Art. 9, Rn. 301.

447 BVerfGE 64, S. 208ff. (215); BVerfGE 34, S. 307ff. (316).

das TVG hat jedoch vielleicht gerade aufgrund dieser Offenheit sowohl für ein privatautonomes als auch ein hoheitliches Verständnis der Tarifmacht der Verbände viel Zuspruch erfahren.[448]

c) Privatautonom rechtsgeschäftliche Selbstbindung

Zu Beginn der Entwicklung des Tarifvertragswesens hatte ein Teil der Literatur dem Tarifvertrag den normativen Charakter abgesprochen und diesem lediglich schuldrechtliche Bedeutung beigemessen.[449] Angesichts der mit der Normierung des TVG eingeführten Regelung des § 1 Abs. 1 TVG, der tarifvertragliche Inhalte bezüglich der Arbeitsbedingungen als „Rechtsnormen" bezeichnet, wurde diese Auffassung jedoch zunächst unter der Geltung des TVG nicht mehr vertreten.

Eine Renaissance hat dieser rein schuldrechtliche Ansatz jedoch durch den Versuch erfahren, auch die Tarifmacht in ihrer Ausgestaltung durch das TVG hinsichtlich der unmittelbaren und zwingenden Wirkung rein privatrechtlich zu erfassen. Namentlich *Bötticher*[450] hat aufgezeigt, dass die Tarifmacht theoretisch auch als ein privatrechtlich begründetes „Dauergestaltungsrecht" im Sinne des § 317 BGB konstruierbar sei, das eine unbestimmte Anzahl von Rechtsverhältnissen erfasse.[451]

In der neueren Literatur hat *Rieble*[452] den Ansatz wieder aufgegriffen und die zivilrechtliche Konstruktionslogik des Tarifvertrages fortentwickelt. Die unmittelbare Wirkung der tarifvertraglichen Regelungen der Arbeitsbedingungen sei hiernach zivilrechtlich als Verpflichtungs- bzw. Regelungsermächtigung konstruierbar, die sich als Außenwirkung der Verbandsmitgliedschaft darstelle. Die „Selbstexekution" des Tarifvertrages sei nichts anderes als die „automatische" Vollziehung verbandsrechtlicher Pflichten der Koalitionsmitglieder zur Umsetzung des Tarifergebnisses, denen sich diese bei einer rein schuldrechtlichen Konstruktion des Tarifver-

---

448 Vgl. *Däubler*, Tarifvertragsrecht, Rn. 19; *Giesen*, Tarifvertragliche Rechtsgestaltung, S. 171/172; *Herschel*, FS-Bogs, S. 125ff. (130); *Galperin*, FS-Molitor, S. 143ff. (156); *Singer*, ZfA 1995, S. 611ff. (619); *Söllner*, ArbuR 1966, S. 257 (260); *Waltermann*, Rechtsetzung durch Betriebsvereinbarung, S. 123; kritisch *F. Kirchhof*, Private Rechtsetzung, S. 158; *Richardi*, Kollektivgewalt und Individualwille, S. 144.

449 Zu Beginn der Entwicklung der Tarifvertragswesens entsprach der Versuch einer rein schuldrechtlichen Konstruktion der Wirkungen des Tarifvertrages in Ermangelung einer dem § 1 I TVG entsprechenden Regelung, die auch ein normatives Verständnis nahegelegt hätte, der herrschenden Auffassung. Beispiel ist die sog. Vertretungstheorie, die auf die §§ 164 ff. BGB zurückgriff, aufgrund dieses ausschließlich zivilrechtlich-individualistischen Ansatzes jedoch weder die Entstehung eigener Rechte der Tarifvertragsparteien aus dem Tarifvertrag noch die automatische Tarifbindung nachträglich eintretender Mitglieder erklären konnte (vgl. zum Ganzen schon oben unter S. § 2 I 2 a aa, S. 12).

450 Vgl. *Bötticher*, Gestaltungsrecht und Unterwerfung, S. 18/19.

451 Ähnlich *Ramm*, Die Parteien des Tarifvertrages, S. 102; *Zöllner*, Die Rechtsnatur der Tarifnormen nach deutschem Recht, S. 34.

452 *Rieble*, ZfA 2000, S. 5ff.

trages ohnehin ausgesetzt sähen.[453] Die unmittelbare Wirkung tarifvertraglicher Regelungen bezüglich der Arbeitsbedingungen – d.h. deren automatische Umsetzung in das individuelle Schuldverhältnis – lasse sich hiernach nicht mit herkömmlichen Instituten des Vertragsrechts erklären. Die von *Bötticher*[454] herangezogene Leistungsbestimmung durch Dritte im Sinne des § 317 BGB versage wie auch das Vertretungsmodell bei der Erklärung der eigenen Rechtsstellung der Tarifvertragsparteien. Zudem entspreche die Vorstellung einer Bestimmung der Leistung durch die Tarifvertragsparteien als gemeinschaftliche „Dritte" nicht dem Wesen des im Wege der Vertragsverhandlungen ausgetragenen für den Vertrag wesenstypischen Interessenkonflikts und- ausgleichs.[455] Die Konstruktion über die Stellvertretung der §§ 164ff. BGB scheitere daran, dass sie die Vertragspartnerstellung und die eigene Berechtigung und Verpflichtung der Tarifvertragsparteien aus dem Tarifvertrag nicht zu erklären vermöge. Auch könne der Tarifvertrag nicht als Vertrag mit Drittwirkung im Sinne des § 328 BGB verstanden werden, da dieser gem. § 328 BGB nur zugunsten des Dritten wirken könne und insofern keine Verpflichtung des Dritten ermögliche.[456]

Die Außenwirkung der Verbandsmitgliedschaft stelle sich damit vielmehr als Durchbrechung des zivilrechtlichen Grundsatzes der Relativität von Schuldverhältnissen dar, der jedoch im Schuldrecht selbst etwa im Fall des § 613a BGB aufgeweicht werde und insoweit nicht als fundamentaler Privatrechtssatz anzusehen sei.[457] Auch im übrigen stelle sich die in § 1 Abs. I TVG angeordnete unmittelbare Wirkung des Tarifvertrages entgegen der h.M. nicht als eine dem Schuldrecht fremde „Normwirkung" dar, da der Tarifvertrag gerade nicht unabhängig vom Willen der Normunterworfenen gelte, sondern überhaupt nur aufgrund der Unterwerfung ihrer Mitglieder unter die Tarifmacht durch die freiwillige Verbandsmitgliedschaft Geltung erlange (§§ 3 Abs. I, 4 Abs. I TVG).[458]

Folge der Durchbrechung des Grundsatzes der Relativität von Schuldverhältnissen sei nun das Zusammentreffen zweier Verträge verschiedener Parteien, die für das gleiche Rechtsverhältnis Geltung beanspruchen.[459] Die in § 4 Abs. I S.1 TVG angeordnete zwingende Wirkung des Tarifvertrages fungiere hier als Kollisionsregel.[460] Der in § 4 Abs. I S.1 TVG angeordnete Vorrang des Tarifvertrages unabhängig von

453 *Rieble*, ZfA 2000, S. 5 ff. (12).
454 *Bötticher*, Gestaltungsrecht und Unterwerfung, S. 20.
455 *Rieble*, ZfA 2000, S. 5 ff. (12).
456 *Rieble*, ZfA 2000, S. 5 ff. (12).
457 *Rieble*, ZfA 2000, S. 5 ff. (12).
458 *Rieble*, ZfA 2000, S. 5 ff. (13).
459 *Rieble*, ZfA 2000, S. 5 ff. (16).
460 *Rieble*, ZfA 2000, S. 5 ff. (17); ähnlich auch *Richardi*, Kollektivgewalt und Individualwille, S. 196, nach dem sich das TVG - insbesondere im Hinblick auf die Regelung des Verhältnisses von Tarifvertrag zum Einzelvertrag - als „materielles Kollisionsrecht" darstelle.

der zeitlichen Rangfolge habe seinen Grund in der höheren Richtigkeitsgewähr des Tarifvertrages aufgrund der Überwindung des Machtungleichgewichts zwischen Arbeitgeber- und Arbeitnehmerseite infolge der kollektiven Ausübung der Privatautonomie. Dieses „Mehr" an Richtigkeitsvertrauen rechtfertige einen stärkeren Geltungsanspruch des Tarifvertrages gegenüber dem Individualarbeitsvertrag, dem die Kollisionsregel des § 4 Abs. I S.1 TVG Rechnung trage.[461]

Vor dem Hintergrund dieser Betrachtung gelangt *Rieble* folgerichtig auch zu einer Qualifizierung des Günstigkeitsprinzips, die dieses im wesentlichen funktional mit dem als Kollisionsregel verstandenen Vorrang des Tarifvertrages auf eine Stufe hebt. Bei § 4 Abs. III TVG handele es sich hiernach entgegen der herrschenden Auffassung nicht um eine ausnahmsweise Durchbrechung einer objektiven Normgeltung des Tarifvertrages, sondern um eine funktionale Abgrenzung zweier Schuldverträge, die dem Tarifvertrag nur dort den Vorrang einräume, wo er eine höhere Richtigkeitsgewähr verspreche.[462]

2) Stellungnahme

Das rein privatautonome Erklärungsmodell kann für sich in Anspruch nehmen, dass die Einordnung der Tarifautonomie als Fall der rechtsgeschäftlich-privatautonomen Normsetzung der historischen Entwicklung des Tarifvertragswesens besser Rechnung trägt. So haben sich die Gewerkschaften (später auch die Arbeitgeberverbände) autonom gebildet. Die Untersuchung der historischen Grundlagen der Tarifautonomie hat aufgezeigt, dass die Koalitionen noch lange Zeit nach dem sich verbreitenden Phänomen der Gewerkschaftsbildungen entweder als solche verboten waren oder aber etwa deren Streiktätigkeit noch strafbewährt war.[463] Das Bundesverfassungsgericht hat diese Anfänge des Tarifwesens in der sog. Aussperrungsentscheidung dahingehend zusammengefasst, dass die Bildung von Vereinigungen zum Zweck der Wahrung und Förderung der Arbeits- und Wirtschaftsbedingungen „in der Vergangenheit vom Staat zeitweilig besonders heftig bekämpft worden" und die Koalitionsfreiheit „...historisch vor allem den Arbeitnehmern vorenthalten und von diesen erstritten" sei.[464] In der Tat spricht die historische Entwicklung der Koalitionsfreiheit gegen den von der Delegationstheorie vertretenen Ansatz der staatlichen Übertragung einer hoheitlichen Normsetzungsbefugnis als Bestandteil der Koalitionsfreiheit.[465]

---

461 *Rieble*, ZfA 2000, S. 5 ff. (17).
462 *Rieble*, ZfA 2000, S. 5 ff. (25).
463 Vgl. oben § 2 I, S. 7f.
464 BVerfGE 84, S. 212 (224).
465 Deutlich *Rieble*, Arbeitsmarkt und Wettbewerb, S. 333, Rn. 1109: „Der Staat hat die Koalitionsfreiheit nicht verliehen, er hat Koalitionen so lange verboten, wie ihm das eben möglich

a) zur Delegationstheorie

Gegen die Delegationstheorie bestehen auch durchgreifende verfassungsrechtliche Bedenken. So gehen das BVerfG und die herrschende Auffassung im Schrifttum davon aus, dass auch die spezifische Tätigkeit der Koalitionen – insbesondere das Recht der Verbände, Tarifverträge abzuschließen - als Bestandteil der Koalitionsfreiheit durch Art. 9 Abs. III GG verfassungsrechtlich geschützt sei. Neben die Gewährleistung der Koalitionsfreiheit als Individualgrundrecht trete insoweit die Koalitionsfreiheit als Kollektivgrundrecht, das ein eigenständiges kollektives Betätigungsrecht der Koalitionen gewährleiste (Lehre vom Doppelgrundrecht).[466]

Problematisch ist insoweit, dass die Grundrechte in ihrer wesentlichen Funktion als Abwehrrechte gegenüber dem Staat gerade darauf abzielen, einen vom Staat unabhängigen und vor staatlicher Einflussnahme geschützten Bereich der Betätigung zu etablieren.[467] Zwar ist damit nicht das Problem der Konfusion[468] angesprochen, da

war"; ebenso schon *Herschel*, FS-Bogs, S. 125ff. (130); *Meyer-Cording*, Rechtsnormen, S. 38; vgl. auch *Wiedemann*, TVG, § 1 Rn. 45 a.E., S. 333.

466 BAGE 20, 175ff. (211); *Jarass*, in: Jarass/Pieroth, GG, Art. 9, Rn. 27ff.; Sachs/*Höfling*, Art. 9 GG, Rn. 66; *Sodan*, JZ 1998, S. 421 (422); ablehnend *Rieble*, ZfA 2000, S. 5 ff. (23): Dem Kollektiv stehe hiernach keine von den Mitgliedern unabhängige Rechtsstellung im Sinne eines kollektiven Betätigungsrechts zu. Die kollektive Koalitionsfreiheit sei hiernach kein eigenständiges Grundrecht, sondern allenfalls ein Fall des Art. 19 Abs. III GG, da sie lediglich den Interessen der hinter der Koalition stehenden Mitglieder diene; *ders.*, Arbeitsmarkt und Wettbewerb, Rn. 1136: „Es gibt keine Dreiheit von Staat, Individuum und Kollektiv; es gibt nur die Zweiheit „Staat und Individuum."; ebenso *Picker*, NZA 2002, S. 761ff. (763): „In einer derart wertgebundenen Ordnung gibt es von Rechts wegen keine Trias von Trägern originärer Autonomie! Eine solche Ordnung kann nur die Zweiheit von Autonomieträgern dulden, die Staat und Individuum bilden. Normativ kann sie also allein ein duales System von individueller *Selbst-* und staatlicher Fremdbestimmung bejahen"; ähnlich *Scholz*, HStR VI, § 151, Rn. 73: es sei „nicht notwendig, die eigene, unmittelbare Grundrechtssubjektivität der Koalition kraft des (Individual-) Freiheitsrechts aus Art. 9 Abs. 3 GG selbst anzuerkennen".

467 Vgl. *Richardi*, Kollektivgewalt und Individualwille, S. 145.

468 Das sog. Konfusionsargument beruht auf der Annahme, dass es mit dem Wesen der Grundrechte im Hinblick auf deren wesenstypische Verortung im Verhältnis Bürger-Staat unvereinbar wäre, den Staat und die in ihm inkorporierten Verwaltungsträger als Grundrechtsverpflichtete zugleich als Grundrechtsberechtigte zu betrachten. Staatliche Funktionsträger seien hiernach letztlich nur besondere Erscheinungsformen der einheitlichen Staatsgewalt und könnten daher nicht zugleich Verpflichtete und Berechtigte der Grundrechte sein. Übergriffe im Verhältnis verschiedener staatlicher Funktionsträger seien hiernach vielmehr nur Kompetenzkonflikte im weiteren Sinn (BVerfGE 21, S. 362 [368ff.]). Sogar eine juristische Person des Privatrechts soll hiernach des Grundrechtsschutzes entbehren, wenn sie Aufgaben der Daseinsvorsorge erfüllt und in der Hand eines Trägers öffentlicher Gewalt liegt. Dass die Koalitionen nicht Körperschaften des öffentlichen Rechts sind, steht der Annahme einer öffentlichrechtlichen Befugnis dabei nicht entgegen; denn auch privatrechtliche Verbände und Privatpersonen können mit öffentlich-rechtlichen Befugnissen beliehen werden; vgl. *E. R. Huber*, Wirtschaftsverwaltungsrecht, Bd. II, S. 379; Nikisch, Arbeitsrecht, Bd. II, § 61 II 3, S. 70ff.; *Galperin*, ArbuR 1965, S. 1ff. (7). Jedenfalls an den Anforderungen des letzten Halbsatzes – d.h. der beherrschenden staatlichen Kontrolle - fehlt es jedoch bei den Koalitionen; vgl. zum

die Koalitionen als privatrechtliche Vereine organisiert sind und die Unabhängigkeit vom Staat wie von den Parteien gerade konstitutives Merkmal des Koalitionsbegriffs ist.[469] Dennoch vermag es schwerlich zu überzeugen, den Abschluss von Tarifverträgen durch Koalitionen als Wahrnehmung einer vom Staat anvertrauten hoheitlichen Aufgabe zu qualifizieren, wenn man zugleich eben diese koalitionsspezifische Betätigung als zum Wesensgehalt der Koalitionsfreiheit gehörig begreift, soweit diese in ihrer Funktion gerade als Abwehrrecht gegenüber dem Staat angesprochen ist.[470]

Gegen den Delegationsgedanken spricht ferner der Umstand, dass kollektivvertragliche Vereinbarungen nicht der Staatsaufsicht unterliegen und im Hinblick auf die Unabhängigkeit vom Staat als konstitutives Merkmal des Koalitionsbegriffs auch nicht unterliegen können.[471] Begreift man die Regelung des § 1 Abs. I TVG i.V.m. § 4 Abs. I TVG als Delegation hoheitlicher Rechtsetzungsbefugnisse, so würde das Delegationsgesetz die Voraussetzungen des Art. 80 GG – bzw. rechtsstaatliche Anforderungen[472] - nicht erfüllen.[473] Auch bei der möglichen Beleihung privatrechtlicher Verbände mit öffentlich-rechtlichen Befugnissen ist notwendiges Korrelat der Delegation die Unterstellung der Ausübung der übertragenen Hoheitsgewalt unter die Staatsaufsicht.[474]

Die Vertreter der Delegationstheorie sehen sich hier gezwungen, für die Tarifvertragsparteien eine Ausnahme von diesen Anforderungen anzunehmen, die ihre Rechtfertigung in der Gewährung einer staatsfreien Tätigkeitssphäre durch die kollektive Koalitionsfreiheit des Art. 9 Abs. III GG finde.[475] Die Rechtfertigung einer

Ganzen *Katz*, Staatsrecht, § 27 I 3 b, Rn. 605; *Pieroth/Schlink*, Staatsrecht II, Rn. 154; kritisch zum Konfusionsargument *Bleckmann*, Staatsrecht II, § 9, Rn. 35, S. 141/142 m.w.N.

469 MünchHbArbR/*Löwisch/Rieble*, Bd. 3, § 243, Rn. 64, S. 77/78; *Richardi*, Kollektivgewalt und Individualwille, S. 144; *Schaub*, in: Schaub, § 187 I, Rn. 1, S.1965.

470 So auch *Richardi*, Kollektivgewalt und Individualwille, S. 145.

471 Vgl. *Dürig*, in: *Maunz/Dürig*, GG, Bd. 1, Art. 1 GG, Rn. 116; *Richardi*, Kollektivgewalt und Individualwille, S. 147; *Rieble*, ZfA 2000, S. 5 ff. (24): „Die Idee, Koalitionen seien im Staatsauftrage tätig, verträgt sich nicht mit dem weiteren Koalitionsmerkmal der Unabhängigkeit vom Staat"; ferner MünchHbArbR/*Löwisch/Rieble*, Bd. 3, § 243, Rn. 64, S. 78; *Zöllner*, RdA 1964, S. 443ff. (446/447).

472 Nach *A. Wiedemann*, Die Bindung der Tarifnormen an Grundrechte, S. 68, ergibt sich die Unverzichtbarkeit der Saatsaufsicht bei einer Delegation von Hoheitsgewalt nicht aus Art. 80 GG, sondern aus dem Rechtsstaatsprinzip.

473 *Richardi*, Kollektivgewalt und Individualwille, S. 147; *Rieble*, ZfA 2000, S. 5 ff. (21); *Zöllner*, RdA 1964, S. 443ff. (446/447); allgemein zu den Anforderungen *Dürig*, in: Maunz/*Dürig*, GG, Bd. 1, Art. 1, Rn. 116.

474 *Richardi*, Kollektivgewalt und Individualwille, S. 148.

475 *E. R. Huber*, Wirtschaftsverwaltungsrecht, Bd. II, S. 380; *Nikisch*, Arbeitsrecht, Bd. II, § 61 II 3, S. 71/72; Hueck/Nipperdey/*Stahlhacke*, TVG, § 1, Rn. 27; *Galperin*, AuR 1965, S. 1ff. (7); *Hinz*, Tarifhoheit und Verfassungsrecht, S. 151; nach *Meik*, Kernbereich der Tarifautonomie, S. 32, werde die fehlende Staatsaufsicht durch den bestehenden Zwang des sozialen Gegen-

solchen Ausnahme mit dem Hinweis auf Art. 9 Abs. III GG ist jedoch wenig tragfähig, da zumindest eine Rechtsaufsicht durchaus mit Art. 9 Abs. III GG vereinbar wäre.[476]

Selbst wenn man jedoch den Hinweis auf Art. 9 Abs. III GG als Rechtfertigung ausreichen ließe, würde eine solche Ausnahme einen dogmatischen Bruch bedeuten und anerkannte rechtsstaatliche Erfordernisse durchbrechen. Selbst die Vertreter der Delegationstheorie gestehen zu, dass eine so weitreichende Delegation öffentlich-rechtlicher Befugnisse (d.h. ohne Verbleiben einer staatlichen Aufsicht beim Staat) zumindest ungewöhnlich sei.[477]

Namentlich *Kirchhof*[478] hat darüber hinaus aufgezeigt, dass die für das feste Zuständigkeitssystem des öffentlichen Rechts entwickelte Delegationslehre im Hinblick auf die Voraussetzungen und Rechtsfolgen der Delegation auf die Tarifmacht der Verbände nicht passt. So ist die Delegation im öffentlichen Recht eine Kompetenzverschiebung in einem System festgelegter Zuständigkeiten und dadurch gekennzeichnet, dass der übertragende Rechtsträger in einem von ihm bestimmten Umfang Kompetenzen verliert, die deckungsgleich der Erwerber mit der Befugnisübertragung gewinnt, wobei die Übertragung die Qualität des staatlichen Rechtsetzungsaktes unberührt lässt.[479] Vor dem Hintergrund der nur im Falle sozialstaatlich gebotener Korrekturen gegebenen Zuständigkeit des Gesetzgebers zur Gestaltung von Mindeststandards bezüglich der Arbeitsbedingungen im Gegensatz zu der an die Verbandsmitgliedschaft anknüpfenden Tarifmacht der Verbände gegenüber ihren Mitgliedern fehlt es hinsichtlich der Tarifmacht an der für die Delegationslehre typischen Deckungsgleichheit der Normsetzungsbefugnis bei Übertragendem und Empfänger sowohl hinsichtlich des Umfangs als auch der Qualität der Normsetzung. Der Vorwurf der fehlenden Kongruenz der Rechtssetzungsmacht kann auch nicht mit dem Hinweis entkräftet werden, die Delegationstheorie schließe nicht notwendig das zusätzliche Hinzutreten der privatautonomen Legitimationskraft des Koalitionsbeitritts aus,[480] so dass die Tarifmacht ohne weiteres sowohl durch eine staatliche Anerkennung als auch zusätzlich durch den Beitritt zum Berufsverband legitimiert sein könne. Aus Sicht der Delegationstheorie erscheint das Erfordernis der Tarifgebundenheit der Normunterworfenen in §§ 3 Abs. I, 4 Abs. I TVG ledig-

spielers zum Vertragsschluss kompensiert, der überdies der beschränkten gerichtlichen Überprüfung unterliege; ähnlich *Hinz*, Tarifhoheit und Verfassungsrecht, S. 156.

476 Vgl. *Scheuner*, in: Weber/Scheuner/Dietz, Koalitionsfreiheit, S. 29ff. (67, Fn. 107); *Richardi*, Kollektivgewalt und Individualwille, S. 148; *A. Wiedemann*, Die Bindung der Tarifnormen an Grundrechte, S. 69; ebenso *Peters/Ossenbühl*, Übertragung von öffentlich-rechtlichen Befugnissen, S. 101ff. (107).

477 Hueck/Nipperdey/*Stahlhacke*, TVG, § 1, Rn. 27.

478 *F. Kirchhof*, Private Rechtsetzung, S. 163 – 175.

479 *F. Kirchhof*, Private Rechtsetzung, S. 163 – 175.

480 Vgl. *Wiedemann*, TVG, § 1 Rn. 43, S. 331/332.

lich als Beschränkung der Rechtsetzungsbefugnis durch den Gesetzgeber in persönlicher Hinsicht.[481] Dieses Verständnis der §§ 3 Abs. I, 4 Abs. I TVG würde in der Tat zwingend voraussetzen, dass die tarifvertragliche Normsetzung öffentlich-rechtlichen Grundsätzen folgt.[482] Indes handelt es sich bei der grundsätzlichen Beschränkung der Wirkung von Tarifnormen auf die Mitglieder der vertragschließenden Verbände im Hinblick auf die verfassungsrechtliche Gewährleistung auch der negativen Koalitionsfreiheit durch Art. 9 Abs. III GG gerade nicht um eine freie Entscheidung des Gesetzgebers[483] oder gar um eine „rechtstechnische Zufälligkeit des deutschen Tarifvertragsrechts".[484] Vielmehr bestehen unter dem Gesichtspunkt der negativen Koalitionsfreiheit aus Art. 9 Abs. III GG durchgreifende Bedenken gegen eine Delegation von Rechtsetzungsbefugnissen auch gegenüber Außenseitern.[485] Die Freiheitsverbürgungen des Grundrechtskataloges lassen sich hier nicht ohne weiteres einem demokratischen Mehrheitsprinzip unterordnen.[486] Auch das BVerfG geht davon aus, dass einer generellen Ausdehnung der Normsetzungsmacht verfassungsrechtliche Hindernisse entgegenstehen, die nach dem BVerfG jedoch im Demokratieprinzip angesiedelt sind.[487]

Aus dem Demokratieprinzip ergibt sich nach Auffassung des BVerfG,

> „...dass der Staat seine Normsetzungsmacht nicht in beliebigem Umfang außerstaatlichen Stellen überlassen und den Bürger nicht schrankenlos der normsetzenden Gewalt autonomer Gremien ausliefern darf, die ihm gegenüber nicht demokratisch bzw. mitgliedschaftlich legitimiert sind".[488]

---

481 *Dietz*, FS-Nipperdey, Bd. II, S. 141ff. (143); Hueck/*Nipperdey*, Arbeitsrecht, Bd. II/1, § 23 A, S. 477; *F. Kirchhof*, Private Rechtsetzung, S. 184; *Nikisch*, Arbeitsrecht, Bd. II, § 71 I 2, S. 261f; Wiedemann/*Oetker*, § 3, Rn. 7, S. 837.

482 Vgl. *Richardi*, Kollektivgewalt und Individualwille, S. 149.

483 So aber *Dietz*, FS-Nipperdey, Bd. II, S. 141ff. (143); Hueck/*Nipperdey*, ArbR, Bd. II/1, § 23 A, S. 477; *F. Kirchhof*, Private Rechtsetzung, S. 184; *Nikisch*, Arbeitsrecht, Bd. II, § 71 I 2, S. 261f.; dagegen auch *A. Wiedemann*, Die Bindung der Tarifnormen an Grundrechte, S. 70.

484 So *Söllner*, AuR 1966, S. 257ff., 261; dagegen *Bauer*, Rechtsstellung der Gewerkschaften, S. 96; *Richardi*, Kollektivgewalt und Individualwille, S. 141, 164; *Zöllner*, Differenzierungsklauseln, S. 54.

485 Vgl. *Biedenkopf*, Grenzen der Tarifautonomie, S. 93f.; *Buchner*, Tarifvertragsgesetz und Koalitionsfreiheit, S. 68/69; *Richardi*, Kollektivgewalt und Individualwille, S. 141, S. 214; *Zöllner*, RdA 1962, S. 453ff. (458); *ders.*, Die Rechtsnatur der Tarifnormen, S. 22f.; die negative Koalitionsfreiheit wird in der Literatur verbreitet nicht nur im Sinne des Schutzes vor einem Zwang zum Beitritt zur Koalition, sondern zusätzlich als „Schutzschild" zugunsten der Außenseiter vor tariflicher Normsetzung verstanden, vgl. etwa *Schlüter*, in: FS-Lukes, S. 559ff. (561f., 567f.) m.w.N.; *Wagenitz*, Personelle Grenzen, S. 44f.; *Zöllner*, Die Rechtsnatur der Tarifnormen nach deutschem Recht, S. 22f.

486 *Buchner*, Tarifvertragsgesetz und Koalitionsfreiheit, S. 69.

487 BVerfGE 44, S. 322ff. (348); so auch *Löwisch/Rieble*, TVG, § 3 A, S. 217.

488 BVerfGE 44, S. 322ff. (348).

Zwar kann sich eine besondere Legitimation in diesem Sinne dabei aus der kollektiven Koalitionsfreiheit des Art. 9 Abs. III GG ergeben,[489] soweit es um die Effektivität der grundrechtlichen Gewährleistung dieses Grundrechts geht. Sofern man zutreffend die Aufgabe der Koalitionen zur „Wahrung und Förderung der Arbeits- und Wirtschaftsbedingungen" als auf die Wahrnehmung von Mitgliederinteressen beschränkt versteht, kann die erforderliche Legitimation jedoch allenfalls dann gegeben sein, wenn die Erstreckung der Normwirkung auch auf Außenseiter für die effektive Erfüllung des Gestaltungsauftrags der Ordnung der Arbeits- und Wirtschaftsbedingungen der Koalitionsmitglieder als Eingriff in die negative Koalitionsfreiheit der Außenseiter notwendig und verhältnismäßig ist.[490] So gelten etwa nach § 3 Abs. II TVG Betriebsnormen, d.h. tarifliche Regelungen betrieblicher und betriebsverfassungsrechtlicher Fragen, für alle Betriebe, deren Arbeitgeber tarifgebunden ist, weil diese gerade die Regelung von Sachverhalten zum Gegenstand haben, bei denen eine unterschiedliche Behandlung von organisierten und nicht organisierten Arbeitnehmern praktisch gar nicht durchführbar wäre.[491, 492]

Demgegenüber darf jedoch die generalisierende Erwägung, auch durch die Außenseiterkonkurrenz nicht tarifgebundener Arbeitsvertragsparteien sei die effektive

---

489 Wiedemann/*Oetker*, TVG, § 3, Rn. 25, S. 843.

490 *Säcker/Oetker*, Grundlagen und Grenzen der Tarifautonomie, S. 67ff.; Wiedemann/*Oetker*, TVG, § 3, Rn. 25, S. 843/844.

491 Vgl. aus entstehungsgeschichtlicher Sicht *Herschel*, ZfA 1973, S. 183ff. (191); Hueck/*Nipperdey*, Arbeitsrecht II 1, § 23 B II, S. 483, Fn. 20a; Wiedemann/*Oetker*, TVG, § 3, Rn. 25, S. 844; vgl. ferner die Darstellung der Entstehungsgeschichte der Regelung des späteren § 3 II TVG bei *Dieterich*, Betriebliche Normen, S. 28ff.

492 Im Hinblick auf die besondere Rechtfertigung der mitgliedschaftsunabhängigen Tarifbindung auf Arbeitnehmerseite nach § 3 Abs. II TVG mit dem Argument, betriebliche und betriebsverfassungsrechtliche Fragen könnten nur einheitlich für alle betroffenen Arbeitnehmer geregelt werden, ist allerdings *Löwisch/Rieble*, TVG, § 3, Rn. 60ff, S. 229; *Rieble*, Arbeitsmarkt und Wettbewerb, Rn. 1525 sowie *Schaub*, in: Erfurter Komm. z. ArbR, § 3 TVG, Rn. 25 zuzustimmen, soweit diese – entgegen der wohl herrschenden Auffassung (vgl. *Giesen*, Tarifvertragliche Rechtsgestaltung, S. 519; *Hromdake/Maschmann*, Arbeitsrecht, Band 2, § 13, Rn. 249; *Kempen/Zachert*, TVG, § 3, Rn. 18; Wiedemann/*Oetker*,§ 3 TVG, Rn. 130) – konsequenterweise für die Tarifgebundenheit auf Arbeitnehmerseite nach § 3 Abs. II TVG verlangen, dass zumindest ein Arbeitnehmer im Betrieb des Arbeitgebers Mitglied der tarifschließenden Gewerkschaft ist. Denn die besondere verfassungsrechtliche Rechtfertigung der praktischen Unmöglichkeit einer Differenzierung zwischen organisierten und nicht organisierten Arbeitnehmern bei Betriebsnormen trägt gerade nicht, soweit die gesamte Belegschaft des Betriebes einheitlich nicht organisiert ist. Die erforderliche besondere Rechtfertigung der Tarifbindung nach § 3 Abs. II TVG erfordert somit aus verfassungsrechtlicher Sicht, das zumindest ein Arbeitnehmer organisiert ist, da das Problem der Unmöglichkeit der Differenzierung sonst gar nicht auftritt. Die Annahme der Tarifbindung nach § 3 Abs. II TVG auch bei einer einheitlich nicht organisierten Belegschaft schafft für betriebsverfassungsrechtliche Normen ein generelles Mandat auch für Nichtorganisierte auf Arbeitnehmerseite, für das es an der erforderlichen besonderen verfassungsrechtlichen Legitimation fehlt; zur Gegenauffassung mit ausführlicher Begründung *Giesen*, Tarifvertragliche Rechtsgestaltung, S. 519.

Wahrnehmung des Gestaltungsauftrags zugunsten der Koalitionsmitglieder gefährdet,[493] nicht darüber hinwegtäuschen, dass es nach der Verfassung einen allgemeinen „Auftrag der Tarifpartner zur Ordnung und Befriedung des Arbeitslebens" auch der Nichtorganisierten nicht gibt.[494]

Festzuhalten bleibt, dass der Gesetzgeber wegen Entgegenstehens der fundamentalen verfassungsrechtlichen Grundsätze des Demokratie- und des Rechtsstaatsprinzips, aber auch der negativen Koalitionsfreiheit des Art. 9 Abs. III GG, gerade nicht imstande wäre die Rechtsetzungsgewalt der Koalitionen auch generell auf unorganisierte Arbeitnehmer auszudehnen. Stellt man nun zusätzlich in Rechnung, dass die Delegationstheorie aus der kollektiven Koalitionsfreiheit des Art. 9 Abs. III GG zugleich eine Institutsgarantie ableitet, die den Gesetzgeber auf die Gewährung dieser Normsetzungsgewalt verpflichtet, da diese zum Kernbereich der Gewährleistung der kollektiven Koalitionsfreiheit gehöre,[495] so ist die tarifvertragsrechtliche Delegationslehre insoweit nicht in Einklang mit der Delegationslehre des öffentlichen Rechts zu bringen, als bei letzterer wesenstypisch die Delegation in den Grenzen der Wesentlichkeitstheorie auf einer freien gesetzgeberischen Entscheidung beruht und die Regelungsbefugnis des Delegationsempfängers in ihrem Bestand und Umfang von der gesetzlichen Ermächtigung abhängig ist.[496]

Nachdem die Untersuchung ergeben hat, dass der öffentlich-rechtlichen Delegationstheorie als dogmatischer Grundlage für die Wirkung von Tarifnormen nicht gefolgt werden kann, sind als Gegenprobe die privatautonomen Erklärungsmodelle zu untersuchen.

b) zum rein kollektiv-privatautonomen Verständnis des Tarifvertrages unter Rückgriff auf herkömmliche zivilrechtliche Rechtsinstitute

Zu untersuchen ist zunächst der von *Bötticher*[497] begründete und von *Rieble*[498] in der neueren Literatur wieder aufgegriffene Gedanke einer rein privatautonomen Konstruktion der im TVG normierten unmittelbaren und zwingenden Tarifvertragswirkung.

---

493 In diesem Sinne offenbar *Wiedemann/Oetker*, TVG, § 3, Rn. 25, S. 844.

494 *Löwisch/Rieble*, TVG, § 3, Rn. 3, S. 218.

495 So *Kemper*, Koalitionsfreiheit, S. 96f.; *Peters/Ossenbühl*, Übertragung von öffentlich-rechtlichen Befugnissen, S. 14/15; *Säcker*, Grundprobleme der kollektiven Koalitionsfreiheit, S. 74.

496 So ausdrücklich BAGE 4, S. 240ff. (251); vgl. ferner *Biedenkopf*, Grenzen der Tarifautonomie, S. 104; *A. Wiedemann*, Die Bindung der Tarifnormen an Grundrechte, S. 31, S. 67; ablehnend auch *Galperin*, FS-Molitor, S. 143ff. (153); *Kemper*, Koalitionsfreiheit, S. 81; *Kunze*, BB 1964, S. 1311ff., 1313 l. Sp.; *Richardi*, AöR 93 (1968), S. 243ff. (254).

497 *Bötticher*, Gestaltungsrecht und Unterwerfung, S. 18/19.

498 *Rieble*, ZfA 2000, S. 5ff.

Die Konstruktionslogik *Riebles* trägt zweifellos besser dem Umstand Rechnung, dass der Tarifvertrag nur Geltung erlangt, wenn sich die betroffenen Arbeitnehmer und Arbeitgeber durch ihre Mitgliedschaft in dem für sie tarifschließenden Verband der Tarifmacht unterworfen haben. Die unmittelbare Wirkung von Tarifverträgen konstruiert *Rieble* als Außenwirkung der Verbandsmitgliedschaft im Sinne einer Regelungsermächtigung. Während das Modell insoweit auch die eigene Rechtsstellung der Tarifvertragsparteien aus dem Tarifvertrag zu erklären vermag, greift diese Außenwirkung der Verbandsmitgliedschaft in den schuldrechtlichen Grundsatz der Relativität der Schuldverhältnisse ein, was von *Rieble* erkannt und mit dem Hinweis zugelassen wird, angesichts anderer Durchbrechungen dieses Grundsatzes im Schuldrecht handele es sich nicht um einen fundamentalen Privatrechtssatz.[499] Aufgrund dieser Tatsache ist jedoch die Methodik einer Folgerung der Rechtsnatur der Normsetzungsbefugnis aus der Konstruierbarkeit mithilfe zivilrechtlicher Rechtsinstitute auch unter der Prämisse einer Durchbrechung der Relativität von Schuldverhältnissen insgesamt in Frage zu stellen. Es lässt sich angesichts der dogmatischen Konstruktionsprobleme gerade nicht unterstellen, der Gesetzgeber habe bei der Normierung des § 4 Abs. I TVG in diesem Sinne eine Rückführbarkeit der Normwirkung des Tarifvertrages auf bestehende zivilrechtliche Rechtsinstitute und eine partielle Aufhebung des Grundsatzes der Relativität von Schuldverhältnissen im Blick gehabt. Die Legitimation der heteronomen Momente des Tarifvertrages kann vielmehr nur aus dessen sozialstaatlicher Schutzfunktion, jedoch nicht aus der Subsumtion unter bestehende privatrechtliche Institute gewonnen werden.[500]

c) Eigene Auffassung: Der Tarifvertrag als kollektiv-privatautonomer Normenvertrag / besondere Form normativer Gestaltung innerhalb der Privatautonomie

Sowohl die Delegationstheorie als auch das Erklärungsmodell des Tarifvertrages als kollektiv-privatautonomer Vertrag leiden unter dem Mangel, die Einordnung des Phänomens der Tarifvertragsnormen als hoheitliche oder privatrechtliche Rechtsetzungsmacht aus der Kompression und Subsumtion der in den §§ 1 Abs. I, 4 Abs. I S.1 TVG angeordneten Tarifwirkungen unter bestehende Rechtsinstitute hoheitlicher Handlungsformen einerseits bzw. des Zivilrechts andererseits ableiten zu wollen.

Einer solchen Deduktion der Tarifvertragswirkungen auf zivilrechtliche Rechtsinstitute zur Widerlegung der These hoheitlich legitimierter Normsetzung bedarf es jedoch gerade nicht, wenn man Rechtsetzung und rechtsgeschäftliche Regelung

---

499 *Rieble*, ZfA 2000, S. 5ff. (14).
500 So auch *Säcker*, ArbuR 1994, S. 1ff. (6).

nicht als unüberbrückbare Gegensätze begreift.[501] Die Ableitung einer gesetzgeberischen Delegation von Hoheitsgewalt aus der Bezeichnung „Rechtsnormen“ beruht auf der Annahme eines staatlichen Rechtsetzungsmonopols einerseits und der gleichzeitigen Annahme einer Gegensätzlichkeit von Rechtsnorm und Rechtsgeschäft andererseits. Während die Annahme eines staatlichen Rechtssetzungsmonopols weitgehend unbestritten ist,[502] ist der Antithese Rechtsnorm – Rechtsgeschäft im Schrifttum mit beachtlichen Argumenten widersprochen worden.[503] Namentlich *Ferdinand Kirchhof*[504] hat den Blick darauf gelenkt, dass es eine „private Rechtsetzung“ im Sinne eines privaten Normenbefehles kraft rechtsgeschäftlicher Unterwerfung geben kann.[505] Die dieser Auffassung zugrundeliegende normlogische Theorie löst sich vom Abgrenzungskriterium des generell-abstrakten Charakters von Rechtsnormen im Gegensatz zu konkret-individuellen Regelungen.[506] Charakteristisch für eine Rechtsnorm ist hiernach vielmehr die Verbindlichkeit, d.h. dass ein Verhalten als gesollt statuiert werde. Auch das Rechtsgeschäft kann hiernach als Normsetzungstatbestand begriffen werden, wenn und soweit die Rechtsordnung dem Rechtsakt diese Qualität verleihe.[507] Der formal-logischen Ableitung des hoheitlichen Charakters von Tarifnormen aus der Bezeichnung als Rechtnorm in den §§ 1 Abs. I, 4 Abs. I S.1 TVG durch die herrschende Auffassung ist damit die Grundlage entzogen, da hiernach die Bezeichnung „Rechtsnorm“ in den §§ 1 Abs. I, 4 Abs. I S.1 TVG nicht notwendigerweise eine Legitimation kraft Delegation hoheitlicher Normsetzungsgewalt impliziert.[508]. Es existiert kein allgemeiner Normenbegriff, nach dem jeder Normbefehl notwendigerweise auf einer Delegation

---

501 *Richardi*, Kollektivgewalt und Individualwille, S. 34; *A. Wiedemann*, Die Bindung der Tarifnormen an Grundrechte, S. 82; *Zöllner*, Die Rechtsnatur der Tarifnormen, S. 24ff., 33: Es sei verfehlt „Rechtsetzung und rechtsgeschäftliche Regelung als unüberbrückbare Gegensätze zu sehen“; zu Entwicklung dieses Gedankens vgl. *Adomeit*, Rechtsquellenfragen, S. 88/89.

502 *Jacobi*, Grundlehren des Arbeitsrechts, S. 78/79; *Kreutz*, Grenzen der Betriebsautonomie, S. 55, Fn. 23; *Wagenitz*, Personelle Grenzen, S. 22; *Richardi*, Kollektivgewalt und Individualwille, S. 32; *Säcker*, RdA 1969, S. 291ff. (296, Fn. 60).

503 Vgl. *Meyer-Cording*, Rechtsnormen, S. 39 – 43; *Richardi*, Kollektivgewalt und Individualwille, S. 32; *Rieble*, ZfA 2000, S. 5ff. (S. 8, 10); *A. Wiedemann*, Die Bindung der Tarifnormen an Grundrechte, S. 80 / 81.

504 *F. Kirchhof*, Private Rechtsetzung, S. 93ff, speziell zum Tarifvertrag S. 184ff..

505 Ebenso *Richardi*, Kollektivgewalt und Individualwille, S. 32; *Rieble*, ZfA 2000, S. 5ff. (S. 8, 10); *A. Wiedemann*, Die Bindung der Tarifnormen an Grundrechte, S. 80 / 81; nach *Meyer-Cording*, Rechtsnormen, S. 39 – 43, existiert ein Zwischenbereich, der Elemente der Norm und des Rechtsgeschäfts beinhalte. Wegen des fehlenden Zwangscharakters nennt er diese neue Rechtsform „Wahlnormen“, da ihnen nur derjenige unterworfen sei, der dies durch freiwilligen Akt kundtue.

506 Vgl. dazu grundlegend *Kelsen*, Reine Rechtslehre, S. 240, 262.

507 *Kelsen*, Reine Rechtslehre, S. 261.

508 Vgl. *Richardi*, Kollektivgewalt und Individualwille, S. 140, 143; *Rieble*, ZfA 2000, S. 5 ff. (9); *Zöllner*, RdA 1964, S. 443ff. (444).

hoheitlicher Rechtsetzungsmacht beruhe,[509] so dass der Verweis auf die Bezeichnung tarifvertraglicher Regelungen als Rechtsnormen für die These der Deduktion der Normsetzungsbefugnis der Koalitionen auf eine Delegation hoheitlicher Rechtsetzungsbefugnisse ohne Erkenntniswert ist[510, 511] und nicht von der Qualifizierung der Rechtsnatur der Normsetzungsbefugnis der Koalitionen als hoheitlich oder privatautonom zu entbinden vermag.[512]

Der Gesetzgeber kann jederzeit neue privatautonome Handlungsformen schaffen.[513] Wenn auch unzweifelhaft die Rechtsnorm typische Handlungsform bei der Ausübung hoheitlicher Gewalt sein mag, so ist der Gesetzgeber hiernach nicht gehindert, auch privatautonomen Vereinbarungen normative Wirkung zu verleihen und die Rechtsnorm auch der privatautonomen Gestaltung als Handlungsform bereitzustellen.[514] Gerade deshalb kommt auch dem Versuch, die Tarifwirkung mit bestehenden herkömmlichen rechtsgeschäftlichen Figuren zu erfassen, eine zu vernachlässigende Aussagekraft für die Qualifizierung der Normwirkung zu. Sowenig der Gesetzgeber bei der Schaffung des Tarifvertragsgesetzes eine konkrete Vorstellung von Tarifvertragsnormen als hoheitliche Handlungsform zugrundegelegt haben mag, sowenig kann umgekehrt eine auf die – wie gezeigt durchaus nicht bruchfreie – privatautonome Konstruktion der Tarifvertragswirkung auf der Grundlage bestimmter herkömmlicher Rechtsinstitute des Zivilrechts abzielende Vorstellung unterstellt werden.[515]

---

509 *Hofbauer*, Rechtscharakter der Tarifverträge, S. 41f., 52; *F. Kirchhof*, Private Rechtsetzung, S. 57; *Richardi*, Kollektivgewalt und Individualwille, S. 23ff; *Rieble*, ZfA 2000, S. 5ff. (9); *Singer*, ZfA 1995, S. 611ff. (618).

510 Ebenso *Hinz*, Tarifhoheit und Verfassungsrecht, S. 33, 93ff., 106; *Jahnke*, Tarifautonomie und Mitbestimmung, S. 63; *Richardi*, Kollektivgewalt und Individualwille, S. 131; *Wagenitz*, Personelle Grenzen, S. 23 oben; nach *Coester*, Vorrangprinzip, S. 61; *Meyer-Cording*, Rechtsnormen, S. 38 sei der im Tarifvertragsgesetz angeordneten Normwirkung lediglich juristisch-technische Bedeutung beizumessen; ebenso bezüglich der Betriebsautonomie und der dort angeordneten normativen Wirkungen *Kreutz*, Grenzen der Betriebsautonomie, S. 58.

511 Insbesondere kann nicht aus der Anordnung der Normativität als solcher ein Rangverhältnis zwischen Tarif- und Privatautonomie in dem Sinne abgeleitet werden, dass der Individualvertrag die Ergebnisse des Tarifvertrages schon aufgrund ihrer Normativität nicht „torpedieren" dürfe, so aber wohl *Wiedemann*, Die Bindung der Tarifnormen an Grundrechte, S. 120.

512 So auch *A. Wiedemann*, Die Bindung der Tarifnormen an Grundrechte, S. 81; ebenso bezüglich der Betriebsautonomie und der dort angeordneten normativen Wirkungen *Kreutz*, Grenzen der Betriebsautonomie, S. 58.

513 *A. Wiedemann*, Die Bindung der Tarifnormen an Grundrechte, S. 80; *Wagenitz*, Personelle Grenzen, S. 23f.

514 *Wagenitz*, Personelle Grenzen, S. 23.

515 Ebenso *Wiedemann*, Die Bindung der Tarifnormen an Grundrechte, S. 85

Der Gesetzgeber hat vielmehr durch die Regelung der §§ 1 Abs. I, 4 Abs. I S.1 TVG ein neues privatautonomes Gestaltungsmittel geschaffen.[516] Die Qualifizierung der Normwirkung von Tarifverträgen ergibt sich mithin nicht aus der Frage ihrer Passgenauigkeit auf herkömmliche Rechtsinstitute hoheitlichen oder privatautonomen Handelns, sondern aus der Frage nach ihrem Wesen.[517] Maßgebend für die Qualifizierung der Rechtsnatur von Tarifverträgen sind allein materielle Abgrenzungskriterien.[518] Zu trennen sind insoweit das „Wie" und das „Ob" der tariflichen Regelungsbefugnis.[519] Die Frage nach dem „Wie" der Wirkung von Tarifverträgen – das heißt nach der in den §§ 1 Abs. I, 4 Abs. I S.1 TVG angeordneten normativen Wirkung – indiziert die Zuordnung zum Bereich hoheitlicher oder privatautonomer Handlungsformen gerade nicht. Die unmittelbare und zwingende Wirkung von Tarifnormen ist gegenüber der Zuordnungsentscheidung indifferent, soweit nicht der Kreis der Normadressaten in die Betrachtung einbezogen wird. Entscheidend ist mithin die Frage nach dem „Ob" der Normwirkung, d.h. der Legitimation der Tarifbindung und des Geltungsgrundes der Tarifnormen, aus denen sich zugleich der Kreis der möglichen Normunterworfenen erschließt und – in gewissem Umfang – auch umgekehrt. Eine selbstherrliche[520], d.h. vom Willen des einzelnen unabhängige Wirkung von Tarifnormen, setzt zwingend eine demokratisch-hoheitliche Legitimation voraus.[521]

Gerade hier ist jedoch festzustellen, dass der Ausgangspunkt der Delegationslehre, es handele sich bei der im Tarifvertragsgesetz angeordneten Wirkung von Tarifverträgen um eine schuldrechtsfremde Normwirkung, nicht haltbar ist.[522] Die Tarifnormen gelten gerade nicht selbstherrlich, sondern setzen die durch freiwilligen Verbandsbeitritt der Mitglieder herbeigeführte Tarifbindung voraus.[523] Eine Ermächtigung der Koalitionen zur Gestaltung der Arbeitsbedingungen liegt mithin

516 So auch *A. Wiedemann*, Die Bindung der Tarifnormen an Grundrechte, S. 85; *Richardi*, Kollektivgewalt und Individualwille, S. 164: Tarifnormen stellen einen „...besonderen Fall normativer Gestaltung innerhalb der Privatautonomie" dar.

517 *Reuter*, ZfA 1978, S. 1ff. (14): „Zu fragen ist statt dessen nach Legitimation und Schranken tarifvertraglicher Regelungen ohne Rücksicht auf ihre rechtstechnische Gestalt. Die Antwort ist entsprechend nicht schon dadurch präjudiziert, dass die Tarifvertragsparteien bis zu einem gewissen Grade über das sonst dem staatlichen Gesetzgeber vorbehaltene Handlungsinstrumentarium gebieten".

518 *A. Wiedemann*, Die Bindung der Tarifnormen an Grundrechte, S. 82.

519 *A. Wiedemann*, Die Bindung der Tarifnormen an Grundrechte, S. 82.

520 Vgl. dazu *Kreutz*, Grenzen der Betriebsautonomie, S. 54f., 56; *Wagenitz*, Personelle Grenzen, S. 26f.; *Zöllner*, Rechtsnatur der Tarifnormen, S. 30.

521 *Richardi*, Kollektivgewalt und Individualwille, S. 141.

522 Ebenso *Rieble*, ZfA 2000, S. 5ff. (15).

523 *Hofbauer*, Rechtscharakter der Tarifverträge, S. 43/44.

nur seitens der Mitglieder vor,[524] wenn und weil diese vorher einem Verband beigetreten sind und diesem durch ihren Beitritt die Regelung der Arbeitsbedingungen übertragen haben.[525] Ein Auftrag der Tarifpartner zur „Ordnung und Befriedung des Arbeitslebens" auch der Nichtorganisierten ist weder verfassungsrechtlich noch – ausweislich der Tarifbindung als Voraussetzung des Geltungsanspruchs von Tarifnormen - aus der einfachgesetzlichen Regelung des TVG ableitbar.[526]

Hiergegen lässt sich auch nicht einwenden, dass ab einer gewissen Mitgliederstärke der Koalitionen eine hinreichende Berücksichtigung von Individual- und Minderheitsinteressen innerhalb der Koalition nicht mehr gewährleistet sei und das Gepräge der Tarifnormen somit von der autonomen Unterwerfung zu einer heteronomen Normsetzung umschlage.[527] Erstens ist im Hinblick auf das Erfordernis einer gewissen sozialen Mächtigkeit als Voraussetzung des Koalitionsbegriffs in gewissem Umfang ein derartiges Zurücktreten der Verfolgung von Partikularinteressen gegenüber der Gruppennützigkeit geradezu wesenstypisch. Zweitens ist eine hieraus folgende fehlende Kongruenz von Inhalt und Mitgliedswille durchaus auch herkömmlichen rechtsgeschäftlichen Akten eigen.[528]

Auch das von der Delegationstheorie angeführte Argument einer bestehenden Gemeinwohlbindung der Tarifvertragsparteien kann nicht für einen hoheitlichen Charakter der tarifvertraglichen Normsetzung in das Feld geführt werden, da sich diese Argumentation als zirkulär erweist. Die Gemeinwohlbindung ist Folge eines hoheitlichen Verständnisses tarifvertraglicher Normsetzung, nicht umgekehrt.[529]

Dem privatautonomen Verständnis der Tarifvertragswirkungen steht auch nicht die Allgemeinverbindlichkeitserklärung des § 5 Abs. V TVG entgegen. Dem Erfordernis einer entweder mitgliedschaftlichen oder hoheitlich-demokratischen Legitimation der Tarifnormgeltung ist hier insoweit genügt, als die Erstreckung der Tarifnormgeltung auch auf Außenseiter hier gerade durch den Staat mit seiner demokra-

---

524 *Bauer*, Rechtsstellung der Gewerkschaften, S. 98, 111; *Richardi*, Kollektivgewalt und Individualwille, S. 145; *A. Wiedemann*, Die Bindung der Tarifnormen an Grundrechte, S. 82; *Zöllner*, Rechtsnatur der Tarifnormen, S. 30 – 32.

525 Vgl. *Hofbauer*, Rechtscharakter der Tarifverträge, S. 43/44.

526 *Löwisch/Rieble*, TVG, § 3, Rn. 3, S. 218; *A. Wiedemann*, Die Bindung der Tarifnormen an Grundrechte, S. 82.

527 So aber Wiedemann/*Wiedemann*, TVG, § 1, Rn. 47, S. 333/334.

528 So käme etwa im Bereich des Vertretungsrechts niemand auf die Idee, den privatautonomen Charakter eines durch einen Vertreter abgeschlossenen Rechtsgeschäftes anzuzweifeln, wenn es sich bei den Vertretenen um eine größere Gruppe handelt und der Vertreter Individualinteressen nur unzureichend berücksichtigen kann. Der Charakter des Rechtsinstituts hängt nicht davon ab, ob der Vertretene das abgeschlossene Rechtsgeschäft als für ihn individuell in vollen Umfang interessengerecht beurteilt; vgl. *Wagenitz*, Personelle Grenzen, S. 27ff.; *A. Wiedemann*, Die Bindung der Tarifnormen an Grundrechte, S. 82; *Zöllner*, Rechtsnatur der Tarifnormen, S. 30 – 32.

529 *A. Wiedemann*, Die Bindung der Tarifnormen an Grundrechte, S. 83.

tischen Legitimation verantwortet wird.[530] Während die Tarifnormen mithin gegenüber den Tarifgebundenen auf privatautonomer Grundlage normative Wirkung entfalten, gelten sie den Außenseitern gegenüber als hoheitliches Recht.[531] Nicht der Tarifvertrag, sondern der staatliche Normsetzungsakt bewirkt und rechtfertigt hier die Tarifgeltung gegenüber den Nichtorganisierten.[532] Die Ausdehnung der Tarifnormgeltung auch auf Außenseiter durch § 5 Abs. V TVG lässt mithin für die Rechtsnatur des Tarifvertrages selbst keine gegen ein privatautonomes Verständnis des Tarifvertrages sprechenden Rückschlüsse zu.

Auch im Hinblick auf die in § 3 Abs. III TVG angeordnete Tarifbindung nach beendeter Mitgliedschaft erweist sich das privatautonome Verständnis des Tarifvertrages entgegen der herrschenden Auffassung als unproblematisch, soweit man bei der Betrachtung die erforderliche Differenzierung zwischen der Unterwerfung unter die Rechtsetzungsmacht der Koalitionen und der Bindung an geltende Tarifnormen vornimmt.[533] § 3 Abs. III TVG sieht nur eine Fortdauer der Bindung der Arbeitsvertragsparteien an die zur Zeit ihrer Mitgliedschaft – d.h. der bestehenden Unterwerfung unter die Rechtsetzungsgewalt der Koalitionen kraft Mitgliedschaft - geschaffenen bzw. bestehenden Tarifnormen bis zum Ablauf des Tarifvertrages vor.[534] Demgegenüber findet die Unterwerfung unter die Rechtsetzungsmacht der Koalitionen im ersteren Sinne mit dem Ausscheiden aus dem Verband ihr Ende mit der Konsequenz, dass frühere Koalitionsmitglieder durch neue Tarifabschlüsse des Verbandes oder nachträgliche Änderungen des Tarifvertrages nicht mehr erfasst werden.[535] Es liegt somit keine Rechtsetzungsmacht der Koalition mehr vor, für die es nach dem Austritt des Mitglieds an der mitgliedschaftlichen Legitimation fehlen könnte.[536] Die fortdauernde Bindung an geltende Tarifverträge auf deren Laufzeit bedarf hingegen keiner solchen Legitimation. Derartige Anordnungen einer zeitlich

[530] Auch das BVerfG betont diesen Umstand als verfassungsrechtliche Zulässigkeitsvoraussetzung der Allgemeinverbindlicherklärung, vgl. BVerfGE 44, S. 322ff. (348); BVerfGE 55, S. 7ff. (24); vgl. ferner *Richardi*, Kollektivgewalt und Individualwille, S. 174; *ders.*, ZfA 1990, S. 211ff. (215); *Rieble*, Arbeitsmarkt und Wettbewerb, S. 346, Rn. 1152.

[531] *Richardi*, Kollektivgewalt und Individualwille, S. 174; *ders.*, ZfA 1990, S. 211ff. (215).

[532] *Rieble*, Arbeitsmarkt und Wettbewerb, S. 525/526, Rn. 1742.

[533] Vgl. *Richardi*, Kollektivgewalt und Individualwille, S. 221; *Wagenitz*, Personelle Grenzen, S. 87; *A. Wiedemann*, Die Bindung der Tarifnormen an Grundrechte, S. 86.

[534] *Richardi*, Kollektivmacht und Individualvereinbarung, S. 221; *A. Wiedemann*, Die Bindung der Tarifnormen an Grundrechte, S. 87.

[535] *Richardi*, Kollektivmacht und Individualvereinbarung, S. 221; *A. Wiedemann*, Die Bindung der Tarifnormen an Grundrechte, S. 86/87.

[536] *Nikisch*, Arbeitsrecht, Bd. II, § 71 IV 1, S. 268 unterscheidet hier begrifflich zwischen *potentieller* Tarifgebundenheit (= mit der Mitgliedschaft endende Bindung an auch zukünftige Rechtsetzung des Verbandes) und *aktueller* Tarifgebundenheit (= trotz Verbandsaustritt erst mit Ablauf der Vertragslaufzeit endende Bindung an einen bestimmten Tarifvertrag aus der Zeit der Verbandsmitgliedschaft).

begrenzten[537] Fortdauer von Vertragsbindungen sind ausweislich der Möglichkeit zur Vereinbarung besonderer Kündigungsfristen[538] oder der Geltung gesetzlicher Kündigungsfristen[539] sowie der Regelung des § 159 HGB durchaus nicht privatrechtsfremd. Dies zeigt auch der Haustarifvertrag, bei dem die Wirkung des § 3 Abs. III TVG ausschließlich kraft der privatautonomen Entscheidung des Tarifvertragsabschlusses auf Arbeitgeberseite ohne Verbandsbeteiligung eintritt.[540]

3) Ergebnis zur Rechtsnatur der tarifvertraglichen Gestaltungsmacht

Sowohl das privatautonome als auch das hoheitlich-normative Erklärungsmodell können allein die im TVG angeordnete Tarifwirkung nicht erklären.[541] Die tarifvertragliche Gestaltungsmacht ist Ausdruck einer kollektiven Ausübung der Privatautonomie; nur so lässt sich ihre Ableitung aus einem individuellen Freiheitsrecht erklären.[542] Sie ist nicht eine Befugnis zu autonomer Rechtsetzung, die auf einer öffentlich-rechtlichen Delegation staatlicher Hoheitsgewalt beruht, sondern sie stellt einen besonderen Fall normativer Gestaltung innerhalb der Privatautonomie dar.[543] Die mithin mögliche dogmatische Zuordnung der tarifvertraglichen Normsetzung zum Bereich der Privatautonomie ist auch entstehungsgeschichtlich sowie verfassungsrechtlich nach dem Primat des Vertrages vorzugswürdig.[544]

Eines – entstehungsgeschichtlich fernliegenden - Rückgriffs auf die Figur einer Delegation hoheitlicher Rechtsetzungsbefugnisse sowie einer problematischen privatautonomen Konstruktion mithilfe herkömmlicher zivilrechtlicher Institute bedarf es nicht. Vielmehr ist *Däubler*[545] insoweit zuzustimmen:

---

537 Die Frage nach dem zulässigen zeitlichen Umfang der Fortdauer der aktuellen Tarifbindung ist dabei problematisch, soweit es sich um einen Tarifvertrag mit sehr langer Dauer oder gar um einen unbefristeten Tarifvertrag handelt; vgl. dazu eingehend *Richardi*, Kollektivgewalt und Individualwille, S. 223ff; für die Schaffung eines nachwirkungsfreien Verbandsaustritts innerhalb eines Zeitraums von drei Wochen nach Abschluss eines neuen Tarifvertrages aus verfassungsrechtlichen Gründen *Heinze*, NZA 1995, S. 5ff. (7).

538 Vgl. *Bötticher*, Gestaltungsrecht und Unterwerfung, S. 25, Fn. 32.

539 Auch § 624 BGB sieht insoweit in diesem Sinne eine Fortdauer der Bindung an die vertragliche Gestaltung des Arbeitsverhältnisses bis zum Ablauf der Kündigungsfrist vor.

540 *Rieble*, ZfA 2000, S. 5ff. (16).

541 Ebenso Wiedemann/*Wiedemann*, TVG, S. 334.

542 Vgl. *Hanau*, FS-Wiedemann, 283ff. (294/295).

543 *Bauer*, Rechtsstellung der Gewerkschaften, S. 119; *Dieterich*, FS-Wiedemann, S. 229ff. (238/239); *Richardi*, Kollektivmacht und Individualvereinbarung, S. 164; MünchHbArbR/*Richardi*, Bd. 3, § 240, Rn. 21, S. 8; *A. Wiedemann*, Die Bindung der Tarifnormen an Grundrechte, S. 83; *Zöllner*, Rechtsnatur, der Tarifnormen S. 36 sieht den Tarifvertrag als „Grenzfall" an; ähnlich auch *Kreutz*, Grenzen der Betriebsautonomie, S. 57.

544 *Rieble*, Arbeitsmarkt und Wettbewerb, S. 366, Rn. 1221

545 *Däubler*, Tarifvertragsrecht, S. 48.

> „Konsequent wäre es, der „Neuartigkeit" des Phänomens Tarifvertrag in der Weise Rechnung zu tragen, dass man eigenständige, vom BGB losgelöste Regeln zur Bewältigung der auftauchenden Probleme entwickelt. [...] In dieser Situation ist der Jurist darauf verwiesen, die gesetzlich nicht geregelten Fragen unter entscheidender Berücksichtigung der Zielsetzung des Tarifvertrags einer Lösung zuzuführen;...."

4) Einordnung der einfachgesetzlichen Gestaltung des TVG in den verfassungsrechtlichen Kontext

Entscheidend für die Einordnung der dargestellten einfachgesetzlichen Gestaltung des TVG in den verfassungsrechtlichen Kontext ist zunächst die in der bisherigen Untersuchung der historischen und verfassungsrechtlichen Grundlagen sowie der einfachgesetzlichen Regelung des Tarifvertrages im TVG gewonnene Erkenntnis, dass der Tarifvertrag eindeutig einen rechtsgeschäftlichen Ansatz hat.[546] Bei dem normativen Teil des Tarifvertrages handelt es sich um privatrechtliches, durch Rechtsgeschäft geschaffenes Recht.[547] Die Bereitstellung einer solchen neuen Form normativer Gestaltung innerhalb des Privatrechts durch den Gesetzgeber belegt, dass der Gegensatz zwischen objektivem Recht und Rechtsgeschäft nur relativ zu begreifen ist.[548] Die Annahme einer Dichotomie Rechtsnorm – Rechtsgeschäft[549] und die These, objektives Recht sei insoweit qua definitionem Ausübung hoheitlicher Gewalt, ist mithin abzulehnen.[550]

Nun ist – worauf in jüngster Zeit *Rieble*[551] nochmals hingewiesen hat – diese Frage von Bedeutung für das Verhältnis von Tarif- und Privatautonomie, deren Schnittstelle das sog. Günstigkeitsprinzip des § 4 Abs. III TVG markiert. Während es sich hier nach der herrschenden Auffassung um eine ausnahmsweise Durchbrechung der objektiven Normgeltung des Tarifvertrags als höherrangige Rechtsquelle handelt, betrifft § 4 Abs. III TVG bei Zugrundelegung eines privatautonomen Verständnisses des Tarifvertrages die „funktionale Abgrenzung zweier schuldrechtlicher Verträge.[552] Vom Standpunkt des hier vertretenen Verständnisses vom Tarifvertrag als

---

546 MünchHbArbR/*Richardi*, Bd. 3, § 240, Rn. 21, S. 8; *Rieble*, Arbeitsmarkt und Wettbewerb, S. 359, Rn. 1198.

547 MünchHbArbR/*Richardi*, Bd. 3, § 240, Rn. 21, S. 8

548 Ausführlich *Richardi*, Kollektivgewalt und Individualwille, S. 21ff.

549 Zurückgehend auf *Savigny*, System, Bd. I, § 7, S. 14.

550 *Richardi*, Kollektivgewalt und Individualwille, S. 21ff; ferner *Wiedemann*, Die Bindung der Tarifnormen an Grundrechte, S. 80 / 81.

551 *Rieble*, ZfA 2000, S. 5ff. (25); *ders.*, Arbeitsmarkt und Wettbewerb, Rn. 1592ff; freilich ergibt sich die von *Rieble* statuierte einschneidende Aufwertung des Günstigkeitsprinzips nach seiner Auffassung aus der rechtlichen Konstruktion der Tarifvertragswirkungen mithilfe herkömmlicher schuldrechtlicher Rechtsinstitute, der hier nicht gefolgt wird.

552 *Rieble*, ZfA 2000, S. 5ff. (25).

einer neuen Form normativer Gestaltung innerhalb der Privatautonomie sind unter Berücksichtigung von Wesen und Zielsetzung des Tarifvertrages eigene Kriterien für den Tarifvertrag zu entwickeln, die der Besonderheit des Phänomens Tarifvertrag – privatrechtliche Natur einerseits und Normwirkung andererseits – Rechnung tragen.

Sachlicher Grund der unmittelbaren und zwingenden Wirkung der Tarifnormen ist das „Mehr" an Richtigkeitsvertrauen in den Tarifvertrag im Hinblick auf die durch die kollektive Interessenwahrnehmung bewirkte Herstellung vertragsparitätischer Bedingungen,[553] weil und soweit beim Individualarbeitsvertrag mit einer gewissen Wahrscheinlichkeit von einer Imparität zuungunsten des Arbeitnehmers auszugehen ist. Hier ist *Rieble* zuzustimmen: Der Tarifvertrag ist „funktional gesehen der bessere Vertrag"[554], weil er infolge des Ausgleichs struktureller Machtungleichheit zwischen den Arbeitsvertragsparteien eine höhere Gewähr im Hinblick auf die Verwirklichung der vom Sozialstaatsprinzip geforderten Vertragsgerechtigkeit im Arbeitsleben bietet.[555] Der Geltungsanspruch von Tarifnormen gegenüber der individualvertraglichen Regelung fußt gerade auf der für den Vertrag als Rechtsinstitut wesenstypischen Richtigkeitsgewähr aufgrund des Ausgleichs widerstreitender Interessen der Vertragsparteien.[556] Eben diese Ausnutzung der Richtigkeitsgewähr des unter vertragsparitätischen Bedingungen abgeschlossenen Vertrages als Strukturmerkmal des kollektiven Lohnfindungsprozesses erweist, dass das Tarifvertragssystem auf den Schutz des Arbeitnehmers vor einer Beeinträchtigung der Willensbildung durch die Möglichkeit zur kollektiven Interessenwahrnehmung ausgerichtet ist in der Annahme, sodann führe die Richtigkeitsgewähr des Vertrages aus sich heraus zu der sozialstaatlich gebotenen Vertragsgerechtigkeit.[557] *Hromadka* differenziert hier zutreffend, der Tarifvertrag und die gesetzlich angeordnete unmittelbare und zwingende Wirkung von Tarifnormen ziele nicht auf einen Schutz des Arbeitnehmers vor einer falschen Willensbildung, sondern vor einer Beeinträchtigung der Willensbildung.[558]

Die unmittelbare und zwingende Wirkung von Tarifnormen stellt im Hinblick auf diese Zielrichtung des Tarifvertrages eine rechtstechnische Verbesserung der Effi-

---

553 *Rieble*, ZfA 2000, S. 5 ff. (11) m.w.N.; MünchHbArbR/*Richardi*, Band 3, § 240, Rn. 21, S. 9.
554 *Rieble*, ZfA 2000, S. 5 ff. (11) m.w.N.
555 *Heinze*, NZA 1991, S. 329ff. (331).
556 MünchHbArbR/*Löwisch/Rieble*, § 253, Rn. 2: „Zugleich wird so die spezifische Richtigkeitsgewähr des Vertragsverfahrens für die Regelung der Arbeitsbedingungen fruchtbar gemacht".
557 *G. Müller*, Tarifautonomie, S. 26: „Der Liberalismus erhoffte sich den wirtschaftlichen Erfolg – und den wirtschaftlichen Ausgleich – durch den autonom handelnden einzelnen Menschen"; vgl. auch MünchHbArb/*Löwisch/Rieble*, § 243, Rn. 7: „ Art. 9 Abs. III GG liegt ein Prinzip autonomer Regelung durch die Aktualisierung von Gegenmacht zugrunde".
558 *Hromadka*, DB 1992, S. 1042ff. (1047); ferner *Biedenkopf*, Grenzen der Tarifautonomie, S. 75; *Dorndorf*, FS-Kissel, S. 139ff. (143).

zienz des Tarifvertragssystems dar[559] und dient der Grundrechtseffektivität der positiven individuellen Koalitionsfreiheit des Art. 9 Abs. III GG,[560] indem es die kollektiv-vertragsparitätisch vereinbarten und daher voraussichtlich vertragsgerechten Arbeitsbedingungen im Hinblick auf das Individualarbeitsverhältnis effektuiert. Diese Qualifizierung des Tarifvertrages harmoniert auch mit der grundsätzlichen Privatnützigkeit der Koalitionsfreiheit.[561] Gleichzeitig verwirklicht der Vorrang des Tarifvertrages den Primat des Vertrages, indem er eine sozialstaatlich indizierte Inhaltskontrolle der Arbeitsverträge durch den Staat weitgehend entbehrlich macht.[562]

Der normative Wirkung des Tarifvertrages kann mithin nicht als Beleg für die These dienen, die Ordnung der Arbeitsverhältnisse durch die Tarifvertragsparteien sei eine öffentliche Angelegenheit, zumal er grundsätzlich nur für Arbeitgeber und Arbeitnehmer besteht, die sich freiwillig zu einer Koalition zusammengeschlossen haben (§ 3 Abs. I TVG).[563] In der Anerkennung des Vertrages als maßgebliches tarifliches Gestaltungsmittel und der diesem innewohnenden Richtigkeitsgewähr als inhaltlich bestimmendes Element kollektiver Vereinbarungen von Arbeitsbedingungen liegt gerade die Anerkennung der Privatautonomie im Arbeitsrecht. Die Regelungen des TVG greifen gerade nicht inhaltlich in den Normsetzungsprozess selbst ein, der sich als vertraglicher Ausgleichsprozess gegensätzlicher Interessen auf kollektiver Ebene darstellt. Dem Tarifvertrag als Resultat des Interessenausgleichs wird die gesetzesgleiche Wirkung lediglich unterstützend als „juristisch-technische Qualität" hinzugefügt,[564] ohne dass hierdurch der Charakter der Tarifautonomie als kollektiv ausgeübte Privatautonomie angetastet würde.[565] Allein dieses Verständnis entspricht auch der Entstehungsgeschichte der Tarifautonomie.[566]

Folglich kann aus dem in § 4 Abs. I TVG und § 4 Abs. III TVG angeordneten Vorrang des Kollektivwillens - d.h. der zwingenden Wirkung von Tarifnormen - als Grundsatz nicht gefolgert werden, es bestehe eine von der Privatautonomie we-

---

559 So auch *Coester*, Vorrangprinzip, S. 61; *Meyer-Cording*, Rechtsnormen, S. 38; *Rieth*, Steuerung unternehmerischen Handelns, S. 39: Normative Wirkung des Tarifvertrages bedeute „nichts weiter als eine rechtstechnische Verbesserung der Effizienz"; *Stark*, Arbeitsplatzsicherung, S. 113/114; ähnlich auch *A. Wiedemann*, Die Bindung der Tarifnormen an Grundrechte, S. 30.

560 *Heinze*, NZA 1991, S. 329ff. (331).

561 *Rieble*, Arbeitsmarkt und Wettbewerb, S. 347, Rn. 1155.

562 *Rieble*, ZfA 2000, S. 5ff. (17).

563 *Richardi*, Kollektivgewalt und Individualwille, S. 145.

564 *Coester*, Vorrangprinzip, S. 61; *Meyer-Cording*, Rechtsnormen, S. 38.

565 BAGE 95, S. 277ff. (283); *Dieterich*, FS-Schaub, S. 117ff. (121); MünchHbArbR/*Löwisch/Rieble*, Band 3, § 258, Rn. 1, S. 293; *Scholz*, in: Maunz/Dürig, GG, Bd. 1, Art. 9, Rn. 301; *Söllner*, RdA 1989, S. 144ff. (149).

566 Vgl. die Untersuchung der historischen Grundlagen oben § 2, S. 7ff.; ferner MünchHbArbR/*Löwisch/Rieble*, Band 3, § 258, Rn. 1, S. 293; ausführlich *Picker*, ZfA 1998, S. 573ff. (675f.); *ders.*, GS-Knobbe-Keuk, S. 879ff. (882/883).

sensverschiedene Form sozialer Autonomie.[567] Der Gedanke von den Koalitionen als zwischen der Ebene Staat – Individuum angesiedelten Sozialpartnern und einer insoweit von der Privatautonome wesenverschiedenen – gleichsam überindividuellen - Sozialautonomie ist aus der angeordneten Normwirkung von Tarifverträgen gerade nicht ableitbar und abzulehnen.

Der Tarifvorrang ist vielmehr Folge eines Geltungsanspruchs tariflicher Regelungen, der seinerseits auf die Richtigkeitsgewähr privatautonomer vertraglicher Vereinbarungen zurückzuführen ist. Entgegen der herrschenden Auffassung kann somit nicht angenommen werden, den Tarifnormen gebühre schon im Hinblick auf die angeordnete Rechtsnormqualität per se der Vorrang vor individualvertraglichen Vereinbarungen, weil es sich insoweit um eine höherrangige Regelung handele. Vielmehr ist *Rieble* im Ergebnis darin zuzustimmen, dass es sich bei dem Tarifvorrang wie auch bei dessen Durchbrechung durch das Günstigkeitsprinzip des § 4 Abs. III TVG in der Sache um eine funktionale Abgrenzung zweier schuldrechtlicher Verträge handelt.[568] Die Anordnung der Rechtsnormqualität rechtfertigt sowohl im Hinblick auf die Bindung der Tarifgeltung an die Mitgliedschaft als auch auf deren Zweck einer Effektuierung der kollektiv ausgeübten Privatautonomie und der verfassungsrechtlichen Gewährleistung der individuellen positiven Koalitionsfreiheit des Art. 9 Abs. III GG keine grundlegend andere Qualifizierung.[569]

a) Die Eignung der Drei-Stufen-Theorie des BVerfG (Art. 12 GG) für die Rechtfertigung der Unabdingbarkeit von Tarifnormen als Eingriff in die Arbeitsvertragsfreiheit

Aus den vorangegangenen Erwägungen zur Rechtsnatur der Tarifmacht der Verbände ergeben sich auch grundlegende Weichenstellungen für den Umfang der Tarifmacht. Die in § 4 Abs. I TVG angeordnete zwingende Wirkung tarifvertraglicher Regelungen auf das Arbeitsverhältnis verstellt den Arbeitsvertragsparteien vorbehaltlich der Regelung des Günstigkeitsprinzips in § 4 Abs. III TVG die Möglichkeit zu einzelvertraglichen Vereinbarungen in Abweichung vom Tarifvertrag und stellt sich damit im Zusammenwirken mit einer bestehenden tarifvertraglichen Regelung als Eingriff in die Arbeitsvertragsfreiheit dar.

Art. 12 GG schützt zum einen die Sicherung der wirtschaftlichen Existenz durch die freie Verwertung der Arbeitskraft[570] und zum anderen die freie Entfaltung der

---

[567] MünchHbArbR/*Richardi*, Band 3, § 240, Rn. 21, S. 9.
[568] *Rieble*, ZfA 2000, S. 5ff. (25).
[569] MünchHbArbR/*Richardi*, Band 3, § 240, Rn. 24, S. 9; *Rieble*, ZfA 2000, S. 5ff. (18); eingehend *Picker*, ZfA 1998, S. 573ff. (678).
[570] BAGE 44, S. 141ff. (152); *Badura*, Arbeit als Beruf, in: FS-Herschel, S. 21ff. (24 und 33); *Scholz*, in: Maunz/Dürig, GG, Bd. 2, Art. 12, Rn. 84.

Persönlichkeit sowie der Menschenwürde im Bereich des Arbeitslebens.[571] Im Hinblick auf die Vertragsfreiheit als Aspekt der freien Entfaltung der Persönlichkeit ist die Arbeitsvertragsfreiheit im besonderen in Art. 12 GG als lex specialis gegenüber Art. 2 Abs. I GG grundrechtlich geschützt.[572] Die Tarifmacht der Verbände muss insoweit dort ihre verfassungsrechtliche Grenze finden, wo der mit der zwingenden Tarifgeltung verbundene Eingriff in die individuelle Vertragsfreiheit der Arbeitsvertragsparteien verfassungsrechtlich nicht mehr gerechtfertigt werden kann.

aa) Die Drei-Stufen-Theorie des BVerfG zu Art. 12 GG

Das Bundesverfassungsgericht hat zu der grundrechtlichen Gewährleistung der Berufsfreiheit die sog. Drei-Stufen-Theorie entwickelt. Grundlage der Theorie ist zum einen die Annahme, Art. 12 GG liege ein einheitliches Grundrecht der Berufsfreiheit zugrunde,[573] zum anderen die Annahme einer abgestuften Regelungsbefugnis des Gesetzgebers im Hinblick auf die Ebenen der Berufsausübung und der Berufswahl als modellhafte Konkretisierung des rechtsstaatlichen Grundsatzes der Verhältnismäßigkeit.[574] Der Gesetzgeber sei hiernach bei der Regelung umso freier, je mehr diese lediglich Berufsausübung zum Gegenstand habe, umgekehrt sei die Regelung umso enger begrenzt, je mehr sie auch die Freiheit der Berufswahl tangiere.[575] Die aus dem Verhältnismäßigkeitsgrundsatz folgende Stufenfolge der Regelungsbefugnis hat das BVerfG bereits im grundlegenden Apothekenurteil dahingehend in „Leitsätze" gefasst, als in die Berufsausübungsfreiheit eingreifende Regelungen zulässig seien, soweit vernünftige Erwägungen des Gemeinwohls diese als zweckmäßig erscheinen lassen.[576] Ein Regelungseingriff in die Freiheit der Berufswahl sei demgegenüber nur dann gerechtfertigt, soweit der Schutz überragender Gemeinschaftsgüter diesen zwingend erfordere.[577]

Fraglich ist, inwieweit die Drei-Stufen-Theorie auch zur verfassungsrechtlichen Rechtfertigung von Normen des Tarifvertrages Anwendung finden kann, soweit diese aufgrund ihrer in § 4 Abs. I TVG angeordneten zwingenden Wirkung Eingriffscharakter im Hinblick auf die durch Art. 12 GG geschützte Vertragsfreiheit

[571] BAGE 44, S. 141ff. (152); BVerfGE 41, S. 251ff. (263/264); BVerfGE 63, S. 266ff. (286/287); *Häberle*, JZ 1984, S. 345ff. (351); *Scholz*, in: Maunz/Dürig, GG, Bd. 2, Art. 12, Rn. 84.

[572] Vgl. dazu schon oben § 3 II 1 c cc ddd, S. 67f..

[573] BVerfGE 7, S. 377ff. (401); seitdem st. Rspr., vgl. BVerfGE 9, S. 338ff. (344/345); BVerfGE 17, S. 269ff. (276); BVerfGE 33, S. 303ff. (336); diese Auffassung ist auch in der Staatsrechtslehre heute allgemein anerkannt, vgl. *Breuer*, in: Isensee/Kirchhof, HStR VI, § 147, Rn. Rn. 59, S. 919; *Scholz*, in: Maunz/Dürig, GG, Bd. 2, Art. 12, Rn. 11, 295.

[574] *Breuer*, in: HStR VI, § 148, Rn. 6, S. 961.

[575] BVerfGE 7, S. 377ff. (403).

[576] BVerfGE 7, S. 377ff. (405).

[577] BVerfGE 7, S. 377ff. (405).

der Parteien des Arbeitsvertrages haben. Es stellt sich die Frage, ob die für die Bindung hoheitlicher Gewalt geltenden Grundsätze auf die Tarifmacht der Verbände übertragbar sind und die Drei-Stufen-Theorie und der ihr zugrundeliegende Verhältnismäßigkeitsgrundsatz sowie der Gesetzesvorbehalt als Grundlagen zur Bestimmung der verfassungsrechtlichen Schranken der tarifvertraglichen Regelungsbefugnis herangezogen werden können.

Klarstellend ist anzumerken, dass die Frage der Anwendbarkeit der Drei-Stufen-Theorie bei Zugrundelegung der hier vertretenen Auffassung im Hinblick auf die Bestimmung von Inhalt und Umfang einer Schutzpflicht des Staates gegenüber Koalitionsmitgliedern und Außenseitern relevant wird, die staatlicherseits durch eine entsprechende gesetzliche Ausgestaltung des Umfangs der Rechtsetzungsmacht der Verbände umzusetzen ist.

bb) Die Auffassung von der Anwendbarkeit der Drei-Stufen-Theorie

Nach überwiegender Auffassung im Schrifttum seien die Maßstäbe für die Bindung hoheitlicher Gewalt auf die tarifliche Rechtsetzungsmacht der Verbände zu übertragen. Die Grundsätze der Stufentheorie sollen hiernach auch zur rechtlichen Beurteilung tarifvertraglicher Regelungen herangezogen werden.[578] Dogmatischer Anknüpfungspunkt für die Prüfung der verfassungsrechtlichen Rechtfertigung in die Berufsfreiheit eingreifender tarifvertraglicher Regelungen ist dabei die Annahme einer Grundrechtsbindung der Tarifvertragsparteien.[579]

Für die Rechtfertigung des Eingriffs in die Berufsfreiheit der Arbeitsvertragsparteien sei hiernach zu verlangen, dass die tarifvertragliche Regelung von vernünftigen Erwägungen des Gemeinwohls getragen sein müsse.[580] Bei der Prüfung der Eignung der Tarifvertragsnorm zur Förderung von Gemeinwohlbelangen wird unter Übertragung der Rechtsprechung des Bundesverfassungsgerichts zum Einschätzungsspielraum des Gesetzgebers[581] auch auf die Tarifvertragsparteien für eine zurückhaltende Geeignetheitsprüfung plädiert, um einer drohenden Inhalts- und Bil-

---

[578] *Gitter/Boerner*, RdA 1990, S. 129ff. (132); *Loritz*, ZfA 1990, S. 133ff. (149); *Säcker/Oetker*, Grundlagen und Grenzen der Tarifautonomie, S. 263f.; *Waltermann*, Berufsfreiheit im Alter, S. 122f.; *ders.* RdA 1993, S. 209ff., (217); *Wendt*, Der Günstigkeitsvergleich, S. 160f.; Wiedemann/*Wiedemann*, TVG, Einl. Rn. 307ff. S. 231; *Zachert*, in: Hagemeier/Kempen/Zachert/Zilius, TVG, Einl., Rn. 158; *Zöllner*, DB 1989, S. 2121ff. (2122).

[579] Vgl *Wendt*, Der Günstigkeitsvergleich, S. 154.

[580] *Riedel*, Berufsfreiheit, S. 113/114; *Wendt*, Der Günstigkeitsvergleich, S. 160, am Beispiel der tarifvertraglichen Arbeitszeitverkürzung.

[581] Vgl. dazu BVerfGE 25, S. 1ff. (19/20); BVerfGE 30, S. 250ff. (263); BVerfGE 61, S. 291ff. (313/314); BVerfGE 77, S. 84ff. (106).

ligkeitskontrolle von Tarifvertragsnormen entgegenzuwirken.[582] Bei der Zwecktauglichkeit des Mittels sei auch hier nur zu prüfen, ob das eingesetzte Mittel zur Erreichung des Zwecks „objektiv oder schlechthin ungeeignet" sei. Auch bei der Prüfung der Verhältnismäßigkeit im engeren Sinne sei ein weiter Maßstab anzulegen, um den Einschätzungsspielraum der Tarifvertragsparteien nicht über die Verhältnismäßigkeitsprüfung wieder auszuhebeln.[583] Unter Zugrundelegung dieses weiten Prüfungsmaßstabes gelangt namentlich *Wendt*[584] am Beispiel der beschäftigungspolitisch motivierten tarifvertraglichen Verkürzung der Wochenarbeitszeit zu der Auffassung, diese sei generell als geeignet und die Einschränkungen der Arbeitnehmer in ihrer Persönlichkeitsentfaltung und Existenzsicherung seien als verhältnismäßig zu beurteilen. Die Verhältnismäßigkeit sei dabei insbesondere im Hinblick auf die Möglichkeit der Arbeitnehmer gewahrt, eine gegenüber dem Tarifvertrag günstigere Abmachung zu treffen.[585]

Im Schrifttum ist darüber hinaus umstritten, ob den Tarifvertragsparteien die Befugnis zuzubilligen ist, aus eigener Kompetenz Gemeinwohlinteressen zu definieren,[586] oder ob diese vielmehr an die gesetzgeberische Definition des Gemeinwohls gebunden sind.[587]

cc) Die ablehnende Auffassung

Eine Mindermeinung[588] lehnt demgegenüber den Transfer der Stufenlehre sowie des generellen Verhältnismäßigkeitsgrundsatzes hoheitlichen Handelns auf die Tarifvertragsparteien ab. Es sei hiernach schon im Ansatz verfehlt, staatliche Gesetzgebung und mitgliedschaftlich legitimierte Rechtsetzung durch eine Übertragung der Maßstäbe für die Bindung hoheitlicher Gewalt auch auf die tarifvertragliche Rechtsetzung gleichzustellen. Dieser Ansatz ignoriere die strukturelle Wesensverschiedenheit beider Handlungsformen.[589]

---

582 *Löwisch*, BB 1991, S. 59ff. (62); *Krauss*, Günstigkeitsprinzip, S. 54; *Schweibert*, Die Verkürzung der Wochenarbeitszeit durch Tarifvertrag, S. 120; *Wendt*, Günstigkeitsvergleich, S. 161.

583 *Wendt*, Günstigkeitsvergleich, S. 162.

584 *Wendt*, Günstigkeitsvergleich, S. 162.

585 *Wendt*, Günstigkeitsvergleich, S. 163.

586 So *Waltermann*, Berufsfreiheit im Alter, S. 108f.; *Schweibert*, Die Verkürzung der Wochenarbeitszeit durch Tarifvertrag, S. 116; *Stark*, Arbeitsplatzsicherung, S. 169; *Wend*, Zulässigkeit tarifvertraglicher Arbeitsplatzbesetzungsregeln, S. 45.

587 So *Bengelsdorf*, ZfA 1990, S. 563ff. (570); *Biedenkopf*, Grenzen der Tarifautonomie, S. 111, 113; *Loritz*, ZfA 1990, 133ff. (166); *Scholz*, ZfA 1981, S. 265ff. (295); *Reuter*, ZfA 1978, S. 1ff. (39/40).

588 *A. Wiedemann*, Die Bindung der Tarifnormen an Grundrechte, S. 156.

589 *A. Wiedemann*, Die Bindung der Tarifnormen an Grundrechte, S. 156.

dd) Stellungnahme

Die im Verhältnis Staat – Koalition angesiedelte und in Art. 9 Abs. III GG verfassungsrechtlich verankerte Freiheit der Koalition sowie des kollektiven Lohnfindungsprozesses vor staatlicher Einflussnahme[590] wird durch die Parallelverschiebung in das Verhältnis grundrechtlich geschützter Freiheiten der Koalition einerseits und des Koalitionsmitglieds andererseits einschließlich der Zubilligung eines Beurteilungsspielraums der Koalitionen in weitem Umfang zum Einfallstor für die verfassungsrechtliche Rechtfertigung tarifvertraglicher Regelungseingriffe in die Berufsfreiheit, soweit hiernach nur die Grenze offensichtlicher Verfehltheit der entsprechenden Tarifvertragsnormen nicht überschritten werden darf.

Das die Drei-Stufen-Lehre als konkretisierte Ausformung des Verhältnismäßigkeitsgrundsatzes prägende Kriterium der Sachdienlichkeit bzw. Erforderlichkeit im Hinblick auf Gemeinwohlbelange erweist sich zudem für die Anwendung auf Tarifvertragsnormen schon insofern als ungeeignet, als es an einer solchen Gemeinwohlbindung der Tarifvertragsparteien bzw. der Tarifvertragsnormen gerade fehlt.[591] Bei der Tarifmacht handelt es sich um eine privatrechtliche Gestaltungsmacht sui generis auf der Grundlage mitgliedschaftlicher Legitimation.[592] Mit dieser strukturellen Wesensverschiedenheit[593] gegenüber staatlicher Rechtsetzung korreliert, dass die Koalitionen das Mandat ihrer Mitglieder wahrnehmen und insoweit deren Interessen verpflichtet sind, nicht jedoch Gemeinwohlbelangen.[594] Der Gesetzgeber und die Verbände haben sich stets zu der spezifischen Richtigkeitsgewähr des Gestaltungsmittels des Vertrages als Determinante tarifvertraglicher Inhalte bekannt. Diese beruht jedoch gerade auf der privatnützigen Zielsetzung der rechtlichen Gestaltung. In dem Zusammenprallen und dem Ausgleich gegenläufiger eigennütziger Interessen der Vertragsparteien findet die Richtigkeitsgewähr des (Tarif-)Vertrags erst ihre Grundlage. Eine unmittelbare Verpflichtung der Tarifvertragsparteien auf staatlicherseits vorgegebene und konkretisierte Gemeinwohlbe-

---

590 Nach dem BVerfG gewährleistet Art. 9 Abs. III GG das Recht der Tarifvertragsparteien, den dort beschriebenen Sachbereich „in eigener Verantwortung und im wesentlichen ohne staatliche Einflussnahme durch unabdingbare Gesamtvereinbarungen sinnvoll zu ordnen“, vgl. BVerfGE 44, S. 322ff. (341); ferner BVerfGE 50, S. 290ff. (367); BVerfGE 58, S. 233ff. (246).

591 *Däubler*, DB 1989, S. 2534ff. (2536); *Richardi*, ZfA 1990, S. 211ff. (220/221); *A. Wiedemann*, Bindung der Tarifnormen an Grundrechte, S. 156.

592 Vgl. dazu oben § 4 II 2 c, S. 94f..

593 Die strukturelle Wesensverschiedenheit zwischen staatlicher und tarifvertraglicher Rechtsetzung wird auch von den Befürwortern der öffentlich-rechtlichen Delegationslehre hervorgehoben, vgl. *Richardi*, ZfA 1990, S. 211ff. (220 oben); *ders.*, DB 1990, S. 1613ff. (1615).

594 So im Ergebnis auch *Däubler*, DB 1989, S. 2534ff. (2536); *Richardi*, ZfA 1990, S. 211ff. (221); *A. Wiedemann*, Bindung der Tarifnormen an Grundrechte, S. 156.

lange wäre insoweit systemwidrig und würde einen mit Art. 9 Abs. III GG nicht zu vereinbarenden Eingriff in die Tarifautonomie darstellen.[595]

Einige Verfechter der herrschenden Lehre sehen sich angesichts dieser Verfassungslage gezwungen, den Begriff Gemeinwohl und Privatnützigkeit künstlich zur Deckung bringen, indem sie das Gemeinwohl als den Nutzen für die Personen definieren, die von dem Tarifvertrag erfasst werden sollen.[596] Das Spiel mit den Begrifflichkeiten vermag indes nicht zu verdecken, dass es sich hier tatsächlich gerade um eine Wahrnehmung der Interessen und des Mandats der Mitglieder[597] und damit in der Substanz um etwas vom Gemeinwohlbegriff im Sinne der Drei-Stufen-Lehre des Bundesverfassungsgerichts Wesensverschiedenes handelt.

Entsprechendes gilt für die Auffassung, die eine Verpflichtung der Tarifvertragsparteien auf das Gemeinwohl verfassungsrechtlich zu halten versucht, indem sie den Tarifvertragsparteien die Befugnis zuerkennen will, im Rahmen des in Art. 9 Abs. III GG umrissenen Regelungsbereichs eigene Zielvorstellungen sozial- und arbeitsmarktpolitischer Natur als Gemeinwohl zu definieren.[598] Unterstellt man eine Deckungsgleichheit von Mitgliederinteressen und durch die Tarifvertragsparteien definiertem Gemeinwohlinteresse, so wird auch hier der Begriff des Gemeinwohls seines substantiellen Gehalts beraubt[599] und als Synonym für den Begriff der Eigen- bzw. Gruppennützigkeit gebraucht.

ee) Ergebnis

Die Drei-Stufen-Lehre des Bundesverfassungsgerichts kann nicht zur Rechtfertigung von Eingriffen in die Arbeitsvertragsfreiheit von Verbandsmitgliedern durch unmittelbar und zwingend geltende Tarifnormen herangezogen werden. Tarifvertragliche Regelungseingriffe in die durch Art. 2 und Art. 12 GG garantierte persönliche und ökonomische Sphäre individueller Arbeits- und Lebensgestaltung namentlich im Hinblick auf die Arbeitsvertragsfreiheit sind somit nicht schon dann als verfassungsrechtlich gerechtfertigt anzusehen, wenn die tarifvertragliche Rege-

---

595 Vgl. *Wiedemann*, Die Bindung der Tarifnormen an Grundrechte, S. 156.

596 So etwa *Blomeyer*, ZfA 1980, S. 1ff. (30); *Riedel*, Berufsfreiheit, S. 114.

597 Vgl. *Picker*, ZfA 1998, S. 573ff. (690); *Wiedemann*, Die Bindung der Tarifnormen an Grundrechte, S. 157.

598 So *Waltermann*, Berufsfreiheit im Alter, S. 109, 125; *ders.*, NZA 1991, S. 754ff. (760); *ders.*, RdA 1993, S. 209ff. (217); ebenso *Beck*, ArbuR 1981, S. 367ff. (373); *Säcker/Oetker*, Grundlagen und Grenzen der Tarifautonomie, S. 264f.; *Stark*, Arbeitsplatzsicherung, S. 169; *Wend*, Zulässigkeit tarifvertraglicher Arbeitsplatzbesetzungsregelungen, S. 45.
wie hier ablehnend: *Gitter/Boerner*, RdA 1990, S. 129ff. (134); *Heidenreich*, FS-Löffler, S. 69ff. (79/80); *Richardi*, DB 1990, S. 1613ff. (1617); *Wiedemann*, Die Grundrechtsbindung von Tarifnormen, S. 157.

599 So auch *Wiedemann*, Die Bindung der Tarifnormen an Grundrechte, S. 157.

lung von vernünftigen Erwägungen des Gemeinwohls getragen ist und sich nicht als zur Erreichung dieses Zwecks „objektiv oder schlechthin ungeeignet" darstellt.

b) Die dienende Funktion der Tarifautonomie als kollektiv ausgeübte Privatautonomie im Verhältnis zur individuellen Privatautonomie

Die über Art. 9 Abs. III GG verfassungsrechtlich gewährleistete positive Koalitionsfreiheit hat die Aufgabe, durch die Möglichkeit des Individuums zur Entfaltung in der Gemeinschaft bestehenden Abhängigkeitsverhältnissen entgegenzuwirken.[600] Beherrschendes verfassungsrechtliches Ziel der positiven Koalitionsfreiheit des Art. 9 Abs. III GG sowie der Grundgedanke des Tarifvertragswesens insgesamt ist mithin der Ausgleich struktureller Machtungleichheit zwischen den Arbeitsvertragsparteien[601] in der Annahme, mit der Herstellung von Vertragsparität werde zugleich die sozialstaatlich geforderte Vertragsgerechtigkeit verwirklicht[602], da sodann die allgemein dem autonomen Interessenausgleich von Vertragspartnern innewohnende Richtigkeitsgewähr wieder Platz greifen könne.

Eben aus dieser verfassungsrechtlichen Gewährleistung der positiven individuellen Koalitionsfreiheit als Konsequenz des sozialstaatlichen Gebots der Herstellung von Vertragsgerechtigkeit folgt jedoch erst die Gewährleistung der kollektiven Koalitionsfreiheit, weil und soweit die Möglichkeit zur Herstellung vertragsparitätischer Verhandlungsbedingungen durch den Zusammenschluss in Arbeitnehmervereinigungen als Instrument zur Erfüllung des sozialstaatlichen Schutzauftrags untauglich wäre, wenn die Tätigkeit des Kollektivs bei der Gestaltung von Arbeits- und Wirtschaftsbedingungen ihrerseits ohne weiteres beeinträchtigt werden könnte.[603]

Ebenso ist auch die unmittelbare Geltung der Regelungen des Tarifvertrages zwischen beiderseits tarifgebundenen Arbeitsvertragsparteien Konsequenz der herzustellenden Grundrechtseffektivität der individuellen Koalitionsfreiheit des Art. 9 Abs. III GG als Folge der sozialstaatlich gebotenen Abfederung von Abhängigkeitsverhältnissen.[604] Die aus dem Beitritt resultierende Tarifbindung hat die Aufgabe, der kollektiven Ausübung der individuellen Vertragsfreiheit bei der Gestaltung von Arbeitsbedingungen gerade wegen der in ihr bereits wesensmäßig ange-

---

[600] *Hueck/Nipperdey*, Arbeitsrecht, Bd. 1, § 7 VI, S. 29; *Födisch*, RdA 1955, S. 88ff. (93).

[601] BVerfGE 84, S. 212ff. (229): „Tarifautonomie ist darauf angelegt, die strukturelle Unterlegenheit der einzelnen Arbeitnehmer beim Abschluss von Arbeitsverträgen durch kollektives Handeln auszugleichen und damit ein annähernd gleichgewichtiges Aushandeln der Löhne und Arbeitsbedingungen zu ermöglichen."; vgl. ferner *Heinze*, NZA 1991, S. 329ff. (331); *Rieble*, Arbeitsmarkt und Wettbewerb, S. 333, Rn. 1108.

[602] Vgl. *Heinze*, NZA 1991, S. 329ff. (331).

[603] Vgl. dazu oben § 3 I, S. 37f.

[604] So auch *Heinze*, NZA 1991, S. 329ff. (331).

legten Funktionalität zur Erreichung eines sozialstaatskonformen Interessenausgleichs der Vertragspartner zur Durchsetzung zu verhelfen.

c) Die Gebundenheit des Umfangs der Normativität von Tarifverträgen an den Zweck der Steigerung der Grundrechtseffektivität des Art. 9 Abs. III GG

Aus der beschriebenen Zielsetzung der Normativität von Tarifverträgen folgen zugleich die zweckimmanenten Grenzen der Normsetzungsgewalt der Verbände. Die Tarifautonomie ist in ihrer Ausgestaltung als Normsetzungsbefugnis nicht Selbstzweck.[605]

Gerade weil die Kollektivautonomie des TVG darauf angelegt ist, die Verwirklichung der gebotenen sozialgerechten Arbeits- und Wirtschaftsordnung nicht durch die weitgehende Aufgabe vertraglicher Gestaltungsformen von Arbeitsbedingungen zugunsten staatlicher Steuerungseingriffe anzustreben, sondern diese vielmehr in ihrer Erscheinungsform als *Vertrags*gerechtigkeit zu realisieren sucht und der Richtigkeitsgewähr vertragsparitätisch vereinbarter privatautonomer Regelungen die inhaltliche Determinierung der Arbeits- und Wirtschaftsordnung belässt, gebietet die sozialstaatliche Zielsetzung des Tarifvertragswesens eine Zurückdrängung individualvertraglicher Gestaltungsmacht durch die Tarifbindung des Arbeitnehmers nicht mehr, wenn und soweit die individuelle Privatautonomie der Arbeitsvertragsparteien diesen sozialstaatlichen Zielvorgaben der Vertragsgerechtigkeit im Arbeitsleben aus sich heraus genügt.[606] Besteht kein „Vorsprung" inhaltlich sozialstaatskonformer Richtigkeitsgewähr des Tarifvertrages gegenüber einzelvertraglichen Vereinbarungen, weil es zwischen den Arbeitsvertragsparteien im Einzelfall an einem Machtungleichgewicht im o.g. Sinne fehlt, so fehlt es an dem charakteristischen sozialstaatlichen Schutzbedürfnis, dem die normative Wirkung von Tarifnormen Rechnung zu tragen sucht und aus dem diese die grundsätzliche Höherwertigkeit ihres Geltungsanspruchs als inneren Grund der zwingenden Wirkung ableitet.[607]

Ist die den konkurrierenden Geltungsansprüchen von individualvertraglicher und tarifvertraglicher Regelung zugrundeliegende Antinomie von individueller Privatautonomie und Kollektivautonomie im Einzelfall bezüglich der Verwirklichung sozialstaatlicher Vertragsgerechtigkeit solchermaßen bereinigt, so rückt die verfas-

---

605 Vgl. *Heinze*, NZA 1991, S. 329ff. (331); *Zachert*, AuR 2002, S. 41ff. (48): „Dabei ist die kollektive Freiheit kein Selbstzweck, sondern Mittel, um individuelle Freiheiten wirksam(er) zu realisieren. Auch im Rahmen von Art. 9 Abs. 3 GG muss deshalb das Individuum Ausgangspunkt des Schutzzwecks der Verfassungsnorm sein."

606 *Heinze*, NZA 1991, S. 329ff. (331); *Joost*, ZfA 1984, S. 173ff. (179); *Rieble*, ZfA 2000, S. 5ff. (17).

607 *Heinze*, NZA 1991, S. 329ff. (331); *Joost*, ZfA 1984, S. 173ff. (179).

sungsrechtliche Verankerung und Anerkennung einer persönlichen und ökonomischen Sphäre individueller Arbeits- und Lebensgestaltung in den Art. 2 Abs. I GG und Art. 12 GG als Ausfluss der verfassungsprägenden Gewährleistung der Menschenwürde in Art. 1 GG wieder in den Vordergrund.[608] Diese Wertentscheidung des Grundgesetzes schließt es prinzipiell aus, die Freiheit des Einzelnen dem Willen des Kollektivs ohne Schutznotwendigkeit zu opfern.[609] Da die normative Wirkung der Tarifnormen ihre verfassungsrechtliche Rechtfertigung im Verhältnis zu der individuellen Vertragsfreiheit des tarifgebundenen Mitgliedes allein aus der Effektuierung der Gewährleistung der individuellen und kollektiven Koalitionsfreiheit des Art. 9 Abs. III GG bezieht, ist die zwingende Wirkung von Tarifverträgen untrennbar an diesen Zweck und das Vorliegen einer typisierbaren Lage der Schutzbedürftigkeit des Arbeitnehmers gebunden.

d) Die negative Koalitionsfreiheit des Art. 9 Abs. III GG als Ausdruck der Antinomie von individueller Privatautonomie und Kollektivautonomie

Der historisch, verfassungsrechtlich und einfachgesetzlich angelegte Befund, dass die normative Wirkung kollektivvertraglicher Inhaltsnormen nach Art und Umfang nicht Ausprägung einer hierarchisch zwischen Staat und Individuum einzuordnenden sozialen Autonomie von eigenständiger verfassungsrechtlicher Bedeutsamkeit ist, sondern vielmehr allein Ausdruck der sozialstaatlichen Dimension der Grundrechtsgewährung der positiven individuellen Koalitionsfreiheit, wird bestätigt, wenn man in die Betrachtung die Gewährleistung des Art. 9 Abs. III GG in ihrer Ausprägung als negative Koalitionsfreiheit einbezieht. Ein die individuelle Vertragsfreiheit für den Bereich des Arbeitslebens gleichsam substituierenden Gestaltungsauftrag der Verbände, der Argumente für eine generelle Zurückdrängung der individuellen Vertragsfreiheit bei bestehender Tarifbindung des Arbeitnehmers unterhalb der Schwelle der als Mindestarbeitsbedingungen verstandenen tariflichen Inhalte bereithalten könnte, ist verfassungsrechtlich und einfachgesetzlich gerade nicht angelegt. Es existiert ausweislich der negativen Koalitionsfreiheit des Art. 9 Abs. III GG kein verfassungsrechtlicher Schutz der Effektuierung tarifvertraglicher Inhalte in den Arbeits- und Wirtschaftsbedingungen um ihrer selbst willen.

e) Die Unzulässigkeit des Verweises tarifgebundener Arbeitsvertragsparteien auf die Ausübung der negativen Koalitionsfreiheit

Die so gelagerte Anbindung der normativen Wirkungen kollektivvertraglicher Inhaltsnormen an die sozialstaatliche Dimension der Gewährleistung der individuel-

608 Vgl. dazu schon oben § 3 III 1, S. 69.
609 Vgl. *Heinze*, NZA 1991, S. 329ff. (331); *Rieble*, ZfA 2000, S. 5ff. (17).

len positiven Koalitionsfreiheit des Art. 9 Abs. III GG hat in der Literatur bereits die Frage initiiert, inwieweit es angesichts dieses Sicherungscharakters tarifvertraglicher Normwirkung überhaupt eine Kollision zwischen Grundrechtspositionen des Verbandes und des Mitglieds geben könne[610] oder ob nicht vielmehr die kollektive Koalitionsfreiheit die Koalitionen nur vor Beeinträchtigungen durch den Staat und durch Dritte schütze.[611] Vom individualrechtlichen Verständnis des Art. 9 Abs. III GG werde der Koalition hiernach keine schutzwürdige Position gegenüber den Mitgliedern vermittelt, da ansonsten die grundrechtseffektuierende Funktion des Art. 9 Abs. III GG gleichsam in ihr Gegenteil verkehrt werde.[612]

Auch wenn man nicht in diesem Sinne den Koalitionen eine schutzwürdige Position gegenüber ihren Mitgliedern zur Gänze abspricht, folgt aus dem ausgewiesenen Befund, dass die individuelle Vertragsfreiheit keinesfalls durch den Beitritt in den Verband in der kollektiven Privatautonomie in einer Weise aufgeht, der sich zu entziehen - vorbehaltlich der sich ohnehin aus dem unstreitigen Charakter von Tarifnormen als Mindestarbeitsbedingungen ergebenden Beschränkungen - nur die Ausübung der negativen Koalitionsfreiheit bliebe.[613] Auch nach einem Verbandsbeitritt verliert das Koalitionsmitglied nicht das grundrechtlich garantierte Recht zur privatautonomen Gestaltung seiner Arbeitsbedingungen.[614] Gerade wegen der Bindung der normativen Wirkung an die sozialstaatliche Dimension des Art. 9 Abs. III GG geht der Gedanke fehl, mit der Möglichkeit zur Ausübung der negativen Koalitionsfreiheit könne es im Hinblick auf den Schutz der individuellen Vertragsfreiheit sein Bewenden haben. Ein derartiges „Alles-oder-Nichts-Prinzip" widerspräche dem Sinn und der Effektivität der Gewährleistung der positiven Koalitionsfreiheit.[615] Auch im Verhältnis des Verbandes zu seinen Mitgliedern bedarf es vielmehr eines dem Verbandsrecht immanenten hinreichenden Minderheiten- und Individualschutzes.[616] Dies zeigt nicht zuletzt die in § 4 III TVG vorgesehene

---

610 Die Möglichkeit einer Kollision lehnen ab z.B. *Scholz*, in: Maunz/Dürig, GG, Bd. 1, Art. 9, Rn. 170, 240; *ders.*, Koalitionsfreiheit als Verfassungsproblem, S. 135/136; *Picker*, ZfA 1986 S. 199ff. (205).

611 So *Wiedemann*, Die Bindung der Tarifnormen, S. 168; a.A.: *Galperin*, AuR 1963, S. 1 ff. (5).

612 *Reuter*, ZfA 1978, S. 1 ff. (37); *Loritz*, ZfA 1990, S. 133ff. (157); *Waltermann*, Berufsfreiheit im Alter, S. 90, Fn. 55.

613 Vgl. dazu *Boemke*, NZA 1993, S. 532 (534); *Heinze*, NZA 1991, S. 329ff. (331); *Löwer*, in: v.Münch/Kunig, GG, Bd. 1, Art. 9, Rn. 80, Stichwort „Öffnungsklauseln"; *Schliemann*, Tarifliches Günstigkeitsprinzip und Arbeitsvertragsfreiheit, in: Recht und Freiheit, FS-Richardi, S. 1ff. [8].

614 *Löwer*, in: v.Münch/Kunig, GG, Bd. 1, Art. 9, Rn. 80, Stichwort „Öffnungsklauseln"; so grundsätzlich auch *Wank*, in: Wiedemann, § 4, Rn. 459, S. 1116; *Schliemann*, Tarifliches Günstigkeitsprinzip und Arbeitsvertragsfreiheit, in: Recht und Freiheit, FS-Richardi, S. 1ff. [8].

615 Vgl. *Heinze*, NZA 1995, S. 5ff. (7); *A. Wiedemann*, Die Bindung der Tarifnormen an Grundrechte, S. 131.

616 Ebenso *A. Wiedemann*, Die Bindung der Tarifnormen an Grundrechte, S. 131.

Durchbrechung der Normwirkung von Tarifverträgen,[617] deren Reichweite und Bedeutung vor diesem Hintergrund zu untersuchen sein wird.

III.) Ergebnis

Auch in der einfachgesetzlichen Ausgestaltung des Tarifvertragswesens im TVG finden sich hiernach keine Anhaltspunkte, die im Außen- wie auch Binnenbereich des Verbandes den Gedanken einer verbandlichen Heteronomie unter Verdrängung privatautonomer Gestaltungsfreiheit des Individuums – wo diese sich als funktionsfähig erweist - stützen könnten, soweit diese auf den Gedanken einer originären Machtträgerschaft der Verbände als zwischen Individuum und Staat angesiedelten Ordnungsinstanzen rekurrieren.[618] Soweit die Ausgestaltung des Systems kollektiver Lohnfindung im TVG zutreffend unter dem Gesichtspunkt der Akzessorietät und Finalität der Tarifautonomie im Hinblick auf den Schutz des Arbeitnehmers vor einer arbeitgeberseitigen Fremdbestimmung betrachtet wird, bietet das TVG keine Anhaltspunkte für eine über diese Akzessorietät im Hinblick auf die Schutzbedürftigkeit des Individuums und der diesbezüglichen Schutzfunktionalität der Tarifvertrages hinausreichende Legitimation der Reichweite der normativen Wirkung des Tarifvertrages.

Vielmehr ist umgekehrt die Ausgestaltung des - stets dem Vertrag als Gestaltungsmittel verpflichteten - tarifvertraglichen Regelungssystems vor dem Hintergrund der verfassungsrechtlichen Gewährleistung der Vertragsfreiheit daraufhin zu überprüfen, ob sie für den Rechtsverkehr zwischen Individuen ein Höchstmaß beiderseitiger Selbstbestimmung verwirklicht und dabei die Befugnisse der an einem Rechtsgeschäft Beteiligten in einer die Anforderungen des Sozialstaatsprinzips berücksichtigenden Weise verhältnismäßig zuordnet.[619]

617 So auch *Heinze,* NZA 1991, S. 329ff. (332/333 oben).

618 Vgl. *Picker*, ZfA 1998, S. 573ff. (680).

619 Vgl. Erichsen, in: HStR VI, § 152, Rn. 58; vgl. auch Hueck/Nipperdey, Arbeitsrecht, Band I, § 7 VI, S. 29/30: „Die Ausbildung eines kollektiven Arbeitsrecht ist deshalb im Grunde nur eine besondere Form des Schutzes des einzelnen Arbeitnehmers, seiner Interessen und seiner Persönlichkeit, allerdings eine eigenartige Form, die auf dem Gedanken der Selbsthilfe der Arbeitnehmer beruht und dafür die geeigneten Rechtsformen zur Verfügung stellen will. .... Aber eben deshalb darf das Vorwiegen des Kollektivgedankens nicht zu einer Vergewaltigung des einzelnen, zur Unterdrückung seiner Persönlichkeit führen.“

§ 5 Der sog. Günstigkeitsvergleich im Rahmen des § 4 III TVG

Die Frage, wann das Günstigkeitsprinzip der individuellen Vertragsfreiheit gegenüber der Normwirkung des Tarifvertrages zur Durchsetzung verhilft und in welchem Umfang das Günstigkeitsprinzip somit seiner Schutzaufgabe zugunsten der individuellen Vertragsfreiheit gerecht werden kann, ist entscheidend von der Ausgestaltung des sog. Günstigkeitsvergleichs abhängig.

Die Anhaltspunkte im Wortlaut des § 4 III TVG für die Modalitäten des durchzuführenden Günstigkeitsvergleichs sind im Wesentlichen die gleichen wie schon in § 1 I S. 2 TVVO und wenig ergiebig. Zulässig sind auch nach dem Wortlaut des § 4 Abs. III TVG „Änderungen der Regelungen zugunsten des Arbeitnehmers".

I.) Der Meinungsstand zum Günstigkeitsvergleich am Beispiel der einzelvertraglichen Verlängerung tariflicher Wochenarbeitszeiten

Anlass zur Diskussion um die Modalitäten der Günstigkeitsbeurteilung geben insbesondere zwei Fallgruppen, bei denen die Anwendung des Günstigkeitsprinzips auch schon im Rahmen der TVVO kontrovers diskutiert wurde: Die Frage der einzelvertraglichen Verlängerung der tariflichen Wochenarbeitszeit sowie die Frage der Zulässigkeit der einzelvertraglichen Vereinbarung untertariflicher Löhne zur Rettung des Arbeitsplatzes oder ganzer Betriebe.

Die besondere Problematik der Frage nach der Zulässigkeit der einzelvertraglichen Verlängerung tariflicher Wochenarbeitszeiten liegt im wesentlichen in dem Umstand begründet, dass die Verlängerung tariflicher Arbeitszeiten von ihrer Wirkung her ambivalent ist. Sie führt einerseits zu einer Verminderung der Freizeit, andererseits durch die Zugrundelegung der Arbeitszeit als Faktor bei der Berechnung des monatlichen Lohns auch zu einem höheren Verdienst des Arbeitnehmers.[620]

1) Sachgruppenvergleich bei objektivem Beurteilungshorizont und der grundsätzlichen Zulässigkeit kompensatorischer Vereinbarungen

Die herrschende Auffassung in Rechtsprechung[621] und Literatur[622] geht davon aus, dass im Rahmen des Günstigkeitsprinzips in § 4 III TVG ein an quantitativen Maß-

620 Vgl. dazu eingehend *Buchner*, in: Hromadka, Arbeitszeitrecht im Umbruch, S. 3ff. (14).

621 Vgl. BAG, NZA 1990, S. 816ff. (819); LAG München, DB 1990, S. 2273 (2274).

622 Vgl. *Hanau*, RdA 1998, S. 65ff. (70); *Henssler*, ZfA 1994, S. 487ff. (506); Kasseler Handbuch/*Dörner*, Nr. 8.1, Rn. 191/192; *Löwisch/Rieble*, TVG, § 4, Rn. 199ff., S. 284; MünchH-

stäben orientierter Günstigkeitsvergleich zwischen den Arbeitsbedingungen des Tarifvertrages und denen des abweichenden Arbeitsvertrages stattzufinden habe. Das Günstigkeitsprinzip des § 4 III TVG sei ferner so auszulegen, dass nur solche Regelungen in Rahmen des Günstigkeitsvergleichs zu berücksichtigen seien, zwischen denen ein innerer sachlicher Zusammenhang bestehe.[623] Die Günstigkeitsbeurteilung habe unter objektiven Maßstäben zu erfolgen.[624] Maßgeblich sei hiernach für die Günstigkeitsbeurteilung nicht das Interesse des individuellen Arbeitnehmers, sondern die Einschätzung eines verständigen „gedachten Modellarbeitnehmers“[625] unter Berücksichtigung der Umstände des Einzelfalles.

Aufgrund der im Sachgruppenvergleich angelegten Einbeziehung der in einem inneren Zusammenhang stehenden Arbeitsbedingungen bestehe bei einer Anwendung des Günstigkeitsprinzips auf einzelvertragliche Verlängerungen der Arbeitszeit die Möglichkeit, dass der durch die Verlängerung der Arbeitszeit eintretende Verlust an Freizeit durch den Vorteil des vermehrten Einkommens wieder ausgeglichen werden könne.[626] Die Regelungen der Arbeitszeit stünden hiernach in einem unlösbaren Zusammenhang mit den auf sie bezogenen Entgeltregelungen, so dass dieser Verbund auch im Rahmen des Günstigkeitsvergleichs Berücksichtigung finden müsse.[627] Die Günstigkeit einer einzelvertraglichen Verlängerung der Arbeitszeit hänge davon ab, ob diese durch eine adäquate Erhöhung des Arbeitslohnes aufgewogen werde.[628]

Der Günstigkeitsvergleich trage hier den Charakter eines Werturteils, das durch eine Abwägung der ambivalenten Wirkungen der einzelvertraglichen Abweichung unter Berücksichtigung der konkreten Arbeits- und Lebensumstände des Arbeit-

---

bArbR/*Löwisch/Rieble*, Bd. 3, § 272, S. 442f. Rn. 39f.; *Wiedemann*, TVG, § 4, S. 1113ff., Rn. 451ff.; Rn. 467ff., Rn. 471;

623 Vgl. *Wiedemann*, TVG, § 4, Rn. 471, S. 1119.

624 MünchHbArbR/*Löwisch/Rieble*, Bd. 3, § 272, S. 444 Rn. 46 a.E.; *Wiedemann*, TVG, § 4, S. 1113, Rn. 451; dies entspricht auch dem traditionellen Verständnis des Günstigkeitsvergleichs, wie es bereits der Rechtsprechung des Reichsarbeitsgerichts zur Zeit der Geltung der TVVO zugrundegelegen hatte, vgl. dazu schon oben unter § 2 II 3, S. 30.

625 So MünchHbArbR/*Löwisch/Rieble*, Bd. 3, § 272, Rn. 47, S. 444.

626 *Bengelsdorf*, ZfA 1990, S. 563ff. (598); *Buchner*, DB 1990, S.1715ff. (1719); *ders.*, in: Hromadka, Arbeitszeitrecht im Umbruch, S. 3ff (23); *Joost*, ZfA 1984, S. 173ff. (180); *Krauss*, Günstigkeitsprinzip, S.115; *Krummel*, Die Geschichte des Unabdingbarkeitsgrundsatzes und des Günstigkeitsprinzips, S. 243; *Leinemann*, DB 1990, S. 732ff. (734); *Lieb*, NZA 1994, S. 289ff. (293); *Reuter*, RdA 1991, S. 193ff. (202); *Schaub*, in: Schaub, § 204 VII 6 b, Rn. 57, S. 2117; *Zöllner*, DB 1989, S. 2121ff. (2125/2126).

627 *Bengelsdorf*, ZfA 1990, S. 563ff. (594); *Joost*, ZfA 1984, S. 173ff. (177); *Leinemann*, DB 1990, S. 732ff. (734); *Lieb*, NZA 1994, S. 289ff. (293).

628 *Krummel*, Die Geschichte des Unabdingbarkeitsgrundsatzes und des Günstigkeitsprinzips, S. 243; *Reuter*, RdA 1991, S. 193ff. (202).

nehmers nach objektiven Wertungsmaßstäben zu gewinnen sei.[629] Soweit ein Zusammenhang zwischen den Regelungen des Tarifvertrages bestehe, seien diese nicht unabdingbare Einzelpositionen, sondern vermittelten dem Arbeitnehmer eine arbeitsrechtliche Gesamtposition, die als solche Gegenstand der Beurteilung sei und insgesamt nicht verschlechtert werden dürfe.[630]

2) Die den Kompensationsaspekt ablehnende Auffassung

Eine andere Auffassung in der Literatur lehnt hingegen die Anwendbarkeit derartiger kompensatorischer Vergleichsmaßstäbe ab und stuft die arbeitsvertragliche Festlegung einer längeren als der tariflichen Wochenarbeitszeit generell als eine gegenüber dem Tarifvertrag ungünstigere Regelung ein, die sich insoweit nicht gemäß § 4 III TVG gegenüber dem Tarifvertrag durchsetzen könne.[631]

Der Ablehnung des Kompensationsaspekts liegt dabei bei einigen Vertretern dieser Auffassung die prinzipielle Ablehnung des Sachgruppenvergleichs zugunsten des Einzelvergleichs zugrunde. Nach *Linnekohl/Rauschenberg/Reh* handele es sich bei Tarifnormen um eine „Kette konkreter Schutzpositionen“, deren verschiedene Standards nicht im Sinne einer arbeitsrechtlichen Gesamtposition zusammenfassbar seien.[632] Mit der kürzeren tarifvertraglichen Arbeitszeit sei ein Mehr an Gesundheitsschutz und Freizeit verbunden, so dass die einzelvertragliche Verlängerung dieser tarifvertraglich festgelegten Arbeitszeiten eine Preisgabe eines Stücks höchstpersönlicher Rechtsgüter bedeute und damit stets als ungünstiger gegenüber dem Tarifvertrag einzustufen sei.[633]

Auch nach *Däubler* gehe aus § 4 Abs. III TVG nicht hervor, dass untertarifliche Arbeitsbedingungen möglich seien, soweit diesen entsprechende oder größere Vorteile gegenüberstünden.[634] Ein solcher kompensatorischer Gruppenvergleich sei allenfalls dann möglich, wenn mehrere Einzelregelungen von den Tarifvertragsparteien bewusst zu einer Einheit zusammengefasst worden seien.[635] Soweit man sich dennoch auf die Erwägung einlasse, der Nachteil einer längeren Arbeitszeit könne durch eine entsprechende Verdiensterhöhung aufgewogen werden, könne jedenfalls

---

[629] *Joost*, ZfA 1984, S. 173ff. (180); *Krummel*, Die Geschichte des Unabdingbarkeitsgrundsatzes und des Günstigkeitsprinzips im Tarifvertragsrecht, S. 243.

[630] *Krauss*, Günstigkeitsprinzip, S. 107ff.; *Schmidt*, Günstigkeitsprinzip, S. 121f.; *Wlotzke*, Günstigkeitsprinzip, S. 82.

[631] *Däubler*, DB 1989, S. 2534ff. (2537); *Hueck/Nipperdey*, Arbeitsrecht II/1, § 29 IV 2 a, S. 565, Fn. 12; *Richardi*, Kollektivgewalt und Individualwille, S. 383f.; *Wlotzke*, Günstigkeitsprinzip, S. 80; *Zachert*, DB 1990, S. 986ff. (989).

[632] *Linnenkohl/Rauschenberg/Reh*, BB 1990, S. 628ff. (629).

[633] *Däubler*, DB 1989, S. 2534ff. (2537).

[634] *Däubler*, Tarifvertragsrecht, Rn. 206; *Linnenkohl/Rauschenberg/Reh*, BB 1990, S. 628ff. (629).

[635] *Däubler*, Tarifvertragsrecht, Rn. 206

der einfache lineare Lohnzuwachs infolge der Mehrarbeit keine Beurteilung als günstiger rechtfertigen. Denn bei der einzelvertraglichen Vereinbarung einer 40-Stunden-Woche sei der entsprechende Vergleichsgegenstand gerade nicht die tarifliche Vereinbarung z.B. der 37 Stunden-Woche und der hiermit korrespondierende Verdienst, sondern der Verdienst der sich bei einer 37-Stunden-Woche zuzüglich wöchentlich drei Überstunden ergebe. Insoweit könne ohnehin von einer Begünstigung allenfalls dann die Rede sein, wenn einzelvertraglich mehr als der tarifliche Überstundensatz gezahlt werde.[636]

Im übrigen sei die Ablehnung der Günstigkeit einzelvertraglicher Verlängerungen der tariflichen Wochenarbeitszeit auch zum Schutz des Tarifvertrages geboten, da Arbeitszeittarife weitgehend funktionslos würden, wenn von ihnen jederzeit einzelvertraglich abgewichen werden könne und ihnen somit nur noch die Funktion unverbindlicher Empfehlungen zukäme.[637] Insbesondere aufgrund der sozialpolitischen Bedeutung der Arbeitszeit dürften Arbeitszeitregelungen in Tarifverträgen prinzipiell nicht unterlaufen werden.[638] Im übrigen bestehe die Gefahr, dass der einzelne Arbeitnehmer sich letztlich nur unter dem Druck des Arbeitgebers auf eine derartige Verlängerung der Arbeitszeit einlasse, ohne dass dies tatsächlich seinem Interesse entspreche.[639]

3) Der neue Ansatz des Bundesarbeitsgerichts – Wahlrecht des Arbeitnehmers als Kriterium im Rahmen des § 4 Abs. III TVG

Die jüngere Rechtsprechung des Bundesarbeitsgerichts hat gegenüber diesen bereits aus der Zeit der TVVO bekannten Argumenten für und wider die Zulässigkeit einzelvertraglicher Abweichungen in dieser Fallgruppe neue Gesichtspunkte in die Diskussion eingeführt. Der erste Senat des BAG ging in einer Entscheidung vom 18.08.1987 zunächst davon aus, dass das Günstigkeitsprinzip grundsätzlich auch im Arbeitszeitbereich Anwendung finden müsse[640], und erteilte damit den Auffassungen eine Absage, nach denen Arbeitszeitbestimmungen einem Günstigkeitsvergleich von vornherein nicht zugänglich seien.[641] Die Entscheidung enthielt jedoch keine Stellungnahme zu den Modalitäten der Günstigkeitsbeurteilung.

In einem Beschluss des großen Senats des BAG vom 7.11.1989[642] findet sich diesbezüglich ein neuer Gesichtspunkt für die Beurteilung der Günstigkeit im Einzel-

[636] *Däubler*, DB 1989, S. 2534ff. (2537); zustimmend *Zachert*, DB 1990, S. 986ff. (987).
[637] *Däubler*, DB 1989, S. 2534ff. (2538); zustimmend *Zachert*, DB 1990, S. 986ff. (987).
[638] *Zachert*, DB 1990, S. 986ff. (989).
[639] *Zachert*, DB 1990, S. 986ff. (987).
[640] BAG DB 1987, S. 2257ff. (2258).
[641] In diesem Sinne etwa *Hromadka*, DB 1992, S. 1042ff. (1046) m.w.N.; *Henssler*, ZfA 1994, S. 487ff. (506).
[642] BAG DB 1990, S. 1724ff. (1726).

fall. Der große Senat hatte hier über die Günstigkeit einer einzelvertraglichen Vereinbarung zu entscheiden, die gegenüber der Regelung in einer einschlägigen Betriebsvereinbarung[643] eine längere Lebensarbeitszeit vorsah. Der Senat beurteilte die einzelvertragliche Vereinbarung einer längeren Lebensarbeitszeit mit der Begründung als günstiger, dass die einzelvertragliche Vereinbarung dem Arbeitnehmer eine längere Wahlmöglichkeit zwischen Arbeit und Ruhestand als die Betriebsvereinbarung eröffne. Dem Arbeitnehmer stehe es nach der arbeitsvertraglichen Vereinbarung frei, ob er die längere arbeitsvertragliche Arbeitszeit ausnutzen wolle oder sein Arbeitsverhältnis durch die Ausübung des ihm zustehenden Kündigungsrechtes schon früher - z. B. auch zu dem sich aus der Betriebsvereinbarung ergebenden Termin - beenden wolle. Diese längere Wahlmöglichkeit sei gegenüber der Betriebsvereinbarung günstiger, die eine starre Altersgrenze vorsehe und damit diese Wahlmöglichkeit des Arbeitnehmers einschränke.[644]

Der 4. Senat des BAG wäre offensichtlich bereit gewesen, dieses Kriterium der Wahlmöglichkeit des Arbeitnehmers auch für die Frage der Zulässigkeit der einzelvertraglichen Verlängerung der Wochenarbeitszeit anzuerkennen.[645] In einem Revisionsverfahren gegen eine Entscheidung des LAG Stuttgart, das die Anwendbarkeit des Günstigkeitsprinzips auf arbeitsvertraglich vereinbarte übertarifliche Arbeitszeiten verneint hatte, äußerte sich der 4. Senat in der mündlichen Verhandlung am 29.11.1989 dahingehend, dass übertarifliche Arbeitszeitvereinbarungen in Arbeitsverträgen nach Maßgabe des Günstigkeitsprinzips wirksam seien, wenn sie auf der Grundlage eines entsprechenden Wahlrechts des Arbeitnehmers zustande kommen.[646] Zu einer Entscheidung kam es jedoch nicht mehr, weil die Arbeitnehmerseite einen Klageverzicht erklärte. Diese Rechtsprechung des BAG ist auch in Teilen der Literatur auf Zustimmung gestoßen.[647]

Eine Fortführung des Wahlrechtsgedankens als Grenze tarifvertraglicher Normsetzungsgewalt findet sich – wenn auch nicht im Kontext des § 4 Abs. III TVG - in einer Entscheidung des BAG zur Wirksamkeit tarifvertraglicher Altersgrenzenrege-

643 Nach Auffassung des großen Senats findet das Günstigkeitsprinzip auch auf das Verhältnis von Inhaltsnormen einer Betriebsvereinbarung zu abweichenden Abreden im Einzelarbeitsvertrag Anwendung, vgl. BAG DB 1990, S. 1724ff. (1725).

644 BAG DB 1990, S. 1724ff. (1726).

645 So ausdrücklich Neumann, der damalige Vorsitzende des 4. Senats, zit. nach *Rüthers*, Handelsblatt vom 19./20. 1.1990, S. 6; in Teilen der Literatur ist diese Übertragung ausdrücklich vollzogen worden, vgl. etwa *Bengelsdorf*, ZfA 1990, S. 563ff. (580, 598); *Buchner*, DB 1990, S. 1715ff. (1720); *Gast*, BB 1990, S. 1637ff. (1643); *Löwisch*, BB 1991, S. 59ff. (62); *Richardi*, ZfA 1990, S. 211ff. (242); dagegen *Zachert*, DB 1990, S. 986ff. (988).

646 Vgl. den Bericht von *Buchner*, DB 1990, S. 1715ff. (1720).

647 *Bengelsdorf*, ZfA 1990, S. 563ff. (580); *Bergner*, Zulässigkeit kollektivvertraglicher Arbeitszeitregelungen, S. 234; *Buchner*, DB 1990, S. 1715ff. (1720); *ders.* RdA 1990, S. 1ff. (16); *Löwisch*, BB 1991, S. 59ff. (62); *ders.*, ZfA 1996, S. 293ff. (310); *Rieble*, ZTR 1993, S. 54ff. (61).

lungen aus dem Jahre 1993.[648] Das BAG nahm hier einen Verstoß der tarifvertraglichen Altersgrenzenregelung gegen § 41 Abs. IV S. 3 SGB VI an, da die vom Gesetzgeber mit § 41 Abs. IV SGB VI beabsichtigte arbeitsrechtliche Flankierung einer flexiblen Lebensarbeitszeit eine an bestimmte Voraussetzungen geknüpfte individualvertragliche Vereinbarung oder Bestätigung voraussetze und die Regelung des § 41 IV SGB VI schon deshalb nicht als tarifdispositiv angesehen werden könne.[649] Die mit der Norm verbundene Einschränkung der Normsetzungsmacht der Tarifvertragsparteien hielt das BAG verfassungsrechtlich unter folgender Begründung für unbedenklich:

> „Außerdem wird mit der Flexibilisierung der Lebensarbeitszeit den Arbeitnehmern die Möglichkeit eröffnet, selbst darüber zu entscheiden, wann sie das Altersruhegeld in Anspruch nehmen und aus dem Arbeitsleben ausscheiden. Diese Stärkung der Rechtsstellung der Arbeitnehmer auch gegenüber den Tarifvertragsparteien ist, insbesondere unter Berücksichtigung der Wertentscheidung des Art. 12 I GG, verfassungsrechtlich nicht zu beanstanden."[650]

4) Das in der Literatur entwickelte Wahl- oder Optionsmodell im Rahmen des Günstigkeitsvergleichs

Auch in der neueren Literatur sehen im Anschluss an die Entscheidung des großen Senats einige Auffassungen eine vom Tarifvertrag abweichende einzelvertragliche Regelung der Arbeitszeit schon dann als günstiger im Sinne des § 4 III TVG an, wenn diese dem Arbeitnehmer ein Wahlrecht zwischen den verschiedenen Arbeitszeitgestaltungen einräume.[651] Für diesen Fall sei die Regelung als günstiger einzustufen, ohne dass es zur Feststellung der Günstigkeit noch eines quantitativen Vergleichs zwischen beiden Regelungen bedürfe.[652]

Namentlich *Heinze* hat sich im Anschluss an die Entscheidung des großen Senats des BAG mit dem Kriterium des Wahlrechts des Arbeitnehmers im Hinblick auf

---

[648] Vgl. BAG NJW 1994, S. 538ff.
[649] BAG NJW 1994, S. 538ff. (540).
[650] BAG NJW 1994, S. 538ff. (541).
[651] *Bengelsdorf*, ZfA 1990, S. 563ff. (580); *Bergner*, Zulässigkeit kollektivvertraglicher Arbeitszeitregelungen, S. 234; *Buchner*, DB 1990, S. 1715ff. (1720); *ders.* RdA 1990, S. 1ff. (16); *Löwisch*, BB 1991, S. 59ff. (62); MünchHbArbR/*Löwisch/Rieble*, § 272, Rn. 51, 55; *Rieble*, ZTR 1993, S. 54ff. (61); vgl. zu dem Wahlrechtsgedanken auf europarechtlicher Ebene auch *Birk*, EuZW 1993, S. 156ff. (158) zu der Frage, ob eine nationale Regelung die Arbeitnehmer dann i.S. des Art. 7 Richtlinie 77/187/EWG begünstigt, wenn sie diesen ein Widerspruchsrecht gegen den Übergang des Arbeitsverhältnisses im Rahmen eines Betriebsübergangs gem. § 613a BGB einräumt und dem Arbeitnehmer damit die Möglichkeit der Wahl zwischen altem und neuem Arbeitgeber einräume.
[652] *Bengelsdorf*, ZfA 1990, S. 563ff. (598).

die verfassungsrechtliche Frage des Verhältnisses von Privatautonomie und Tarifautonomie befasst[653] und hierauf aufbauend einen Ansatz zur Neuorientierung des Günstigkeitsprinzips aufgezeigt. Aus dem Verhältnis der durch Art. 2 I GG gewährleisteten allgemeinen Handlungsfreiheit sowie der durch Art. 12 GG gewährleisteten Vertragsfreiheit der Arbeitsvertragsparteien auf der einen Seite und der kollektiven Privatautonomie der Koalitionen auf der anderen Seite ergebe sich, dass stets – soweit nicht das Sozialstaatsprinzip Ausnahmen legitimiere oder sogar postuliere – der individuellen Privatautonomie gegenüber der Kollektivautonomie der Vorrang gebühre.[654] Die Kollektivautonomie müsse daher zugunsten dieses Vorrangs der individuellen Freiheitsrechte dort ihre verfassungsrechtliche Schranke finden, wo die individuelle Privatautonomie zur Verwirklichung der vom Sozialstaatsprinzip geforderten Vertragsgerechtigkeit im Arbeitsleben selbst in der Lage sei.[655] Das sog. Günstigkeitsprinzip in § 4 III TVG stelle die einfachgesetzliche Ausformung dieser zwingenden Verfassungsschranke kollektiver Privatautonomie dar.[656] Hiernach müsse jede im Wege tatsächlicher privatautonomer Selbstbestimmung zustande gekommene und inhaltlich ausgestaltete individualvertragliche Regelung wegen der verfassungsrechtlich vorgegebenen Präponderanz der individuellen Freiheit und Selbstbestimmung stets als eine Abweichung zugunsten des Arbeitnehmers im Sinne des § 4 III TVG angesehen werden, soweit sie zugleich dem sozialstaatlichen Schutzprinzip im Sinne des Art. 9 Abs. III GG gerecht werde.[657]

Nach *Heinze* sei insoweit verfassungsrechtlich eine Ausgestaltung des Günstigkeitsvergleichs geboten, bei der auf der ersten Stufe allein die Prüfung stehe, ob sich Arbeitnehmer und Arbeitgeber mit der jeweiligen Macht zur Selbstbestimmung gegenüberstehen oder ob durch ein Machtgefälle zugunsten des Arbeitgebers statt der beiderseitigen Selbstbestimmung eine Fremdbestimmung des Arbeitnehmers eingetreten sei. Nur im letzteren Fall vermöge das sozialstaatliche Schutzprinzip den Eingriff in die individuelle Freiheit des Arbeitnehmers durch die kollektive Fremdbestimmung zu legitimieren.[658] Auf einer zweiten Prüfungsstufe sei sodann zu prüfen, ob die abweichende Regelung im Hinblick auf das der Tarifautonomie in Art. 9 Abs. III GG zugrundeliegende Schutzprinzip als sozialstaatskonform ange-

653 *Heinze*, NZA 1991, S. 329ff. (330ff.).
654 *Heinze*, NZA 1991, S. 329ff. (333).
655 *Heinze*, NZA 1991, S. 329ff. (331); so auch *Belling*, Günstigkeitsprinzip, S. 64ff. (insb. S. 66, 68, 70); *Biedenkopf*, Grenzen der Tarifautonomie, S. 75, 146f; *Joost*, ZfA 1984, S. 173ff. (175, 178, 179); *Richardi*, Kollektivgewalt und Individualwille, S. 381; *Säcker*, Gruppenautonomie und Übermachtkontrolle, S. 51f. und S. 293f.; *Zöllner*, DB 1989, S. 2121ff. (2126); a.A.: *Kempen/Zachert*, TVG, Rn. 164, S. 689 unten.
656 *Belling*, Günstigkeitsprinzip, S. 86f.; *Heinze*, NZA 1991, S. 329ff. (332); *Zöllner*, DB 1989, S. 2121ff. (2125).
657 *Heinze*, NZA 1991, S. 329ff. (332).
658 *Heinze*, NZA 1991, S. 329ff. (334).

sehen werden könne. Auch auf dieser Ebene finde jedoch kein quantitativer Vergleich mit den Regelungen des konkreten betroffenen Tarifvertrages statt. Vielmehr sei eine wertende Gesamtbetrachtung des Vertragsinhalts mit den einschlägigen Standards des aktuellen Tarifvertragssystems in seiner Gesamtheit vorzunehmen.[659] Sofern die Regelung auf dieser zweiten Wertungsstufe im Sinne der sozialstaatlichen Grundrechtsgewährung gem. Art. 9 Abs. III GG als sozialstaatskonform zu beurteilen sei, bleibe es bei der in der ersten Stufe gewonnenen Einstufung als Änderung zugunsten des Arbeitnehmers im Sinne des § 4 III TVG.

5) Die Auffassung vom Sachgruppenvergleich bei subjektivem Beurteilungshorizont - Subjektivierung des Günstigkeitsprinzips

In der Literatur wurde ferner ein Ansatz vertreten, der für eine Neuorientierung bei der Auslegung des § 4 Abs. III TVG im Sinne einer Subjektivierung des Günstigkeitsprinzips eintritt.[660]

Bei der Beurteilung der Günstigkeit der einzelvertraglichen Abweichung müsse hiernach entgegen dem traditionellen Verständnis der herrschenden Meinung[661] nicht ein objektiver, sondern ein subjektiver Beurteilungsmaßstab zugrundegelegt werden. Insoweit sei beim Günstigkeitsvergleich nicht auf einen gedachten „verständigen Modellarbeitnehmer“, sondern auf den konkret betroffenen Arbeitnehmer und dessen Interessenlage abzustellen.[662] Dabei erweise bereits der Umstand, dass der Arbeitnehmer die vom Tarifvertrag abweichende individualvertragliche Vereinbarung überhaupt abgeschlossen habe, dass er diese für günstiger erachte.[663]

II.) Der Günstigkeitsvergleich am Beispiel der einzelvertraglichen Vereinbarung untertariflicher Löhne zur Rettung des Arbeitsplatzes oder ganzer Betriebe

Ein abweichendes Bild des Meinungstandes zum Günstigkeitsvergleich im Rahmen des § 4 Abs. III TVG ergibt sich bei der Beurteilung einzelvertraglicher Vereinbarungen untertariflicher Löhne zur Rettung des Arbeitsplatzes oder ganzer Betriebe. Der Meinungsstreit hat hier im Wesentlichen die Frage zum Gegenstand, inwieweit

---

659 *Heinze*, NZA 1991, S. 329ff. (334/335).

660 Vgl. *Freihube*, DB 2000, S. 1022ff. (1023); *Gast*, BB 1990, S. 1637ff.(1643); *Krauss*, DB 2000, S. 1962ff. (1963); ähnlich *Kast/Stuhlmann*, BB 2000, S. 614ff. (615); aus verfassungsrechtlicher Sicht vgl. *Löwer*, in: v. Münch/Kunig, GG, Bd. 1, Art. 9, Rn. 80, Stichwort „Öffnungsklauseln“.

661 Zu den historischen Grundlagen der Auffassung vom objektiven Beurteilungsmaßstab im Rahmen des § 4 Abs. III TVG vgl. schon oben unter § 2 II 3, S. 30.

662 Vgl. *Adomeit*, NJW 1984, S. 26f. (27); *Bauer*, NZA 1999, S. 957ff. (960); *Krauss*, DB 2000, S. 1962ff. (1963); *Kast/Stuhlmann*, BB 2000, S. 614ff. (615); *Trappehl/Lambrich*, NJW 1999, S. 3217ff. (3221).

663 So *Bauer*, NZA 1999, S. 957ff. (960); *Krauss*, DB 2000, S. 1962ff. (1963).

ein für den Fall der Vereinbarung untertariflicher Löhne arbeitgeberseitig zugesagter Verzicht auf betriebsbedingte Kündigungen bzw. auf eine Schließung des Betriebs oder Betriebsteils als kompensatorischer Faktor gegenüber der für den Arbeitnehmer nachteiligen Lohnabsenkung in die Günstigkeitsbeurteilung mit einzustellen ist.

1) Die herrschende Auffassung - Urteil des BAG vom 20. April 1999 (Burda-Entscheidung)

Das BAG hatte in einer Entscheidung vom 20. April 1999, die als „Burda-Entscheidung" vielfache Beachtung fand, darüber zu befinden, ob eine Vereinbarung als günstiger im Sinne des § 4 Abs. III TVG zu qualifizieren ist, in der die Arbeitnehmer eine vorübergehende Kürzung ihrer Lohnansprüche unter das Tarifniveau hinnehmen, wenn im Gegenzug der Arbeitgeber den Verzicht auf betriebsbedingte Kündigungen erklärt. Die zwischen Arbeitgeber und Betriebsrat nach dem zugrundeliegenden Sachverhalt abgeschlossene Vereinbarung sah zum Zwecke der Betriebssanierung eine Erhöhung der Wochenarbeitszeit ohne vollen Lohnausgleich und die Herabsetzung zahlreicher Zuschläge gegen eine entsprechende arbeitgeberseitige Beschäftigungsgarantie vor.[664]

Im Ergebnis sah das Gericht die vereinbarten Abweichungen vom Tarifvertrag als nicht vom Günstigkeitsprinzip des § 4 Abs. III TVG gedeckt an. Der Entscheidung kommt insoweit grundlegende Bedeutung zu, als das BAG in den Gründen derartigen beschäftigungssichernden Vereinbarungen in Abweichung vom Tarifvertrag im Ergebnis generell die Wirksamkeit über das Günstigkeitsprinzip des § 4 Abs. III TVG versagt. Das Gericht führt unter Zugrundelegung der traditionellen Dogmatik des Günstigkeitsprinzips im Sinne eines Sachgruppenvergleichs aus, Entgelt- und Arbeitszeitregelungen einerseits und Beschäftigungsgarantie andererseits seien völlig unterschiedlich geartete Regelungsgegenstände, für die es an einem inneren Zusammenhang und gemeinsamen Bewertungsmaßstab fehle.[665] Dies sei jedoch Voraussetzung für eine kompensatorische Betrachtung im Rahmen eines Sachgruppenvergleichs. Da ein Vergleich mithin methodisch unmöglich sei, könne die Beschäftigungsgarantie in die Günstigkeitsbeurteilung nicht einbezogen werden. Die Entgelt- und Arbeitszeitregelung der Sanierungsvereinbarung seien jedoch für sich betrachtet eine für den Arbeitnehmer ungünstige Abweichung vom Tarifvertrag. Der beschäftigungssichernden Vereinbarung sei hiernach die Wirksamkeit nach Maßgabe des § 4 Abs. III TVG zu versagen. Allein diese Handhabung entspreche nach der Auffassung des Gerichts auch dem Zweck der Vorschrift.[666]

---

[664] Vgl. dazu BAG NJW 1999, S. 3281 (3282) = BB 1999, S. 1657.
[665] Vgl. dazu BAG NJW 1999, S. 3281 (3282) = BB 1999, S. 1657.
[666] Vgl. dazu BAG NJW 1999, S. 3281 (3282) = BB 1999, S. 1657.

Die Burda-Entscheidung des BAG hat auch in Teilen des rechtswissenschaftlichen Schrifttums Zustimmung erfahren.[667] Auch soweit die rechtswissenschaftliche Literatur der Burda-Entscheidung des BAG nicht in der Begründung gefolgt ist, wird hier zum Teil die Auffassung vertreten, an der zwingenden Geltung der Tarifnormen namentlich bezüglich der Lohnhöhe sei stets und selbst um den Preis des Verlustes von Arbeitsplätzen und der Verringerung der Chancen beschäftigungsloser Arbeitnehmer, wieder einen Arbeitsplatz zu finden, festzuhalten.[668]

2) Die Auffassung von der Möglichkeit einer Kompensation der Lohnminderung durch eine Arbeitsplatzgarantie

Ein Teil der rechtswissenschaftlichen Literatur geht bei grundsätzlicher Beibehaltung der traditionellen Dogmatik des Sachgruppenvergleichs im Rahmen des § 4 Abs. III TVG davon aus, dass entgegen der Rechtsprechung des BAG ein innerer Zusammenhang zwischen Entgelt- und Arbeitszeitregelungen einerseits und Beschäftigungsgarantie andererseits anzunehmen sei.[669]

Die hiernach mögliche Einbeziehung der Beschäftigungsgarantie in den Günstigkeitsvergleich könne je nach Sachverhaltslage im Einzelfall den Nachteil der untertariflichen Lohnabrede kompensieren mit der Folge, dass die Vereinbarung als günstiger im Sinne des § 4 Abs. III TVG zu qualifizieren und damit vom Günstigkeitsprinzip gedeckt sei.[670] Im Rahmen beschäftigungssichernder Vereinbarungen folge dies jedoch regelmäßig aus der Erwägung, dass ein untertariflich bezahlter Arbeitsplatz jedenfalls günstiger sei als Arbeitslosigkeit.[671]

3) Die Übertragung des Wahl-/Optionsmodels auf Lohnvereinbarungen im Rahmen beschäftigungssichernder Vereinbarungen

Eine andere Auffassung befürwortet auch hier die Anwendung des in der Literatur entwickelten Wahl- oder Optionsmodells[672] und lehnt die traditionelle Dogmatik des Sachgruppenvergleichs ab.

---

667 Vgl. *Berg/Platow*, DB 1999, S. 2362ff. (2367); *Däubler*, AiB 1999, S. 481ff. (482); ablehnend *Bauer*, NZA 1999, S. 957ff. (960); *Buchner*, NZA 1999, S. 897ff. (901); *Freihube*, DB 2000, S. 1022ff. (1023f.); *Kast/Stuhlmann*, BB 2000, S. 614ff. (615); *Krauss*, DB 2000, S. 1962ff. (1963ff.); *Müller*, DB 1999, S. 2310ff. (2313/2314); *Niebler/Schmiedl*, BB 2001, S. 1631ff. (1635); *Reuter*, SAE 1999, S. 262ff. (265); *Thüsing*, DB 1999, S. 1552ff. (1553); differenzierend *Trappehl/Lambrich*, NJW 1999, S. 3217ff. (3221).

668 *Belling*, Günstigkeitsprinzip, S. 171; *Tyska*, AuR 1985, S. 276 (281).

669 *Niebler/Schmiedl*, BB 2001, S. 1631 (1635); vgl. auch den Vorschlag des *Sachverständigenrates*, Jahresgutachten 2000/2001, Rn. 416.

670 *Adomeit*, NJW 1984, S. 26f. (26); *Niebler/Schmiedl*, BB 2001, S. 1631 (1635).

671 So *Adomeit*, NJW 1984, S. 26f. (26).

672 Vgl. oben unter § 5 I 3, S. 118.

Nach dem aus der Rechtsprechung des BAG fortentwickelten Optionsmodell sei eine beschäftigungssichernde Vereinbarung im Sinne des der Burda-Entscheidung zugrundeliegenden Sachverhalts als günstiger im Sinne des § 4 Abs. III TVG zu bewerten, wenn diese dem Arbeitnehmer die Option einräume, frei zwischen dem bisherigen Inhalt des Arbeitsvertrages nach Maßgabe des Tarifvertrages einerseits und der lohnsenkenden Abweichung von den Regelungen des Tarifvertrages bei gleichzeitig arbeitgeberseitiger Beschäftigungsgarantie zu wählen.[673]

Eines Sachgruppenvergleichs und des damit verbundenen Eindringens der Arbeitsgerichte in Wertungsfragen der Tarifpolitik bedürfe es hiernach nicht. Vielmehr ermögliche das Wahlrecht dem betroffenen Arbeitnehmer selbst die Entscheidung darüber, ob ihm die Arbeitsplatzsicherung Abstriche von tariflichen Positionen wert sei. Das Wahlrecht sei damit schon als solches eine Abweichung vom Tarifvertrag „zugunsten des Arbeitnehmers" im Sinne des § 4 Abs. III TVG.[674]

4) Die Ansicht vom Sachgruppenvergleich bei subjektivem Beurteilungsmaßstab

Auch die in der rechtswissenschaftlichen Literatur vertretene Auffassung, wonach dem Sachgruppenvergleich im Rahmen des § 4 Abs. III TVG entgegen der herrschenden Auffassung nicht ein objektiver, sondern ein subjektiver Beurteilungsmaßstab zugrunde zu legen sei,[675] gelangt für beschäftigungssichernde Vereinbarungen im Sinne der Burda-Entscheidung im Ergebnis regelmäßig zu deren Wirksamkeit nach Maßgabe des Günstigkeitsprinzips.

Unter den Vertretern dieser Ansicht besteht Einigkeit, das jedenfalls in derartigen „notstandsähnlichen Situationen" ein subjektiver Beurteilungsmaßstab anzulegen sei mit der Folge, dass beim Günstigkeitsvergleich die Interessenlage des konkret betroffenen Arbeitnehmers maßgeblich sei. Den Arbeitsvertragsparteien sei es nicht verwehrt, in solchen Notlagen eine Beschäftigungsgarantie zu einer für die Günstigkeitsbeurteilung relevanten Vergleichsgröße zu machen.[676]

Der Umstand, dass der Arbeitnehmer eine Vereinbarung dieses Inhalts mit dem Arbeitgeber getroffen habe erweise, dass er diese subjektiv für günstiger halte.[677] Dieser Entscheidung des Arbeitnehmers als unmittelbar durch die Regelung Betroffenem sei daher über das Günstigkeitsprinzip zur Durchsetzung zu verhelfen.

---

673 Dazu eingehend *Buchner*, DB 1996, Beilage 12, S. 9ff.; *ders.*, NZA 1999, S. 897ff. (901).

674 *Buchner*, NZA 1999, S. 897ff. (902); ähnlich auch schon *Adomeit*, NJW 1984, S. 596.

675 Vgl. oben unter § 5 I 5, S. 122.

676 So *Kast/Stuhlmann*, BB 2000, S. 614 (615); *Trappehl/Lambrich*, NJW 1999, S. 3217ff. (3221).

677 Vgl. *Bauer*, NZA 1999, S. 957ff. (960); *Krauss*, DB 2000, S. 1962ff. (1963).

III.) Stellungnahme zum Meinungsstand hinsichtlich des Günstigkeitsvergleichs im Rahmen des § 4 Abs. III TVG

1) Die Problematik der Ambivalenz einzelvertraglicher Abweichungen vom Tarifvertrag in den bezeichneten Fallgruppen

Die dargestellten Fallgruppen der Arbeitszeitregelungen einerseits und der einzelvertraglichen Vereinbarung untertariflicher Löhne zur Beschäftigungssicherung andererseits zeigen in besonderer Weise die Schwächen der herrschenden traditionellen Auslegung des § 4 Abs. III TVG im Sinne eines Sachgruppenvergleichs nach quantitativen Maßstäben.

Der Grund liegt in der Ambivalenz der Wirkungen der einzelvertraglichen Abweichung vom Tarifvertrag im Hinblick auf die Günstigkeitsbeurteilung, die bei Zugrundelegung eines quantitativen Vergleichs eine entsprechende Gewichtung und Abwägung voraussetzt. Bei Arbeitszeitregelungen folgt diese Ambivalenz aus der Konnexität von wöchentlicher Arbeitszeit und Höhe des Lohnanspruchs, bei der beschäftigungssichernden Vereinbarung untertariflicher Löhne hingegen aus der Erwägung, dass der mit der nachteiligen Lohneinbuße erkaufte – wenn auch eventuell nur für einen vereinbarten Zeitraum gesicherte - Fortbestand des Arbeitsverhältnisses gegenüber dem drohenden Verlust desselben für den Arbeitnehmer unbestreitbar als vorteilhaft zu werten ist.

Die Burda-Entscheidung des BAG blendet für beschäftigungssichernde Vereinbarungen untertariflicher Löhne diese Ambivalenz aus dem Günstigkeitsvergleich im Rahmen des § 4 Abs. III TVG von vornherein mit dem Argument des fehlenden Sachgruppenzusammenhangs zwischen Lohnvereinbarung und Beschäftigungsgarantie aus. Insbesondere in dieser Auslegung durch das BAG begegnet die traditionelle Dogmatik des Günstigkeitsvergleichs durchgreifenden Bedenken. Mit dem Verlust des Arbeitsplatzes gehen dem Arbeitnehmer die Vorteile jedweder Vergütungsregelung verloren. Aufgrund dieser Abhängigkeit ist der Bestand des Arbeitsverhältnisses – um bei der traditionellen Dogmatik zu verbleiben – gleichsam der Unterbau aller Sachgruppen[678] in dem Sinne, dass der Genuss von Tariffrüchten gleich welcher Sachgruppe eben jedenfalls den Bestand des Arbeitsverhältnisses voraussetzt. Die insoweit zutreffende Erwägung einer Verklammerung des Bestandes des Arbeitsverhältnisses mit allen übrigen Sachgruppen raubt jedoch dem Kriterium des Sachgruppenzusammenhangs im Zusammenhang mit beschäftigungssichernden Vereinbarungen jegliche Kontur und offenbart dessen argumentative Be-

[678] In diesem Sinne auch *Niebler/Schmiedl*, BB 2001, S. 1631 (1635); kritisch zu dieser Argumentation – soweit sie mit einer Beibehaltung der Methodik des Sachgruppenvergleichs verknüpft wird - *Martens*, FS-Zeuner, S. 101ff. (117).

liebigkeit.[679] Selbst wenn man jedoch mit der h.M. einen Sachzusammenhang fordert, so ist völlig unzweifelhaft, dass unabhängig von den vorgenannten Erwägungen in den Fällen des betrieblichen Bündnisses für Arbeit ein Sachzusammenhang zwischen der Absenkung des Lohns und/oder der Verlängerung der Arbeitszeit und der Beschäftigungsgarantie besteht, da letztere die objektive Verschlechterung der Arbeitsbedingungen nach dem erkennbaren Willen der Parteien gerade kompensieren soll.[680] Es liegt auf der Hand, dass Arbeitnehmer gerade nicht nur an hohen, sondern auch an sicheren Einkommen interessiert sein können.[681]

Der Burda-Entscheidung des BAG mag das Unbehagen darüber Pate gestanden haben, dass diesem ökonomischen Zusammenhang im Kontext des § 4 Abs. III TVG Relevanz gerade über die Individualvereinbarung zukommt und insoweit die Gefahr eines „Abkaufens" tarifvertraglicher Rechte bestehe. Erst die Arbeitsvertragsparteien machen durch das arbeitgeberseitige Angebot eines Verzichts auf betriebsbedingte Kündigungen gegen arbeitnehmerseitige Lohnzugeständnisse die Arbeitplatzsicherheit zu einem Kompensationsparameter im Rahmen des § 4 Abs. III TVG. Indes ist diese Gestaltung gerade nicht willkürlich, sondern Ausdruck ökonomischer Realitäten, die aus betrieblicher Sicht in derartigen Fällen als anderweitige Option nur noch die Betriebsstillegung oder etwa Massenentlassungen zulassen. In Erkenntnis dieser ökonomischen Realität wurde ein beträchtlicher Teil beschäftigungssichernder Vereinbarungen in betroffenen Betrieben gerade auch von Seiten der Belegschaften und Betriebsräte initiiert.[682] Diese Zusammenhänge tarifrechtlich auszublenden hieße an der ökonomischen Realität vorbeizujudizieren.[683]

So ist es auch hauptsächlich die „methodische Unmöglichkeit" des Vergleichs angesichts fehlender gemeinsamer Bewertungsmaßstäbe, auf die das BAG die Ablehnung der Einbeziehung der Beschäftigungsgarantie im Rahmen des Günstigkeitsvergleichs des § 4 Abs. III TVG stützt. In der Tat ist das Problem, dass die Günstigkeit der Beschäftigungsgarantie sich – anders als etwa zwei EURO mehr Lohn – nicht in Maßeinheiten darstellen und im Sinne eines auf Grundrechenarten basierenden Verfahrens mit der Lohnminderung verrechnen ließe um zu ermitteln, ob unter dem Strich ein positiver oder negativer Saldo verbleibt. Indes setzt die Entwicklung einer entsprechenden Präferenz seitens des Arbeitnehmers eine solche gewissermaßen mathematisch exakte Vergleichbarkeit auch gar nicht voraus. Der Arbeitnehmer kann sich gleichwohl in einer Situation befinden, in der er die beschäftigungssichernde Vereinbarung gegenüber dem - die Gefahr des Verlustes des

[679] So auch *Martens*, FS-Zeuner, S. 101ff. (117).
[680] Vgl. *Reuter*, FS-Wiedemann, S. 449ff. (486).
[681] Vgl. *Sachverständigenrat*, Jahresgutachten 2002/2003, Kapitel 5 I, S. 407.
[682] Auf diesen Umstand hat namentlich *Buchner*, NZA 1999, S. 897ff. (901) hingewiesen.
[683] *Buchner*, NZA 1999, S. 897ff. (902): „Diskrepanz zwischen tarifpolitischer Illusion und betrieblicher Realität".

Arbeitsplatzes in sich tragenden - Fortbezug des Tariflohns für vorzugswürdig hält, ohne dass es dabei einer methodisch exakten Vergleichsmethode bedürfte.[684] Um die „Obstmetapher“[685] des BAG durch einen Vergleich aus der Mathematik zu ersetzen: zum exakten Vergleich und Zusammenrechnen zweier Brüche müssen diese in der Tat einen gemeinsamen Nenner haben (bzw. auf einen solchen gebracht werden); dennoch wird man sich auch bei Brüchen mit verschiedenen Nennern oft ein Urteil bilden können, welcher der beiden Brüche der Größere ist.

Den Beleg für diese These liefern die Gewerkschaften selbst, wenn die IG Metall im Hinblick auf den Bereich der tariflichen Regelung der wöchentlichen Arbeitszeit im Jahre 1996 kategorisch feststellt:

> „Kürzere Arbeitszeiten sind günstiger als längere. Für den Einzelnen, weil sie ihm mehr Freizeit und damit mehr Freiheit bringen, seine Zeit zu gestalten. Und für alle Beschäftigten, weil sie mehr Arbeitsplätze und weniger Stress bedeuten.“[686]

Auch für die hier in Bezug genommenen Größen „Freizeit“, „Freiheit“ und „weniger Stress“ dürfte es insoweit an klaren Meßmethoden und Wertungsmaßstäben fehlen, die ein methodisch exaktes Aufwiegen mit den aus der kürzeren Arbeitszeit folgenden Lohneinbußen nach objektiven Maßstäben erlauben würden.[687] Gleichwohl sieht sich die IG Metall offenkundig nicht an der Bildung klarer Präferenzen gehindert.

Der solchermaßen entwickelten Präferenz des Arbeitnehmers für die beschäftigungssichernde Vereinbarung im Rahmen des Günstigkeitsvergleichs generell die Bedeutung zu versagen - wie es die Burda-Entscheidung im Ergebnis vollzieht - verbietet sich angesichts verfassungsrechtlicher Vorgaben. Mit dem drohenden Verlust des Arbeitsplatzes sind nicht nur das Grundrecht der Berufsfreiheit des Art. 12 GG, sondern auch das allgemeine Persönlichkeitsrecht des Arbeitnehmers nach Art. 2 Abs. I, 1 Abs. I GG tangiert. Die diesen Grundrechten zugrundeliegende verfassungsrechtliche Wertentscheidung verbietet es, die Beschäftigungsgarantie im Rahmen des Günstigkeitsvergleichs völlig auszuklammern und den Arbeitnehmer prinzipiell um den Preis eines drohenden Arbeitsplatzverlustes an tariflichen Leistungen festzuhalten.[688] Eine Ausklammerung der Beschäftigungsgarantie aus dem Günstigkeitsvergleich des § 4 Abs. III TVG wäre im Hinblick auf diese verfas-

---

684 Zutreffend *Buchner*, NZA 1999, S. 897ff. (901).

685 Das BAG führt in den Urteilsgründen aus, wie *Äpfel* und *Birnen*, so seien auch der Verzicht auf tarifliche Leistungen und die Arbeitsplatzgarantie nicht zu vergleichen; vgl. BAG BB 1999, S. 1657ff. (1659).

686 IG Metall direkt, Ausgabe Nr. 2/1996 vom 29.01.1996, S. 6.

687 Ebenso *Buchner*, NZA 1999, S. 897ff. (902).

688 Vgl. *Niebler/Schmiedl*, BB 2001, S. 1631 (1635).

sungsrechtliche Ausgangslage unter Umständen noch tragbar, wenn es kein Arbeitsplatzrisiko gäbe, wenn also jeder Arbeitnehmer bei Wegfall seines Arbeitsplatzes mit dem Erwerb eines neuen Arbeitsplatzes rechnen könnte.[689] Die Zugrundelegung einer derart statischen Sicht des Arbeitsmarktes ist jedoch angesichts des auch hier herrschenden globalen Wettbewerbs und anhaltend hoher Arbeitslosenzahlen schlicht durch ökonomische Realitäten widerlegt. Die zugunsten des Arbeitnehmers und auch zugunsten der Arbeitslosen eingreifenden genannten Grundrechte gebieten eine von der Mitwirkung der Tarifvertragsparteien unabhängige Berücksichtigung des Interesses am Erhalt bzw. der Schaffung von Arbeitsplätzen als Ausdruck der Herstellung praktischer Konkordanz[690] zwischen Arbeitsvertragsfreiheit einschließlich der Bezüge zum Persönlichkeitsrecht einerseits und Tarifautonomie andererseits. Soweit die Wirkungen einer Tarifvertragsordnung sozusagen strukturell auf die Verringerung von Beschäftigungschancen Außenstehender gerichtet sind, die nicht zu den „beati possidentes" der Arbeitsplatzinhaber gehören, rechtfertigt sich unter diesem Blickwinkel wie auch unter dem Gesichtspunkt des Erhalts bestehender Arbeitsplätze eine um besseren Interessenausgleich bemühte legislative Rahmensetzung[691] und im Falle ihres Ausbleibens eine richterrechtliche Korrektur der gegenwärtigen Tarifvertragspraxis.

Wäre die These des BAG von der methodischen Unmöglichkeit des Vergleichs von Lohnvereinbarung und Beschäftigungszusage richtig, so wäre schon aus diesem Grund der herrschenden Dogmatik vom objektiven Sachgruppenvergleich im Rahmen des § 4 Abs. III TVG die Gefolgschaft zu versagen. Nicht die – verfassungsrechtlich unzulässige - generelle Ausklammerung der Arbeitsplatzgarantie aus dem Kontext des § 4 Abs. III TVG, sondern die Untauglichkeit des Sachgruppenvergleichs wäre die angesichts verfassungsrechtlicher Vorgaben allein zulässige Schussfolgerung aus der vom BAG behaupteten methodischen Unmöglichkeit des Vergleichs.[692]

Nun stößt die traditionelle Dogmatik des § 4 Abs. III TVG im Sinne eines Sachgruppenvergleichs auch dann auf Bedenken, wenn man – wie wesentliche Teile der Anhängerschaft des Sachgruppenvergleichs in der Literatur[693] - entgegen der Bur-

---

689 Vgl. *Buchner*, NZA 1999, S. 897ff. (901); *ders.*, Beilage Nr. 12 zu DB 1996, Heft Nr. 29, S. 10f.

690 Vgl. zur Herstellung praktischer Konkordanz zwischen Tarif- und Privatautonomie *Löwisch*, DB 1989, S. 1185ff. (1186); *ders.*, BB 1991, S. 59ff. (60f.); *Reuter*, RdA 1991, S. 193ff. (203).

691 So auch die Monopolkommission, Zehntes Hauptgutachen 1992/1993, BT-Drucksache 12/8323, Nr. 942, S. 378.

692 Das BAG räumt in diesem Zusammenhang immerhin ein, dass der Sachgruppenvergleich nicht die „allein verfassungskonforme Art des Günstigkeitsvergleichs" darstelle, vgl. BAG BB 1999, S. 1657ff. (1660).

693 Vgl. oben § 5 II 2, S. 124f.

da-Entscheidung des BAG von einer prinzipiellen Vergleichbarkeit des Verzichts auf Tariflohn mit der Arbeitsplatzgarantie ausgeht. Dabei ist es jedoch nicht die Methodik des - prinzipiell möglichen - Sachgruppenvergleichs, sondern vielmehr die Bestimmung des „Wertes" der Vergleichsgröße „Arbeitsplatzsicherheit", an der die traditionelle Dogmatik scheitern muss.[694] Die Arbeitsplatzsicherheit ist gerade kein statischer Wert, sondern in ihrer Bedeutung abhängig von Faktoren des Arbeitsmarktes und des sozialen Umfelds des Arbeitnehmers.[695] Es besteht in Abhängigkeit von den Faktoren der gesamtwirtschaftlichen Situation der entsprechenden Branche, der Qualifikation und des Lebensalters des entsprechenden Arbeitnehmers sowie weiterer Faktoren wie einer etwaigen regionalen Gebundenheit des Arbeitnehmers - z.B. aus Gründen des familiären oder sozialen Umfelds - ein individuell unterschiedlich hohes Arbeitsplatzrisiko, dass durchaus so hoch liegen kann, dass bei Wegfall des gegenwärtigen Arbeitsplatzes eine längerfristige oder gar endgültige Arbeitslosigkeit droht oder zumindest in Rechnung zu stellen ist.[696]

Aus Sicht der traditionellen Dogmatik des Sachgruppenvergleichs bei objektiven Beurteilungsmaßstäben ist nun eine Berücksichtigung eben dieser Faktoren nur im Hinblick auf den „gedachten Modellarbeitnehmer" möglich. Maßgeblich wäre hiernach für die Bewertung der Vergleichgröße „Beschäftigungssicherung" allein das Arbeitsplatzrisiko des durchschnittlich qualifizierten Arbeitnehmers der ent-

---

694 So i.E. auch *Wendt*, Der Günstigkeitsvergleich, S. 81: „Auch auf die Wünsche, Anschauungen und Zielsetzungen des betroffenen Arbeitnehmers, so wie er sie durch den Abschluss der einzelvertraglichen Regelung zum Ausdruck gebracht hat, wäre ausreichend Rücksicht zu nehmen. Durch diese wird nämlich die Gewichtung und Bewertung der Einzelfallumstände erst ermöglicht."; ähnlich *Martens*, FS-Zeuner, S. 101 (107): „Eine solche konstitutive Funktion scheitert an der mangelnden Leistungsfähigkeit dieser Vergleichskriterien."; *Richardi*, Kollektivgewalt und Individualwille, S. 377, bemängelt insoweit zu Recht die in der juristischen Diskussion oft unzureichende Unterscheidung des Problems der Vergleichsmethode von dem der Günstigkeitsbeurteilung der einzelnen Vergleichsgrößen; demgegenüber ziehen *Belling*, Günstigkeitsprinzip, S. 183ff. und *Tech*, Günstigkeitsprinzip, S. 107f., 115 aus der bei objektiv-hypothetischem Maßstab aus ihrer Sicht unüberwindbaren Schwierigkeit des Findens sicherer objektiver Günstigkeitsmaßstäbe nicht den Schluss auf eine erforderliche Berücksichtigung individueller Aspekte und subjektiver Interessen in der Sphäre des Arbeitnehmers, sondern folgern hieraus die Ablehnung der Möglichkeit von Kompensationsvereinbarungen.

695 So bezüglich der Arbeitszeit auch *Bergner*, Die Zulässigkeit kollektivvertraglicher Arbeitszeitregelungen, S. 151: „ Die Realitäten der Arbeitswelt sind einfach zu vielgestaltig, als dass sie eine rein quantitative Betrachtung der Arbeitszeit erlauben. Vielmehr kann die für den Arbeitnehmer günstigste Gestaltung nur im Hinblick auf dessen persönliche Interessenlage und Einsatzwillen ermittelt werden."

696 Auf die Abhängigkeit der Günstigkeitsbewertung von Faktoren wie der Art des Berufs, der konkreten Arbeitsmarktlage und des Lebensalters des betroffenen Arbeitnehmers weist auch das LAG München hin, vgl. LAGE § 4 TVG Günstigkeitsprinzip Nr. 3; ebenso *Löwisch/Rieble*, § 4 TVG, Rn. 205; vgl. zum Aspekt der individuellen Fähigkeit des Arbeitnehmers zur Anpassung an geänderte Bedingungen in Abhängigkeit von Alter, Bildungsstand, Familienverhältnissen, wirtschaftlichen Hintergründen, Mentalität, Verkehrsverhältnissen u.a.m. auch *Reuter*, ZfA 1995, S. 1ff. (26).

sprechenden Branche bei durchschnittlichem Lebensalter und durchschnittlicher örtlicher und sozialer Flexibilität. Damit ist indes gegenüber der vom BAG in der Burda-Entscheidung vertretenen völligen Ausklammerung der Beschäftigungsgarantie aus dem Günstigkeitsvergleich im Hinblick auf den verfassungsrechtlichen Schutz der Arbeitsvertragsfreiheit des Art. 12 GG und des allgemeinen Persönlichkeitsrechtes der Art. 1 I, 2 I GG kaum etwas gewonnen. Gerade bei den niedriger qualifizierten und/oder älteren Arbeitnehmern, bei denen ein vergleichsweise hohes Risiko folgender Arbeitslosigkeit in Rechnung zu stellen ist, ist die nachhaltige Bedeutung des Fortbestandes des bestehenden Arbeitsverhältnisses für die Gestaltung des individuellen Lebensentwurfs offenkundig. Hier genießt der Erhalt des Arbeitsplatzes in besonderer Weise den verfassungsrechtlichen Schutz durch Art. 12 GG und Art. 1 I, 2 I GG, da die Frage des Bestandes des gegenwärtigen Arbeitsverhältnisses gleichsam mit dem Kernbereich der Persönlichkeitsentfaltung im Arbeitsleben um so mehr zur Deckung gelangt, je geringer sich die Chancen des Arbeitnehmers auf den Erwerb eines anderen Arbeitsplatzes darstellen.[697]

Die traditionelle Dogmatik des objektiven Sachgruppenvergleichs lässt – auch bei der Annahme einer prinzipiellen methodischen Vergleichbarkeit von Beschäftigungszusage einerseits und Verzicht auf Tariflohn andererseits – insoweit verfassungsrechtliche Wertentscheidungen außer Betracht, indem sie durch das Abstellen auf den „Modellarbeitnehmer" jedes konkrete überdurchschnittliche Interesse des betroffenen Arbeitnehmers an einem Fortbestand gerade des gegenwärtigen Arbeitsverhältnisses entgegen der verfassungsrechtlichen Wertentscheidung aus der Günstigkeitsbeurteilung ausblendet.

Selbst soweit man im Rahmen der traditionellen Dogmatik die Verengung der Beurteilungsperspektive auf die eines Durchschnittsarbeitnehmers zulassen wollte, kann die Günstigkeitsbeurteilung nicht generalisierend gefällt werden. Ist die Arbeitsmarktlage gut, so kann die Vereinbarung eines Lohnverzichts gegen Beschäftigungsgarantie als objektiv ungünstig angesehen werden, denn der Durchschnittsarbeitnehmer benötigt dann möglicherweise diesen Arbeitsplatzschutz nicht. Ist die Arbeitsmarktlage dagegen schlecht, so kann die Beschäftigungsgarantie auch für den Durchschnittsarbeitnehmer objektiv betrachtet etwas Günstiges sein.[698, 699]

[697] Vgl. *Bauer*, NZA 1999, S. 957ff. (960).

[698] So auch *Krauss*, DB 2000, S. 1962 (1965).

[699] Die Relevanz diese Befundes im Kontext des § 4 Abs. III TVG kann auch nicht mit dem Hinweis bestritten werden, die Auslegung des Günstigkeitsprinzips könne nicht von temporären wirtschaftlichen Entwicklungen abhängig gemacht werden, da der Tarifvertrag dem Arbeitnehmer auch in Zeiten wirtschaftlicher Depression Mindestarbeitsbedingungen sichern wolle und insoweit auf eine von wirtschaftlichen Krisen unabhängige Stetigkeit der Arbeitsbedingungen abziele; so aber *Belling*, Günstigkeitsvergleich, S. 171; *Tyska*, ArbuR 1985, S. 276ff (281). Der (in Krisenzeiten unsichere) Bestand des Arbeitsverhältnisses ist unabdingbare

Insgesamt ist festzuhalten, dass sich aus diesen Erwägungen die Frage, ob Arbeitsplatzgarantien gegen Lohnverzicht dem Günstigkeitsprinzip im Sinne der traditionellen Dogmatik entsprechen, pauschal weder bejahen noch verneinen lässt.[700]

Ähnlich stellt sich der Befund bezüglich der traditionellen Dogmatik des Günstigkeitsvergleichs – vorbehaltlich des hier vom Großen Senat des BAG entwickelten Wahlrechtkriteriums[701] – für den Bereich der Arbeitszeitregelungen dar. Auch bei der Bestimmung der Vergleichsgröße „mehr Freizeit" greift die traditionelle Dogmatik hier auf den „gedachten Modellarbeitnehmer" zurück und stellt im Rahmen des Günstigkeitsvergleichs den Lohneinbußen gleichsam ein genormtes Interesse der Arbeitnehmerschaft an mehr Freizeit als Vorteil gegenüber. Angesichts heterogener Lebensentwürfe und differenzierter Interessenlagen geht eine solche Einheitsvorstellung arbeitnehmerseitiger Präferenzen bezüglich des Verhältnisses von Wochenarbeitszeit/Freizeit bzw. Lebensarbeitszeit/Ruhestand jedoch fehl.[702]

Macht man mit der Formel des BVerfG, wonach sich der einzelne Bürger durch seine Arbeit in seiner Persönlichkeit entfalten und darüber Achtung und Selbstachtung erfahren könne, ernst, so kann man nicht umhin festzustellen, dass sich auch die Ambivalenz von Arbeitszeitregelungen nicht im Sinne einer vereinheitlichenden Günstigkeitsbewertung auflösen lässt. Die Frage, ob die Verkürzung der Wochenarbeitszeit bei entsprechender Lohneinbuße insgesamt für den Arbeitnehmer wünschenswert erscheint, ist eine Frage der privaten Lebensgestaltung, die sich ohne Einbeziehung des individuellen Lebensentwurfs weder positiv noch negativ beantworten lässt.[703] Die Tätigkeit am Arbeitsplatz ist im Hinblick auf den Bezug von Erfolgserlebnissen und die persönliche Entfaltung für einen bestimmten Teil der Arbeitnehmer unter Umständen von höherem Wert als etwa die Vergnügungen der Freizeitgesellschaft.[704] Die beschriebene verfassungsrechtliche Bedeutung des Art. 12 GG im Kontext der allgemeinen Handlungsfreiheit des Art. 1 I, 2 I GG wird hier zur zentralen Wirklichkeit des individuellen Lebensentwurfs.[705] Die kategorische und für die gegenwärtige tarifvertragliche Praxis symptomatische Feststellung der IG Metall aus dem Jahre 1996, wonach kürzere Arbeitszeiten günstiger für den Einzelnen seien, „weil sie ihm mehr Freizeit und damit *mehr Freiheit bringen, sei-*

Grundlage des Bestrebens, dem Arbeitnehmer den Genuss der Tariffrüchte zu verschaffen und ist daher notwendiger Ausgangspunkt der behaupteten tarifvertraglichen Zielsetzung.

700 Vgl. auch *Kast/Stuhlmann*, BB 2000, S. 614ff. (615).

701 Vgl. oben § 5 I 3, S. 118.

702 So auch *Bergner*, Die Zulässigkeit kollektivvertraglicher Arbeitszeitregelungen, S. 151.

703 *Löwisch*, ZfA 1996, S. 293ff. (309/310); *Schlüter*, FS-Stree/Wessels, S. 1061ff. (1076); ebenso hinsichtlich der Problematik der Samstagsarbeit *Löwisch*, DB 1989, S. 1185ff. (1185).

704 So auch *Junker*, NZA 1997, S. 1305 (1313); ähnlich *Löwisch/Rieble*, § 4 TVG, Rn. 208.

705 Vgl. *Rieble*, Arbeitsmarkt und Wettbewerb, S. 494, Rn. 1636; vgl. zur Arbeitsleistung als Verwirklichung des Persönlichkeitsrechts auch *Bengelsdorf*, ZfA 1990, S. 563ff. (585f.).

ne Zeit selbst zu gestalten“[706] [H.d.V.] ist insoweit - selbst wenn man den Aspekt der korrespondierenden Lohnminderung aus der Betrachtung ausblenden würde - in dieser Allgemeinheit nicht haltbar. Ein Mehr an Freiheit, seine Zeit selbst zu gestalten erlangt der Arbeitnehmer durch kürzere tarifvertragliche Arbeitszeiten nur, soweit seine Präferenz hinsichtlich der eigenen Zeitgestaltung nach seinem persönlichen Lebensentwurf nicht in einer Gestaltung dieser Zeit gerade als Arbeitszeit bei entsprechendem Lohnzuwachs besteht. Mag die tarifliche Arbeitszeitregelung einem - möglicherweise auch überwiegenden - Teil der Arbeitnehmer auch wünschenswerte zusätzliche Freiheit der Zeitgestaltung durch eine Absenkung der wöchentlichen Arbeitszeit ermöglichen, so lässt sich die Argumentation der IG Metall auch umkehren. Wenn die insoweit eröffnete Möglichkeit des AN, mehr Zeit selbst zu gestalten, gerade das maßgebliche Positivum bei der Günstigkeitsbeurteilung sein soll, so muss dies auch für eine Regelung gelten, die dem individuellen Wunsch des AN nach einem höheren Anteil an Arbeitszeit im Verhältnis zur Freizeit bei entsprechendem Lohnzuwachs Raum gewährt.[707]

Die verfassungsrechtliche Gebotenheit der Berücksichtigung auch derartiger individueller Lebensentwürfe im Bezug auf die Persönlichkeitsentfaltung im Berufsleben wird insbesondere offenkundig, wenn man tarifliche Altersgrenzenregelungen in die Betrachtung einbezieht. Zahlreiche Tarifverträge und Betriebsvereinbarungen enthalten Regelungen, die einen automatischen Verlust des Arbeitsplatzes unabhängig vom Willen und von der Leistungsfähigkeit des Beschäftigten anordnen, wenn dieser ein bestimmtes Lebensalter erreicht hat.[708] Zwar wird in der Literatur die Eingriffsqualität dieser Regelung im Hinblick auf die Berufsfreiheit des Art. 12 GG und das allgemeine Persönlichkeitsrecht mit dem - rechtlich zutreffenden - Hinweis relativiert, dass die Altergrenzenregelung nur den Bestand des konkreten Arbeitsverhältnisses erfasse und daher eine nachfolgende Tätigkeit im Rahmen des Berufs möglich bleibe.[709] Faktisch sind ältere Arbeitnehmer in Zeiten des Arbeitskräfteüberschusses jedoch schwer zu vermitteln, so dass die Beendigung des bestehenden Arbeitsverhältnisses unter diesen Rahmenbedingungen für diese fast zwangsläufig das Ende ihrer Berufstätigkeit bedeutet.[710]

---

[706] IG Metall direkt Nr. 2/1996 vom 29.01.1996, S. 6.

[707] Vgl. *Rieble*, Arbeitsmarkt und Wettbewerb, S. 494, Rn. 1636: „Die Entscheidung darüber, wie viel der Einzelne arbeiten will – also der Umfang seines Arbeitsangebotes – ist höchstpersönlich und kann von dem einzelnen Arbeitnehmer entschieden werden: Von der Dauer der Arbeitszeit hängt seine persönliche Lebensgestaltung ab“.

[708] Vgl. den Überblick bei *Schlüter/Belling*, NZA 1988, S. 297ff. (297/298); ferner *Gitter/Boerner*, RdA 1990, S. 129ff. (129).

[709] So etwa *Schlüter/Belling*, NZA 1988, S. 297ff. (300/301); *Waltermann*, Berufsfreiheit im Alter, S. 99; *Wiedemann*, Die Bindung der Tarifnormen an Grundrechte, S. 183.

[710] Vgl. *Gitter/Boerner*, RdA 1990, S. 129ff. (132); *Linnenkohl*, BB 1984, S. 603ff. (607); *Riedel*, Berufsfreiheit, S. 120; *Waltermann*, RdA 1993, S. 209ff. (215); *ders.*, Berufsfreiheit im Alter,

Das BAG hielt in seiner bisherigen Rechtsprechung - unter weitgehender Aussparung der Frage des Schutzbereichs des Art. 12 GG und dessen Persönlichkeitsbezug[711] - bei Vorliegen besonderer Härten eine Ausnahmeregelung von tariflichen Altersgrenzen für geboten und stellte für die Feststellung eines Härtefalles auf das Kriterium einer ausreichenden wirtschaftlichen Absicherung ab.[712] Angesichts des auch vom BVerfG hervorgehobenen Bezugs der grundrechtlichen Gewährleistung der Berufsfreiheit des Art. 12 GG zum allgemeinen Persönlichkeitsrecht der Art. 1 I, 2 I GG kann es hierbei indes nicht sein Bewenden haben. Die Arbeit dient nicht nur der Existenzsicherung, sondern auch der Persönlichkeitsentfaltung.[713] Geht der Lebensentwurf des Berufstätigen dahin, auch im Alter länger berufstätig zu sein, so genießt diese Präferenz den verfassungsrechtlichen Schutz der Berufsfreiheit und des allgemeinen Persönlichkeitsrechtes auch dann, wenn zu diesem Zeitpunkt eine ausreichende Altersversorgung bereits gewährleistet ist. Es gibt in diesem Sinne kein „Verfallsdatum" des Menschenwürdebezugs des Art. 12 GG und des Aspekts der freien Entfaltung der Persönlichkeit in der Berufstätigkeit. Die herrschende Dogmatik des objektiven Sachgruppenvergleichs negiert die Heterogenität der Lebensentwürfe und deren verfassungsrechtliche Schutzbedürftigkeit, wenn sie unter Bezug auf den gedachten Modellarbeitnehmer geringere Arbeitszeiten bzw. eine kürzere Lebensarbeitszeit als „genormten" Vorteil in den Günstigkeitsvergleich einstellt und sich damit von vornherein der verfassungsrechtlich gebotenen Berücksichtigung einer anderweitigen Präferenz und individuellen Interessenlage des betroffenen Arbeitnehmers im Rahmen des Günstigkeitsvergleichs des § 4 Abs. III TVG verweigert.[714]

S. 45, 100 oben; *Wiedemann*, Die Bindung der Tarifnormen an Grundrechte, S. 184.

711 Das BAG hält tarifvertragliche Altersgrenzenregelungen unter Übertragung der richterrechtlich entwickelten Kriterien zur Zulässigkeit von Befristungen bereits dann für vereinbar mit Art. 12 GG, wenn die mit der Regelung verbundene Einschränkung auf einem sachlichen Grund beruhe (vgl. BAG, Urteil vom 06.03.1983, AP Nr. 1 zu § 620 BGB Altersgrenze, Bl. 100 Rückseite [sub V 2 der Gründe]).

712 BAG, Urteil vom 20.11.1987, AP Nr. 2 zu § 620 BGB Altersgrenze Bl. 1308 Rückseite (sub B VI, VII der Gründe).

713 Vgl. im Bezug auf Regelungen beruflicher Altersgrenzen hierzu *Scholz*, in: Maunz/Dürig, GG, Bd. 2, Art. 12, Rn. 276; *Riedel*, Berufsfreiheit, S. 120.

714 Vgl. drastisch *Mäckler*, Das Günstigkeitsprinzip – Verzicht auf geldwerte Leistungen gegen Beschäftigungsgarantie?, in: Arbeitsrecht und Arbeitsgerichtsbarkeit, FS zum 50-jährigen Bestehen der Arbeitsgerichtsbarkeit in Rheinland-Pfalz, S. 381ff. (393): „Peinlichkeiten wie im Fall Viessmann, in dem ein bis an sein Lebensende alimentierter Staatsbediensteter mehr als 3000 Arbeitnehmern attestiert hat, in wirtschaftlicher und menschlicher Hinsicht mit der Entscheidung der Frage überfordert zu sein, ob eine Arbeitsplatzgarantie 3 Stunden Arbeit pro Woche wert ist....“; vgl. auch *Buchner*, NZA 1999, S. 897ff. (901): „ Es ist absurd, eine 35-Stunden-Woche als Arbeitsvertragsinhalt schlechthin und unabhängig von einer geplanten Betriebsstilllegung als günstiger gegenüber einer alternativ angebotenen 37-Stunden-Woche mit fünfjähriger Arbeitsplatzgarantie zu bewerten“.

Es bedeutet zudem einen Wertungswiderspruch, wenn nach der Rechtsprechung einerseits ein höheres Lebensalter im Rahmen der Sozialauswahl bei betriebsbedingten Kündigungen (§ 1 Abs. III KSchG) aus Gründen einer ungünstigeren Prognose im Hinblick auf alternative Beschäftigungsmöglichkeiten als Kontraindikation bezüglich der Auswahl des betroffenen Arbeitnehmers in Anspruch genommen wird, andererseits im Rahmen der Günstigkeitsbeurteilung beschäftigungssichernder Vereinbarungen ein eben auf diesen Umständen beruhendes überdurchschnittliches individuelles Interesse des Arbeitnehmers an dem Erhalt seines Arbeitsplatzes jedoch ausgeblendet wird.

Etwaige Schwierigkeiten bei der Bemessung der Günstigkeit auf der Grundlage der traditionellen Dogmatik des Günstigkeitsvergleichs vermögen nicht die totale Blockade der Berücksichtigung individueller grundrechtlich geschützter Interessen von Arbeitnehmerschaft und Arbeitslosen zu rechtfertigen,[715] sondern stellen vielmehr die Leistungsfähigkeit der - als ausschließlich verstandenen - traditionellen Methodik des Sachgruppenvergleichs im Hinblick auf verfassungsrechtliche Vorgaben in Frage.[716]

2) Die Untauglichkeit eines subjektiven Beurteilungsmaßstabes im Rahmen einer Dogmatik des Sachgruppenvergleichs

Den aufgezeigten Defiziten der traditionellen Dogmatik des § 4 Abs. III TVG abzuhelfen hat sich der in der rechtswissenschaftlichen Literatur vertretene Ansatz zum Maßstab gemacht, der eine generelle – bzw. jedenfalls unter dem Gesichtspunkt einer notstandsähnlichen Situation gebotene – Zugrundelegung der subjektiven Betrachtungsperspektive des betroffenen Arbeitnehmers im Rahmen des Günstigkeitsvergleichs befürwortet. In der Tat ermöglicht ein subjektives Verständnis des Sachgruppenvergleichs die Einbeziehung derartiger individueller Arbeitnehmerinteressen und würde auch einzelvertraglichen beschäftigungssichernden Vereinbarungen über das Günstigkeitsprinzip zur Geltung verhelfen.

Indes schießt der Ansatz der Anlegung eines rein subjektiven Beurteilungsmaßstabes im Rahmen des Günstigkeitsvergleichs in seinen Auswirkungen über diese Zielsetzung zum Nachteil der Tarifautonomie dogmatisch erheblich hinaus, soweit man den Vertretern des subjektiven Ansatzes darin folgen wollte, dass die Tatsache des Abschlusses der Vereinbarung durch den Arbeitnehmer bereits als Beleg dafür dienen könne, dass der Arbeitnehmer diese subjektiv für günstiger erachte (sog. subjektiv-realer Günstigkeitsvergleich).[717] Dabei wird übersehen, dass allein das Vorliegen einer entsprechenden individualvertraglichen Vereinbarung angesichts

---

[715] So auch *Buchner*, NZA 1999, S. 897ff. (901).

[716] I.E. ebenso *Martens*, FS-Zeuner, S. 101ff. (107); *Wendt*, Der Günstigkeitsvergleich, S. 81.

[717] Vgl. dazu schon oben unter § 5 III 2, S. 125.

der typisierbaren Gefahrenlage einer arbeitgeberseitigen Oktroyierung von Arbeitsbedingungen wenig Aufschluss darüber zulässt, ob der Arbeitnehmer diesen tatsächlich aus freien Stücken wegen einer subjektiv empfundenen Vorteilhaftigkeit der Vereinbarung abgeschlossen hat.[718] Allenfalls der Rückgriff auf objektiv feststellbare Rahmenbedingungen und den Inhalt der Vereinbarung ließe hier ein Nachvollziehen der Wertung der Arbeitnehmers im Sinne einer Rationalitäts- bzw. Plausibilitätskontrolle zu. Die Subjektivierung der Günstigkeitsbeurteilung führt ohne eine derartige Kontrolle faktisch zu einer verfassungswidrigen völligen Aufhebung der Schutzwirkung der unmittelbaren und zwingenden Wirkung des Tarifvertrages.[719] Dem Lösungsvorschlag der Anlegung rein subjektiver Maßstäbe im Rahmen eines Sachgruppenvergleichs des § 4 III TVG kann insoweit weder im Hinblick auf seine Prämisse noch im Hinblick auf seine Auswirkungen auf das verfassungsrechtlich verankerte Verhältnis von Tarifautonomie und Privatautonomie gefolgt werden.

In der Literatur hat es angesichts dieser Defizite des rein subjektiven Beurteilungshorizonts Versuche gegeben, unter Beibehaltung der Methodik des Sachgruppenvergleichs der Berücksichtigung subjektiver Elemente durch Modifikationen der Lehre vom subjektiven Beurteilungsmaßstab Raum zu verschaffen, ohne zugleich unverhältnismäßige Beeinträchtigungen der Funktionsfähigkeit der Tarifautonomie in Rechnung stellen zu müssen.

So schlägt etwa *Martens*[720] als Modifikation des subjektiven Verständnisses des Günstigkeitsvergleiches vor, der Existenz der einzelvertraglichen Vereinbarung Relevanz im Sinne einer - widerlegbaren - Vermutung für eine aus Sicht des Arbeitnehmers akzeptierte Vorteilhaftigkeit beizumessen.[721] Diese sei widerlegt, wenn sich die Regelung im Rahmen einer sich anschließenden als Korrektiv verstandenen „Vertretbarkeitskontrolle“[722] oder „Rationalitätskontrolle“[723] nach objektiv-

[718] Zutreffend weist *Gast*, BB 1990, S. 1637ff. (1643) angesichts diese Befundes darauf hin, dass es vielmehr auch noch der Feststellung bedürfte, dass der Arbeitnehmer seine Entscheidung unbedrängt vom Vertragspartner treffen konnte; vgl. auch *Dorndorf*, FS-Kissel, S. 139ff. (156).

[719] Ebenso *Fischer*, ZfA 2002, S. 215ff. (239); *Franzen*, RdA 2001, S. 1ff. (3); *Henssler*, ZfA 1994, S. 487ff. (507); *Hromadka*, in: FS-Wlotzke, S. 333ff. (343/344); *Richardi*, DB 2000, S. 42ff. (47); *Wank*, NJW 1996, S. 2273ff. (2278).

[720] *Martens*, FS-Zeuner, S. 101ff. (112).

[721] *Martens*, FS-Zeuner, S. 101ff. (112); dem folgend *Wendt*, Der Günstigkeitsvergleich, S. 82.

[722] Vgl. *Martens*, FS-Zeuner, S. 101ff. (114).

[723] Dieser Begriff stammt von *Wendt*, Der Günstigkeitsvergleich, S. 82; *Löwisch/Rieble*, § 4 TVG, Rn. 204, 207 verwenden den Begriff einer „Plausibilitätskontrolle“, verstehen unter dieser allerdings keine erst sekundär eingreifende Korrekturmöglichkeit der Arbeitnehmerentscheidung, sondern eine entsprechende Zurücknahme der Prüfungsdichte im Rahmen des objektiven Günstigkeitsvergleichs aus der Perspektive eines gedachten Modellarbeitnehmers, wobei bei ambivalenten Regelungen eine typisierbare Einzelfallbetrachtung vorzunehmen sei.

hypothetischen Kriterien unter Einbeziehung der Einzelfallumstände als eindeutig ungünstiger erweise.[724] Soweit sich diese Abschlusskontrolle[725] auf der ersten Prüfungsstufe auf die Freiwilligkeit der vom Arbeitnehmer erklärten Zustimmung beschränken soll, die sich anschließende Inhaltskontrolle hingegen die Vertretbarkeit der Kompensationsregelung, bemessen an der Bedeutung der abgegoltenen Tarifrechte erfasse,[726, 727] bedarf es indes auf beiden Prüfungsebenen unweigerlich des Rückgriffs auf objektiv feststellbare Kriterien und Maßstäbe. Der gedankliche Ansatz einer Subjektivierung der Günstigkeitsbeurteilung führt bei Einbeziehung einer derartigen Abschlusskontrolle mithin aus sich selbst heraus notwendig wieder auf objektive Beurteilungsmaßstäbe zurück und erweist sich damit im Hinblick auf die Ausgangsintention des Ansatzes als nicht zielführend.

3) Die fehlende verfassungsrechtliche und einfachgesetzliche Grundlage für die Zugrundelegung eines ausschließlich quantitativen Vergleichsmaßstabs im Rahmen des § 4 Abs. III TVG

Aus den verfassungsrechtlichen und einfachgesetzlichen Grundlagen des Günstigkeitsprinzips und der Tarifautonomie ergeben sich keine Anhaltspunkte oder gar zwingenden Argumente für die ausschließliche Zugrundelegung eines inhaltlich quantitativen Sachgruppenvergleichs – ob mit subjektivem oder objektivem Maß-

---

[724] *Martens*, FS-Zeuner, S. 101ff. (114); *Wendt*, Der Günstigkeitsvergleich, S. 82.

[725] Die inhaltliche Kontrolldichte dieser Vertretbarkeitskontrolle soll sich dabei nach *Martens*, FS-Zeuner, S. 101ff. (114) umgekehrt proportional zur Relevanz des voluntativen Aspekts der Kompensationsregelung auf Seiten des Arbeitnehmers verhalten.

[726] Vgl. *Martens*, FS-Zeuner, S. 101ff. (114); ebenso hinsichtlich des Kriteriums der Freiwilligkeit, weitergehend jedoch hinsichtlich des Prüfungsmaßstabs der auf zweiter Stufe folgenden „Vertretbarkeitskontrolle" *Heinze*, NZA 1991, S. 329ff. (334): „Nicht der einzelne, einschlägige Tarifvertrag ist deshalb notwendig der Maßstab, erst recht nicht einzelne seiner Bestimmungen, sondern die wertungsmäßige Summe, die Gesamtheit des aktuellen und übergreifenden Tarifvertragssystems einschließlich seiner Bandbreite und seiner Differenzierungen".

[727] Nach diesem Ansatz bedarf es der Konstruktion von *Wendt*, Der Günstigkeitsvergleich, S. 83, nach der sich der Arbeitgeber über die Frage der Wirksamkeit der vertraglichen Abweichung Sicherheit verschaffen könne, indem er von dem Arbeitnehmer eine klare und unmissverständliche Aussage einhole, ob dieser die tarifliche oder die einzelvertragliche Abmachung als die günstigere ansehe (ebenso *Bergner*, Die Zulässigkeit kollektivvertraglicher Arbeitszeitregelungen und ihr Verhältnis zu abweichenden individualvertraglichen Vereinbarungen, S. 49) gar nicht. Liegen die Voraussetzungen einer freien Selbstbestimmung des Arbeitnehmers vor, so ist der Abschluss als solcher bereits hinreichendes Votum des Arbeitnehmers für die individualvertragliche Vereinbarung. Insoweit kommt es zunächst allein auf die Feststellung der arbeitnehmerseitigen Freiwilligkeit an. Gerade von den Umständen der Entscheidung des Arbeitnehmers in dieser Hinsicht hat der Arbeitgeber jedoch ohnehin Kenntnis. Er weiß ob er den Arbeitnehmer nur unter entsprechender Druckausübung zum Abschluss der Vereinbarung bewegt hat.

stab – als gleichsam zwingendes dogmatisches Grundgerüst des in § 4 Abs. III TVG zu fällenden Günstigkeitsurteils.[728]

a) Fehlende Grundlegung einer inhaltsbezogenen Abgrenzung von Kollektivautonomie und Tarifautonomie im Rahmen des Günstigkeitsprinzips

Dem Tarifwesen in seiner Ausgestaltung durch das TVG ist ein Bezug zu konkreten tarifvertraglichen oder einzelvertraglichen Inhalten vielmehr wesensfremd. Die Untersuchung der historischen[729] und verfassungsrechtlichen[730] Grundlagen der Tarifautonomie hat gezeigt, dass die historische Entwicklung, die einfachgesetzliche Normierung des Tarifwesens im TVG sowie dessen verfassungsrechtliche Verankerung (Art. 9 Abs. III GG) dem sozialstaatlichen Schutzgedanken nicht durch eine inhaltsbezogene Reglementierung zulässiger Arbeitsbedingungen, sondern durch eine Bildung von Marktgegenmacht gegenüber dem Arbeitgeber Rechnung zu tragen suchte.[731] Zielsetzung des Tarifvertragswesens ist allein die durch eine Kollektivierung der Interessenverfolgung zu bewerkstelligende Schaffung der erforderlichen Rahmenbedingungen zur Erschließung der Richtigkeitsgewähr des (kollektiven) Vertrages als Garant sozialstaatsadäquater Arbeitsbedingungen.[732]

Die normative Wirkung tarifvertraglicher Regelungen von Arbeitsbedingungen (§ 4 Abs. I TVG) dient der Effektuierung der Gewährleistung des Art. 9 Abs. III TVG im Hinblick auf diese Funktion und vermag an diesem Befund nichts zu ändern.[733] Dem gegenüber schützt das Günstigkeitsprinzip die Privatautonomie des Einzelnen.[734] Wesentliche Erkenntnis ist insoweit, dass die Koalitionsfreiheit und die Tarifautonomie den Arbeitnehmer vor einer Beeinträchtigung der Willensbildung, nicht jedoch vor einer Fehlerhaftigkeit der Willensbildung schützen.[735] Die Privat-

[728] Ebenso *Heinze*, NZA 1991, S. 329ff. (334); hiervon zu trennen ist die Frage, ob den auf diesem Wege ermittelten Günstigkeitsbeurteilungen im Rahmen anderer Beurteilungsmethoden eine Indizwirkung zukommen kann.

[729] Vgl. oben § 2, S. 7ff.

[730] Vgl. oben § 3, S. 37ff.

[731] vgl. MünchHbArbR/*Löwisch/Rieble*, § 243, Rn. 7: „Art. 9 Abs. III GG liegt ein Prinzip autonomer Regelung durch die Aktualisierung von Gegenmacht zugrunde".

[732] BAGE 71, S. 92 (98) : „Die Gewährleistungen des Art. 9 Abs. III GG im Bereich der Tarifautonomie dienen [....] ausschließlich der Herstellung der Verhandlungsparität."; auch nach der Rechtssprechung des BVerfG ist die Tarifautonomie „darauf angelegt, die strukturelle Unterlegenheit der einzelnen Arbeitnehmer beim Abschluss von Arbeitsverträgen durch kollektives Handeln auszugleichen und damit ein annähernd gleichgewichtiges Aushandeln der Löhne und Arbeitsbedingungen zu ermöglichen", vgl. BVerfG DB 1991, S. 1678ff. (1680).

[733] Dazu schon oben unter § 4 II 4 c, S. 111.

[734] Vgl. dazu schon oben unter § 3 II 1 c dd, S. 68f.; sowie *Heinze*, NZA 1991, 329ff. (332); *Hromadka*, DB 1992, S. 1042ff. (1047); *Joost*, ZfA 1984, S. 173ff. (174/175); kritisch *Zachert*, DB 1990, S. 986ff. (986).

[735] Vgl. *Hromadka*, DB 1992, S. 1042 (1047); *Wendt*, Der Günstigkeitsvergleich, S. 73.

autonomie als Schutzgut des Günstigkeitsprinzips berechtigt das Individuum auch dazu, aus objektiver Sicht unvernünftige Entscheidungen zu treffen.[736, 737] Damit korreliert, dass auch auf kollektiver Ebene die Tarifautonomie als kollektiv ausgeübte Privatautonomie durch Art. 9 Abs. III GG einer staatlichen Inhaltskontrolle im Sinne einer Tarifzensur weitgehend entzogen ist und eine entsprechende Gemeinwohlbindung der Tarifvertragsparteien als Anknüpfungspunkt fehlt.[738]

Die traditionelle Dogmatik eines subjektiven oder objektiven quantitativen Sachgruppenvergleichs als absolut und allein anzuwendendes Verfahren der Günstigkeitsbeurteilung im Rahmen des § 4 Abs. III TVG findet damit verfassungsrechtlich wie auch im Hinblick auf die Systematik des Tarifwesens keine Stütze. Die Formulierung „Abweichung zugunsten des Arbeitnehmers" in § 4 Abs. III TVG ist im Kontext der Schutzfunktion des Tarifwesens vielmehr dahin auszulegen, dass die Tarifvereinbarungen arbeitnehmerseitig dispositiv sind, soweit die Voraussetzungen einer freien privatautonomen Entscheidung des Arbeitnehmers vorliegen.[739] Vor dem Hintergrund, dass Anknüpfungspunkt der zwingenden Wirkung der Tarifnormen das Vorliegen der spezifischen Gefahr einer Interessen- oder Willensbeeinträchtigung auf Seiten des Arbeitnehmers im Sinne der Schutzfunktion des Tarifwesens ist,[740] muss die traditionelle Dogmatik des Sachgruppenvergleichs daran scheitern, dass sich die Schlussfolgerung „aus Sicht des Durchschnittsarbeitnehmers nicht quantitativ günstig im Sachgruppenvergleich" = „unfrei"" - insbesondere angesichts ambivalenter Wirkungen in den benannten Beispielen - eben nicht als

---

736 *Bergner*, Die Zulässigkeit kollektivvertraglicher Arbeitszeitregelungen, S. 45; *Gitter*, FS-Wlotzke, S. 297 (301); *Hromadka*, DB 1992, S. 1042ff. (1047); *Krauss*, Günstigkeitsprinzip, S. 112; *Wendt*, Der Günstigkeitsvergleich, S. 73.

737 Absolute Grenzen hinsichtlich der inhaltlichen Ausgestaltung von Arbeitsverträgen können sich indes aus sozialstaatlich gebotenen gesetzlichen Regelungen ergeben. So können etwa arbeitsvertragliche Vereinbarungen, die als sog. Lohnwucher („Hungerlohn") einzustufen sind, jedenfalls jenseits der Sittenwidrigkeitsgrenze schon nach § 138 BGB nicht wirksam vereinbart werden; vgl. Staudinger/*Sack*, § 138, Rn. 12 ff, S. 233ff.

738 Vgl. dazu schon oben unter § 4 II 4 a dd, S. 108.

739 Vgl. Hueck/Nipperdey, Arbeitsrecht, Band II/1, § 30 I 2, S. 572: „ Die Tarifbedingungen sind nur einseitig zwingend...... Sie sind zugunsten des Arbeitnehmers dispositives Recht. Insoweit bleibt die Vertragsfreiheit bestehen. Solange von ihr kein Gebrauch gemacht wird, gelten kraft der unmittelbaren Einwirkung die Tarifbedingungen. [....] Neben der Leistung sind es die besondere soziale Lage, die Familienverhältnisse, die bisherige Stellung des einzelnen Arbeitnehmers, die Vertragsfreiheit zugunsten des Arbeitnehmers erfordern. Zu beachten ist aber, dass die genannten Gesichtspunkte es verbieten, das Begünstigungsprinzip rein formal und nicht nach seinem Sinn und Zweck anzuwenden".

740 Ebenso *Joost*, ZfA 1984, S. 173ff. (179): "Von seinem theoretischen Ansatz betrachtet hat der Kollektivvertrag seinen Funktionsbereich nur dort, wo der Individualvertrag seine Zielverwirklichung verfehlt."; vgl. ferner *Wendt*, Der Günstigkeitsvergleich, S. 75; vgl. schon Nikisch, Arbeitsrecht, Band 2, § 82 I 3, S. 420: „Gewiß muss die Vertragsfreiheit sich Einschränkungen gefallen lassen, die in den Grundsätzen des sozialen Rechtsstaates (Art. 20 I, 28 I GG) begründet sind, aber nur soweit der soziale Schutz des seiner Bedürftigen es erfordert".

zwingend erweist. Ein derartiges Verständnis liefe auf eine völlige Aberkennung der individuellen Privatautonomie im Arbeitsrecht und ihrer verfassungsrechtlichen Grundlagen hinaus.[741]

b) Gesetzlicher Arbeitnehmerschutz als Ausdruck einer Inhaltskontrolle im Gegensatz zum Tarifvertragssystem

Soweit die traditionelle Dogmatik des Sachgruppenvergleichs mit dem Argument verteidigt wird, die Tarifnormen bedürften aus sozialstaatlicher Sicht im Hinblick auf ihren Regelungsinhalt unbedingter Umsetzung, liegt dem ein unzutreffendes Verständnis der Schutzsystematik des Tarifvertragswesens zugrunde. Die Etablierung eines insoweit sozialstaatlich als unentbehrlich anzusehenden unabdingbaren Schutzstandards ist Aufgabe des Gesetzgebers,[742] nicht jedoch des Tarifwesens. Der Gesetzgeber ist dem Bedürfnis nach einem in dieser Hinsicht zwingenden Schutz des Arbeitnehmers durch entsprechende Regelungen u.a. im ArbZG, dem KSchG, BUrlG oder dem MuSchG nachgekommen.[743] Wo es darum geht, Vertragsvereinbarungen im Hinblick auf ihren konkreten Inhalt – so etwa im Fall absoluter Grenzen der zulässigen Wochenarbeitszeit im Hinblick auf den Gesundheitsschutz im ArbZG – aus sozialstaatlichen Erwägungen die Wirksamkeit zu versagen, müssen gesetzliche Arbeitnehmerschutzvorschriften eingreifen, die unabhängig von einer Tarifbindung der Arbeitsvertragsparteien Geltung erlangen. Diese Aufgabe wahrzunehmen ist das Tarifvertragswesen von vornherein ungeeignet, da die negative Koalitionsfreiheit stets Möglichkeiten des Abstreifens der Bindung an tarifliche Regelungen eröffnet. Der in dieser Hinsicht aus sozialstaatlichen Erwägungen unabdingbare Schutz des Arbeitnehmers im Hinblick auf den konkreten Inhalt arbeitsvertraglicher Vereinbarungen wird folgerichtig unmittelbar durch den Gesetzgeber gewährleistet.[744]

Im übrigen fehlt es in diesen Fällen an der spezifischen sozialstaatlichen Funktionalität der Richtigkeitsgewähr des vertraglichen Regelungsprozesses, die auch das Tarifvertragswesen prägt. Was auf der Grundlage eines gesellschaftlichen Konsenses – der sich z.B. bezüglich der Arbeitszeit in der gesetzlichen Regelung des ArbZG manifestiert – schlechthin nicht wirksam vereinbart werden können soll, ist von vornherein nicht tauglicher Gegenstand eines Interessenausgleichs der Tarif-

---

741 Ebenso *Wendt*, Der Günstigkeitsvergleich, S. 75.

742 So auch *Bergner*, Die Zulässigkeit kollektivvertraglicher Arbeitszeitregelungen, S. 46; *Gitter*, FS-Wlotzke, S. 297ff. (301); *Krauss*, Günstigkeitsprinzip, S. 111/112.

743 Vgl. *Bergner*, Die Zulässigkeit kollektivvertraglicher Arbeitszeitregelungen, S. 46; *Gitter*, FS-Wlotzke, S. 297ff. (301); *Krauss*, Günstigkeitsprinzip, S. 111/112; *ders.*, DB 2000, S. 1962ff. (1963).

744 *Gitter*, FS-Wlotzke, S. 297ff. (301).

vertragsparteien als Spezifikum des vertraglichen Regelungsverfahrens. Es geht in diesem Bereich um Eingriffe in Grundrechtspositionen, die generell oder in dieser Intensität grundsätzlich nicht zur – individuellen oder kollektiven – privatautonomen Disposition stehen dürfen.

c) AGB-Kontrolle im Arbeitsrecht seit der am 1.1.2002 in Kraft getretenen Schuldrechtsreform

Entsprechendes gilt jedoch auch für Lohnvereinbarungen, soweit diese als sittenwidrig anzusehen sind oder den Arbeitnehmer unangemessen benachteiligen. Wo es, wie im Fall der Lohnvereinbarungen, an der Möglichkeit der Festlegung konkreter Grenzen zur Vermeidung einer sozialstaatswidrigen Benachteiligung des Arbeitnehmers fehlt, greift eine Inhaltskontrolle nach Maßgabe des § 138 BGB sowie bei Vorliegen der Voraussetzungen eine AGB-Kontrolle nach Maßgabe des § 307 Abs. I BGB ein.[745, 746]

Bereits vor der zum 1.1.2002 in Kraft getretenen Integration des Rechts der Allgemeinen Geschäftsbedingungen in das BGB im Zuge der Schuldrechtsreform sah sich das BAG trotz der bis dahin geltenden Bereichsausnahme für das Arbeitsrecht in § 23 Abs. I AGBG a.F.[747] zu einer Inhaltskontrolle von Arbeitsverträgen am Maßstab des § 9 AGBG a.F. berufen und stützte sich dabei ausdrücklich auf das „aus der Sozialstaatlichkeit abzuleitende Arbeitnehmerschutzprinzip".[748] Mit der Schuldrechtsreform hat der Gesetzgeber die Bereichsausnahme für den Arbeitsvertrag gestrichen und diesen damit ausdrücklich einer Inhaltskontrolle im Sinne der bisherigen BAG-Rechtsprechung unterworfen.[749] Die Vereinheitlichung der Kontrollrechtsprechung des BAG war von den Entwurfsverfassern ausdrücklich beabsichtigt.[750] Mit der Streichung der Bereichsausnahme für Arbeitsverträge wollte man dem „Bedürfnis nach richterlicher Kontrolle der einseitig vom Arbeitgeber festgesetzten Arbeitsbedingungen"[751] Rechnung tragen und dafür sorgen, „dass das Schutzniveau der Vertragsinhaltskontrolle im Arbeitsrecht nicht hinter demjenigen

[745] So auch *Heinze*, NZA 1991, S. 329ff. (334).
[746] Bis zum Inkrafttreten der Schuldrechtsreform zum 1.1.2002 war die nunmehr in § 307 Abs. I BGB vorgesehene Inhaltskontrolle in § 9 AGBG geregelt.
[747] Bislang ordnete § 23 Abs. I AGBG an, dass die Vorschriften des Gesetzes keine Anwendung finden „bei Verträgen auf dem Gebiet des Arbeits- Erb-, Familien und Gesellschaftsrechts".
[748] Vgl. etwa ausdrücklich BAG BB 1974, S. 696.
[749] Zu beachten ist insoweit die Übergangsvorschrift des Art. 229 § 5 EGBGB, wonach die neuen Regelungen für vor dem 1.1.2002 entstandene Arbeitsverhältnisse erst ab dem 1.1.2003 anzuwenden sind. Für Arbeitsverhältnisse, die ab dem 1.1.2002 entstehen, ist hingegen die neue Rechtslage von Anfang an maßgeblich.
[750] BT-Drucksache 14/6857, S. 54.
[751] BT-Drucksache 14/6857, S. 53.

des Zivilrechts zurückbleibt".[752] Soweit nach § 310 Abs. IV S. 2, 1. Halbsatz BGB bei der Anwendung der AGB-Vorschriften auf Arbeitsverträge die im Arbeitsrecht geltenden Besonderheiten angemessen zu berücksichtigen sind, ist hierin ein Verweis auf die bisherige Kontrollrechtsprechung des BAG zu erblicken.[753]

aa) AGB-Kontrolle tarifabweichender Vereinbarungen bei tarifunterworfenen Arbeitsverhältnissen gem. §§ 307 Abs. III S. 1, 310 Abs. IV S. 3 BGB

Nach § 310 Abs. IV S. 3 BGB stehen Tarifverträge den Rechtsvorschriften im Sinne von § 307 Abs. III BGB gleich, so dass nunmehr arbeitsvertragliche Vereinbarungen ausdrücklich im Falle einer Abweichung von Tarifverträgen zu untersuchen sind. Im Rahmen der neuen Regelung des § 310 Abs. IV S. 3 BGB stehen mit den entsprechenden Entgelttarifverträgen auch Bezugsgrößen bereit, die eine entsprechende Überprüfung auch der Hauptkonditionen des Vertrags an diesem Maßstab erlauben.[754]

In der Literatur ist im Hinblick auf die in § 310 Abs. IV S. 3 BGB angeordnete Gleichstellung von Tarifverträgen mit Rechtsvorschriften im Sinne des § 307 Abs. III BGB umstritten, ob im Rahmen der AGB-Kontrolle bei tarifunterworfenen Arbeitsverhältnissen eine Kontrolle der Arbeitsbedingungen am Maßstab des einschlägigen Tarifvertrages vorzunehmen ist. Weitgehende Einigkeit besteht darin, dass die Heranziehung eines sachlich einschlägigen Tarifvertrages als Prüfungsmaßstab jedenfalls ausscheidet, soweit dieser für das betroffene Arbeitsverhältnis nicht normativ gilt, die Arbeitsvertragsparteien also nicht tarifgebunden sind.[755]

aaa) Tarifvertrag als Prüfungsmaßstab der AGB-Kontrolle

Nach einer im Schrifttum vertretenen Auffassung sei bei tarifunterworfenen Arbeitsverhältnissen der einschlägige Tarifvertrag als Kontrollmaßstab im Rahmen

---

752 BT-Drucksache 14/6857, S. 54.

753 So auch *Annuß*, BB 2002, S. 458ff. (460/461).

754 Aus dem bisherigen § 8 AGBG war bislang in der Literatur abgeleitet worden, dass die Hauptkonditionen des Vertrages insbesondere auch wegen Fehlen eines Kontrollmaßstabs einer Inhaltskontrolle entzogen seien, vgl. *Brandner*, in: Ulmer/Brandner/Hensen, AGBG, 9. Aufl. 2001, § 8, Rn. 8; *Wolf*, in: Wolf/Horn/Lindacher, AGBG, 4. Aufl. 1999, § 8, Rn.1.

755 *Annuß*, BB 2002, S. 458ff. (460); *Gotthardt*, ZIP 2002, S. 277ff. (282, 286) m.w.N.; *Lingemann*, NZA 2002, S. 181ff. (188); a.A., jedoch zu weitgehend *Däubler*, NZA 2001, S. 1329ff. (1335), soweit er eine Überprüfung im Rahmen des § 307 Abs. I BGB an einem sachlich einschlägigen Tarifvertrag auch bei nicht bestehender normativer Wirkung des Tarifvertrages für das jeweilige Arbeitsverhältnis annimmt. Diese Auffassung konstruiert eine mittelbare Außenwirkung der Tarifnormen auch auf nicht tarifgebundene Arbeitnehmer, die mit der negativen Koalitionsfreiheit des Art. 9 Abs. III GG nicht vereinbar ist und zu einer unzulässigen Beschränkung des Außenseiterwettbewerbs führt; vgl. *Annuß*, BB 2002, S. 458ff. (460).

der §§ 305ff. BGB heranzuziehen und folglich auch das Maß der Abweichung vom Tarifvertrag Gegenstand der Angemessenheitsprüfung.[756]

bbb) Die ablehnende Ansicht

Nach anderer Auffassung ergebe sich hingegen aus dem Gesetzeswortlaut nicht, dass der Tarifvertrag als Maßstab der Inhaltskontrolle heranzuziehen sei.[757] Vielmehr beziehe sich die Gleichstellung von Tarifverträgen und Rechtsvorschriften in § 310 Abs. IV S. 3 BGB nur auf die Regelung des § 307 Abs. III BGB und diese stelle lediglich klar, dass eine Inhaltskontrolle überhaupt nur in Frage komme, wenn die arbeitsvertraglichen Regelungen von Tarifverträgen abweichen.[758]

ccc) Stellungnahme

Die Heranziehung des Tarifvertrages als Prüfungsmaßstab ergibt sich entgegen der letztgenannten Auffassung aus der Erwägung, dass die Prüfung einer unangemessenen Benachteiligung im Sinne des § 307 Abs. I S.1 BGB notwendig eine Bezugsgröße voraussetzt. Dass als Bezugsgröße dabei insbesondere der Inhalt und der Grundgedanke der Regelungen, von denen abgewichen wird, heranzuziehen sind ergibt sich jedoch aus der Zweifelsregel des § 307 Abs. II Nr. 1 BGB. Zwischen § 307 Abs. III S. 1 BGB und § 307 Abs. I und II BGB besteht unverkennbar ein Regelungszusammenhang dergestalt, als die AGB-Kontrolle zum einen stets nur bei einer Abweichung von den dort genannten Rechtsvorschriften in Betracht kommt, zum anderen eben diese Rechtsvorschrift bei der Prüfung einer unangemessenen Benachteiligung als Bezugsgröße heranzuziehen ist.[759] Die AGB-Kontrolle erfolgt mithin nicht nur aus Anlass der Abweichung, sondern zugleich im Hinblick auf den Umfang der Abweichung von Rechtsvorschriften im Sinne des § 307 Abs. III BGB. Folglich ist das Argument nicht tragfähig, § 310 Abs. IV S. 3 BGB verweise bei der Gleichstellung ausschließlich auf § 307 Abs. III BGB, nicht jedoch auf § 307 Abs. I und II BGB.[760]

Soweit bei nicht tarifunterworfenen Arbeitsverhältnissen auf den gesamten Regelungsinhalt eines Tarifvertrages Bezug genommen oder eine insgesamt dem Inhalt des Tarifvertrages entsprechende Gestaltung der Arbeitsbedingungen vorliegt,

---

756 *Däubler*, NZA 2001, S. 1329ff. (1334); ebenso *Bartz*, AuA 2002, S. 62ff. (65), nach dessen Auffassung es jedoch auf diese Prüfung angesichts des Günstigkeitsprinzips in § 4 Abs. III TVG regelmäßig nicht ankomme.

757 *Gotthardt*, ZIP 2002, S. 277ff. (282); *Lingemann*, NZA 2002, S. 181ff. (188).

758 *Gotthardt*, ZIP 2002, S. 277ff. (282, 286); *Lingemann*, NZA 2002, S. 181ff. (189).

759 *Buchner*, FS-Wiedemann, S. 210ff. (215): „Jedenfalls geht der Gesetzgeber, wie § 310 Abs. 4 BGB erkennen lässt, davon aus, das Tarifnormen entsprechend gesetzlichen Vorschriften die Grundlage für eine Angemessenheitskontrolle i.S. § 307 Abs. 1 und 2 BGB bilden".

760 So aber *Gotthardt*, ZIP 2002, S. 277ff. (282); *Lingemann*, NZA 2002, S. 181ff. (188).

rechtfertigt die Richtigkeitsgewähr des Tarifvertrages unter Vermeidung einer gerichtlichen Tarifzensur in der Tat eine Ausklammerung aus der Inhaltskontrolle der § 305ff. BGB auch dann, wenn der Arbeitsvertrag kraft individualvertraglicher Bezugnahme oder einer dem Tarifvertrag entsprechenden Gestaltung an der Richtigkeitsgewähr des Tarifvertrages teilhat. Nach der Gesetzesbegründung ist dies auch eine vom Gesetzgeber beabsichtigte Folge der Regelung des § 310 Abs. IV S. 3 BGB.[761] Aus der Gesetzesbegründung lässt sich indes nicht ableiten, dass die Herbeiführung dieser Rechtsfolge der ausschließliche Zweck der Regelung war und eine sich aus der Systematik des § 307 BGB grundsätzlich folgerichtig ergebende Heranziehung der Rechtsvorschriften auch als Beurteilungsmaßstab im Rahmen des § 307 Abs. I und II BGB im Hinblick auf den Tarifvertrag ausdrücklich nicht beabsichtigt war.[762] Aus der Besonderheit der Beschränkung der normativen Wirkung des Tarifvertrages auf Arbeitsverhältnisse beiderseits tarifgebundener Arbeitsvertragsparteien und der negativen Koalitionsfreiheit des Art. 9 Abs. III GG folgt jedoch, dass der Tarifvertrag als Beurteilungsmaßstab nur dann herangezogen werden kann, wenn dieser im Bezug auf das betroffene Arbeitsverhältnis normative Wirkung entfaltet. Denn ansonsten hätte auch der nicht tarifgebundene Arbeitnehmer die üblicherweise in Tarifverträgen seiner Branche getroffenen Vereinbarungen stets als „wesentliche Grundgedanken" zu beachten, was ersichtlich mit der negativen Koalitionsfreiheit des Art. 9 Abs. III GG nicht vereinbar wäre.[763] Soweit gemäß § 310 Abs. IV S. 2 BGB bei der Anwendung der §§ 305ff. BGB auf Arbeitsverträge die im Arbeitsrecht geltenden Besonderheiten angemessen zu berücksichtigen sind, ergibt sich hieraus, dass eine Überprüfung am Maßstab des Tarifver-

[761] BT-Drucksache 14/6857, S. 54: „In Satz 3 der vorgeschlagenen Neufassung von § 310 IV BGB wird klargestellt, dass Tarifverträge, Betriebs- und Dienstvereinbarungen Rechtsvorschriften i.S. von § 307 III BGB gleichstehen. Daraus folgt, dass auch Einzelarbeitsverträge, die Bezug auf einen Tarifvertrag nehmen, ohne dass eine beiderseitige Tarifbindung besteht, oder die mit Kollektivverträgen übereinstimmen und lediglich deren gesamten Inhalt wiedergegeben, ebenfalls nicht der Inhaltskontrolle unterliegen, sondern nur am Transparenzgebot zu messen sind."

[762] Soweit *Gotthardt*, ZIP 2002, S. 277ff. (282) und *Lingemann*, NZA 2002, S. 181ff. (188/189) aus der Gesetzesbegründung eine derartig beschränkte Intention des Gesetzgebers ableiten, verfängt dies m. E. nicht. Vielmehr stellt die Begründung nur ausdrücklich klar, dass ein Fortfall des Bedürfnisses nach einer AGB-Inhaltskontrolle auch dann gegeben ist, wenn die Richtigkeitsgewähr des Tarifvertrages nicht kraft normativer Wirkung, sondern kraft individualvertraglicher Bezugnahme oder einer tarifvertragsidentischen Ausgestaltung eingreift und insoweit auch diese Vereinbarungen wie Tarifverträge selbst aus der AGB-Kontrolle ausgenommen sind. Da sich jedoch aus der Regelungssystematik des § 307 BGB ergibt, dass die Vorschriften von denen abgewichen wird, regelmäßig zugleich den Beurteilungsmaßstab der Inhaltskontrolle bilden, hätte ein entgegenstehender Wille des Gesetzgebers im Hinblick auf die Anordnung des § 310 Abs. IV S. 3 BGB jedoch explizit zum Ausdruck kommen müssen.

[763] So auch *Annuß*, BB 2002, S. 458ff. (460); *Bartz*, AuA 2002, S. 62ff. (65); *Buchner*, FS-Wiedemann, S. 211ff. (225/226); *Lingemann*, NZA 2002, S. 181ff. (189); *Löwisch*, FS-Wiedemann, S. 312ff. (321).

trages im Rahmen des § 307 Abs. I und II BGB nur in Betracht kommt, soweit der entsprechende Tarifvertrag für das Arbeitsverhältnis normative Wirkung entfaltet.[764] Soweit einzelvertraglich auf den Tarifvertrag Bezug genommen wird, entfällt hiernach zwar ein Kontrollbedürfnis im Sinne der §§ 307 Abs. III, 310 Abs. IV S. 3 BGB. Gleichwohl folgt aus der vertraglichen Bezugnahme oder der tarifvertragsidentischen Ausgestaltung keine Bindung des Arbeitgebers an den Tarifvertrag, aus der sich im Hinblick auf das konkrete Arbeitverhältnis ein inhaltlicher Bezugspunkt für die Angemessenheit ergeben könnte.

Die Gesetzesbegründung zu § 310 Abs. IV S. 3 BGB ist vor dem Hintergrund des Meinungstandes zum bisherigen § 8 AGBG, der bislang einen dem § 307 Abs. III S.1 BGB entsprechender Ausschluss der AGB-Kontrolle regelte, zu verstehen. Ein wesentlicher Zweck dieser Bestimmung wurde in der Klarstellung gesehen, dass die AGB-Kontrolle nicht dazu dienen sollte, gesetzliche Interessenbewertungen zu überprüfen.[765] Nach einer Auffassung in der Literatur griff diese Erwägung indes nur ein, soweit es sich um für das konkrete Rechtsverhältnis unmittelbar einschlägige Vorschriften handelte,[766] so dass hiernach die Kontrollfähigkeit einzelvertraglicher Abreden, durch die Rechtsvorschriften außerhalb ihres unmittelbaren Anwendungsbereichs konstitutiv zur Geltung gebracht werden, unberührt bleiben sollte.[767] Vor diesem Hintergrund bedurfte es erläuternder Ausführungen, dass nunmehr mit der Gleichstellung von Rechtsvorschriften und Tarifverträgen eine AGB-Kontrolle im Hinblick auf den Tarifvertrag auch bei inhaltsgleicher Ausgestaltung oder vertraglicher Bezugnahme ausgeschlossen sein sollte. Gleichwohl ist der Tarifvertrag als Prüfungsmaßstab im Rahmen des § 307 Abs. I und II BGB nur bei einer normativen Geltung des Tarifvertrages in Bezug auf das konkrete Arbeitsverhältnis heranzuziehen, die nur bei einer Tarifbindung der Arbeitsvertragsparteien oder einer Allgemeinverbindlichkeitserklärung im Sinne des § 5 Abs. I TVG gegeben ist. Nur in seinem Geltungsbereich kommt der tariflichen Regelung in diesem Sinne eine normative Richtlinienfunktion zu.[768]

---

[764] *Buchner*, FS-Wiedemann, S. 211ff. (225/226); *Löwisch*, FS-Wiedemann, S. 312ff. (321); *Oetker*, FS-Wiedemann, S. 383ff. (395).

[765] *Annuß*, BB 2002, S. 458ff. (460); *Wolf*, in: Wolf/Horn/Lindacher, AGBG, 4. Auflage 1999, § 8, Rn. 1.

[766] *Annuß*, BB 2002, S. 458ff. (460).

[767] *Annuß*, BB 2002, S. 458ff. (460); *Wolf*, in: Wolf/Horn/Lindacher, AGBG, 4. Auflage 1999, § 8, Rn. 25ff.

[768] Vgl. *Gotthardt*, ZIP 2002, S. 277ff. (282).

bb) Kontrolle auch der Hauptkonditionen des Arbeitsvertrages, insb. der Höhe des Arbeitsentgelts

Soweit nach der bisherigen Rechtslage die Hauptkonditionen unter Verweis auf die Wahrung marktwirtschaftlicher Prinzipien und das Fehlen eines Kontrollmaßstabs aus der AGB-Kontrolle ausgeklammert wurden,[769] ist dieser Erwägung im Hinblick auf Tarifverträge und die Regelung des § 310 Abs. IV S. 3 BGB nunmehr die Grundlage entzogen. Zum einen stehen mit den Entgelttarifverträgen nunmehr Bezugsgrößen bereit, die auch eine Beurteilung der von den Arbeitsvertragsparteien versprochenen Hauptleistungen ermöglichen.[770] Zum anderen lässt sich der Arbeitnehmer in seiner Eigenschaft als solcher unter die bereits im Jahre 2000 erweiterte Definition des Verbrauchers in § 13 BGB subsumieren.[771] Auch der Gesetzgeber geht auf dieser Grundlage davon aus, dass Arbeitnehmer als Verbraucher im Sinne der Vorschrift anzusehen sind;[772, 773] die Möglichkeit einer Behandlung der Arbeitnehmer als Verbraucher auch im Rahmen ihres Arbeitsverhältnisses war ausdrücklich beabsichtigt.[774] Damit kann eine Ausklammerung der Hauptkonditionen des Arbeitsvertrages aus der AGB-Kontrolle auch nicht mit einer richtlinienkonformen Auslegung der Gleichsetzung von Tarifverträgen und Rechtsvorschriften im Hinblick auf die Verbrauchervertragsrichtlinie[775] begründet werden.[776] Zwar ist nach Art. 4 Abs. II der Verbrauchervertragsrichtlinie (in Verbindung mit Rn. 19 der Erwägungsgründe) Gegenstand der Missbrauchskontrolle im Sinne der Richtlinie grundsätzlich weder der Hauptgegenstand des Vertrages noch die Angemessenheit des Verhältnisses von Hauptleistung und Gegenleistung.[777] Art. 8 der Richtlinie lässt jedoch für Verbraucherverträge ausdrücklich eine weitergehende Inhaltskontrolle zu. Da die Inhaltskontrolle auf Verbraucherverträge selbst dann Anwendung findet, wenn die vorformulierten Vertragsbedingungen nur zur einmaligen Verwendung bestimmt sind, folgt aus der Qualifizierung des Arbeitsvertrages als

---

769 Vgl. *Wolf/Horn/Lindacher*, AGBG, 4. Auflage 1999, § 8, Rn. 1.

770 So auch *Annuß*, BB 2002, S. 458ff. (460).

771 Vgl. *Däubler*, NZA 2001, S. 1329ff. (1333); *Gotthardt*, ZIP 2002, S. 277ff. (278/279).

772 BT-Drucksache 14/7052, S. 190; a.A. *Joussen*, NZA 2001, S. 745ff. (749); *Lingemann*, NZA 2002, S. 181ff. (184).

773 Hieraus ergibt sich zugleich, dass sich theoretisch Gewerkschaften als so genannte qualifizierte Einrichtungen, d.h. als Verbraucherverbände mit Verbandsklagebefugnis, registrieren lassen könnten, vgl. *Däubler*, NZA 2001, S. 1329ff. (1333).

774 Vgl. *Löwisch*, FS-Wiedemann, S. 311ff. (315) m.w.N., der die beabsichtigte Gleichstellung von Arbeitsverträgen und Verbraucherverträgen jedoch im Ergebnis ablehnt.

775 Richtlinie 93/13/EWG des Rates vom 5.4.1993 über missbräuchliche Klauseln in Verbraucherverträgen, abgedruckt bei *Ulmer/Brandner/Hensen*, AGBG, 9. Auflage 2001, S. 21ff. sowie *Wolf/Horn/Lindacher*, AGBG, 4. Auflage 1999, S. 1965ff.

776 So aber *Lingemann*, NZA 2002, S. 181ff. (189).

777 Vgl. *Lingemann*, NZA 2002, S. 181ff. (189).

Verbrauchervertrag zugleich, dass in der Regel jeder vom Arbeitgeber auch nur für den Einzelfall vorformulierte Vertrag der Inhaltskontrolle unterliegt.[778]

cc) Ausschluss „echt" ausgehandelter Arbeitsbedingungen aus der AGB-Kontrolle – Berücksichtigung eines wirtschaftlichen Machtungleichgewichts beim Merkmal des Aushandelns?

Nach § 305 Abs. I S. 3 BGB kommt die AGB-Kontrolle nicht zur Anwendung, soweit die Bedingungen des Vertrages „zwischen den Vertragsparteien im einzelnen ausgehandelt sind". Ein Aushandeln ist anzunehmen, wenn der Verwender den gesetzesfremden Kern der Klausel ernsthaft zur Disposition des Vertragspartners gestellt und diesem die Möglichkeit eingeräumt hat, den Inhalt der Klausel zu beeinflussen.[779] Den Arbeitgeber als Verwender trifft die Beweislast dafür, dass es sich um ausgehandelte Vertragsbedingungen in diesem Sinne handelt.[780]

Angesichts der nunmehr ausdrücklich gesetzlich angeordneten Anwendung der AGB-Kontrolle auf arbeitsvertragliche Vereinbarungen stellt sich die Frage, unter welchen Voraussetzungen hier ein Aushandeln der Vereinbarung gemäß § 305 Abs. I S.3 BGB anzunehmen ist und welche Schlussfolgerungen hieraus im Hinblick auf die Auslegung des § 4 Abs. III TVG zu ziehen sind.

aaa) Die Auffassung von der Einbeziehung ausgehandelter individualvertraglicher Vereinbarungen in die AGB-Kontrolle im Hinblick auf das typisierbare wirtschaftliche Machtungleichgewicht der Arbeitsvertragsparteien

Nach einer Auffassung sei bei der Auslegung des Merkmals des Aushandelns im Sinne des § 305 Abs. I S. 3 BGB zu berücksichtigen, dass bei typisierender Betrachtung ein wirtschaftliches Machtungleichgewicht zwischen den Arbeitsvertragsparteien vorliege, aus dem die spezifische Gefahr einer arbeitgeberseitigen Oktroyierung von Arbeitsbedingungen resultiere.[781] Bei typisierender Betrachtung sei hier die Annahme gerechtfertigt, dass auch bei vordergründig individualvertraglich ausgehandelten Vertragsklauseln tatsächlich in der Regel nicht die Möglichkeit

---

[778] Vgl. *Gotthardt*, ZIP 2002, S. 277ff. (279); *Preis*, in: Erfurter Komm. z. ArbR., § 611 BGB, Rn. 553.

[779] BGH NJW 2000, S. 1110ff. (1111); BGH NJW 1998, S. S. 2600ff. (2601).

[780] Ganz h.M.: BGH NJW 1998, S. S. 2600ff. (2601); BGHZ 83, S. 56ff. (58); *Gotthardt*, ZIP 2002, S. 277ff. (279); *Ulmer*, in: Ulmer/Brandner/Hensen, AGBG, 9. Aufl. 2001, § 1, Rn. 62 m.w.N.

[781] *Dieterich*, RdA 1995, S. S. 129ff. (135); *Fastrich*, RdA 1997, S. 65ff. (75); vgl. zum Streitstand bezüglich der Berücksichtigung eines wirtschaftlichen Machtungleichgewichts beim Merkmal des Aushandelns *Ulmer*, in: *Ulmer/Brandner/Hensen*, AGB-Gesetz, 9. Aufl., 2002, Einl. Rn. 29ff. sowie § 1, Rn. 8.

des Arbeitnehmers bestehe, den Inhalt der Klausel zu beeinflussen. Auch in derartigen Fällen greife die AGB-Kontrolle insoweit ein, weil ein „Aushandeln" im Sinne des § 305 Abs. I S. 3 BGB nicht vorliege.[782]

bbb) Die Auffassung vom Ausschluss echter arbeitsvertraglicher Individualvereinbarungen aus der AGB-Kontrolle

Nach der Gegenauffassung sei eine AGB-Kontrolle hingegen ausgeschlossen, soweit sich der Inhalt der Klausel als Ergebnis eines individualvertraglichen Verhandlungsprozesses zwischen den Vertragsparteien darstelle, da sodann unweigerlich der Ausschlusstatbestand des § 305 Abs. I S. 3 BGB eingreife.[783]

ccc) Stellungnahme

Im Ergebnis besteht bei den Vertretern beider Auffassungen Einigkeit, dass ein „Aushandeln" im Sinne des § 305 Abs. I S. 3 BGB nur dann angenommen werden kann, wenn die entsprechende Klausel ernsthaft zur Disposition des Arbeitnehmers gestanden hat und für diesen die Möglichkeit bestand, den Inhalt der Klausel zu beeinflussen. Soweit die erstgenannte Auffassung - insoweit parallel zu traditionellen Dogmatik des Günstigkeitsvergleichs im Rahmen des § 4 Abs. III TVG - indes aus den Spezifika des Arbeitsvertrages folgert, ein derartige Mitwirkung des Arbeitnehmers sei bei typisierender Betrachtung ausgeschlossen, weil strukturell bedingt stets von einer Fremdbestimmung durch den Arbeitgeber auszugehen sei, ist dem in dieser Allgemeinheit zu widersprechen.

Dem Befund eines regelmäßig zwischen den Arbeitsvertragsparteien bestehenden wirtschaftlichen Machtungleichgewichts und der hieraus folgenden Vermutung einer vornehmlich arbeitgeberseitigen Determination der Vereinbarung ist vielmehr schon dadurch hinreichend Rechung getragen, dass der Arbeitgeber als Verwender der AGB im Hinblick auf das Vorliegen eines echten Aushandelns der Vereinbarung beweisbelastet ist.[784] Gelingt es dem Arbeitgeber hier nicht, den Nachweis eines echten Aushandelns der Vereinbarung zu führen und damit die Vermutung einer arbeitgeberseitigen Oktroyierung von Arbeitsbedingungen zu widerlegen, so bleibt es bei dem Eingreifen der AGB-Inhaltskontrolle. Eine darüber hinausgehende Ausdehnung des Kontrollbereichs unter dem Gesichtspunkt eines vermeintlichen ständigen Kontrollbedürfnisses widerspricht hingegen dem Grundgedanken der AGB-Kontrolle, soweit diese gerade bei einem individuellen Aushandeln zwischen den Vertragsparteien ausdrücklich nicht eingreift, und mündet in eine völlige

[782] *Dieterich*, RdA 1995, S. S. 129ff. (135); *Fastrich*, RdA 1997, S. 65ff. (75).
[783] *Gotthardt*, ZIP 2002, S. 277ff. (279).
[784] Vgl. *Ulmer*, in: Ulmer/Brandner/Hensen, AGBG, 9. Aufl. 2001, § 1, Rn. 62 m.w.N.

Aberkennung des verfassungsrechtlich gewährleisteten kontrollfreien Raums privatautonomer Gestaltung.

Der letztgenannten Ansicht ist daher zu folgen.

dd) Schlussfolgerungen im Hinblick auf die Auslegung des § 4 Abs. III TVG

Aus den Ausführungen zur AGB-Kontrolle im Arbeitsrecht ergibt sich, dass die Normativität des Tarifvertrages und das Günstigkeitsprinzip einerseits sowie die AGB-Kontrolle andererseits eine identische Schutzindikation und -intention aufweisen. Auch die Rechtfertigung der AGB-Inhaltskontrolle gründet - wie auch die des Tarifvertragssystems - in dem Gedanken einer Störung der Vertragsparität aufgrund eines strukturellen wirtschaftlichen Machtungleichgewichts zwischen den Parteien.[785] Nach herrschender Auffassung in der Literatur liegt der Schutzzweck der AGB-Kontrolle darin, der mit der Verwendung von AGB typischerweise verbundenen Gefahr einseitiger Ausnutzung der faktischen Vertragsgestaltungsfreiheit seitens des Verwenders zu Lasten des Vertragspartners entgegenzutreten.[786] Auch im Recht der Allgemeinen Geschäftsbedingungen liegt die Schutzintention in der Annahme begründet, dass eine Situation vorliegt, die aufgrund struktureller Imparität die Eignung des Vertrages als Instrument mit Richtigkeitsgewähr für einen gerechten Interessenausgleich in Frage stellt.[787]

Bislang wurde die Betrachtung von Tarifwesen einerseits und dem Recht der Allgemeinen Geschäftsbedingungen andererseits im Sinne zweier selbstständiger Sonderprivatrechtsbereiche weitgehend getrennt, als es in einem Fall um disparitätische Beziehungen auf dem Markt für Güter und Dienstleistungen geht, während im anderen Fall die ungleiche Verhandlungssituation auf dem Arbeitsmarkt den Ausgangspunkt bildete. Gerade soweit jetzt auch der Gesetzgeber davon ausgeht, dass der Arbeitnehmer als Verbraucher anzusehen ist, der Arbeitsvertrag nunmehr ausdrücklich auch einer AGB-Kontrolle zugänglich ist sowie Tarifverträge gesetzlichen Vorschriften gleichgestellt sind (§ 310 Abs. IV S. 3 BGB), ist jedoch ange-

[785] Vgl. *Lingemann*, NZA 2002, S. 181ff. (185); *Preis*, FS-Wiedemann, S. 425ff. (440); *Wolf*, in: Wolf/Horn/Lindacher, AGBG, 4. Aufl. 1999, Einl. Rn.7; a.A. *Ulmer*, in: Ulmer/*Brandner*/*Hensen*, AGB-Gesetz, 9. Aufl. 2001, Einl. Rn. 4, 29, 34a: Der Schutzzweck sei hiernach unabhängig von der Marktstellung des Verwenders. Auch insoweit besteht jedoch eine Parallelität zum Meinungsstand im Hinblick auf das Günstigkeitsprinzip, als namentlich *Grunsky* (Vertragsfreiheit und Kräftegleichgewicht, S. 14) darauf hingewiesen hat, dass sich im Vertragsrecht allgemein grundsätzlich ein wirtschaftliches Übergewicht einer Partei solange als für die Funktionalität der Vertragsfreiheit unschädlich erwiesen hat, als ein funktionierender Markt besteht, der es dem wirtschaftlich Schwächeren ermöglicht, auf einen anderen Anbieter auszuweichen.

[786] Vgl. BGHZ 126, S. 326ff. (332); *Ulmer*, in: Ulmer/Brandner/Hensen, AGBG, 9. Aufl., Einl., Rn. 29; *Wolf*, in: Wolf/Horn/Lindacher, AGBG, 4. Aufl. 2001, Einl., Rn.3, jeweils m.w.N.

[787] Vgl. *Wolf*, in: Wolf/Horn/Lindacher, AGBG, 4. Aufl. 2001, Einl., Rn.4.

sichts der Überlagerung der Anwendungsbereiche, Schutzindikation und -intention davon auszugehen, dass die Grundsätze des Schutzes des Schwächeren nunmehr innerhalb der Regelungsbereiche zu transferieren sind.[788] Die Einbeziehung auch des Arbeitsvertrages in die AGB-Kontrolle bedeutet in diesem Sinne zum einen ein angeglichenes Schutzniveau bei vorformulierten Arbeitsverträgen, d.h. in den Fällen, in denen typischerweise eine gestörte Vertragsparität vorliegt. Zum anderen muss damit jedoch auch ein mehr an Vertragsfreiheit im Rahmen des Tarifvertragssystems einhergehen, weil eine Inhaltskontrolle gemäß den §§ 307ff. BGB bei einem echten Aushandeln der Vertragsbedingungen – d.h. soweit der Inhalt der Vereinbarung als Ausdruck eines entsprechenden Gestaltungswillens auch des Arbeitnehmers begriffen werden kann - nicht in Betracht kommt und auch nicht kaschiert durch andere Rechtsinstitute wird vorgenommen werden dürfen.[789] In Rahmen der AGB-Kontrolle im Arbeitsrecht manifestiert sich nunmehr ausdrücklich der namentlich von *Martens* bereits auch für § 4 Abs. III TVG entwickelte Gedanke, dass sich die inhaltliche Kontrolldichte umgekehrt proportional zur Relevanz des voluntativen Aspekts auf Seiten des Arbeitnehmers verhalten muss.[790]

Für die Auslegung des § 4 Abs. III TVG ist hieraus zu folgern, dass der individualvertraglichen Vereinbarung regelmäßig über das Günstigkeitsprinzip der Vorrang vor den normativen Regelungen des Tarifvertrages einzuräumen ist, sofern es sich in diesem Sinne um eine seitens des Arbeitnehmers unter den Bedingungen freier Selbstbestimmung abgeschlossene und inhaltlich ausgefüllte Vereinbarung handelt. Das Schutzprinzip des Tarifvertragswesens insgesamt und der normativen Wirkung von Tarifverträgen im Besonderen liegt darin, durch das Prinzip der Gegenmachtbildung die Freiheit der Willensbetätigung des Arbeitnehmers in einem stets dem Vertrag als Gestaltungsmittel verpflichteten System der Gestaltung von Arbeitsbedingungen zum Durchbruch zu verhelfen.[791] Wo der Individualvertrag aus sich selbst heraus als Gestaltungsmittel diese Aufgabe zu erfüllen vermag, ist der zwingenden Wirkung von Tarifverträgen wie auch der AGB-Kontrolle der sozialstaatlich indizierte Anwendungsbereich entzogen.

4) Die sozialstaatliche Schutzfunktion des Tarifwesens bei Arbeitszeitregelungen unterhalb der Schwelle des Gesundheitsschutzes

Gerade in seiner Anwendung auf tarifvertragliche Arbeitszeitregelungen ist aufgrund der hohen Relevanz für den individuellen Lebensentwurf und die freie Entfaltung der Persönlichkeit im Berufsleben der Sachgruppenvergleich – sei er sub-

---

788 So auch *Däubler*, NZA 2001, S. 1329ff. (1333).
789 Vgl. *Gotthardt*, ZIP 2002, S. 277ff. (289).
790 *Martens*, FS-Zeuner, S. 101ff. (114).
791 Ähnlich *Knigge*, Einschränkbarkeit des Günstigkeitsprinzips, S. 135.

jektiv-hypothetisch oder objektiv-hypothetisch ausgestaltet[792] - für eine verfassungskonforme Ausgestaltung des Verhältnisses von individueller Privatautonomie und Tarifautonomie untauglich, soweit das so ermittelte (positive) Günstigkeitsurteil als zwingende Tatbestandsvoraussetzung des § 4 Abs. III TVG überhöht wird. Richtschnur für eine verfassungskonforme Auslegung des § 4 Abs. III TVG muss vielmehr auch hier die Schutzfunktion des Tarifvertrages und die sozialstaatliche Dimension der Gewährleistung des Art. 9 Abs. III GG einerseits sowie die Gewährleistung der individuellen Privatautonomie im Arbeitsrecht (Art. 12 GG) und der freien Entfaltung der Persönlichkeit im Berufsleben (Art. 1 Abs. I, 2 Abs. I GG) andererseits sein.

Die bisherige Untersuchung hat aufgezeigt, dass es verfassungsrechtlich und einfachgesetzlich keinen Inhaltsbezug oder eine inhaltliche Beschränkung der Schutzintention des Tarifvertragswesens dahingehend gibt, Arbeitszeitregelungen außerhalb definierbarer absoluter Grenzen der Wochen- oder Lebensarbeitszeit etwa unter dem Gesichtpunkt des Gesundheitsschutzes zu unterbinden. Den Tarifvertragsparteien kommt vielmehr generell die Aufgabe zu, den etwaigen Interessen von Teilen der Arbeitnehmerschaft an einer kürzeren Arbeitszeit gegenüber dem Arbeitnehmer zur Durchsetzung zu verhelfen; einer Durchsetzung eben, die der Arbeitnehmer im Wege individualvertraglicher Gestaltung aus eigener Kraft gegen den Willen des Arbeitgebers aufgrund einer in Rechnung zu stellenden Verhandlungsimparität zu bewirken nicht imstande ist.[793] Aus verfassungsrechtlicher Sicht gilt, dass eine Entlastung von dem mit der Privatautonomie auch im Arbeitsrecht einhergehenden Prinzip der Selbstverantwortung nur in dem Umfang geschehen darf, wie sie durch die spezifische Situation des Arbeitsrechts gefordert wird.[794] „Spezifisch" in diesem Sinne ist das Vorliegen einer Störung der Vertragsparität im Arbeitsrecht bzw. die typisierbare Gefahrenlage einer solchen. Diesem Befund trägt das Art. 9 Abs. III GG zugrundeliegende Prinzip der Gegenmachtbildung Rech-

---

[792] Der „subjektiv-realen" Theorie ist wie bereits ausgeführt die Gefolgschaft zu versagen, weil sie das Auslegungsproblem des Günstigkeitsbegriffs in § 4 Abs. III TVG mit dessen faktischer Aufhebung löst und damit die mit der grundsätzlichen Normwirkung verbundene Schutzfunktion des Tarifvertrages aushöhlt, vgl. dazu schon oben § 5 III 2, S. 135f.

[793] Zu weitgehend daher m.E. die Empfehlung des Deutschen Juristentages an die Rechtsprechung, anzuerkennen, dass es allein Sache des Arbeitsvertragsparteien ist, den zeitlichen Umfang der Arbeits- und Beschäftigungspflicht festzulegen (vgl. Verhandlungen des 61. DJT Karlsruhe 1996, Abdruck in DB 1996, S. 2030f. (2031), dort Nr. 11). Die dem Tarifvertragswesen zugrundeliegende Annahme einer Gefährdung der Selbstbestimmung des Arbeitnehmers hat grundsätzlich auch in diesem Bereich eine gewisse Gültigkeit. Die von der Frage der Tarifmacht im Bereich Arbeitszeitregelungen getrennt zu betrachtende und m.E. hier maßgebliche Frage lautet vielmehr, ob und unter welchen Voraussetzungen sich eine andere Präferenz der Arbeitsvertragsparteien und eine entsprechende individualvertragliche Vereinbarung bezüglich der Arbeitszeitregelung gegenüber der tariflichen Regelung durchsetzen muss.

[794] Vgl. *Wendt*, Der Günstigkeitsvergleich, S. 76.

nung, so dass auch die Grenzen der Tarifmacht im Verhältnis zur individuellen Vertragsfreiheit hieran auszurichten sind.

Einer Verselbstständigung des Kollektivs und hier angesiedelter Gestaltungsinteressen gegenüber dem verbandsgehörigen Individuum ist insoweit entgegenzutreten, als nur solange, wie das Kollektiv sich nicht über die gebündelten Individualinteressen erhebt und die Wahrnehmung derselben damit umschlägt in eine Eigenständigkeit und Hegemonie des Kollektivs, durch dieses die individuelle Selbstbestimmung nicht gefährdet, sondern gerade verwirklicht wird.[795]

5) Die Effektuierung der Gewährleistung der individuellen Koalitionsfreiheit des Art. 9 Abs. III GG als Grundlage tarifvertraglicher Normwirkung bei beschäftigungssichernden Abweichungen vom Tarifvertrag

Aus der Funktion der in § 4 Abs. I TVG angeordneten zwingenden Wirkung des Tarifvertrages, den durch die Kollektivierung der Interessenverfolgung erreichten Verhandlungsvorteil in das Arbeitsverhältnis zu transformieren und damit der Gewährleistung der individuellen positiven Koalitionsfreiheit des Art. 9 Abs. III GG erst Grundrechtseffektivität zu verleihen, folgen – neben dem Erfordernis einer typisierbaren Gefahrenlage der Beeinträchtigung der Willensbildung auf Seiten des Arbeitnehmers – weitere Grenzen der Normwirkung des Tarifvertrages.

Ist es Aufgabe der zwingenden Wirkung des Tarifvertrages, den Genuss der Tariffrüchte seitens der tarifgebundenen Arbeitnehmers als Ziel des Koalitionsbeitritts sicherzustellen, so ergeben sich funktionsimmanente Grenzen tarifvertraglicher Normwirkung insbesondere in der Fallgruppe beschäftigungssichernder Vereinbarungen. Lässt sich objektiv und nachweisbar eine wirtschaftliche Krise des Unternehmens dergestalt feststellen, dass der betroffene Betrieb, Betriebsteil oder auch nur das betroffene Arbeitsverhältnis unter Tariflohnbedingungen nicht mehr aufrechterhalten werden kann, so kommt diese Effektuierungsfunktion der zwingenden Normwirkung von tarifvertraglichen Normen gerade nicht mehr zum tragen. Beschränkt man den Blick zunächst auf das einzelne betroffene aktuelle Arbeitsverhältnis bzw. die Arbeitsverhältnisse des betroffenen Betriebs- oder Betriebsteils, so bestehen hier nur noch die Optionen einer einzelvertraglichen Absenkung des Lohnniveaus (gegen einen etwaigen Verzicht des Arbeitgebers auf betriebsbedingte Kündigungen) oder des Verlustes des Arbeitsplatzes. Auf das einzelne Arbeitsverhältnis bezogen kann die zwingende Wirkung der Tarifnormen mithin ihre Transformationsaufgabe nicht mehr erfüllen; der Genuss der Tariffrüchte im Hinblick auf den vollen Tariflohn wird durch den Wegfall des Arbeitsverhältnisses als

[795] *Picker*, NZA 2002, S. 761ff. (762).

Grundlage des tariflichen Schutzes insgesamt vereitelt.[796] Somit versagt die Normwirkung der tarifvertraglichen Lohnvereinbarung bei dieser Sachverhaltslage – im Bezug auf das konkret bestehende und betroffene Arbeitsverhältnis – jedoch auch in ihrem Bestreben, der seitens des Arbeitnehmers durch den Verbandsbeitritt betätigten individuellen Koalitionsfreiheit des Art. 9 Abs. III GG sowie der kollektiven Koalitionsfreiheit der involvierten Tarifvertragsparteien Effektivität zu verleihen. Der verfassungsrechtlich legitimierende Grund der zwingenden Wirkung von Tarifnormen ist in dem Umfang weggefallen, in dem eine Transformation der Tariflohnvereinbarung in das Arbeitsverhältnis der Höhe nach aufgrund der Unternehmenskrise betriebsökonomisch ausgeschlossen ist. Wo jedoch die zwingende Wirkung des Tarifvertrages im Einzelfall nicht geeignet ist, die bezweckte Umsetzung tariflich geregelter Arbeitbedingungen in das Arbeitsverhältnis zu gewährleisten, verliert sie ihre Funktion und muss gegenüber individualvertraglichen Anpassungsinteressen zurücktreten.[797]

Zu einem anderen Ergebnis könnte man nur gelangen, wenn man von der grundsätzlichen Möglichkeit des Arbeitnehmers ausgeht, bei einem Verlust des aktuellen Arbeitsplatzes im wirtschaftlich angeschlagenen Betrieb eine neue Beschäftigungsmöglichkeit bei einem anderen Arbeitgeber zu finden, dessen wirtschaftliche Situation die Zahlung von Tariflöhnen zulässt.[798] In der Literatur wird die Auffassung vertreten, der zwingenden Wirkung von tarifvertraglichen Lohnvereinbarungen komme zugleich die Aufgabe zu, Unternehmen, deren organisatorische Wirtschaftlichkeit und Rentabilität die Zahlung von Tariflöhnen nicht gewährleisten könne, aus dem Markt zu drängen.[799] Es finde hiernach durch die zwingende Wirkung der tarifvertraglichen Lohnvereinbarungen eine Auslese unter den Arbeitgebern statt, die mit der weitgehenden Umsetzung tarifvertraglicher Lohnvereinbarungen durch das Festhalten an deren zwingender Wirkung einhergehe.[800] Die zwingende Wirkung von Tarifnormen ziele in diesem Sinne zugleich auf einen

---

796 Vgl. *Trappehl/Lambrich*, NJW 1999, S. 3217ff. (3221).

797 *Löwisch*, ZfA 1996, S. 293ff. (300).

798 So *Wiedemann*, TVG, § 4, Rn. 439, S. 1109 und Rn. 442, S. 1110.

799 In diesem Sinne *Kittner*, FS-Schaub, S. 389ff. (390); *Lieb*, NZA 1994, S. 289ff. (291); *Wank*, in: FS-Schaub, S. 761ff. (771); *ders.*, NJW 1996, S. 2273ff. (2281); vgl. auch *Heinze*, NZA 1995, S. 5ff. (6);

800 *Heinze*, NZA 1995, S. 5ff. (6); *Lieb*, NZA 1994, S. 289ff. (291); *Kittner*, FS-Schaub, S. 389ff. (390); auf der Grundlage dieses Gedankens plädiert *Däubler*, NZA 1996, S. 225ff. (233) für das Verbleiben in den bisherigen Strukturen auch unter den Bedingungen der Marktglobalisierung. Der Erhalt der Wettbewerbsfähigkeit auch auf dem Weltmarkt sei in erster Linie durch eine rationellere Organisation der Arbeitsabläufe und ständige Innovation von Produktion und Produkten zu bewerkstelligen.

volkswirtschaftlich positiven Effekt durch die Umleitung von Arbeitskraft in wirtschaftlicher arbeitende Unternehmen und Branchen.[801]

An anderer Stelle ist bereits ausgeführt worden,[802] dass sich diese statische Betrachtung des Arbeitsmarktes unter den Bedingungen der Globalisierung und der Freizügigkeit des Arbeits-, Kapital- und Dienstleistungsmarkts sowie der anhaltend hohen Arbeitslosigkeit nicht halten lässt. Zum einen ist angesichts der anhaltend hohen Arbeitslosenzahlen offenkundig eine ausreichende Zahl von Arbeitsplätzen auf deutschem Tarifniveau nicht mehr verfügbar.[803] Für den Teil der betroffenen Arbeitnehmer, für die der Arbeitsmarkt – etwa aufgrund einer niedrigen Qualifikation oder eines fortgeschrittenen Lebensalters – nur eine geringe Chance zum Wiedereinstieg in ein anderweitiges Arbeitsverhältnis (zu tariflichen Lohnbedingungen) bietet, ist am obigen Befund festzuhalten, dass die Effektuierung der Grundrechtsgewährleistung des Art. 9 Abs. III GG hier gerade nicht für ein Festhalten an der tarifvertraglichen Lohnvereinbarung streitet, da hier nicht der Erhalt von Tariffrüchten zugunsten des Arbeitnehmers, sondern dessen Vereitelung infolge einer unter Umständen langfristigen Arbeitslosigkeit in Rechnung zu stellen ist. Zum anderen läuft auch der behauptete volkswirtschaftlich wünschenswerte Effekt der Auslese leistungsfähiger Unternehmen und der dahingehenden Umleitung von Ressourcen innerhalb der deutschen Wirtschaft angesichts der Unvollkommenheit des Lohnkartells durch die Globalisierung des Standortwettbewerbs auch als Prämisse in zunehmendem Umfang leer.[804] Vielmehr werden – begünstigt durch eine abnehmende Produktionstiefe der Unternehmen - Produktionsbereiche angesichts des dort günstigeren Kostenniveaus zunehmend in ausländische Standorte verlagert, mit der Folge eines ersatzlosen Verlustes entsprechender Arbeitsvolumina für die deutsche Wirtschaft.[805]

Das Bundesverfassungsgericht geht in einer Entscheidung vom 10.1.1995[806] zur Verfassungsmäßigkeit des § 21 Abs. IV Flaggenrechtsgesetz offenkundig davon

---

[801] *Däubler*, NZA 1996, S. 225ff. (233); *Kittner*, FS-Schaub, S. 389ff. (390); *Lieb*, NZA 1994, S. 289ff. (291).

[802] Vgl. oben unter § 5 III 1, S. 126.

[803] Ebenso *Buchner*, NZA 1999, S. 897ff. (901); *Mäckler*, Das Günstigkeitsprinzip – Verzicht auf geldwerte Leistungen gegen Beschäftigungsgarantie?, in: Arbeitsrecht und Arbeitsgerichtsbarkeit, FS zum 50-jährigen Bestehen der Arbeitsgerichtsbarkeit in Rheinland-Pfalz, S. 381ff. (389): „4 Millionen Arbeitslose sind der nicht zu widerlegende Beweis dafür, dass in Deutschland Beschäftigungsmöglichkeiten zu tarifvertraglichen Konditionen fehlen".

[804] Ebenso *Buchner*, Beilage Nr. 12 zu DB 1996, Heft 29 vom 19.7.1996, S. 11.

[805] Vgl. *Buchner*, Beilage Nr. 12 zu DB 1996, Heft 29 vom 19.7.1996, S. 11.

[806] BVerfG DB 1995, S. 483f.; § 21 Abs. 4 Flaggenrechtsgesetz sieht den Ausschluss der Anwendung deutschen Arbeits- und Tarifrechts für Seeleute ohne inländischen Wohnsitz auf Schiffen unter deutscher Flagge vor. Hintergrund der Norm war die zunehmende Tendenz der Ausflaggung von Schiffen durch die betreibenden deutschen Reedereien, da aufgrund der Internationalisierung des Dienstleistungs- und Arbeitsmarktes in der Seeschifffahrt diese zu

aus, dass derartige Aspekte der Bestandssicherung von Arbeitsverhältnissen und der Sicherung des Produktionsstandorts Deutschland in die verfassungsrechtliche Beurteilung von Beeinträchtigungen der Tarifautonomie zumindest dann Eingang finden müssen, wenn angesichts bestehender Wettbewerbsbedingungen eine völlige Erosion des betroffenen Arbeitsmarktsegments im Geltungsbereich des deutschen Tarifrechts in Rechnung zu stellen ist. Zwar sind die Rahmenbedingungen in der internationalen Seeschifffahrt angesichts der sehr weitgehenden Internationalisierung des Arbeits- und Dienstleistungsmarktes besonders gelagert und die Entscheidung damit nicht ohne weiteres auf andere Wirtschaftszweige übertragbar. Die Entscheidung zeigt jedoch, dass auch in anderen Wirtschaftszweigen die Frage des Bestandsschutzes von Arbeitsverhältnissen im Geltungsbereich des deutschen Tarifrechts aufgrund der zunehmenden Globalisierung des Arbeits-, Güter- und Dienstleistungsmarktes nicht aus der Betrachtung ausgeklammert werden kann. Auch dies ist ein Aspekt der von der verfassungsrechtlichen Gewährleistung des Art. 9 Abs. III GG in Bezug genommenen „Wahrung und Förderung der Arbeits- und Wirtschaftsbedingungen" als Zielsetzung kollektiver Vereinbarungen von Arbeitsbedingungen.[807]

Gleichwohl wird für einen Teil der Arbeitnehmerschaft eine reelle Chance zum Wiedereinstieg in ein anderes Arbeitsverhältnis zu tariflichen Bedingungen auf dem deutschen Arbeitsmarkt bestehen, sofern es aufgrund des Festhaltens an tariflichen Arbeitsbedingungen tatsächlich zu einem Verlust des konkreten Arbeitsplatzes oder der Schließung des Betriebes oder Betriebsteils kommt. Zu untersuchen ist, ob das Gebot der Effektuierung der grundrechtlichen Gewährleistung des Art. 9 Abs. III GG unter dieser Prämisse tatsächlich für das Festhalten an der tarifvertraglichen Lohnvereinbarung mit der Erwägung in das Feld geführt werden kann, dass der betroffenen Arbeitnehmerschaft jedenfalls durch die so herbeigeführte Neubegründung des Arbeitsverhältnisses mit einem anderen - wirtschaftlich leistungsfähigeren – Arbeitgeber der Tariflohn zugute komme und damit insgesamt eine Bewahrung der Tariflohnvereinbarung und ihrer Umsetzung eintrete. In der Tat ist zu

deutschen tariflichen Arbeitsbedingungen nicht mehr wettbewerbsfähig betrieben werden konnte. Das BVerfG billigte den mit der Regelung verbundenen Eingriff in die Koalitionsfreiheit der deutschen Gewerkschaften angesichts der besonderen Wettbewerbssituation und führte in der Begründung aus:

> „Der deutsche Gesetzgeber steht deswegen vor der Alternative, den deutschen Grundrechtsstandard entweder ungeschmälert zu wahren, ihm damit aber im Bereich der Hochseeschifffahrt praktisch das Anwendungsfeld zu entziehen, oder ihm ein Anwendungsfeld zu erhalten, dann aber eine Minderung des Grundrechtsstandards in Kauf zu nehmen. Unter diesen Umständen ist es dem Gesetzgeber von Verfassungs wegen nicht verwehrt, den zweiten Weg zu wählen und Positionen von Koalitionen aufzugeben, die sich in der internationalen Rechtswirklichkeit ohnehin nicht behaupten ließen."; vgl. BVerfG DB 1995, S. 483f. (484).

807 Vgl. *Sodan*, JZ 1998, S. 421ff. (423); dazu schon oben unter § 3 I 2 a, S. 40ff.

konstatieren, dass unter diesen Bedingungen das Festhalten an der tariflichen Lohnvereinbarung durch eine Ausklammerung der Bestandssicherheit des konkret betroffenen Arbeitsverhältnisses im Rahmen des Günstigkeitsvergleichs die Transformation der Tariflohnvereinbarung in das – wenn auch neue – Arbeitsverhältnis gewährleistet. Der Vorwurf einer in diesem Sinne fehlenden Funktionalität der zwingenden Wirkung der Lohnvereinbarung im Kontext der Koalitionsfreiheit des Art. 9 Abs. III GG verfängt hier somit – anders als im Fall drohender Arbeitslosigkeit des betroffenen Arbeitnehmers - nicht.[808]

Nun ist mit dieser Funktionalität der zwingenden Wirkung der Tariflohnvereinbarung noch keine Aussage darüber getroffen, inwieweit dem damit verfolgten tarifvertraglichen Schutzgedanken bei dieser Sachverhaltslage auch ein entsprechendes Schutzbedürfnis des Arbeitnehmers gegenübersteht. An dieser Stelle sei zunächst das Ergebnis der vorausgegangenen Untersuchung in Erinnerung gerufen, wonach eine Entlastung von dem mit der Privatautonomie auch im Arbeitsrecht einhergehendem Prinzip der Selbstverantwortung nur in dem Umfang geschehen darf, wie sie durch die spezifische Situation des Arbeitsrechts gefordert wird.[809] Ist dem Arbeitnehmer der Erhalt des bestehenden Arbeitsverhältnisses die erforderliche Lohneinbuße nicht wert, so steht es ihm jedoch frei, die nach der These der Arbeitgeberselektion zu unterstellende alternative Beschäftigungsmöglichkeit bei einem anderen leistungsfähigeren Arbeitnehmer aus eigenem Antrieb wahrzunehmen.[810]

An dieser Stelle ist die gängige Definition der Richtigkeitsgewähr des Vertrages als grundlegendes Prinzip der verfassungsrechtlich gewährleisteten Privatautonomie in

---

[808] Einschränkend ist indes darauf aufmerksam zu machen, dass auch diese Transformation der Tariflohnvereinbarung in das neue Arbeitsverhältnis bereits von einer Entscheidung des Arbeitnehmers abhängt, die tarifvertraglicher Einwirkung gerade entzogen ist: der tatsächlichen Begründung eines neuen Arbeitsverhältnisses durch den Arbeitnehmer. Aufgrund der Abschlussfreiheit des Arbeitnehmers aus Art. 12 GG kann es daher keine Legitimation der traditionellen Dogmatik geben, die auf einen gleichsam zwingenden Automatismus der Neubegründung anderweitiger Arbeitsverhältnisse auf Tariflohnniveau rekurriert.
Gleichzeitig ist es jedoch auch unzulässig, nur an den formellen Erhalt des Tariflohnniveaus anzuknüpfen. Die Tarifvertragsnormen genießen verfassungsrechtlichen Schutz nicht um ihrer selbst willen, sondern um des Schutzes des Arbeitnehmers willen. Das Tarifvertragswesen kann seiner sozialstaatlichen Schutzaufgabe nur gerecht werden, wenn ihm insoweit eine möglichst weitgehende Verwirklichung real werthaltiger, nicht lediglich hypothetischer Rechtspositionen zugunsten der Arbeitnehmerschaft gelingt.

[809] Vgl. *Wendt*, Der Günstigkeitsvergleich, S. 76.

[810] *Reuter*, ZfA 1995, S. 1ff. (26) weist zu Recht kritisch darauf hin, dass bei der traditionellen Dogmatik in dieser Hinsicht „die – in Deutschland Jahr für Jahr hunderttausendfach genutzte – Möglichkeit der Reaktion durch Wechsel des Arbeitsorts und/oder –fachs völlig ausgeblendet bleibt“ und dass zugleich die individuelle Fähigkeit des Arbeitnehmers zur Wahrnehmung dieser Option und damit das individuelle Arbeitsplatzrisiko je nach Alter, Bildungsstand, Familienverhältnissen, wirtschaftlichen Hintergründen, Mentalität, Verkehrsverhältnissen bei den einzelnen Arbeitnehmern ganz verschieden ausgeprägt ist.

das Gedächtnis zu rufen, die in der rechtswissenschaftlichen Literatur wie folgt gefasst wird:

> „Die Vertragsfreiheit bezieht ihre Richtigkeitsgewähr aus der Möglichkeit beider Seiten, im Falle des Ansinnens unangemessener Vertragsbedingungen auf den Vertragsschluss zu verzichten, sei es, dass man den Vertragsgegenstand entbehren, sei es, dass man auf alternative Vertragsgelegenheiten ausweichen kann."[811]

Bei Annahme einer ausreichenden Menge alternativer Beschäftigungsmöglichkeiten auf Tariflohnniveau wäre der Arbeitnehmer in seiner Wahl zwischen dem Erhalt des bestehenden Arbeitsplatzes zu untertariflichen Bedingungen und der Begründung eines anderweitigen Beschäftigungsverhältnisses zu Tariflohnbedingungen jedoch in genau diesem Sinne frei. Die freie Wahl des Arbeitplatzes, die durch Art. 12 GG gewährleistet wird, umfasst eben in diesem Sinne nicht nur das Recht des Individuums, einen zur Verfügung stehenden Arbeitsplatz zu erwerben, sondern auch seine Entscheidung, den erworbenen Arbeitsplatz beizubehalten oder aufzugeben.[812] Das Recht, selbst zu bestimmen, ob man in seinem Unternehmen weiterhin tätig bleiben will, gehört zu dem unantastbaren Kernbereich der Entscheidungsfreiheit des Gewerkschaftsmitglieds, dessen Ausübung ihm auch noch nach Koalitionsbeitritt erhalten bleiben muss.[813]

Soweit man hiernach das Bestehen alternativer Beschäftigungsmöglichkeiten unterstellt, ist der in der Koalitionsfreiheit des Art. 9 Abs. III GG angelegte Schutz der Willensbildung des Arbeitnehmers bereits dadurch umfassend verwirklicht, dass der Arbeitnehmer das Ansinnen des Arbeitnehmers nach einer Lohnsenkung zurückweisen und – vor oder nach Schließung des alten Betriebes bzw. des Abbaus des bisherigen Arbeitsplatzes – auf die alternative Beschäftigungsmöglichkeit ausweichen kann. Das Vorliegen eines wirtschaftlichen Übergewichtes einer Partei hat sich jedoch allgemein solange als für die Funktionalität der Vertragsfreiheit unschädlich erwiesen, als in diesem Sinne ein funktionierender Markt besteht, der es dem wirtschaftlich Schwächeren ermöglicht, auf einen anderen Anbieter auszuweichen.[814] Vor diesem Hintergrund bedarf es keiner vormundschaftlichen Vorwegnahme dieser Entscheidung durch ein bereits in der Dogmatik des Günstigkeitsvergleichs angelegtes zwingendes Festhalten an der Tariflohnvereinbarung um den Preis des Verlustes des konkreten Arbeitsplatzes. Weder ist damit eine Steigerung

---

[811] *Junker*, NZA 1997, S. 1305ff. (1307); *Grunsky*, Vertragsfreiheit und Kräftegleichgewicht, S. 14/15; *Reuter*, in: Bydlinski, Die ethischen Grundlagen des Privatrechts, S. 105 (109).

[812] BVerfGE 84, S. 133ff. (146); *Freihube*, Probleme der Tarifbindung, S. 85.

[813] *Freihube*, Probleme der Tarifbindung, S. 84; *A. Wiedemann*, Die Bindung der Tarifnormen an Grundrechte, S. 177.

[814] *Grunsky*, Vertragsfreiheit und Kräftegleichgewicht, S. 14.

der Grundrechtseffektivität des Art. 9 Abs. III GG verbunden, noch besteht angesichts der bei dieser Sachlage faktisch funktionsfähigen Privatautonomie ein spezifisches Schutzbedürfnis, dass eine entsprechende Enthebung von dem Prinzip der Selbstverantwortung rechtfertigen könnte.[815]

Diesbezüglich führte das BAG jüngst aus:

> „Dem Arbeitnehmer, der dem Ansinnen des Arbeitgebers gegebenenfalls nur ein schlichtes ‚Nein' entgegenzusetzen braucht, kann nicht die zur Durchsetzung seiner berechtigten Interessen erforderliche Verhandlungsmacht abgesprochen werden."[816]

Für den Arbeitnehmer mag es zahlreiche Erwägungen wie etwa regionale Gebundenheit, familiäre und soziale Rahmenbedingungen oder unter Umständen sogar eine gewachsene Verbundenheit mit dem wirtschaftlich angeschlagenen Betrieb geben, die ihn in der konkreten Situation dazu bewegen, entsprechende Lohneinbußen zum Zwecke des Erhaltes des bisherigen Arbeitsplatzes einem Wechsel des Arbeitgebers vorzuziehen. Die verfassungsrechtliche Anerkennung der Privatautonomie auch im Arbeitsrecht verbietet es, die Präferenz des Arbeitnehmers dem Diktat einer unbedingten Geltung der Tariflohnvereinbarung zu opfern, wenn kein entsprechendes Schutzbedürfnis des Arbeitnehmers und keine Effektuierung der grundrechtlichen Gewährleistung des Art. 9 Abs. III GG in Rechnung zu stellen ist. Eine Bevormundung des Arbeitnehmers ohne rechtfertigenden Grund verbietet sich hier angesichts der verfassungsrechtlich und im Tarifvertragswesen zum Ausdruck kommenden Präponderanz der Privatautonomie in ihrem Bezug zur grundrechtlichen Gewährleistung der freien Entfaltung der Persönlichkeit (Art. 2 I GG) sowie der Menschenwürde (Art. 1 I GG).[817]

Eine hieraus resultierende etwaige Lohnkonkurrenz und Uneinheitlichkeit der Lohnstrukturen ist ausweislich der negativen Koalitionsfreiheit des Art. 9 Abs. III GG kein Argument gegen eine Öffnung des Tarifvertragswesens zugunsten beschäftigungssichernder Vereinbarungen.[818] Angesichts der stets möglichen Außenseiterkonkurrenz kann das Tarifvertragswesen eine gewisse Konkurrenz von außerhalb des Lohnkartells von vornherein nicht unterbinden. Auch innerhalb des Lohn-

---

[815] Nach *Blomeyer*, NZA 1996, S. 337ff. (345) sei "der Selbstbestimmung und Selbstverantwortung der Arbeitsvertragspartner zumindest dort Bahn zu geben, wo von einer gestörten Parität nach Auffassung der Tarifpartner nicht die Rede sein" könne.

[816] BAG, NZA 1996, S. 811ff. (812).

[817] Vgl. *Heinze*, NZA 1991, S. 329ff. (332); *ders.*, DB 1996, S. 729ff. (730).

[818] So aber offenbar *Wiedemann*, Die Bindung der Tarifnormen an Grundrechte, S. 120, der auf diesem Befund die Schlussfolgerung zieht, die mitgliedschaftliche Rücksichtnahmepflicht verbiete dem Arbeitnehmer, „die Ergebnisse des Tarifvertrages zu torpedieren"; ähnlich, jedoch mit eingehender Begründung *Belling*, Günstigkeitsprinzip, S. 170; *Tyska*, ArbuR 1985, S. 276 (281); ferner *Zachert*, DB 1990, S. 986ff. (989).

kartells ist bei bestehender Tarifbindung eine uneinheitliche Lohnstruktur gewollte Folge des Günstigkeitsprinzips, soweit es unstreitig auch nach der traditionellen Dogmatik übertariflichen individualvertraglichen Lohnvereinbarungen zur Geltung verhilft.[819] Die Uneinheitlichkeit von Lohnstrukturen ist mithin – selbst wenn man der traditionellen Dogmatik in ihrer verfehlten Verkürzung des Günstigkeitsvergleichs auf quantitative Vergleichsmaßstäbe folgen wollte – zwangsläufige (und gewollte) Konsequenz des Günstigkeitsprinzips.[820]

Zusammenfassend ist festzuhalten, dass bei festgestellter Gefährdung des Arbeitsplatzes zu Tariflohnbedingungen die in freier Selbstbestimmung gefällte Entscheidung des Arbeitnehmers für einen Erhalt des bestehenden Arbeitsplatzes durch eine entsprechende Absenkung des Lohns im Wege der individualvertraglichen Vereinbarung zu ihrer verfassungsrechtlich gebotenen Geltung zu verhelfen ist.

Eine spezifisch arbeitsrechtliche Gefahr der Willensbeeinträchtigung des Arbeitnehmers ist zwar insofern in Rechnung zu stellen, als von Unternehmerseite Arbeitnehmern unter dem Etikett eines Beschäftigungspaktes Konzessionen abverlangt werden könnten, die zur Erhaltung der Arbeitsplätze nicht oder nicht in diesem Umfang erforderlich sind oder dass eine ernsthaft überhaupt nicht in Betracht gezogene Standortverlagerung als Druckmittel eingesetzt wird.[821] Dem hier verbleibenden sozialstaatlichen Schutzbedürfnis der Arbeitnehmerschaft ist indes durch die Entwicklung entsprechender Tatbestandsvoraussetzungen beschäftigungssichernder Vereinbarung unter dem Günstigkeitsprinzip abzuhelfen, in denen auch der Umfang der zur Beschäftigungssicherung erforderlichen Lohnsenkung Berücksichtigung zu finden hat.[822]

6) Der Wahlrechtsansatz des BAG bei Arbeitszeitregelungen

Der Gedanke, dem Aspekt der privatautonomen Selbstbestimmung des Arbeitnehmers im Rahmen des Günstigkeitsvergleichs zu einer Berücksichtigung zu verhel-

---

[819] *Krauss*, Günstigkeitsprinzip, S. 113.

[820] *Krauss*, Günstigkeitsprinzip, S. 113; *Krummel*, Die Geschichte des Unabdingbarkeitsgrundsatzes und des Günstigkeitsprinzips im Tarifvertragsrecht, S. 238/239.

[821] Vgl. *Buchner*, NZA 1999, S. 897ff. (901).

[822] Auf die unter dem Gesichtspunkt des Arbeitnehmerschutzes erforderliche Entwicklung von Tatbestandsvoraussetzungen solcher freier Arbeitnehmerentscheidungen für beschäftigungssichernde Vereinbarungen weist auch *Löwer*, in: v.Münch/Kunig, GG, Bd. 1, Art. 9, Rn. 80, Stichwort „Öffnungsklauseln“, hin, hegt gegen eine solche Auslegung des Günstigkeitsprinzips unter diesen Voraussetzungen jedoch keine verfassungsrechtlichen Bedenken; Vgl. zur Entwicklung derartiger Tatbestandsvoraussetzungen unten § 7, S. 189ff. bzgl. Arbeitszeitvereinbarungen und § 8, S. 199ff. bzgl. Lohnvereinbarungen.

fen, hat offenkundig nun auch das BAG zu der Entwicklung des Wahlrechtsgedankens im Zusammenhang mit Arbeitszeitregelungen motiviert.[823]

Bei grundsätzlich begrüßenswerter Zielsetzung des Wahlrechtgedankens des BAG ist die Entscheidung gleichwohl in ihrer Begründung abzulehnen, da diese die Entscheidung nicht zu tragen vermag. Das BAG verharrt ausdrücklich in der traditionellen Dogmatik des Sachgruppenvergleichs[824] und führt zur Begründung der Günstigkeitsbewertung aus, die durch die einzelvertragliche Vereinbarung eröffnete längere Wahlmöglichkeit des Arbeitnehmers zwischen Arbeit und Ruhestand sei gegenüber der mit der kollektivrechtlichen Altersgrenzenregelung einhergehenden Verkürzung dieser Wahlmöglichkeit als günstiger im Sinne des § 4 Abs. III TVG zu qualifizieren.[825]

Legt man die – aus vorgenannten Gründen abzulehnende - traditionelle Dogmatik des Sachgruppenvergleichs zugrunde, so erweist sich auf dieser Grundlage die vom BAG getroffene Auswahl der Vergleichsgegenstände als unzutreffend. Zu vergleichen wären nach der traditionellen Dogmatik kürzere und längere Lebens- oder Wochenarbeitszeit, nicht jedoch Zeiten mit oder ohne Wahlmöglichkeit.[826] Die Wahlrechtskonzeption des großen Senats des BAG krankt insoweit an ihrem Versuch, die als vorteilhaft empfundene Möglichkeit des Arbeitnehmers zur privatautonom selbstbestimmten Auswahl der Arbeitszeit in der traditionellen Dogmatik des Sachgruppenvergleichs verankern zu wollen. In dieser ist jedoch eine Berücksichtigung derartiger nicht quantitativ fassbarer Vergleichsgegenstände gerade nicht angelegt. Gleichwohl besitzt der vom BAG entwickelte Wahlrechtsgedanke einen richtigen Kern, dessen dogmatische Grundlegung im Rahmen der folgenden Ausführungen zur verfassungskonformen Auslegung des Günstigkeitsprinzips des § 4 Abs. III TVG noch zu untersuchen sein wird.

7) Ergebnis

Die traditionelle Dogmatik des Sachgruppenvergleichs im Rahmen des § 4 Abs. III TVG ist sowohl in ihrer objektiv-hypothetischen als auch in ihrer subjektiv-individuellen Ausgestaltung abzulehnen, soweit diese den Sachgruppenvergleich und ein hier ermitteltes quantitatives Günstigkeitsurteil als zwingende Tatbestandsvoraussetzung des § 4 Abs. III TVG überhöht. Der verfassungsrechtlichen Grundlegung des Tarifwesens ist ein gar ausschließlicher quantitativer Vergleich im

---

823 Vgl. den Beschlusses des Großen Senats des BAG, DB 1990, S. 1724ff. (1726); dazu schon oben § 5 I 3, S. 118f.

824 Vgl. BAG DB 1990, S. 1724ff. (1726 l. Sp. oben).

825 Vgl. BAG DB 1990, S. 1724ff. (1726 r. Sp. oben).

826 Vgl. dazu mit vertiefenden Ausführungen *Hromadka*, DB 1992, S. 1042ff. (1047); ebenso *Kempen/Zachert*, TVG, § 4, Rn. 197 S. 706; *Schlüter*, FS-Stree/Wessels, S. 1061ff. (1078).

Rahmen des Günstigkeitsprinzips nicht entnehmbar.[827] Die Tarifautonomie bezieht ihren Geltungsanspruch im Sinne einer inhaltlich sozial gerechten Ausgestaltung der Arbeitsbedingungen gerade aus der Richtigkeitsgewähr des Vertrages. Für diese bedarf es allein eines zumindest annähernden Verhandlungsgleichgewichts der Vertragspartner. Dann will es jedoch nicht einleuchten, warum bei tatsächlich vertragsparitätischen Bedingungen einer einzelvertraglichen Abweichung nunmehr der durch die Richtigkeitsgewähr vermittelte Geltungsanspruch nicht bereits eo ipso zukommen soll, sondern erst dann, wenn diese ein quantitatives „Mehr“ gegenüber dem Tarifvertrag enthält.

Die traditionelle Dogmatik zum Günstigkeitsprinzip stellt die Frage nach der Zulässigkeit der einzelvertraglichen Verlängerung der tariflichen Wochenarbeitszeit allein aus der Sicht der Tarifautonomie und des Tarifrechts.[828] Die verfassungsrechtliche Analyse hat hier ergeben, dass die verfassungsrechtlichen Grundlagen ein derartiges Verhältnis der Verfassungswerte gerade nicht vorgeben, sondern dass vielmehr Privatautonomie und Arbeitsvertragsrecht ihrerseits die Grenzen der Tarifautonomie und des Tarifrechts bestimmen und bestimmen müssen.[829] Historisch und verfassungsrechtlich liegt dem Tarifvertragswesen als zentrales Strukturprinzip – wie *Zöllner/Loritz* formulieren – das „Schutzbedürfnis des Arbeitnehmers als arbeitsrechtlicher Grundsachverhalt“[830] zugrunde. Sind jedoch – entgegen dieser typisierbaren Vermutung einer Gefahrenlage der arbeitgeberseitigen Beeinträchtigung der Willensbetätigung des Arbeitnehmers – die Voraussetzungen einer vertragsparitätischen Bestimmung des Inhalts der vom Tarifvertrag abweichenden individualvertraglichen Vereinbarung nach Sachverhaltslage im Einzelfall gegeben, so greift die Richtigkeitsgewähr zugunsten der individuellen Vereinbarung ein. Es geht nicht an, die individuelle Vertragsfreiheit im Arbeitsrecht unter einen Generalverdacht des Versagens zu stellen.[831]

Bei Vorliegen dieser Voraussetzungen tritt die Tarifautonomie nach ihrem theoretischen Ansatz und Funktionsweise sowie ihrer verfassungsrechtlichen Grundlegung zurück, da der Individualvertrag insoweit seine Zielverwirklichung nicht verfehlt und es mithin an der spezifischen Schutzaufgabe des Tarifvertragswesens fehlt.[832]

---

[827] So auch *Heinze*, NZA 1991, S. 329ff. (334).

[828] Kritisch dazu auch *Sodan*, JZ 1998, S. 421ff. (430): „Verfassungsrechtlich verfehlte Überhöhung der Tarifautonomie steht notwendigen Korrekturen im Arbeitsrecht im Weg“.

[829] Vgl. *Heinze*, NZA 1991, S. 329ff. (330).

[830] Vgl. *Zöllner/Loritz*, Arbeitsrecht, 2. 2ff.

[831] Ebenso *Junker*, NZA 1997, S. 1305 (1318).

[832] Vgl. *Joost*, ZfA 1984, S. 173ff. (179); dies entspricht auch den historischen Grundlagen des Tarifwesens, vgl. die Zusammenfassung der historischen Betrachtung bei *Wendt*, Günstigkeitsvergleich, S. 10: „Der Tarifvertrag soll nur dann Wirkung zeigen, wenn der Arbeitnehmer nicht in der Lage ist, seine Rechte selbst wahrzunehmen.“; auch *Wiedemann*, Die Bindung des Tarifnormen an Grundrechte, S. 122 betont die bloße Sicherungsfunktion des Tarifvertragssystems, „derer es nicht bedarf, wenn der Einzelne selbst in der Lage und willens

Die Anerkennung der Privatautonomie auch im Arbeitsrecht als Ausfluss der verfassungsrechtlichen Garantie der Menschenwürde und der freien Entfaltung der Persönlichkeit verbietet es, den Arbeitnehmer gleichwohl an den kollektiven Willen zu binden.[833] Das Grundgesetz statuiert – soweit nicht das Sozialstaatsgebot Ausnahmen legitimiert oder gar erzwingt – den Vorrang der individuellen Privatautonomie vor der Kollektivautonomie.[834]

---

systems, „derer es nicht bedarf, wenn der Einzelne selbst in der Lage und willens ist, seine Bedingungen auszuhandeln".

833 Vgl. *Bergner*, Die Zulässigkeit kollektivvertraglicher Arbeitszeitregelungen, S. 47: „Das verfassungsrechtliche Gebot zur Achtung der Menschenwürde und der freien Entfaltung der Persönlichkeit verbieten es, den Menschen dort zu entmündigen, wo er noch zur Selbsthilfe fähig und bereit ist"; ähnlich *Belling*, Günstigkeitsprinzip, S. 87.

834 Vgl. *Heinze*, NZA 1991, S. 329ff. (332/333); *ders.*, DB 1996, S. 729 (731); *Junker*, NZA 1997, S. 1305ff. (1307); *Löwisch*, ArbR, Rn. 103, S. 29; *Wendt*, Günstigkeitsvergleich, S. 18/19.

§ 6 Verfassungskonforme Auslegung des Günstigkeitsprinzips des § 4 Abs. III TVG

I.) Privatautonome Selbstbestimmung des Arbeitnehmers als Zulässigkeitsvoraussetzung individualvertraglicher Abweichungen vom Tarifvertrag

Als Ergebnis der bisherigen Untersuchung ist festzuhalten, dass der Vorrang der Selbstverantwortung und das grundlegende Prinzip der Privatautonomie auch im Arbeitsrecht prägende Geltung besitzen und der Kollektivgewalt Grenzen ziehen. § 4 Abs. III TVG kommt hier die Aufgabe zu, die Privatautonomie im Arbeitsrecht zu schützen.[835] Bereits *Nikisch* hat die hieraus folgenden Grenzen der Tarifautonomie wie folgt umschrieben:

> „Es muss ... versucht werden, die Selbstständigkeit des einzelnen Arbeitnehmers so weit zu wahren, wie das ohne Verletzung unabweislicher Gruppeninteressen möglich ist; die beiden so verschiedenen Gestaltungsprinzipien, Individualismus und Kollektivismus, müssen zu einer sinnvollen Synthese vereinigt werden."[836]

Die in den Grundrechten insbesondere durch die grundrechtlich gewährleistete Privatautonomie einschließlich ihres Menschenwürdebezugs einerseits und dem Sozialstaatsprinzip andererseits zum Ausdruck kommende Utopie eines freiheitlich-rechtsstaatlichen Sozialstaats etabliert ein verfassungsrechtliches Wertesystem, in dem kollektive Systeme wie die Tarifautonomie nur als subsidiäre Sicherungssysteme verfassungsrechtliche Legitimität entfalten können.[837] Diese verfassungsrechtlich zwingende Subsidiarität derartiger sozialer Sicherungssysteme kommt auch in der Handelsvertreterentscheidung des Bundesverfassungsgerichts aus dem Jahre

---

[835] Vgl. *Martens*, in: FS-Zeuner, S. 101ff. (116).

[836] *Nikisch*, ArbeitsR, Bd. I, § 5 I 5, S. 33/34; vgl. aus jüngerer Zeit *Thüsing*, Markt und Arbeitnehmerschutz, NJW 2004, S. 2576ff. [2578]: „Daneben ist darüber nachzudenken, die Vertragsfreiheit mehr in den Dienst auch des Bestandsinteresses des Arbeitnehmers zu setzen. [..] Weil entsprechende Vorschläge zur Reform gescheitert sind, bleibt es vorerst dabei, dass ein tarifgebundener Arbeitnehmer sich nicht als Gegenleistung für eine Arbeitsplatzgarantie dazu verpflichten kann, zwei Stunden mehr in der Woche zu arbeiten, als der Tarifvertrag es vorsieht. Hier mehr Freiraum für die Wahl im Einzelfall zu lassen, dient der Vertragsautonomie, den Interessen des Arbeitnehmers und der Beschäftigung [...]. Kann der Arbeitnehmer frei und ohne Druck wählen, dann sollen ihm die selbst erhandelten Vorteile nicht genommen werden. Auch wenn man den Tarifvertrag als Ganzes nicht in Frage stellen will, so müssen doch solche individuellen Beschäftigungsbündnisse für Arbeit möglich sein".

[837] Vgl. *Heinze*, DB 1996, S. 729ff. (729).

1990 zum Ausdruck, in der das Gericht Einschränkungen der Privatautonomie wie folgt rechtfertigt:

> „Schranken [der Vertragsfreiheit] sind unentbehrlich, weil Privatautonomie auf dem Prinzip der Selbstbestimmung beruht, also voraussetzt, dass auch die Bedingungen freier Selbstbestimmung tatsächlich gegeben sind. Hat einer der Vertragsteile ein so starkes Übergewicht, dass er vertragliche Regelungen faktisch einseitig setzen kann, bewirkt dies für den anderen Vertragsteil Fremdbestimmung. Wo es an einem annähernden Kräftegleichgewicht fehlt, ist mit den Mitteln des Vertragsrechts allein kein sachgerechter Ausgleich der Interessen zu gewährleisten. Wenn bei einer solchen Sachlage über grundrechtlich verbürgte Positionen verfügt wird, müssen staatliche Regelungen ausgleichend eingreifen, um den Grundrechtsschutz zu sichern.“[838]

Die im Einzelfall kollidierenden Grundrechte der Privatautonomie einerseits und der Tarifautonomie andererseits sind hiernach nach dem Prinzip der praktischen Konkordanz zu einem angemessenen Ausgleich zu bringen.[839] Anknüpfend an das konkret betroffene Arbeitsverhältnis ist das Günstigkeitsprinzip des § 4 Abs. III TVG aufgrund der verfassungsrechtlichen Stringenz des freiheitlichen Prinzips der Selbstverantwortung und der Subsidiarität sozialstaatlicher Sicherungssysteme verfassungskonform dergestalt auszulegen, dass jede individualvertragliche Abweichung vom Tarifvertrag, die der Arbeitnehmer im Wege faktisch bestehender privatautonomer Selbstbestimmung auf der Grundlage eines Interessenausgleichs mit dem Arbeitgeber herbeiführt und inhaltlich ausfüllt als eine Abweichung „zugunsten“ des Arbeitnehmers im Sinne des § 4 Abs. III TVG anzusehen ist.[840] Bei einer solchen Sachverhaltlage fehlt es an der sozialstaatlichen Erforderlichkeit einer Sicherung des Grundrechtsschutzes durch eine Einschränkung der individuellen Vertragsfreiheit.[841] Das Günstigkeitsprinzip beruht nach seiner rechtssystematischen Grundlage[842] und der freiheitlichen Grundentscheidung des Grundgesetzes auf der

---

838 BVerfGE 81, S. 242 (254f.) = NZA 1990, S. 389ff. (390).

839 *Löwisch*, DB 1989, S. 1185ff. (1186); *ders.*, BB 1991, S. 59ff. (61); *Reuter*, RdA 1991, S. 193ff. (203); *Picker*, Privatautonomie und Kollektivautonomie, in: Recht und Freiheit, FS-Richardi, S. 25ff.: „Konkurrenz der arbeitsrechtlichen Gestaltungsautonomien als Freiheitsproblem“.

840 Ebenso *Heinze*, NZA 1991, S. 329ff. (332);

841 Vgl. *Joost*, ZfA 1984, S. 173ff. (179): „Von seinem theoretischen Ansatz betrachtet hat der Kollektivvertrag seinen Funktionsbereich nur dort, wo der Individualvertrag seine Zielverwirklichung verfehlt. Davon kann aber keine Rede sein, wenn der Individualvertrag das Einzelinteresse gerade erfüllt“.

842 Vgl. *Joost*, RdA 1989, S. 7ff. (19): „Die rechtssystematische Grundlage des Günstigkeitsprinzips besteht in einer Beschränkung der Kollektivmacht und der damit verbundenen Erhaltung der Privatautonomie”.

Erwägung, dass hier die zwingende Wirkung der Tarifnorm eingeschränkt wird, weil es ihrer nicht bedarf.[843]

Der nach Maßgabe des Günstigkeitsprinzips zu eröffnende privatautonome Gestaltungsspielraum ist jedoch nicht schrankenlos. Er findet seine Grenze in der Wahrung der tarifpolitischen Effizienz in ihrer sozialstaatlichen Gesamtfunktionalität.[844] Die Privatautonomie – sei sie auch im Hinblick auf die konkrete einzelvertragliche Abweichung vom Tarifvertrag funktionsfähig – erfährt ihre Grenze dort, wo deren Ausübung die Funktionsfähigkeit und Effektivität des Tarifvertragssystems und damit deren sozialstaatliche Schutzfunktion insgesamt in Frage stellen würde.[845] Die materielle Schranke der individuellen Vertragsfreiheit in Gestalt der zu erhaltenden Funktionsfähigkeit der Tarifautonomie verläuft dort, wo die Beeinträchtigung der Tarifautonomie über das in der verfassungsrechtlichen Anerkennung der Privatautonomie auch tarifgebundener Mitglieder bereits angelegte Maß hinausgeht und die Beeinträchtigung der kollektiven Interessen - d.h. der im Kollektiv gebündelten Individualinteressen der Verbandsmitglieder - durch die Anerkennung der individuellen Interessen des Arbeitsnehmer als unverhältnismäßig anzusehen ist.

Hier ist jedoch vor einem ausufernden Verständnis dieser Schranke der individuellen Privatautonomie im Arbeitsrecht zu warnen. Der Verweis auf die Uneinheitlichkeit der Lohnvereinbarungen tarifgebundener Arbeitnehmer und die – im einzelnen zu untersuchende Erwägung einer funktionsgefährdenden Zersplitterung der kollektiv gebildeten Verhandlungsmacht vermögen keine generelle Zurückdrängung der Privatautonomie zu rechtfertigen.[846] Die Normsetzungsmacht der Tarifvertragsparteien als solche ist ausweislich der negativen Koalitionsfreiheit des Art. 9 Abs. III GG und der damit stets möglichen und faktisch bestehenden Außenseiterkonkurrenz vor derartigen Beeinträchtigungen verfassungsrechtlich ohnehin nur eingeschränkt geschützt. Vor diesem Hintergrund ist auch im Schrifttum wiederholt die Frage aufgeworfen worden, inwieweit es überhaupt einen grundrechtlichen Schutz des Verbandes vor seinen Mitgliedern geben kann.[847] Auch wenn man dem nicht folgen will, so wird hieraus deutlich, dass die Bestimmung der Reichweite des Schutzbereichs der Tarifautonomie auch im Binnenverhältnis des Verbandes -

---

843 Vgl. *Joost*, ZfA 1984, S. 173ff. (179); vgl. auch *Zöllner*, DB 1989, S. 2121ff. (2126).

844 So grundsätzlich auch *Wiedemann*, Bindung der Tarifnormen an Grundrechte, S. 120, der aus diesem Befund jedoch zu weitgehende Einschränkungsmöglichkeiten der individuellen Vertragsfreiheit ableitet.

845 Auch *Däubler*, DB 1989, S. 2534ff. (2537f.); *Käppler*, NZA 1991, S. 745ff. (751f.); *Zachert*, DB 1990, S. 986ff. (989) betonen die Begrenzung der Privatautonomie durch das Erfordernis der Funktionssicherung des Tarifvertragssystems in seiner Gesamtheit.

846 In diesem Sinne aber offenbar *Wiedemann*, Die Bindung der Tarifnormen an Grundrechte, S. 120, der auf diesem Befund die Schlussfolgerung zieht, die mitgliedschaftliche Rücksichtnahmepflicht verbiete dem Arbeitnehmer, „die Ergebnisse des Tarifvertrages zu torpedieren".

847 Vgl. dazu oben § 4 II 4 e, S. 112.

d.h. im Verhältnis zur Privatautonomie der Verbandsmitglieder - von der Prämisse auszugehen hat, dass das Individuum durch den Verbandsbeitritt gerade nicht individualfreiheitsrechtlich im Kollektiv aufgeht.[848]

II.) Die Problematik der Feststellung bestehender privatautonomer Selbstbestimmung des Arbeitnehmers im Einzelfall

Die Achillesferse dieser Auslegung des Günstigkeitsprinzips liegt in der Feststellung der Bedingungen faktischer privatautonomer Selbstbestimmung des Arbeitnehmers und einer fehlenden sozialstaatlichen Legitimation der Einschränkung der individuellen Vertragsfreiheit im Einzelfall.[849]

Nun ist der Behauptung einer prinzipiellen Unmöglichkeit der hinreichend sicheren Feststellung privatautonomer Selbstbestimmung und der Gefahr eines Missbrauchs eröffneter individualvertraglicher Gestaltungspielräume[850] entgegenzuhalten, dass eine derartige Freiwilligkeitskontrolle dem allgemeinen Vertragsrecht und dem Arbeitsrecht[851] insbesondere im Zusammenhang mit schützenden Eingriffen des Gesetzgebers in die Vertragsfreiheit durchaus nicht fremd ist.[852]

---

848 *Löwer*, in: v.Münch/Kunig, GG, Bd. 1, Art. 9, Rn. 80, Stichwort „Öffnungsklauseln"; so grundsätzlich auch *Wank*, in: Wiedemann, § 4, Rn. 459, S. 1116.

849 Vgl. *Thüsing*, FS-Wiedemann, S. 559ff. (568): „Man wird sich freilich genau anschauen müssen, was eine freie und was eine nicht ganz so freie Entscheidung ist, und hierin liegt dann die eigentliche Arbeit".

850 Vgl. *Däubler*, AuR 1995, S. 305ff. (305): „Die Realität der Unterordnung verbirgt sich unter der begrifflichen Maske des Vertrags".

851 Vgl. hierzu *Löwisch*, BB 1991, S. 59ff. (63).

852 So auch *Bergner*, Die Zulässigkeit kollektivvertraglicher Arbeitszeitregelungen, S. 48; *Löwisch*, DB 1989, S. 1185ff. (1185); auch nach *Tech*, Günstigkeitsprinzip, S. 125/126 entspreche die Zugrundelegung eines in dieser Hinsicht subjektivierten Beurteilungsmaßstabes in anderen Regelungskontexten durchaus bereits der geltenden Praxis. *Tech* leitet indes eine Divergenz dieser Fallgruppen zum Beurteilungsmaßstab des § 4 Abs. III TVG aus der Erwägung ab, etwa bei der Feststellung des Wunsches des Arbeitnehmers nach einer Befristung des Arbeitsverhältnisses als sachlicher Befristungsgrund werde nicht das Resultat, sondern nur die Freiheit des Entscheidungsprozesses bewertet, während es im Rahmen des § 4 Abs. III TVG umgekehrt nicht auf den Entscheidungsprozess, sondern nur auf das Ergebnis als Gegenstand der Günstigkeitsbeurteilung ankomme. Nach der hier vertretenen Auslegung des § 4 Abs. III TVG verfängt dieser Einwand gerade nicht. Soweit auf die individuelle Interessenlage des Arbeitnehmers abzustellen ist, ist auch hier die Freiwilligkeit insbesondere in den mit objektiven Maßstäben schwer fassbaren Fällen ambivalenter Regelungen maßgebliches Kriterium für die individuelle Günstigkeit, als unter den Bedingungen freier und privatautonomer Selbstbestimmung der Arbeitnehmer regelmäßig wünscht und vereinbart, was für ihn „günstig" ist und damit im Kontext des § 4 Abs. III TVG ein tragfähiges Votum des Arbeitnehmers selbst für die abweichende Regelung vorliegt. Auch in den anderen zum Vergleich genannten Bereichen der Vertragskontrolle im Zivilrecht kann im Übrigen die unterschiedliche Methodik unter Abstellen auf das Verhältnis der Parteien einerseits und den Inhalt des Vertrages andererseits nicht konsequent durchgeführt werden und es kommt unter dem Gesichtspunkt der Ausdifferenzierung des Verhältnisses von Gestaltungsfreiheit und sozialstaatlich erforderlicher Kon-

So hat das Bundesverfassungsgericht die Anwendung des Art. 12 GG in der Handelsvertreterentscheidung an die Voraussetzung geknüpft, dass eine Ungleichgewichtslage bestehe,[853] da nur dann ein Anlass zu einem schützenden Eingreifen des Gesetzgebers bestehe. Das Gericht hebt indes in der Handelsvertreterentscheidung nicht darauf ab, ob im konkreten Fall zwischen den Parteien eine Ungleichgewichtslage vorlag, deren Vorliegen für den anderen Vertragsteil Fremdbestimmung bewirken könne, sondern lässt es genügen, dass zwischen Handelsvertretern und Unternehmen in ihrer Mehrzahl bei typisierender Betrachtung eine Ungleichgewichtslage bestehe.[854]

In der Bürgschaftsentscheidung[855] konstruierte das Bundesverfassungsgericht die Ungleichgewichtslage hingegen nicht als Voraussetzung der Anwendbarkeit der Grundrechtsnorm im Rahmen des privaten Vertragsverhältnisses, sondern als unmittelbares Merkmal der Tatbestandsverwirklichung des Art. 2 Abs. I GG. Anders als noch in der Handelsvertreterentscheidung stellt das Gericht nunmehr offenbar auf die Ungleichgewichtigkeit bzw. die fehlenden Voraussetzungen der Selbstbestimmung im Einzelfall ab und führt als Gründe für eine fehlende Selbstbestimmung des Bürgen ein geringes Lebensalter, das Fehlen einer qualifizierten Berufsausbildung, großer Lebenserfahrung oder einer gewissen Gewandtheit in Geldgeschäften und eine hieraus folgende fehlende Einsicht in Bedeutung und Ausmaß des übernommenen Risikos[856] sowie einen etwaigen Zwang zur Unterschrift durch familiäre Bindungen an den Hauptschuldner an.[857] Auch hier wird die Prüfung des Vorliegens einer die freie Selbstbestimmung beeinträchtigenden oder gar ausschließenden Sachverhaltslage insoweit den Gerichten überantwortet.

Die Rechtsprechung - aber auch der staatliche Gesetzgeber - haben dem Kriterium der Freiwilligkeit auch im Arbeitsrecht bereits Bedeutung zugestanden. So hat das BAG als sachlichen Grund einer Befristung eines Arbeitsverhältnisses - an dessen Vorliegen die Rechtsprechung die Billigung der Befristung knüpft - auch den

trolle notwendig zu Vermischungen der beiden Ansätze, vgl. *Knobel*, Wandlungen im Verständnis der Vertragsfreiheit, S. 149.

853 BVerfGE 81, 242ff. (255); kritisch zu der Schlussfolgerung, dass mit einer Beeinträchtigung des Verhandlungsgleichgewichts stets eine Beeinträchtigung der Selbstbestimmung als Grundlage der Privatautonomie einhergehe *Zöllner*, AcP 196 (1996), S. 1ff. (25f.); ebenso *Grunsky*, Vertragsfreiheit und Kräftegleichgewicht, S. 14/15: Das wirtschaftliche Übergewicht einer Partei erweise sich solange als unschädlich für die Vertragsfreiheit, als ein funktionierender Markt bestehe, der es dem wirtschaftlich Schwächeren ermöglicht, auf einen anderen Anbieter auszuweichen; vgl. auch *Thüsing*, FS-Wiedemann, S.559ff. (570/571).

854 BVerfGE 81, 242ff. (256ff.).

855 BVerfGE 89, S. 214ff. (232); vgl. zu den Auswirkungen der Handelsvertreterentscheidung sowie der Bürgschaftsentscheidung des BVerfG *Dieterich*, RdA 1995, S. 129ff. (132/133); *Fastrich*, RdA 1997, S. 65ff. (66f.).

856 BVerfGE 89, 214ff. (235).

857 BVerfGE NJW 1994, S. 2749f. (2750).

Wunsch des Arbeitnehmers nach einer Befristung anerkannt.[858] Erforderlich sei, dass zum Zeitpunkt des Vertragsschlusses objektive Anhaltspunkte für ein Interesse des Arbeitnehmers an einer befristeten Beschäftigung vorliegen.[859]

Eine ähnliche Anknüpfung an die Freiwilligkeit auf Arbeitnehmerseite enthält § 3 Abs. II, 1. Halbsatz MuSchG. Hiernach kann die Schwangere ungeachtet des in § 3 Abs. II, 1. Halbsatz MuSchG normierten Beschäftigungsverbotes in den letzten sechs Wochen vor der Entbindung dann weiterbeschäftigt werden, wenn sie sich ausdrücklich mit der Fortsetzung der Beschäftigung einverstanden erklärt. Die Erklärung kann nach § 3 Abs. II, 2. Halbsatz MuSchG jederzeit widerrufen werden.

Schließlich normiert § 105a Satz 1 GewO ein Verbot der Verpflichtung des Arbeitnehmers zur Arbeit an Sonn- und Feiertagen, verbietet jedoch nicht die Arbeit an Sonn- und Feiertagen als solche, so dass derartige Arbeiten nicht geleistet werden müssen, aber durchaus geleistet werden dürfen.[860]

Im Betriebsverfassungsrecht hat das BAG dem Gedanken der Freiwilligkeitskontrolle bereits im Zusammenhang mit Mitbestimmungsrechten des Betriebsrates bei differenzierten Arbeitszeitregelungen den Weg geebnet.[861, 862] Die im konkreten Fall umstrittene Regelung einer Schlichtungsstelle sah eine Verkürzung der wöchentlichen Arbeitszeit von 40 auf 37 Wochenstunden vor, soweit die Arbeitnehmer dies wünschten. Das BAG führte in diesem Zusammenhang aus:

---

858 BAG BB 1985, S. 2045ff. (2046) m.w.N.

859 BAG BB 1985, S. 2045ff. (2046) m.w.N.

860 Vgl. *Bergner*, Die Zulässigkeit kollektivvertraglicher Arbeitszeitregelungen, S. 49; *Löwisch*, DB 1989, S. 1185ff. (1185).

861 Vgl. BAG NZA 1987, S. 779ff. der Entscheidung lag folgender Sachverhalt zugrunde: Durch Spruch einer tariflichen Schlichtungsstelle – deren Zuständigkeit an Stelle der im Betriebsverfassungsgesetz vorgesehenen Einigungsstelle durch Tarifvertrag bestimmt worden war (§ 76 VIII BetrVG) – konnten nach § 2 Nr. 1 II des damaligen Manteltarifvertrages für die Angestellten in der niedersächsischen Metallindustrie vom 18.7.1984 für Gruppen von Arbeitnehmern unterschiedliche wöchentliche Arbeitszeiten festgelegt werden. Die tarifliche Schlichtungsstelle legte eine Regelung fest, wonach unter anderem zunächst die Arbeitnehmer, die das freiwillig wollen, verkürzt, d.h. mit 37 statt 40 Wochenstunden arbeiten sollten.

862 Die von *Löwisch*, BB 1991, S. 59ff. (63) in diesem Zusammenhang angeführte Entscheidung des BAG, in der das Gericht die einzelvertragliche Regelung sozialer Angelegenheiten nur dann von der Mitbestimmung freistellt, wenn mit ihr auf Wunsch des Arbeitnehmers individuellen Besonderheiten Rechnung getragen wird (BAG BB 1983, S. 503f. [504]), ist in diesem Zusammenhang m. E. von nur geringem Erkenntniswert. Die Mitbestimmungsfreiheit knüpfte das Gericht ausdrücklich an das Nichtvorliegen eines kollektiven Tatbestandes, für dessen Feststellung jedoch unerheblich sei, ob der Regelungsinhalt dem Wunsch der Arbeitnehmer entspreche. Nur Regelungswünsche, deren Berücksichtigung sich in ihren Auswirkungen auf das jeweilige Arbeitsverhältnis beschränkt, ließen hiernach das Mitbestimmungsrecht des Betriebsrates entfallen; vgl. BAG BB 1983, S. 503f. (504). Die Abgrenzung nach dem kollektiven Charakter der Regelung steht insoweit hier im Vordergrund.

> „Durch eine Freiwilligkeitsregelung werden entgegen der Auffassung des Betriebsrats seine Mitbestimmungsrechte nicht umgangen. Diese Regelung ist vielmehr, wie das LAG zu Recht sagt, eine typisch normative Regelung, die wegen der Achtung der persönlichen Entscheidungsfreiheit der betreffenden Arbeitnehmer in besonderem Maße Billigkeitsgrundsätzen entspricht. [...] Maßgebend ist dann allein, ob der Arbeitnehmer freiwillig mit einer wöchentlichen Arbeitszeit von 37 Stunden einverstanden ist. Dies ist ein tatsächliches Merkmal, das vom Betriebsrat unschwer nachgeprüft werden kann.“[863]

In den aufgeführten Kontexten liegt dem Kriterium der Freiwilligkeit als Tatbestandsmerkmal die – in den vorangegangenen Ausführungen auch für das Verhältnis von Privatautonomie und Tarifautonomie herausgearbeitete - Erkenntnis zugrunde, dass kein Anlass zu einer objektivierenden Wertungskontrolle und etwaigen Korrektur individueller Entscheidungen besteht, wo die Freiheit des Entscheidungsprozesses des Individuums gewährleistet erscheint.[864] Gleichwohl gestaltet sich die gerichtliche Feststellung der Freiwilligkeit bei einzelvertraglichen Abweichungen vom Tarifvertrag komplex. Dem gesamten Tarifvertragswesen liegt der Gedanke zugrunde, dass aufgrund der typisierbaren Gefahrenlage einer Beeinträchtigung der Willensbetätigung des Arbeitnehmers aufgrund der regelmäßig vorhandenen strukturellen Überlegenheit der Arbeitnehmerseite dem Abschluss individualvertraglicher Vereinbarungen als solcher eine nur geringe Indizwirkung für das Vorliegen einer arbeitnehmerseitig privatautonom-selbstbestimmt herbeigeführten Regelung zukommen kann.

Der bestehenden Gefahr, dass unter dem Mantel des Vertragsrechts faktisch wieder Fremdbestimmung stattfindet und der Schutzzweck des Tarifvertragswesens leer läuft, kann indes durch eine Beweislastverteilung Rechnung getragen werden, die in der materiellrechtlichen Regelung der §§ 4 Abs. I TVG und § 4 Abs. III TVG bereits angelegt ist. Entgegen des grundsätzlichen verfassungsrechtlichen Vorrangs der Privatautonomie vor der Tarifautonomie ist aus diesen Erwägungen die zwingende Geltung der Tarifnormen gemäß § 4 Abs. I TVG die Ausgangslage und eine einzelvertragliche Abweichung nach Maßgabe des § 4 Abs. III TVG nur dann wirksam, wenn dessen Voraussetzungen nachweislich erfüllt sind.

Der Gefahr einer Aufhebung des tarifvertraglichen Schutzes auch in Fällen, wo dies aufgrund tatsächlich fehlender Rahmenbedingungen privatautonomer Selbstbestimmung des Arbeitnehmers nicht indiziert ist, muss durch eine hinreichend re-

---

[863] BAG NZA 1987, S. 779ff. (784).
[864] In diesem Sinne auch *Bergner*, Die Zulässigkeit kollektivvertraglicher Arbeitszeitregelungen, S. 49; *Tech*, Günstigkeitsprinzip, S. 125.

striktive Handhabung des § 4 Abs. III TVG Rechnung getragen werden.[865] Fraglich ist, ob die im Rahmen des § 4 Abs. III TVG auf der ersten Prüfungsstufe vorzunehmende Freiwilligkeitskontrolle an objektive Kriterien geknüpft werden kann, die eine hinreichend sichere Grundlage für die Feststellung einer tatsächlich bestehenden privatautonomen Selbstbestimmung des Arbeitnehmers bieten,[866] der nach den verfassungsrechtlichen Vorgaben sodann über das Günstigkeitsprinzip – vorbehaltlich der auf der zweiten Stufe zu prüfenden Sozialstaatskonformität - zur Wirksamkeit zu verhelfen ist. Den Weg weisen hier die historische Entwicklung des Tarifvertragswesens wie auch Aspekte der traditionellen Dogmatik des Günstigkeitsvergleichs sowie des vom BAG entwickelten Wahlrechtsansatzes.[867]

Die der Entwicklung des Tarifvertragswesens zugrundeliegende und diesem auch heute noch weithin zugrundegelegte These von einem Ungleichgewicht der Arbeitsvertragsparteien als Ursache des Versagens des Arbeitsvertrages ist, darauf hat *Zöllner*[868] hingewiesen, eine Interpretation von Erfahrungen aus der ersten Phase der Industrialisierung. Zugrundeliegende Erfahrung ist das Phänomen der weiten Verbreitung von unter dem heutigen Grundgesetz als inhaltlich sozialstaatswidrig zu beurteilenden Arbeitsbedingungen zulasten der Arbeitnehmerschaft in der damaligen Zeit. Ist es hiernach letztlich die Manifestation in sozialstaatswidrigen Arbeitsbedingungen zu Lasten des Arbeitnehmers, aus der die herrschende Auffassung den Befund des Funktionsdefizits des Arbeitsvertrages im Arbeitsrecht als Ursache ableitet, so kommen umgekehrt auch inhaltliche Gestaltungen der Arbeitsbedingungen in Betracht, bei denen dieser Befund nach den gleichen Grundsätzen als widerlegt anzusehen ist.

Eine folglich allenfalls vertretbare – und vom Gesetzgeber offenkundig vertretene - *Vermutung* der Funktionsstörung des Arbeitsvertrages hat bereits in der Ausgestaltung der §§ 4 Abs. I TVG und 4 Abs. III TVG Eingang gefunden, in der die zwingende Normwirkung des Tarifvertrages die Ausgangslage darstellt und privatautonome Vereinbarungen unter Abweichung vom Tarifvertrag nur dann Geltung erlangen können, wenn sie den Anforderungen des § 4 Abs. III TVG genügen. Dem Günstigkeitsprinzip kommt hier die Aufgabe zu, der individuellen Privatautonomie

---

[865] Das Argument der erforderlichen restriktiven Handhabung entbindet jedoch nicht von der Verpflichtung, im Wege der verfassungskonformen Auslegung im Rahmen des § 4 Abs. III TVG Tatbestandsmerkmale zu entwickeln, die eine dem Verhältnis der Verfassungswerte der Privatautonomie einerseits und der Tarifautonomie andererseits entsprechenden Ausgleich im Sinne praktischer Konkordanz ermöglichen.

[866] Auch das BAG knüpft im Rahmen der Feststellung eines entsprechenden Wunsches des Arbeitnehmers als sachlichen Grund für Befristungen von Arbeitsverhältnissen die Anerkennung insoweit an das Vorliegen objektiver Indizien, die den Schluss auf einen entsprechenden Willen des Arbeitnehmers zulassen; vgl. BAG BB 1985, S. 2045ff. (2047).

[867] Vgl. oben § 5 I 3, S. 118f.

[868] *Zöllner*, AcP 196 (1996), S. 1ff. (19); zustimmend *Junker*, NZA 1997, S. 1305ff. (1311).

dort wieder Gestaltungsspielraum zu eröffnen, wo die Vermutung des Funktionsdefizits des Individualvertrages nach Sachverhaltslage als widerlegt angesehen werden kann.

III.) Die Einordnung der traditionellen Dogmatik in diesen Kontext

Vor diesem Hintergrund zeigt sich der richtige Kern der traditionellen Dogmatik des Günstigkeitsvergleichs, soweit sie bei Vorliegen eines objektiv-hypothetischen quantitativen Günstigkeitsurteils zugunsten der individualvertraglichen Vereinbarung dieser über das Günstigkeitsprinzip zur Geltung verhilft.

Der so ermittelte Befund einer Änderung „zugunsten" des Arbeitnehmers stellt im Rahmen des § 4 Abs. III TVG nichts anderes dar als ein Indiz des Gesetzes für das verfassungsmäßige Funktionieren der individuellen Privatautonomie auch und gerade unter Beachtung des Sozialstaatgebotes.[869] Insoweit liegt dem Günstigkeitsprinzip die gleiche Interpretation von Erfahrungen aus der ersten Phase der Industrialisierung zugrunde, die unter dem Stichwort des Versagens des Arbeitsvertrages die grundsätzliche Normwirkung von Tarifverträgen legitimieren, nur unter umgekehrten Vorzeichen. So wie das verbreitete Vorliegen untragbarer Arbeitsbedingungen der Arbeitnehmerschaft den historischen Befund eines Versagens des Arbeitsvertrages als Interpretation zuließ, so vermag umgekehrt das Vorliegen einer individualvertraglichen Vereinbarung mit nach Maßgabe des Sachgruppenvergleichs über dem Tarifniveau liegenden Arbeitsbedingungen diesen Befund zu entkräften und indiziert die Funktionsfähigkeit privatautonomer Selbstbestimmung.

Die traditionelle Dogmatik verabsolutiert indes aufgrund eines Missverständnisses des vorkonstitutionellen Begriffs des „Günstigkeitsprinzips" die quantitative Günstigkeit als ausschließliches Tatbestandsmerkmal des § 4 Abs. III TVG. Sie übersieht, dass der Günstigkeitsvergleich bei Beachtung der gesamtverfassungsrechtlichen Freiheitsentscheidung des Grundgesetzes darauf ausgerichtet sein muss zu ermitteln, ob eine funktionsfähige individuell privatautonome Vertragsgestaltungsfreiheit des Arbeitnehmers bei Vertragsabschluß bestand oder ob die Abweichungen gegenüber dem Tarifvertrag auf der Ausnutzung einer überwiegenden Verhandlungsmacht des Arbeitgebers unter Verdrängung der privatautonomen Selbstbestimmung des Arbeitnehmers beruhen.[870]

---

[869] Vgl. *Heinze*, NZA 1991, S. 329ff. (332 l. Sp.).

[870] Vgl. *Heinze*, NZA 1991, S. 329ff. (333); *Picker*, Privatautonomie und Kollektivautonomie, in: FS-Richardi, S. 25ff. [72]: „Berechtigung und Bedeutung dieser Einwände werden in aller Schärfe deutlich, sobald man als Prüfungsmaßstab die strenge Alternative einsetzt, ob die konkrete Regelung in Selbst- oder Fremdbestimmung getroffen wurde [...], wenn man von dem Kriterium ausgeht, das in einer der Freiheit des Individuums verpflichteten Ordnung und damit einer auf den Individualvertrag ausgerichteten Arbeitsverfassung der entscheidende Be-

Die objektiv-quantitative Günstigkeit der individualvertraglichen Vereinbarung ist in diesem Kontext nur eines der in Betracht kommenden Indizien, nicht jedoch notwendige Voraussetzung des § 4 Abs. III TVG.

IV.) Die Einordnung des Wahlrechtsansatzes des BAG in diesen Kontext

Auch der – im Ergebnis zutreffende - Wahlrechtsansatz des BAG enthält diesbezüglich einen richtigen Kern, auf den sich das Gericht allerdings durch das Haftenbleiben an der verfehlten traditionellen Dogmatik des Sachgruppenvergleichs in der Begründung der Entscheidung den Blick verstellt.

Bei dem der Entscheidung des BAG zugrundeliegenden Sachverhalt der einzelvertraglichen Vereinbarung einer gegenüber dem Tarifvertrag längeren Lebensarbeitszeit – sowie bei der dogmatisch gleichzeitig ins Visier genommenen Vereinbarung von Wochenarbeitszeit[871] - fehlt es angesichts der Ambivalenz von Arbeitszeitvereinbarungen[872] zwar an der objektiven Günstigkeit als Zeichen für das Vorliegen unbeeinträchtigter Privatautonomie. Dafür liegt jedoch mit der jederzeitigen Möglichkeit des Arbeitnehmers, wieder den Regelungszustand des Tarifvertrages bezüglich der betroffenen Arbeitsbedingungen herzustellen, ein anderes Indiz für unbeeinträchtigte Privatautonomie vor - eben die Wahlfreiheit.[873]

Während sich dieses Wahlrecht des Arbeitnehmers bei der einzelvertraglichen Vereinbarung ohne weiteres aus der Möglichkeit ergibt, das Arbeitsverhältnis durch Kündigung zu einem früheren – auch zu dem im Tarifvertrag vorgesehenen Zeitpunkt – zu beenden, läge bei der Übertragung des Wahlrechtansatzes des BAG auf Vereinbarungen der wöchentlichen Arbeitszeit eine parallele Situation vor, soweit die Vereinbarung dem Arbeitnehmer die Möglichkeit einräumt, jederzeit zu der tariflich vereinbarten Wochenarbeitszeit zurückzukehren. Die so gestaltete Wahlrechtsregelung ist in besonderer Weise Beleg einer bestehenden privatautonomen Entscheidungsfreiheit des Arbeitnehmers, da sie dem Arbeitnehmer die Möglichkeit der einseitigen Lösung von der einzelvertraglichen Abweichung vom Tarifvertrag während der gesamten Laufzeit der einzelvertraglichen Vereinbarung garan-

---

urteilungsmaßstab sein muss. […] Die visionäre „wirkliche Privatautonomie“ zielt allen Begriffseuphemismen entgegen nicht auf eine „höhere“ Freiheit des Individuums ab. Sie bezweckt vielmehr; die Gestalungsmacht der Verbände zu perfektionieren, indem sie die Autonomie vom Individuum auf externe kollektve Instanzen verlagert. Sie bleibt für das Individuum also logisch wie sachlich eine Freiheitsverkürzung.“; auf eine Abschlusskontrolle stellen auch *Hromadka*, DB 1992, S. 1042ff. (1047) und *Martens*, FS-Zeuner, S. 101ff. (111) ab.

[871] Vgl. zu der auch vom BAG anvisierten Übertragung des Wahlrechtsgedankens auch auf die wöchentliche Arbeitszeit schon oben § 5 I 3, S. 118f.

[872] Vgl. dazu schon oben unter § 5 III 1, S. 126ff.

[873] *Hromadka*, DB 1992, S. 1042ff. (1047); *Heinze*, NZA 1991, S. 329ff. (335); *Martens*, FS-Zeuner, S. 101ff. (111/112).

tiert.[874] Angesichts der inhaltlichen Ambivalenz von Arbeitszeitregelungen muss der Arbeitnehmer hier die Regelung wählen können, die ihm lieber ist.[875]

Die Möglichkeit der Rückkehr zur tariflichen Regelung kraft einseitiger Erklärung versetzt den Arbeitnehmer in die Position, mit dem Arbeitgeber eine seinen spezifischen Interessen entsprechende individualvertragliche Vereinbarung auszuhandeln, bei Veränderung der eigenen Interessenlage oder Präferenz jedoch den Ausgangszustand der tarifvertraglichen Arbeitsbedingungen ohne weiteres wieder herzustellen.[876] Mithin droht aufgrund der Wahlmöglichkeit des Arbeitnehmers gerade nicht die rechtliche Anerkennung eines dauerhaften Entzugs tarifvertraglicher Rechtspositionen. Vielmehr verwirklicht sich hier – ohne das dies im Bezug auf das konkret betroffene Arbeitsverhältnis mit einer Preisgabe der sozialstaatlichen Schutzfunktion des Tarifvertragswesens einherginge - die in der freiheitlichen Grundkonzeption des Grundgesetzes vollzogene Anerkennung der Privatautonomie in einer Ausgestaltung des Tarifvertragswesens, die *Picker* jüngst wie folgt umschrieben hat:

> „Nunmehr sollen die Gewerkschaften [...] das Grundgerüst liefern, von dem aus der Arbeitnehmer imstande ist, seine Arbeitsbedingungen frei mit dem Arbeitgeber auszuhandeln."[877]

V.) Die Einwände gegen eine Öffnung von Tarifverträgen zugunsten „freiwilliger" einzelvertraglicher Abweichungen

Gegen die solchermaßen vollzogene Öffnung des Tarifvertragswesens zugunsten individualvertraglicher Vereinbarungen über die sich aus der traditionellen Dogmatik ergebenden Grenzen hinaus sind im Schrifttum wiederholt Bedenken vorgetragen worden. Die Substanz dieser Bedenken soll im folgenden auf der Grundlage der herausgearbeiteten Auslegung des § 4 Abs. III TVG einer eingehenden Betrachtung unterzogen werden, soweit diese in generellen Erwägungen des Verhältnisses von Privatautonomie und Tarifautonomie begründet sind.

Die Erörterung der sich spezifisch im Zusammenhang mit individualvertraglichen Arbeitszeitvereinbarungen sowie beschäftigungssichernden Lohnvereinbarungen in

---

[874] Vgl. *Rieble*, Arbeitsmarkt und Wettbewerb, S. 485, Rn. 1608: „Mit dem Wahlrecht ist die Freiwilligkeit der Tarifabweichung gesichert."

[875] *Hromadka*, DB 1992, S. 1042ff. (1047); *Martens*, FS-Zeuner, S. 101ff. (112).

[876] So auch *Rieble*, Arbeitsmarkt und Wettbewerb, S. 486, Rn. 1609: „Der einzelne Arbeitnehmer – und nur auf ihn kommt es an – wird in die Lage versetzt, einen freien Arbeitsvertrag auszuhandeln."

[877] *Picker*, FAZ, Ausgabe Nr. 158 vom 11. Juli 1998, S. 15; in diesem Sinne auch *Heinze*, NZA 2001, S. 1ff. (4).

Abweichung vom Tarifvertrag ergebenden Erwägungen der Funktionsfähigkeit der Tarifautonomie bleibt gesonderten Darstellungen vorbehalten.[878]

1) Funktionsfähigkeit der Tarifautonomie / Teleologische Argumentation im Hinblick auf die Unabdingbarkeit der Tarifnormen (§ 4 Abs. I TVG)

In der Literatur wird die traditionelle Dogmatik und die Ausklammerung kompensatorischer Aspekte im Rahmen des Günstigkeitsvergleichs mit dem Hinweis verteidigt, es bedürfe zur Sicherung der Funktionsfähigkeit der Tarifautonomie einer unbeeinträchtigten Durchführung der Tarifverträge.[879] Die Ausnahme des § 4 Abs. III TVG könne nicht so weit ausgedehnt werden, dass die Regel der normativen Wirkung von Tarifverträgen völlig ausgehöhlt werde.[880] Vertragsgestaltungen, die den Arbeitnehmer schlechter stellen als die tarifvertragliche Regelung, sollen hiernach durch die Anordnung der zwingenden Wirkung gerade verhindert werden.[881]

Insbesondere die letztgenannte Behauptung offenbart, dass diesem Argument - soweit es für das Festhalten an der traditionellen Dogmatik ins Feld geführt wird - eine Sichtweise zugrunde liegt, die von einem unzutreffenden Verständnis der Funktionsweise des sozialstaatlich gebotenen Schutzes der Arbeitnehmerschaft durch das Tarifvertragswesen geprägt ist. Die Untersuchung der verfassungsrechtlichen Grundlagen hat aufgezeigt, dass die normative Wirkung im Sinne des § 4 Abs. I TVG ihre verfassungsrechtliche Grundlage in der Effektuierung der grundrechtlichen Gewährleistung der individuellen Koalitionsfreiheit des Art. 9 Abs. III GG hat und es der Normativität nicht um den Schutz der Tarifnorm um ihrer selbst willen, sondern um der Funktionalität des Schutzes des Arbeitnehmers willen geht, der diesem durch die positive Koalitionsfreiheit in ihrer sozialstaatlichen Zielsetzung zur Verfügung gestellt wird.[882] Auch eine Verletzung der kollektiven Koalitionsfreiheit des Art. 9 Abs. III GG liegt – da diese sich ebenso ihrerseits aus dem Gebot der Effektivität der Gewährleistung der individuellen Koalitionsfreiheit ableitet und somit nicht weiter reichen kann als diese gebietet[883] – in ihrem Kernbereich erst dann vor, wenn die Normativität von Tarifverträgen in einer Weise und in einem

---

878 Vgl. bezüglich der Arbeitszeit unten § 7 V, S. 195ff., bezüglich beschäftigungssichernder Vereinbarung untertariflicher Löhne unten § 8 III, S. 229ff.

879 Vgl. *Belling*, Günstigkeitsprinzip, S. 170; *Tyska*, AuR 1985, S. 276 (281).

880 *Wiedemann*, TVG, § 4, Rn. 444.

881 *Wiedemann*, TVG, § 4, Rn. 444; *Zachert*, DB 1990, S. 986ff. (989).

882 Vgl. dazu oben § 5 III 5, S. 152f.

883 Vgl. *Thüsing*, FS-Wiedemann, S. 559ff. (583): „Gewerkschaftliches Wirken genießt verfassungsrechtlichen Schutz, und dessen Bestandteil ist der Abschluss von Tarifverträgen. [...] Doch diese Koalitionsbetätigungsfreiheit kann nicht weiter reichen als die der Arbeitnehmer, in deren Dienst sie steht“.

Umfang aufgehoben wird, dass das Tarifvertragswesen seiner Schutzfunktion insgesamt nicht mehr gerecht werden kann.[884]

Die Tarifvertragsparteien haben kein eigenes schützenswertes Interesse, das nicht zugleich ein Interesse der Organisierten wäre.[885] Dass die Normativität von Tarifverträgen in diesem Sinne absoluten verfassungsrechtlichen Schutz nur in dem Umfang genießt, in dem es ihrer zum Schutz der sozialstaatlichen Funktionalität des Tarifvertragswesens bedarf und sie sich in diesem Sinne als funktionsfähig erweist, belegt auch die Ausflaggungsentscheidung des Bundesverfassungsgerichts.[886]

Vor diesem Hintergrund ist der grundsätzliche normative Geltungsanspruch tarifvertraglicher Regelungen sowie dessen Durchbrechung durch abweichende individualvertragliche Vereinbarungen als solche zur Begründung einer verfassungswidrigen Beeinträchtigung der Tarifautonomie nicht tragfähig. Vielmehr bedarf der positiven Feststellung, inwieweit der Kernbereich der Tarifautonomie betroffen ist oder das Prinzip der Herstellung praktischer Konkordanz zwischen Tarifautonomie und individueller Privatautonomie der Anerkennung einer individualvertraglichen Vereinbarung entgegensteht.[887]

Verortet man zutreffend die verfassungsrechtliche Verankerung der Normsetzungsmacht der Koalitionen in dem sozialstaatlichen Schutzgebot und der zu sichernden Effektivität der grundrechtlichen Gewährleistung des Art. 9 Abs. III GG und stellt dem die Aufgabe des Günstigkeitsprinzips gegenüber, dem einzelnen Arbeitnehmer auf der Grundlage seines tarifrechtlichen Besitzstands seine Vertragsautonomie zu garantieren, so folgt dieser Befund aus der Systematik des Tarifvertragswesens und seiner verfassungsrechtlichten - insbesondere sozialstaatlichen - Grundlegung. Während sich das arbeitsrechtliche Schutzprinzip als Grundlage der Normativität von Tarifverträgen nur aus ungeschriebenen Systemgrundlagen ableiten lässt, ist die dem Arbeitnehmer zustehende Vertragsfreiheit in Art. 12 GG ver-

---

[884] Vgl. dazu oben unter § 3 I 1, S. 37f.

[885] *Adomeit*, NJW 1984, S. 26ff. (27); *Bergner*, Die Zulässigkeit kollektivvertraglicher Arbeitszeitregelungen, S. 44; *Thüsing*, FS-Wiedemann, S. 559ff. (583): „Die Eigenberechtigung der Koalitionen wurde stets nur als ein verstärkendes Element der Berechtigung des Arbeitnehmers verstanden, nicht als eine Berechtigung, die unabhängig von ihr existiert. Löst man sie von diesem Grund, wird sie funktionswidrig".

[886] Vgl. dazu schon oben § 5 III 5, S. 152ff.

[887] So auch *Bergner*, Die Zulässigkeit kollektivvertraglicher Arbeitszeitregelungen, S. 44 – allerdings unter Befürwortung eines subjektiven Beurteilungsmaßstabs: „Bloße Abweichungen vom Tarifkonzept als solche, ohne dass deren Nachteiligkeit für die Funktionsfähigkeit und Effektivität der Tarifautonomie positiv bestimmbar ist, müssen mithin nicht Anlass sein, von vornherein von einem Verständnis des Günstigkeitsprinzips Abstand zu nehmen, welches den individuellen Wertsetzungen der Arbeitnehmer dadurch größeren Stellenwert einräumt, dass grundsätzlich die subjektive Sicht des betroffenen Arbeitnehmers für die Beurteilung der Günstigkeit einer vom Tarifvertrag abweichenden individualvertraglichen Vereinbarung maßgebend ist."

ankert[888] und genießt einen weitaus höheren Stellenwert als das allenfalls im Sozialstaatsprinzip angelegte allgemeine Schutzprinzip.[889] Leitbild der Verfassung ist und bleibt das Individuum, nicht das Kollektiv.[890] Namentlich Art. 12 Abs. I GG sichert dem Einzelnen, nicht ihm als Mitglied eines Kollektivs die Freiheit in der Wahl und Beibehaltung seines Arbeitsplatzes.[891] Damit ist nicht einer uneingeschränkten Durchsetzung des Prinzips Freiheit das Wort geredet; dieses ist vielmehr eingebunden in die Prinzipien und Gebote des Sozialstaats. Der Befund zeigt jedoch, dass die verfassungsrechtlichen Grundlagen jedenfalls einer Ausgestaltung des Tarifvertragswesens auf der Grundlage der bereits in ihrem begrifflichen und systematischen Ansatz zu kurz greifenden traditionellen Dogmatik des Günstigkeitsvergleichs entgegenstehen, in der das Kollektiv alles und der Einzelne nichts bedeutet.[892]

Nur die Versagung einer in diesem Sinne gleichsam überindividuell verstandenen Autonomie des Verbands setzt das allenthalben betonte Gebot in die Tat um, das trotz aller Anerkennung des Menschen als eines von Natur aus „sozialen“ Wesens doch jede Institution und namentlich auch jede Gemeinschaft gerade nur „um des Menschen willen“ existent und tätig sein dürfe.[893] Die kollektive Freiheit ist nicht um ihrer selbst willen gewährleistet, sondern als Mittel, um individuelle Freiheiten wirksam(er) zu realisieren. Auch im Rahmen von Art. 9 Abs. III GG muss deshalb das Individuum Ausgangspunkt des Schutzzwecks der Verfassungsnorm sein.[894]

Im Rahmen der verfassungskonformen Auslegung des § 4 Abs. III TVG beginnt der Kernbereich der verfassungsrechtlichen Gewährleistung der Normativität von Tarifverträgen durch Art. 9 Abs. III GG mithin dort, wo diese zur Gewährleistung der Funktionsfähigkeit des Tarifvertragswesens unentbehrlich erscheint. Außerhalb dieses Bereichs folgt aus dem Prinzip der praktischen Konkordanz, dass der Privatautonomie und individuellen Vertragsgestaltungsinteressen einerseits sowie der Tarifautonomie andererseits zu einem angemessenen Ausgleich zu verhelfen ist. Die bisherige Untersuchung hat aufgezeigt, dass eine Einschränkung der Privatautonomie durch die Prinzipien des Sozialstaates und damit verbundene Schutzaufgaben nur als verhältnismäßig zu beurteilen ist, soweit mit dieser ein entsprechendes

888 Vgl. dazu oben § 3 II 1 c cc, S. 65ff.; auf Art. 12 GG als normative Grundlage des Günstigkeitsprinzips stellen insbesondere auch *Bengelsdorf*, ZfA 1990, S. 563ff. (590) und *Heinze*, NZA 1991, S. 329ff. (330) ab.
889 *Martens*, FS-Zeuner, S. 101ff. (109).
890 Vgl. *Junker*, NZA 1997, S. 1305ff. (1318); *Picker*, Privatautonomie und Kollektivautonomie, FS-Richardi, S. 25ff. [72].
891 Vgl. *Richardi*, DB 2000, S. 42ff. (42).
892 *Heinze*, DB 1996, S. 729ff. (730).
893 Vgl. *Picker*, NZA 2002, S. 761ff. (764) w.w.N.
894 *Zachert*, AuR 2002, S. 41ff. (48).

Schutzbedürfnis im Einzelfall im Hinblick auf Funktionsdefizite der Privatautonomie im Arbeitsrecht korrespondiert.[895] Wo es – angesichts bestehender Funktionalität der individuellen Privatautonomie – an einem entsprechenden Schutzbedürfnis des betroffenen Arbeitnehmers im Einzelfall fehlt, kommen unter dem Gesichtspunkt der gebotenen Erhaltung der Funktionsfähigkeit der Tarifautonomie nur die tarifliche Schutzeffektivität zugunsten anderer tarifgebundener Arbeitnehmer oder der Schutz von Belangen der Allgemeinheit als mit der Privatautonomie kollidierende Verfassungsgüter in Betracht.[896] Es ist hier kein hinreichendes – von der Summe der Interessen der organisierten Arbeitnehmer gleichsam losgelöstes – Eigeninteresse der Gewerkschaften anzuerkennen, das gewichtig genug wäre, die Privatautonomie zu beugen.[897]

Nachhaltige und unverhältnismäßige Funktionseinbußen des in seiner verfassungsrechtlichen Grundlegung und Funktionsweise zutreffend verstandenen Tarifvertragssystems sind hier jedoch allenfalls dann zu erwarten, wenn die Voraussetzungen und Grenzen möglicher Abweichungen vom Tarifvertrag nicht hinreichend sachgerecht und eng bestimmt werden.[898] Die Wahrung der tarifpolitischen Effizienz in ihrer sozialstaatlichen Dimension markiert den Kernbereich der verfassungsrechtlichen Gewährleistung der kollektiven Koalitionsfreiheit in Bezug auf die Normsetzungskompetenz der Tarifparteien.[899]

2) Der „Schutz des Arbeitnehmers vor sich selbst"

Zu den Argumenten der Verfechter der traditionellen Dogmatik des Günstigkeitsvergleichs gegen eine Auslegung des Günstigkeitsprinzips des § 4 Abs. III TVG,

---

895 *Bergner*, Die Zulässigkeit kollektivvertraglicher Arbeitszeitregelungen, S. 47: „Das verfassungsrechtliche Gebot zur Achtung der Menschenwürde und der freien Entfaltung der Persönlichkeit verbieten es, den Menschen dort zu entmündigen, wo er noch zur Selbsthilfe fähig und bereit ist"; vgl. ferner *Belling*, Günstigkeitsprinzip, S. 87; *Benda*, RdA 1981, S. 137ff. (141); *Thüsing*, FS-Wiedemann, S. 559ff. (583): „Gegen erpresste Entscheidungen abzuschirmen, ist ein legitimes Anliegen des Arbeitsrechts, und auch die Privatautonomie wird hierdurch nicht beeinträchtigt, sondern entfaltet. Liegt eine freie Entscheidung aber vor, dann spricht wenig dafür, den Schutz des Arbeitnehmers ihm zu Last werden zu lassen".

896 Vgl. *Bergner*, Die Zulässigkeit kollektivvertraglicher Arbeitszeitregelungen, S. 45/46; zu dem in diesem Zusammenhang angeführten Argument eines verbleibenden Schutzbedürfnisses des Arbeitnehmers „vor sich selbst" vgl. im Folgenden unter § 6 V 2, S. 177ff.

897 *Thüsing*, FS-Wiedemann, S. 559ff. (583).

898 So auch *Vollmer*, DB 1982, S. 1670ff. (1672); ebenso *Buchner*, NZA 1999, S. 897ff. (902); *Löwer* in v. Münch/Kunig, GG, Bd. 1, Art. 9, Rn. 80, Stichwort „Öffnungsklauseln"; eine insoweit unzureichende Möglichkeit der Definition der Grenzen für ein „freiwilliges Abweichen" vom Tarifvertrag beklagt *Zachert*, DB 1990, S. 986ff. (989). Den von *Zachert* angeführten Beispielen liegt indes die Annahme einer insofern zu entwickelnden Kasuistik des Günstigkeitsvergleichs zugrunde, die ihrerseits wiederum ausschließlich auf quantitativen Vergleichsmaßstäben beruht.

899 So i.E. auch *Wiedemann*, Bindung der Tarifnormen an Grundrechte, S. 120.

die den individuellen Präferenzen des Arbeitnehmers größere Bedeutung beimisst, zählt auch die Behauptung, das Festhalten an der zwingenden Normwirkung des Tarifvertrages sei ein Gebot des hierdurch zu bewerkstelligenden „Schutzes des Arbeitnehmers vor sich selbst".[900]

Grundlage ist offenkundig auch hier das reklamierte Bedürfnis, eine drohende Kommerzialisierung von Arbeitsbedingungen zu verhindern dergestalt, dass der Arbeitnehmer der Förderung von Gesundheit und Freiheit dienende tarifvertragliche Standards zugunsten eines höheren Verdienstes aufgeben könne und sich diese gleichsam abkaufen lasse.[901], [902]

Namentlich *Hillgruber* hat aufgezeigt, dass sich weder die Lehren von den staatlichen Schutzpflichten und der durch die Grundrechte begründeten objektiven Wertordnung, noch das Sozialstaatsprinzip für einen derartigen Schutz des Menschen vor sich selbst in Anspruch nehmen lassen.[903] Vor dem Hintergrund der freiheitlichen Grundentscheidung des Grundgesetzes und den Gewährleistungen des Art. 2 I GG und Art. 12 I GG als Ausdruck derselben ist dem Gedanken einer derartigen Inhaltskontrolle bewusst eine Absage erteilt worden. Vielmehr verlangt die verfassungsrechtliche Anerkennung der Privatautonomie, dass aufgrund der dem Vertrag innewohnenden Richtigkeitsgewähr der im Vertragsschluss zum Ausdruck kommende Wille der Vertragsparteien grundsätzlich zu respektieren ist.[904]

---

900 In diesem Sinne *Bengelsdorf*, ZfA 1990, S. 563ff. (598); grundsätzlich in diesem Sinne auch *Joost*, ZfA 1984, S. 173ff. (178), der jedoch gleichwohl eine absolut zwingende Wirkung von Tarifnormen im Bereich gewerkschaftlicher Arbeitszeitpolitik ablehnt.

901 *Zachert*, DB 1990, S. 986ff. (988/989); vgl. zur Erforderlichkeit einer Rückkehroption des Arbeitnehmers aufgrund dieser Erwägung auch *Löwisch*, BB 1991, S. 59ff. (62); vgl. dazu eingehend § 7 II, S. 189f.

902 Die von *Zachert*, DB 1990, S. 986ff. (989) in diesem Zusammenhang aufgeworfene Frage der Zulässigkeit der Kommerzialisierung tariflicher Schutzbestimmungen führt hier nicht weiter. Der Kommerzialisierungsgedanke ist charakteristisch auch für die traditionelle Dogmatik des Günstigkeitsvergleichs. Die „Kommerzialisierung" des Gutes Freizeit ist gerade Grundlage des quantitativen Sachgruppenvergleichs, soweit aus diesem gefolgert wird, kürzere Arbeitszeiten seien – trotz damit verbundener Lohneinbußen – in diesem Sinne als günstiger einzustufen. Kern des durch das Günstigkeitsprinzip des § 4 Abs. III TVG bewerkstelligten Schutzes der Privatautonomie ist vielmehr die Frage, in welchem Umfang der individuellen Präferenz des Arbeitnehmers bezüglich derartiger Erwägungen gegenüber der in der Tarifpolitik Ausdruck findenden Präferenz der Gewerkschaften zum Durchbruch verholfen werden kann bzw. muss. Die Absicherung eines von derartigen Kommerzialisierungserwägungen völlig unabhängigen und sozialstaatlich unabdingbaren Schutzes des Arbeitnehmers ist Aufgabe des Gesetzgebers. Dieser Aufgabe ist der Gesetzgeber durch zahlreiche arbeitsrechtliche Gesetzen auch nachgekommen, etwa durch das MuSchG, das BUrlG oder das ArbZG; so auch *Krauss*, Günstigkeitsprinzip, S. 111/112; *ders.*, DB 2000, S. 1962ff. [1963]).

903 *Hillgruber*, Der Schutz des Menschen vor sich selbst, insb. S. 120ff., 175.; so auch *Bergner*, Die Zulässigkeit kollektivvertraglicher Arbeitszeitregelungen, S. 45/46; *Buchner*, DB 1990, S. 1715ff. (1720); *Krauss*, Günstigkeitsprinzip, S. 111 – 112.

904 Vgl. oben unter § 3 III 2-4, S. 70ff.

In der Lösung der sozialstaatlichen Schutzaufgabe durch eine Konzeption der Beibehaltung des Prinzips der Richtigkeitsgewähr des Vertrages bei gleichzeitiger Etablierung eines funktionsfähigen Systems der Gegenmachtbildung liegt die Anerkennung dieses Grundsatzes auch im Tarifvertragsrecht. Ein Schutz des Menschen vor sich selbst kann folglich auch im Kontext des Tarifvertragswesens – soweit der Arbeitnehmer in seiner privatautonomen Entscheidung frei ist - allenfalls unter dem Gesichtspunkt des Schutzes der Rechte anderer oder der Belange der Allgemeinheit verfassungsrechtlich legitimiert sein.[905] An einer Rechtfertigung unter dem Gesichtspunkt des Schutzes des betroffenen Arbeitnehmers vor sich selbst fehlt es jedoch.[906]

Völlig verbietet sich eine Auslegung des Günstigkeitsprinzips, die dem Arbeitnehmer unter der Prämisse eines vermeintlich gebotenen Schutzes vor sich selbst – gleichsam einem Geschäftsunfähigen – die Fähigkeit zu selbstverantwortlicher Gestaltung seiner Arbeitsbedingungen gänzlich abspricht,[907] indem sie die Anwendung derartiger Schutzprinzipien und einen hieraus abgeleiteten Vorrang des Kollektivwillens auch dann postuliert, wenn sich der Arbeitnehmer an einer eigenverantwortlichen Wahrnehmung seiner Interessen gerade nicht durch arbeitsmarktspezifische Defizite der Willensbetätigung gehindert sieht. Die unter diesen Voraussetzungen selbstbestimmte vertragliche Gestaltung der Arbeitsbedingungen genießt grundsätzlich als Ausübung grundrechtlich garantierter Freiheit verfassungsrechtlichen Schutz selbst dann, wenn sie sich selbstgefährdend oder gar selbstschädigend auswirkt.[908]

3) Faktische Fremdbestimmung kraft sozialer Übermacht des Arbeitgebers statt vermeintlich freier Arbeitnehmerentscheidung?

Grundsätzlich kommt vor diesem Hintergrund jedoch dem Einwand Bedeutung zu, das Kriterium der Freiwilligkeit berge im Rahmen des Günstigkeitsvergleichs die Gefahr, dass der Arbeitnehmer sich faktisch infolge Druckausübung seitens des Arbeitgebers oder aufgrund unzureichender Kenntnis und Erfahrung Vereinbarungen aufdrängen lasse, die nur dem äußeren Anschein nach seinen Interessen und

---

[905] *Bergner*, Die Zulässigkeit kollektivvertraglicher Arbeitszeitregelungen, S. 45/46.

[906] Ebenso hinsichtlich einer Option des Arbeitnehmers, entgegen tarifvertraglicher Regelung Samstags zu arbeiten *Löwisch*, DB 1989, S. 1185ff. (1187); *Thüsing*, FS-Wiedemann, S. 559ff. (565/566) knüpft diesen Befund an die im Verfassungsrecht anerkannte Rechtsfigur der Grundrechtsausübung durch Grundrechtsverzicht und weist darauf hin, dass auch für die Zulässigkeit eines derartigen Grundrechtsverzichts als wesentliche Determinante neben der alleinigen Dispositionsbefugnis des Grundrechtsinhabers über das betroffene Grundrecht die *Freiwilligkeit* des Verzichts anerkannt sei; vgl. *Thüsing*, a.a.O. m.w.N.

[907] So auch *Belling*, Günstigkeitsprinzip, S. 34.

[908] *Bergner*, Die Zulässigkeit kollektivvertraglicher Arbeitszeitregelungen, S. 45; *Hillgruber*, Der Schutz des Menschen vor sich selbst, S. 120ff., 175.

seinem Willen entsprechen.[909] Im Hinblick auf den Gedanken, dass die Tarifautonomie eben diese Defizite der Arbeitsvertragsfreiheit auszugleichen suche, sei hiernach bei typisierender Betrachtung die Ausübung des Wahlrechts des Arbeitnehmers immer eine fremdbestimmte Entscheidung.[910]

In der Literatur ist diese Vorstellung von einer typisierend anzunehmenden Übermacht des Arbeitgebers und einer jedwede faktisch freie Willensbetätigung des Arbeitnehmers ausschließenden Drucksituation angesichts der Realitäten des heutigen Arbeitslebens wiederholt in Zweifel gezogen worden.[911] Sie ist gleichwohl - insoweit besteht Einigkeit - Grundlage der Entstehung und der gesetzlichen Ausgestaltung des Tarifvertragswesens und besitzt für die grundsätzliche Begründung der sozialstaatlichen Dimension der Grundrechtsgewährung des Art. 9 Abs. III GG in seiner Ausgestaltung sowohl als Individual- als auch Kollektivgrundrecht nach wie vor Bedeutung. Es ist vielmehr die unzutreffende Transformation der auch vom Bundesverfassungsgericht vorgenommenen typisierenden Betrachtungsweise des Arbeitsvertrages[912] in den Kontext des Günstigkeitsgedankens in § 4 Abs. III TVG, die zum Widerspruch herausfordert.

Gerade die der Regelung des § 4 Abs. I TVG zugrundeliegende typisierende Betrachtung des Funktionsdefizits des Arbeitsvertrages macht angesichts der verfassungsrechtlichen Gewährleistung der Art. 2 GG und Art. 12 GG den Ausnahmetatbestand des § 4 Abs. III TVG erst erforderlich.[913] Mithin ist eine Auslegung des Günstigkeitsvergleichs verfassungsrechtlich verfehlt, die unter erneuter Bezugnahme auf das Argument des typisierbaren Versagens der Arbeitsvertragsfreiheit das

---

909 *Buschmann*, NZA 1990, S. 387ff. (388); *Däubler*, Tarifvertragsrecht, Rn. 221, S. 150; *Krummel*, Die Geschichte des Unabdingbarkeitsgrundsatzes und des Günstigkeitsprinzips im Tarifvertragsrecht, S. 242; *Otto*, NZA 1992, S. 97ff. (106/107); *Zachert*, DB 1990, S. 986ff. (988).

910 Vgl. *Däubler*, Tarifvertragsrecht, Rn. 221, S. 150; *ders.*, ArbuR 1996, S. 347 (351); vgl. auch *Buschmann*, NZA 1990, S. 387ff. (388).

911 So *Buchner*, DB 1990, S. 1715ff. (1720); *Möschel*, in: Tarifautonomie auf dem Prüfstand, S. 11ff (17f.); *Wendt*, Der Günstigkeitsvergleich, S. 98; *Reuter*, FS-Wiedemann, S. 449ff. (449 - 453) glaubt gar einen sich abzeichnenden– wenn auch „halbherzigen“ - Abschied von dem hier angesprochenen Verständnis des Arbeitsverhältnisses als Herrschaftsverhältnis sowie der sog Verelendungstheorie (= Marktversagen in Form ruinöser Konkurrenz – inverse Reaktion des Arbeitsangebots) feststellen zu können.

912 BVerfG DB 1992, S. 377ff. (378/379): „Das dem Vertragsrecht zugrunde liegende Prinzip der Privatautonomie kann hinreichenden Schutz nur gewährleisten, soweit die Bedingungen freier Selbstbestimmung gegeben sind. Wo es an einem annähernden Kräftegleichgewicht der Beteiligten fehlt, ist mit den Mitteln des Vertragsrechts allein kein sachgerechter Ausgleich der Interessen zu gewährleisten. *Dies ist bei Abschluss von Arbeitsverträgen typischerweise der Fall.*“ [H.d.V].

913 Vgl. dazu oben § 3 II 2, S. 68f.

Kriterium einer bestehenden freien Willensbildung schlechthin auch aus dem Ausnahmetatbestand des § 4 Abs. III TVG ausklammert.[914]

Zudem ergeben sich auf der Grundlage des Wahlrechtsansatzes bereits strukturell wesentliche Verschiebungen der Parameter der arbeitnehmerseitigen Selbstbestimmung im Hinblick auf die Funktionsfähigkeit der Privatautonomie. Dem Arbeitnehmer steht hier der tarifliche Standard gewissermaßen als Sockel zur Verfügung, auf den er stets durch einseitige Erklärung – d.h. kraft alleiniger eigener Willensbetätigung – zurückkehren kann. Einen gewissen Schutz des Arbeitnehmers vor einer Druckausübung des Arbeitgebers mit dem Ziel, den Arbeitnehmer an einer Ausübung dieser Option zu hindern, bietet hier etwa das Maßregelungsverbot des § 612a BGB, wonach jede offene Maßregelung mit dieser Zielsetzung unzulässig wäre.[915] Auch die Drohung mit einer Kündigung fällt angesichts des hohen Schutzstandards des Kündigungsschutzgesetzes - soweit anwendbar - als Druckmittel weitgehend aus.

Es bestehen folglich auf dieser Ebene bereits aufgrund der grundsätzlichen Normativität tariflicher Regelungen der Arbeitsbedingungen und der sich aus dem Optionsmodell ergebenden Möglichkeit des Arbeitnehmers, wieder auf den Sockel der tariflichen Arbeitsbedingungen zurückzukehren, Rahmenbedingungen der Privatautonomie, die sich von der Ausgangslage des gänzlich ohne Tarifvertragsschutz bestehenden Machtgefälles zwischen Arbeitnehmer und Arbeitgeber grundlegend unterscheiden.[916] Die Annahme, jede unter diesen Rahmenbedingungen unter Zubilligung eines Wahlrechts bzw. Rückkehroption auf den Tarifvertrag getroffene Entscheidung des Arbeitnehmers sei – parallel zu der generellen These vom Versagen der Privatautonomie im Arbeitsrecht – bei typisierender Betrachtung als faktisch fremdbestimmt anzusehen, ist mithin nicht haltbar.[917] Zwar mag im Einzelfall die Gefahr einer derartigen Fremdbestimmung bestehen. Dies rechtfertigt es aber nicht, den Arbeitnehmern mit der Behauptung einer bestehenden Missbrauchsgefahr die Gestaltung ihrer Arbeitsbeziehungen gemäß ihren eigenen Präferenzen gänzlich

---

914 Vgl. die parallel angelegte Argumentation von *Joost*, ZfA 1984, S. 173ff. (179) gegen die Zugrundelegung des Gesamtinteresses der Belegschaft als Maßstab des – quantitativ ausgestalteten - Günstigkeitsvergleichs: „Das Günstigkeitsprinzip ist dagegen ausschließlich individualrechtlich als Schranke der Kollektivmacht begründet. Die Anwendung dieses Vorbehalts kann nicht wiederum von Kriterien abhängen, die durch das Gesamtinteresse gebildet werden, dessen Maßgeblichkeit der Vorbehalt ja gerade beschränken soll“.

915 Vgl. *Otto*, NZA 1992, S. 97ff. (107).

916 Insoweit m.E. unzutreffend *Buschmann*, NZA 1990, S. 387 (388): „Es reicht die wirtschaftliche Notwendigkeit und Abhängigkeit von der Arbeit als Arbeitsquelle. Diese bleibt auch bei sog. „Freiwilligkeit“ und „Widerruflichkeit“ bestehen“.

917 So im Ergebnis auch *Buchner*, DB 1990, S. 1715ff. (1720); *Wendt*, Der Günstigkeitsvergleich, S. 98.

vorzuenthalten.[918] Es bedarf vielmehr der Entwicklung von Kriterien, die eine hinreichend enge Fassung des Ausnahmetatbestandes des § 4 Abs. III TVG zulassen.

Die Rechtsprechung des BAG zu der arbeitnehmerseitigen Freiwilligkeit als sachlichem Grund für die Befristung des Arbeitsverhältnisses[919] hat aufgezeigt, dass sich die Feststellung der Freiwilligkeit durchaus an das Vorliegen objektiver Indizien anknüpfen lässt, die eine Einschränkung der Missbrauchsgefahr ermöglichen. In jedem Fall bedarf es für die Rechtfertigung eines Eingriffs in die Vertragsfreiheit der Feststellung einer typisierbaren Gefahr der Beeinträchtigung der Willensbetätigung, die nicht generalisierend und unwiderleglich unterstellt werden kann.[920]

Es werden sich vielmehr typisierbare Gestaltungsmodelle und objektive Indizien finden lassen, die geeignet erscheinen, die Vermutung einer Störung der Privatautonomie im Arbeitsrecht zu widerlegen. Namentlich das beschriebene Optionsmodell kommt hier nach den vorausgegangen Ausführungen als Indiz in Betracht.[921]

4) Systematische Argumentation

Gegen die Öffnung der Normwirkung des Tarifvertrages gem. § 4 Abs. I TVG zugunsten freiwilliger – d.h. arbeitnehmerseitig faktisch selbstbestimmter – individualvertraglicher Vereinbarungen über eine entsprechende Auslegung des Günstigkeitsprinzips des § 4 Abs. III TVG werden im Schrifttum auch systematische Einwände geltend gemacht.

a) Das Verhältnis von § 4 Abs. III 1. Alt. TVG (Tarifvertragliche Öffnungsklausel) und § 4 Abs. III 2. Alt. TVG (Günstigkeitsprinzip)

Zum einen wird aus systematischer Sicht eingewandt, soweit § 4 Abs. III 2. Alt. TVG im Einzelfall als Ausnahme von der Normwirkung auch die individualvertragliche Vereinbarung untertariflicher Arbeitsbedingungen zulassen würde, verbliebe für die in § 4 Abs. III 1. Alt. TVG normierte tarifvertragliche Öffnungsklausel kein eigener Anwendungsbereich mehr.[922] Eine Überschneidung der An-

---

918 Vgl. *Wendt*, Der Günstigkeitsvergleich, S. 98; ebenso *Pabst*, Möglichkeiten einer Flexibilisierung der Arbeitszeit, S. 99: Die Missbrauchsgefahr alleine dürfe nicht zu einer Beschneidung einer rechtlichen Handlungsmöglichkeit führen; ähnlich *Krauss*, Günstigkeitsprinzip, S. 111 – 112.

919 Vgl. BAG BB 1985, S. 2045ff. (2046) m.w.N.

920 Vgl. *Bergner*, Die Zulässigkeit kollektivvertraglicher Arbeitszeitregelungen, S. 46.

921 *Bergner*, Die Zulässigkeit kollektivvertraglicher Arbeitszeitregelungen und ihr Verhältnis zu abweichenden individualvertraglichen Vereinbarungen, S. 150: „Immerhin ist mit dem Aspekt der Einräumung eines Wahlrechts ein Kriterium gefunden, das auch unter Zugrundelegung einer objektiven Beurteilungsperspektive gewisse generalisierende Aussagen für das Günstigkeitsurteil gestattet“.

922 So *Wiedemann*, TVG, § 4, Rn. 443, S. 1110.

wendungsbereiche der beiden Alternativen des § 4 Abs. III sei jedoch angesichts des Umstands nicht hinnehmbar, dass diese unterschiedliche Tatbestandsvoraussetzungen enthalten. Die erste Alternative des § 4 Abs. III TVG ziele darauf ab, weiterreichende Abweichungen vom Tarifvertrag zu ermöglichen als die zweite Alternative des § 4 Abs. III TVG.[923]

Der Hinweis einer systemwidrigen Überschneidung der Anwendungsbereiche von tarifvertraglicher Öffnungsklausel einerseits und Günstigkeitsprinzip andererseits verfängt jedoch nicht. Während das Günstigkeitsprinzip auf Tatbestandsseite die Feststellung einer faktisch selbstbestimmten Willensbetätigung des Arbeitnehmers voraussetzt, knüpft die 1. Alternative des § 4 Abs. III TVG die Wirksamkeit der einzelvertraglichen Vereinbarung allein an das Vorliegen einer einschlägigen Öffnungsklausel. Mit dieser Divergenz auf Tatbestandseite korrespondiert ein unterschiedlicher Umfang und Ansatz der Abweichungsmöglichkeiten auf Rechtsfolgenseite.

Während das Günstigkeitsprinzip eine Abweichung nur in dem Umfang zulässt, in dem der Arbeitnehmer selbst nachweislich freiwillig privatautonom über den durch die Normwirkung erzielten tariflichen Schutzstandard disponiert, fehlt es bei Vereinbarung einer Öffnungsklausel an derartigen Kontrollmechanismen im Hinblick auf die Selbstbestimmung des Arbeitnehmers. Insbesondere soweit die Öffnungsklausel auch die Sperrwirkung des § 77 Abs. III BetrVG aufhebt - d.h. abweichende Vereinbarungen auch durch ergänzende Betriebsvereinbarung zulässt[924] - ist eine Modifikation tariflicher Arbeitsbedingungen vielmehr sogar unter Ausschluss einer Entscheidungsbefugnis des individuellen Arbeitnehmers durch Betriebsvereinbarung möglich. Die beiden Alternativen des § 4 Abs. III TVG haben hiernach gerade auch dann verschiedene Anwendungsbereiche und Tatbestandsvoraussetzungen, wenn das Günstigkeitsprinzip auf Tatbestandsseite im Sinne einer Freiwilligkeitskontrolle ausgestaltet ist.

Deutlicher wird dieser Befund, wenn man als Indiz im Rahmen der Freiwilligkeitskontrolle eine im Arbeitsvertrag vorgesehene Wahlrechtsregelung bzw. Rückkehroption des Arbeitnehmers anerkennt. Wie bereits ausgeführt, wäre infolge eines derartigen Wahlrechts der Arbeitnehmer in der Lage, durch einseitige Erklärung auf den tariflichen Standard der Arbeitsbedingungen zurückzukehren. Nach Maßgabe dieses Ansatzes ist eine Abweichung von der tarifvertraglichen Regelung nur soweit möglich, wie der durch die Normativität des Tarifvertrages vermittelte tarifliche Schutzstandard nicht dauerhaft der einseitigen Dispositionsbefugnis des Arbeitnehmers entzogen wird.

---

923 So *Wiedemann*, TVG, § 4, Rn. 443, S. 1110.
924 Vgl. § 77 Abs. III S. 2 BetrVG.

Es ergeben sich somit grundlegende Unterschiede in den Anwendungsbereichen der beiden Alternativen des § 4 Abs. III TVG im Hinblick auf die Zuordnung der Dispositionsbefugnis über den mit der zwingenden Wirkung verbundenen tarifvertraglichen Schutzstandard.

b) Das Verhältnis von § 4 Abs. IV Satz 1 TVG (Verzicht auf entstandene tarifliche Rechte) und § 4 Abs. III 2. Alt. TVG (Günstigkeitsprinzip)

Zudem wird in der Literatur eingewandt, eine derartige Freiwilligkeitskontrolle bzw. eine Subjektivierung des Günstigkeitsprinzip widerspreche systematisch der Regelung des § 4 Abs. IV Satz 1 TVG, wonach der einzelne Arbeitnehmer auch auf bereits entstandene tarifliche Rechte nicht ohne Mitwirkung der Tarifvertragsparteien verzichten könne.[925]

Soweit aus § 4 Abs. IV TVG hiernach der Gedanke eines Schutzes des Arbeitnehmers vor sich selbst als Anliegen des Tarifvertragswesens gefolgert wird, ist dem im Rahmen dieser Untersuchung bereits widersprochen worden.[926] Wäre § 4 Abs. IV TVG ein derartiger Grundsatz zu entnehmen, wonach die subjektive Sicht sowie der Aspekt der privatautonomen Selbstbestimmung des Arbeitnehmers stets unbeachtlich sein müsse, so wäre die Regelung des § 4 Abs. IV TVG ihrerseits als mit dem Grundrecht der Arbeitsvertragsfreiheit (Art. 12 GG) und dem Recht auf freie Entfaltung der Persönlichkeit (Art. 2 I GG) unvereinbar anzusehen, da sie dem Arbeitnehmer unabhängig von einem etwaigen Schutzerfordernis die Fähigkeit nehmen würde, ein ihm zustehendes Recht selbstständig aufzugeben und ihm damit „partielle Rechtsunmündigkeit“[927] attestieren würde.

Vor allem folgt die Untauglichkeit des § 4 Abs. IV TVG als Erkenntnisquelle im Rahmen der Auslegung des Günstigkeitsprinzips[928] jedoch aus dem Umstand, dass sich die einzelvertragliche Abweichung vom Tarifvertrag und der Verzicht auf tarifliche Rechte im Hinblick auf die verfassungsrechtlichen Grundlagen des Tarifvertragswesens als grundverschieden darstellen. Während es bei dem Günstigkeitsprinzip um die funktionale Abgrenzung zweier Verträge vor dem Hintergrund der verfassungsrechtlichen Gewährleistung der Privatautonomie einerseits und der Tarifautonomie andererseits geht, denen grundsätzlich auf beiden Seiten ein prinzipieller Geltungsanspruch zukommt, zielt der Verzicht ausschließlich auf die partiel-

---

925 *Joost*, ZfA 1984, S. 173ff. (178).

926 Vgl. § 6 V 2, 177f.

927 So *Bergner*, Die Zulässigkeit kollektivvertraglicher Arbeitszeitregelungen, S. 47.

928 Auch nach *Krummel*, Die Geschichte des Unabdingbarkeitsgrundsatzes und des Günstigkeitsprinzips im Tarifvertragsrecht, S. 236f., lassen sich aus § 4 Abs. IV TVG keine Erkenntnisse für die Auslegung des Günstigkeitsprinzips gewinnen.

le Aufhebung des tariflichen Schutzstandards.[929] Die individualvertragliche Vereinbarung in Abweichung vom Tarifvertrag stellt sich als Ausübung der individuellen Arbeitsvertragsfreiheit des Arbeitnehmers dar, wohingegen sich der Verzicht darin erschöpft, die durch eine Vereinbarung Dritter – der Tarifvertragsparteien – begründeten tariflichen Rechte aufzuheben. Hierin liegt der von der Situation des Günstigkeitsprinzips abweichende innere Grund, an den § 4 Abs. IV TVG das Erfordernis einer Zustimmung der Tarifvertragsparteien für die Wirksamkeit eines Verzichts auf tarifliche Rechtspositionen knüpft. Das Günstigkeitsprinzip setzt zwei divergierende Regelungen voraus. Eine Anwendung gegenüber einer Nichtregelung – als solche stellt sich der ausschließliche Verzicht auf tarifliche Arbeitsbedingungen ohne eine entsprechende abweichende individualvertragliche Gestaltung dar – kommt daher gar nicht in Betracht.[930]

Auch im Hinblick auf § 4 Abs. IV TVG bestehen damit angesichts dieser fundamentalen Unterschiede zwischen den Anwendungsbereichen des § 4 Abs. III TVG und § 4 Abs. IV Satz 1 TVG keine durchgreifenden systematischen Bedenken gegen die beschriebene verfassungskonforme Auslegung des Günstigkeitsprinzips.[931]

VI.) Ergebnis

Das sog. Günstigkeitsprinzip des § 4 Abs. III TVG ist verfassungskonform dahingehend auszulegen, dass bei bestehender privatautonomer Selbstbestimmung des Arbeitnehmers der auf diesem Wege zustande gekommenen individualvertraglichen Abweichung vom Tarifvertrag als eine Abweichung „zugunsten“ des Arbeitnehmers im Sinne des § 4 Abs. III TVG grundsätzlich gegenüber dem Tarifvertrag zur Geltung zu verhelfen ist. Das Günstigkeitsprinzip des § 4 Abs. III TVG stellt in diesem Sinne einen Vorbehalt zugunsten der individuellen Vertragsfreiheit dar.[932]

Die so vollzogene Öffnung der Normwirkung des Tarifvertrages stößt auf keine durchgreifenden verfassungsrechtlichen oder systematischen Bedenken, soweit die Voraussetzungen für die Zulässigkeit einer derartigen Abweichung vom Tarifvertrag im Rahmen des § 4 Abs. III TVG eng bestimmt werden[933] und zugleich die Anerkennung des Geltungsanspruchs der individualvertraglichen Vereinbarung unter dem Vorbehalt der Sozialstaatskonformität steht. Eine etwaig mit der individu-

---

[929] Vgl. *Moll*, DB 1992, S. 475ff. (477).

[930] Vgl. *Moll*, DB 1992, S. 475ff. (477); *Wiedemann*, Die Bindung der Tarifnormen an Grundrechte, S. 123; ähnlich *Steinmeyer*, RdA 1992, S. 6ff. (10).

[931] Ebenso *Bergner*, Die Zulässigkeit kollektivvertraglicher Arbeitszeitregelungen, S. 47; vgl. auch *Krummel*, Geschichte des Unabdingbarkeitsgrundsatzes und des Günstigkeitsprinzips im Tarifvertragsrecht, S. 47.

[932] Vgl. *Annuß*, NZA 2001, S. 756ff. (761); *Joost*, RdA 1989, S. 7ff. (19); *Richardi*, NZA 1987, S. 185ff. (188); *ders.*, DB 2000, S. 42ff. (47).

[933] So auch *Löwer*, in: v.Münch/Kunig, GG, Bd. 1, Art. 9, Rn. 80, Stichwort „Öffnungsklauseln“.

alvertraglichen Abweichung einhergehende Beeinträchtigung der Leistungsfähigkeit des Tarifvertragswesens bezüglich ihres sozialstaatlichen Schutzauftrags muss sich folglich als verhältnismäßig darstellen und darf die Funktionsfähigkeit des Tarifvertragswesens nicht aufheben.[934]

Auf der ersten Prüfungsebene bedarf es der Entwicklung entsprechender Tatbestandsvoraussetzungen, die eine hinreichend sichere Feststellung faktisch bestehender privatautonomer Selbstbestimmung und einen möglichst weitgehenden Ausschluss arbeitgeberseitiger Fremdbestimmung erlauben. In diesem Kontext kommt dem Optionsmodell als Indiz für bestehende Vertragsparität Bedeutung zu.

Im Folgenden werden beispielhaft für den Bereich von Arbeitszeitregelungen[935] sowie für den Bereich beschäftigungssichernder Lohnvereinbarungen[936] entsprechende typisierbare Tatbestandsvoraussetzungen im Rahmen des § 4 Abs. III TVG entwickelt.[937] Auf einer zweiten Stufe erfolgt sodann die Prüfung, ob die Anerkennung einzelvertraglicher Vereinbarungen in Abweichung vom Tarifvertrag nach Maßgabe dieser Tatbestandsvoraussetzungen bei typisierender Betrachtung als im oben beschriebenen Sinne sozialstaatskonform zu beurteilen ist.

VII.) Annex: Möglichkeit richterrechtlicher Korrektur des Günstigkeitsbegriffs oder Erforderlichkeit gesetzgeberischen Tätigwerdens ?

Vor dem Hintergrund der verfassungskonformen Auslegung des Günstigkeitsprinzips des § 4 Abs. III TVG in Abweichung von der traditionellen Dogmatik des Sachgruppenvergleichs stellt sich die Frage, inwieweit diese Korrektur der traditionellen Dogmatik des Günstigkeitsprinzips sowie die Entwicklung entsprechender Tatbestandsvoraussetzungen des Günstigkeitsvergleichs von den Gerichten geleistet werden kann bzw. muss. Die Rechtsprechung – insbesondere auch das BAG – sieht offenkundig die traditionelle Dogmatik des Sachgruppenvergleichs in der Gesetzesfassung des § 4 Abs. III TVG durch die Formulierung „zugunsten des Arbeitnehmers" verankert. Eine vom Sachgruppenvergleich abweichende Interpretation des Günstigkeitsprinzips setze hiernach ein Tätigwerden des Gesetzgebers voraus.[938]

[934] Zur Wahrung der tarifpolitischen Effizienz als materielle Schranke des Günstigkeitsprinzips und der individuellen Vertragsfreiheit, vgl. auch *A. Wiedemann*, Bindung der Tarifnormen an Grundrechte, S. 120.

[935] Vgl. unten § 7, S. 189ff.

[936] Vgl. unten § 8, S. 199ff.

[937] Die Entwicklung entsprechender Fallgruppen im Rahmen des Günstigkeitsprinzips schlägt auch *Möschel*, BB 2002, S. 1314ff. (1318) vor.

[938] BAG NZA 1999, S. 887ff. (893) sub III 1 b cc.

Die Untersuchung der historischen, verfassungsrechtlichen und einfachgesetzlichen Grundlagen des Günstigkeitsprinzips in § 4 Abs. III TVG hat aufgezeigt, dass der Begriff „zugunsten" in § 4 Abs. III TVG die traditionelle Dogmatik des Sachgruppenvergleichs gerade nicht impliziert und die Annahme eines quantitativen Vergleichsmaßstabs auf der Grundlage der traditionellen Dogmatik des Sachgruppenvergleichs vielmehr bereits eine funktionswidrige Verengung des Funktionsbereichs des Günstigkeitsprinzip beinhaltet, die in § 4 Abs. III TVG und § 4 Abs. I TVG keinesfalls zwingend vorgegebenen ist. Es handelt sich bei dem Begriff „zugunsten" in § 4 Abs. III TVG vielmehr um einen offenen Rechtsbegriff, dessen verfassungskonforme Auslegung durchaus den Arbeitsgerichten obliegt.[939] Auch das BAG gesteht insoweit immerhin zu, dass die traditionelle Dogmatik des Sachgruppenvergleichs nach seiner Auffassung nicht die „allein verfassungskonforme Art des Günstigkeitsvergleichs"[940] darstelle.

Ebenso wenig ist die traditionelle Auslegung des Günstigkeitsprinzips angesichts der vom BAG ausdrücklich angeführten jahrzehntelangen richterlichen Anwendung in Übereinstimmung mit der bislang herrschenden Lehre in sonstiger Weise verfestigt, der sich zu entziehen den Gerichten die geeigneten Mittel nicht zu Gebote stünden.

Die verfassungskonforme Auslegung und Korrektur des Günstigkeitsprinzips sowie die Entwicklung entsprechender Bewertungskriterien ist den Gerichten mithin möglich und angesichts staatlicher Schutzpflichten aus den Grundrechten des Art. 2 I GG und Art. 12 GG aus verfassungsrechtlicher Sicht auch geboten.[941] Kommt der Gesetzgeber diesem Schutzauftrag nicht durch eine explizite Ausgestaltung des Tarifvertragsrechts nach, so ist subsidiär die Rechtssprechung berufen, insbesondere im Wege der verfassungskonformen Auslegung der Vorschriften des Tarifvertragsrechts den verfassungsrechtlichen Schutzauftrag umzusetzen.[942]

Als Beispiel für die Entwicklung derartiger Kriterien kann der Wahlrechtsgedanke des BAG dienen, der – wenn sich auch das Gericht aufgrund der verfehlten dogmatischen Verankerung in der traditionellen Dogmatik des Sachgruppenvergleichs hierauf den Blick verstellt - im Ergebnis der geäußerten Präferenz des Arbeitnehmers, soweit diese als Ausdruck faktisch bestehender individueller Selbstbestim-

---

[939] So auch *Buchner*, NZA 1999, S. 897ff. (898); *Martens*, FS-Zeuner, S. 101ff. (111); zu den Grenzen richterlicher Wahrnehmung grundrechtlicher Schutzpflichten bei bestehenden Schutzlücken im Kontext des § 4 Abs. III TVG vgl. *Wiedemann*, Die Bindung der Tarifnormen an Grundrechte, S. 123ff.

[940] BAG NZA 1999, S. 887ff. (893) sub III 1 b cc.

[941] Vgl. zu den Schutzpflichten des Staates aus den Grundrechten oben § 3 I 1 c dd, S. 55ff.

[942] BVerfGE 81, S. 242ff. (256); *Dieterich*, FS-Schaub, S. 117ff. (125); *A. Wiedemann*, Die Bindung der Tarifnormen an Grundrechte, S. 122-125; *Singer*, ZfA 1995, S. 611ff. (623); *Söllner*, NZA 1996, S. 897ff. (901).

mung begriffen werden kann, dort und in einer Weise Raum verschafft, wo dies ohne eine unverhältnismäßige Preisgabe der Schutzfunktion des Tarifvertrages möglich ist.

§ 7 Das Wahlrechtkriterium im Hinblick auf einzelvertragliche Arbeitszeitvereinbarungen

I.) Das Wahlrecht des Arbeitnehmers als typisierbares Indiz für bestehende privatautonome Selbstbestimmung

Wie bereits aufgezeigt, ist dem BAG im Ergebnis - wenn auch nicht in der dogmatischen Grundlegung - zuzustimmen, soweit es im Bereich der Arbeitszeitregelungen Vereinbarungen über das Günstigkeitsprinzip des § 4 Abs. III TVG gegenüber dem Tarifvertrag zur Geltung verhilft, die dem Arbeitnehmer eine Wahlmöglichkeit zwischen der tarifvertraglichen und der einzelvertraglichen Vereinbarung eröffnen.[943]

Mit diesem Wahlrecht des Arbeitnehmers liegt ein Indiz für eine faktisch selbstbestimmte privatautonome Willensbetätigung des Arbeitnehmers zugunsten der individualvertraglichen Vereinbarung vor, da ihm der tarifliche Standard der Arbeitsbedingungen nicht dauerhaft entzogen wird und er tariflicher Rechtspositionen angesichts der Möglichkeit, jederzeit durch einseitige Willenserklärung den tarifvertraglich vorgesehenen Zustand wieder herzustellen, nicht verlustig geht.

II.) Einmaliges Wahlrecht oder fortgeltende Wahloption?

Vor diesem Hintergrund ist jedoch fraglich, ob auch ein einmaliges Wahlrecht - d.h. die nachgewiesene Option des Arbeitnehmers, sich bei Abschluss für oder gegen die einzelvertragliche Vereinbarung zu entscheiden - als hinreichendes Indiz für die arbeitnehmerseitige Freiwilligkeit der Vereinbarung und ein fehlendes Schutzbedürfnis des Arbeitnehmers in Betracht kommt.[944]

Die Entscheidung des BAG vermag zu dieser Fragestellung hinsichtlich der Indizwirkung im Rahmen der Freiwilligkeitskontrolle nur eingeschränkt beizutragen, da sie auf die traditionelle Dogmatik des quantitativen Günstigkeitsvergleichs rekurriert.[945] Zudem brauchte das BAG unter Zugrundelegung dieses dogmatischen Ansatzes zu der Frage nicht Stellung zu nehmen, da die streitgegenständliche Regelung der Lebensarbeitszeit diesbezüglich Besonderheiten aufweist.[946] Soweit man

---

[943] Vgl. dazu schon oben § 6 IV, S. 172ff.

[944] Gegen die Erforderlichkeit einer Rückkehroption auf die tarifliche Regelung etwa *Bergner*, Die Zulässigkeit kollektivvertraglicher Arbeitszeitregelungen, S. 149; *Wendt*, Der Günstigkeitsvergleich, S. 98; offengelassen bei *Bengelsdorf*, ZfA 1990, S. 563ff. (599/600).

[945] Zu der Kritik an dieser Begründung schon oben § 5 III 6, S. 159ff.

[946] Vgl. dazu auch *Bergner*, Die Zulässigkeit kollektivvertraglicher Arbeitszeitregelungen, S. 147.

den Wahlrechtsgedanken des BAG auf den Fall der individualvertraglichen Verlängerung einer tarifvertraglich festgelegten Lebensarbeitszeit anwendet, bedarf es der einzelvertraglichen Einräumung einer Rückkehroption nicht, da der Arbeitnehmer das Arbeitsverhältnis jederzeit – d.h. auch zu dem im Tarifvertrag vorgesehenen Zeitpunkt - vor Ablauf der einzelvertraglich verlängerten Lebensarbeitszeit durch Ausübung seines Kündigungsrechtes beenden kann. Insoweit hat hier der Arbeitnehmer schon aufgrund seines Kündigungsrechtes die Möglichkeit, wieder den tarifvertraglich vorgesehenen Zustand herzustellen.[947]

Bei der Übertragung des Wahlrechtkriteriums auf die Frage der wöchentlichen Arbeitszeit muss die Frage jedoch entschieden werden. Die Tatsache, dass der Grosse Senat des BAG gerade die fortdauernde Option des Arbeitnehmers zur Herstellung des tarifvertraglich vorgesehenen oder eines anderen Zustandes bezüglich seiner Lebensarbeitszeit als wesentlich hervorhob, spricht dafür, dass der Senat bei der Anwendung dieser Grundsätze auf die wöchentliche Arbeitszeit eine äquivalente rechtskreiserweiternde Wahlmöglichkeit des Arbeitnehmers verlangt hätte. Diese Äquivalenz besteht jedoch erst dann, wenn der Arbeitnehmer auch hier kraft einseitiger Erklärung von der einzelvertraglich vereinbarten längeren Arbeitszeit zu der tariflichen Regelung der Wochenarbeitszeit zurückkehren kann.[948]

In der Literatur wird dem folgend zum Teil die vertragliche Einräumung einer derartigen Rückkehroption für ein positives Günstigkeitsurteil im Sinne des § 4 Abs. III TVG verlangt.[949] Die Gegenauffassung wendet ein, auch ohne eine derartige Rückkehroption stelle die Wahlmöglichkeit bei Abschluss des Individualvertrages für sich genommen die günstigere Regelung dar.[950]

---

[947] Eben auf diese Wahlmöglichkeit des Arbeitnehmers, kraft privatautonomer Entscheidung auch den in der konkurrierenden Regelung vorgesehenen Zustand einer kürzeren Lebensarbeitszeit herbeiführen zu können, hebt das BAG jedoch ab, vgl. BAG DB 1990, S. 1724ff. (1726); vgl. dazu auch *Bergner*, Die Zulässigkeit kollektivvertraglicher Arbeitszeitregelungen, S. 147.

[948] Vgl. *Linnenkohl/Rauschenberg/Reh*, BB 1990, S. 628ff. (630).

[949] Vgl. *Löwisch*, BB 1991, S. 59ff. (62); *ders.*, DB 1989, S. 1185ff. (1187); MünchHbArbR/*Löwisch/Rieble*, Bd. 3, § 272, Rn. 55: „Nur der Schutz des Arbeitnehmers vor Selbstbindung kann die Günstigkeit des Wahlrechts erhalten. Ihm muss die Möglichkeit offenstehen, in angemessener Frist wieder zur tariflichen Regelung zurückzukehren".

[950] So *Bengelsdorf*, ZfA 1990, S. 563ff. (599/600); *Bergner*, Die Zulässigkeit kollektivvertraglicher Arbeitszeitregelungen, S. 149; der Hinweis von *Bengelsdorf*, auch bei einem einmaligen Wahlrecht des Arbeitnehmers zwischen einzelvertraglicher und tarifvertraglicher Regelung könne dieser wie bei Altersgrenzen selbst den kollektivvertraglichen Zustand erreichen, indem er einfach keine längere Arbeitszeit vereinbare, ist verfehlt. Die Option, eine einzelvertragliche Abweichung vom Tarifvertrag abzulehnen oder zu akzeptieren besteht für den Arbeitnehmer bei individualvertraglichen Abweichungen stets und unabhängig von ihrem Inhalt. Die Günstigkeit einer Arbeitszeitregelung – will man denn wie das BAG bei der traditionellen Dogmatik verbleiben – lässt sich mithin nicht mit dem Umstand begründen, dass der Vertrag naturgemäß durch Willenserklärungen auf beiden Seiten zustande komme und damit auch der Arbeitnehmer den Vertrag ablehnen oder akzeptieren könne. Das Arbeitgeberangebot zu einer

Nach der hier vertretenen Auslegung des Günstigkeitsprinzips im Sinne einer Freiwilligkeitkontrolle lautet die Fragestellung, ob auch ein einmaliges Wahlrecht des Arbeitnehmers zwischen den beiden Regelungen hinreichender Beleg für eine bestehende privatautonome Willensbetätigung des Arbeitnehmers und ein fehlendes Bedürfnis nach dem Schutz der Normativität des Tarifvertrages sein kann. Die fortbestehende Option des Arbeitnehmers, durch einseitige Erklärung auf die tarifvertragliche Vereinbarung zurückzukehren, zeichnet sich hier dadurch aus, dass sie die Anlagen für einen Ausgleich der Verfassungswerte der Privatautonomie einerseits und des durch das Tarifvertragswesen angestrebten sozialstaatlichen Schutzes des Arbeitnehmers andererseits nach dem Prinzip der praktischen Konkordanz bereits strukturell in sich trägt. Soweit der privatautonomen Vereinbarung unter der Voraussetzung einer entsprechenden Rückkehroption der verfassungsrechtlich vorgegebene Geltungsanspruch zugebilligt wird, folgt hieraus zugleich, dass dem Arbeitnehmer der tarifliche Schutzstandard nicht vollständig entzogen werden kann in der Weise, dass der Arbeitnehmer sich wieder der spezifischen Überlegenheit des Arbeitgebers ausgesetzt sehen würde, wenn er an der einzelvertraglichen Vereinbarung nicht mehr festhalten möchte.[951] Vielmehr vermittelt ihm die Option die Möglichkeit einer Reaktivierung des tariflichen Standards der Arbeitsbedingungen kraft einseitiger Erklärung[952] und damit zugleich eine entsprechende Verhandlungsposition für favorisierte Anpassungen der individualvertraglichen Vereinbarung. Der Schutz der tariflichen Regelung bleibt dadurch aufrechterhalten, dass der Arbeitnehmer den tarifvertraglich vorgesehenen Zustand jederzeit selbst wieder herbeiführen kann.[953] Auch ein Übereilungsschutz, wie ihn das Zivilrecht zum Schutz des Verbrauchers etwa durch ein Widerrufsrecht beim Abschluss von Kreditverträ-

Verlängerung der wöchentlichen Arbeitszeit und die Möglichkeit des Arbeitnehmers, dieses Angebot abzulehnen, stellen keine im Kontext des § 4 Abs. III TVG relevante Wahlmöglichkeit dar. Entsprechendes gilt für die Ausführungen von *Wendt*, Der Günstigkeitsvergleich, S. 98, der die Forderung nach einer derartigen Rückkehrmöglichkeit mit dem Hinweis ablehnt, diese stehe im Widerspruch zum Zweck des Günstigkeitsprinzips, die Eigenverantwortung des Arbeitnehmers und mit ihr die Privatautonomie zu fördern. Diese Kritik übersieht, dass § 4 Abs. III TVG der Privatautonomie gerade nicht stets, sondern nur dann gegenüber dem Tarifvertrag zur Geltung verhilft, wenn es der Normativität des Tarifvertrages zum Schutz des Arbeitgebers nicht bedarf. Für diese Frage ist jedoch der Umstand von Relevanz, ob die einzelvertragliche Vereinbarung dem Arbeitnehmer den Schutzstandard der Tarifnormen nicht völlig zu entziehen vermag, weil der Arbeitnehmer diesen stets einseitig reaktivieren kann.

951 Vgl. *Bengelsdorf*, ZfA 1990, S. 563ff. (599/600).

952 Hierauf stellt auch *Bergner*, Die Zulässigkeit kollektivvertraglicher Arbeitszeitregelungen, S. 148 ab. Entscheidender Faktor sei hiernach, das der Arbeitnehmer den von der kollektivvertraglichen Regelung angestrebten „Zustand" selbst herbeiführen könne; ähnlich *Bengelsdorf*, ZfA S. 563ff. (599); *Löwisch*, BB 1991, S. 59ff. (62); bezüglich einer Option zur Samstagsarbeit entgegen eines tariflichen Ausschlusses *ders.*, DB 1989, S. 1185ff. (1187).

953 Vgl. *Löwisch*, DB 1989, S. 1185ff. (1187); *ders.*, BB 1991, S. 59ff. (62).

gen[954] oder bei Haustürgeschäften[955] zum Schutz vor „Überrumpelung" und zur Ermittlung des wahren Willens des Verbrauchers etabliert, ist folglich hierdurch vollumfassend gewährleistet.

Dies sind die entscheidenden Spezifika, die ein fehlendes Schutzbedürfnis des Arbeitnehmers im Hinblick auf die normative Wirkung des Tarifvertrages indizieren und die Funktionsfähigkeit der Privatautonomie als Instrument einer eigenverantwortlichen Selbstbestimmung des Arbeitnehmers zu stützen vermögen. Hieran fehlt es, soweit die Wahlmöglichkeit des Arbeitnehmers bezüglich der einzelvertraglichen Vereinbarung nur einmalig hinsichtlich des „ob" der Vereinbarung besteht.[956] Auch die namentlich von *Bergner* postulierte Einräumung eines Wahlrechtes *im Rahmen des Arbeitsvertrages*, bei der es jedoch nicht einer Option des Arbeitnehmers bedürfe, seine einmal erklärte Entscheidung gegen die tarifvertragliche Arbeitszeit zu widerrufen,[957] genügt vor diesem Hintergrund den Anforderungen nicht. Der Hinweis *Bergners*, die Bindung des Arbeitnehmers an die einmal getroffene Entscheidung – auch wenn er diese später bereue - gehöre zu den Wagnissen der mit der Wahlmöglichkeit gewonnenen Freiheit und eine derartige Bindung sei auch außerhalb des Arbeitsrechts typische Folge jeder privatautonomen Vereinbarung mit unter Umständen langfristigen Bindungen[958] verfängt nicht. Es geht in der Tat nicht um den Schutz des Arbeitnehmers vor der wesentypischen Bindungswirkung individualvertraglicher Vereinbarungen als solcher.[959] Entscheidend ist vielmehr, dass der dem Tarifvertragswesen zugrundeliegende Schutzgedanke, der in § 4 Abs. I TVG und § 4 Abs. III TVG seinen Ausdruck gefunden hat, gegenüber individuellen Gestaltungsinteressen des Arbeitnehmers nur dann zurück tritt, wenn die Privatautonomie als geeignetes Instrument zur Wahrung der eigenen Interessen im Wege des Individualvertrages erscheint.[960] Ohne die Rückkehrmöglichkeit zum Tarifvertrag befindet sich der Arbeitnehmer jedoch – wie auch ohne jedweden tariflichen Schutz – bei typisierender Betrachtung wieder in einer strukturell unterlege-

[954] Vgl. § 495 Abs. I BGB i.V.m. § 355 Abs. I BGB.

[955] Vgl. § 312 Abs. I BGB i.V.m. § 355 Abs. I BGB.

[956] So grundsätzlich auch *Bergner*, Die Zulässigkeit kollektivvertraglicher Arbeitszeitregelungen, S. 147: „Von einem für die Günstigkeitsbeurteilung relevanten Wahlrecht kann allerdings [...] nicht gesprochen werden, soweit es allein um die Freiheit des Arbeitnehmers geht, sich für oder gegen das individualvertragliche Angebot einer längeren Wochenarbeitszeit zu entscheiden"; im Ergebnis ebenso *Löwisch*, BB 1991, S. 59ff. (62).

[957] So *Bergner*, Die Zulässigkeit kollektivvertraglicher Arbeitszeitregelungen, S. 149.

[958] Vgl. *Bergner*, Die Zulässigkeit kollektivvertraglicher Arbeitszeitregelungen, S. 150, der als Beispiel insbesondere den Abschluss von Kreditverträgen anführt.

[959] So aber *Bergner*, aaO, S. 149; auf den Gedanken „pacta sunt servanda" als Spezifikum vertraglicher Vereinbarungen und des Prinzips der Eigenverantwortung stützt auch *Wendt*, Der Günstigkeitsvergleich, S. 98 seine Argumentation gegen eine erforderliche Rückkehroption; zumindest missverständlich insoweit auch *Löwisch*, BB 1991, S. 59ff. (62);

[960] Vgl. dazu oben § 6 I, S. 163f.

nen Verhandlungsposition bezüglich der individualvertraglichen Abänderung bzw. Aufhebung des nicht mehr als interessengerecht empfundenen bestehenden Individualvertrags, die eine Gefahrenlage für die Willensbetätigung des Arbeitnehmers darstellt und damit die Erforderlichkeit sozialstaatlicher Schutzmechanismen begründet. Es handelt sich daher keinesfalls um ein Risiko, dass jeder individualvertraglichen Vereinbarung innewohnt, sondern vielmehr um die Gefahrenlage einer unzureichenden Durchsetzungsmöglichkeit der eigenen Präferenzen des Arbeitnehmers, die ihren Ursprung in der spezifischen Gefahrenlage des Funktionsdefizits der Privatautonomie bei der Gestaltung von Arbeitsbedingungen hat und von der Schutzaufgabe des Tarifvertragswesen vollumfänglich erfasst ist.[961]

Der Wahlrechtsgedanke vermag mithin bei typisierender Betrachtung eine Indizwirkung für ein fehlendes Schutzbedürfnis des Arbeitnehmers im Rahmen der Freiwilligkeitskontrolle des § 4 Abs. III TVG nur zu entfalten, soweit die individualvertragliche Vereinbarung die Option des Arbeitnehmers vorsieht, unter den Schutz des Kollektivvertrags zurückzukehren[962] oder sich eine solche Möglichkeit – wie im vom BAG entschiedenen Fall der Lebensarbeitszeitregelungen – aus den rechtlichen Begleitumständen ergibt.

III.) Teilkündigungsrecht des Arbeitnehmers bezüglich der tarifabweichenden individualvertraglichen Vereinbarung?

Vor dem Hintergrund der Erforderlichkeit einer derartigen Rückkehrmöglichkeit des Arbeitnehmers auf die tarifvertragliche Regelung ist zu untersuchen, ob eine derartige Möglichkeit zur Rückkehr auf die tarifvertragliche Regelung auch ohne ausdrückliche Vereinbarung einer Rückkehroption des Arbeitnehmers bestehen kann. Nach *Krauss*[963] und *Gitter*[964] soll hier ein Teilkündigungsrecht des Arbeitnehmers bestehen. Eine Umgehung des Kündigungsschutzrechtes sei im Falle einer Teilkündigung seitens des Arbeitnehmers nicht möglich, weil der Arbeitgeber keinen Inhaltsschutz des Arbeitsverhältnisses genieße.[965] Mit der Teilkündigung könne hier auch keine Störung des Äquivalenzverhältnisses bezüglich der Vereinbarung

---

961 A.A.: *Bergner* Die Zulässigkeit kollektivvertraglicher Arbeitszeitregelungen, S. 150, der in der Forderung nach einer obligatorischen Rückkehrmöglichkeit eine Überstrapazierung des arbeitsrechtlichen Schutzgedankens sieht.

962 So auch *Buchner*, DB 1990, S. 1715ff. (1722); *Löwisch*, BB 1991, S. 59ff. (62); *ders.*, DB 1989, S. 1185ff. (1187); *ders.*, MünchHbArb, Bd. 3, § 265, Rn. 54; *Rieble*, Arbeitsmarkt und Wettbewerb, S. 485, Rn. 1607/1608.

963 *Krauss*, Günstigkeitsprinzip, S. 117ff.

964 *Gitter*, FS-Wlotzke, S. 297ff. (310).

965 *Krauss*, Günstigkeitsprinzip, S. 118.

eintreten, weil hierdurch das Äquivalenz- und Ordnungsgefüge lediglich auf das tarifliche Niveau zurückgeführt werde.[966]

Nach wohl überwiegender Auffassung ist eine derartige Teilkündigung hingegen unzulässig, da das Arbeitsverhältnis als Einheit zu betrachten sei und nur als Ganzes gekündigt werden könne.[967] Durch die Anerkennung eines Teilkündigungsrechtes würde hiernach missachtet, dass die Rechte und Pflichten der Parteien in vielfach inneren Beziehungen stehen und durch eine Teilkündigung das Äquivalenz- und Ordnungsgefüge gestört werden könne. Die Vertragsparteien seien jedoch in ihrem Vertrauen auf dieses Äquivalenz- und Ordnungsgefüge schutzwürdig.[968]

Nach der hier vertretenen Auslegung des § 4 Abs. III TVG ist der letztgenannten Auffassung neben der gerügten Missachtung des Äquivalenzgefüges arbeitsvertraglicher Vereinbarungen auch aufgrund einer weiteren Erwägung zuzustimmen. Soweit die bestehende Rückkehroption als Indiz für die arbeitnehmerseitige Freiwilligkeit der individualvertraglichen Abweichung im Rahmen des § 4 Abs. III TVG Anerkennung finden soll, kommt der Nichtausübung dieser Option gerade nur dann eine Indizwirkung im Hinblick auf eine freie Selbstbestimmung des Arbeitnehmers zu, soweit dieser sich der Möglichkeit einer jederzeitigen Rückkehr kraft einseitiger Ausübung der Option bewusst ist. Vor diesem Hintergrund ist zu verlangen, dass mit der individualvertraglichen abweichenden Vereinbarung eine derartige Rückkehroption bzw. ein entsprechendes Teilkündigungsrecht ausdrücklich vereinbart wird. Nur dann liegt unzweifelhaft der im Hinblick auf die Feststellung der Freiwilligkeit beachtliche Befund einer Nichtausübung der Rückkehroption seitens des Arbeitnehmers gerade in Kenntnis einer einseitig wahrnehmbaren Rückkehrmöglichkeit vor.

IV.) Das Problem der arbeitgeberseitigen Planungssicherheit bei Arbeitszeitvereinbarungen

Angesichts der obligatorischen Rückkehrmöglichkeit des Arbeitnehmers zu den Regelungen des Tarifvertrages stellt sich die Frage, inwieweit dem Arbeitnehmer bei der Ausübung der Rückkehroption individualvertraglich Fristen auferlegt werden können, die dem Arbeitgeber eine eventuell erforderliche Umstrukturierung von betrieblichen Arbeitsprozessen im Hinblick auf Veränderungen der betrieblichen Arbeitszeitstruktur erlauben. Es bedarf der Möglichkeit der Vereinbarung angemessener Fristen, die einerseits so kurz bemessen bleiben müssen, dass die Indizwirkung der Option für eine Freiwilligkeit der individualvertraglichen Abweichung vom Tarifvertrag erhalten bleibt, andererseits aber lang genug sind, dem Ar-

966 *Gitter*, FS-Wlotzke, S. 297ff. (310); *Krauss*, Günstigkeitsprinzip, S. 118.
967 Vgl. *Wendt*, Günstigkeitsvergleich, S. 101 m.w.N.
968 *Wendt*, Günstigkeitsvergleich, S. 101.

beitgeber notwendige organisatorische Anpassungen der Betriebs- und Produktionsstrukturen zu ermöglichen.

Rieble schlägt hier in Anlehnung an die Kündigungsfristen des § 622 Abs. 1 BGB sowie die Ankündigungsfrist für den Erziehungsurlaub nach § 16 Abs. 1 BErzGG eine Frist von vier Wochen vor.[969] In der Tat stellt eine Frist von bis zu vier Wochen eine Einschränkung des Arbeitnehmerwahlrechts dar, die dessen Indizwirkung im Kontext des § 4 Abs. III TVG nicht aufzuheben vermag. Auch eine Planungsunsicherheit des Arbeitgebers aufgrund mehrmaliger Rückkehr zum Tarifvertrag von jeweils abgeschlossenen individualvertraglichen Vereinbarungen ist nicht zu befürchten. Erscheint dem Arbeitgeber angesichts eines solchen vorausgegangenen Verhaltens des Arbeitnehmers der Abschluss einer Vereinbarung als voraussichtlich nicht hinreichend beständig, so wird er von neuerlichen einzelvertraglichen Vereinbarungen mit dem fraglichen Arbeitnehmer schlicht absehen und andere Gestaltungsmöglichkeiten nutzen.[970]

V.) Die Sozialstaatskonformität des Optionsmodells bei Arbeitszeitregelungen im Hinblick auf die Funktionsfähigkeit des Tarifvertragssystems

Die bisherige Untersuchung des Wahlrechtsmodells bei Arbeitszeitregelungen hat ergeben, dass im Hinblick auf den betroffenen Arbeitnehmer das tarifvertragliche Schutzprinzip als Grundlage der Normwirkung des Tarifvertrages nicht gegen die Wirksamkeit individualvertraglicher Vereinbarungen höherer Arbeitszeiten mit Rückkehroption zum Tarifvertrag sprechen. Auf einer zweiten Stufe ist zu prüfen, ob die Optionslösung im Bereich der Arbeitszeitregelungen bei typisierender Betrachtung nicht mit unverhältnismäßigen Funktionseinbußen der Tarifvertragssystems in seiner sozialstaatlichen Schutzfunktion insgesamt einhergeht.

1) Bloßer Empfehlungscharakter tariflicher Arbeitszeitregelungen?

Zu untersuchen ist zunächst die Kritik, die Schutzfunktion des Tarifvertrages werde im Bereich der Arbeitszeitregelungen durch das Optionsmodell in der Weise aufgehoben, das den Arbeitszeitregelungen nur noch bloßer Empfehlungscharakter zukomme.[971]

Nach den vorausgegangenen Ausführungen verfängt diese Kritik auf der Grundlage des Wahlrechtsansatzes – soweit man ihn zutreffend im Sinne einer obligatorischen

969 *Rieble*, Arbeitsmarkt und Wettbewerb, S. 486, Rn. 1608; *Löwisch*, BB 1991, S. 59ff. (63) hält demgegenüber auch eine Rückkehroption mit einer Ankündigungsfrist von sechs Monaten noch für vereinbar mit dem Wahlrechtsgedanken.

970 Vgl. *Rieble*, Arbeitsmarkt und Wettbewerb, S. 486, Rn. 1608.

971 So etwa *Zachert*, DB 1990, S. 986ff. (989); *Däubler*, DB 1989, S. 2534ff. (2538).

Rückkehrmöglichkeit des Arbeitnehmers versteht[972] - nicht. Die tarifliche Regelung der Wochenarbeitszeit ist bei beidseitiger Tarifgebundenheit vielmehr die Ausgangslage und der Arbeitnehmer gelangt zwingend in deren Genuss, soweit er nicht seinerseits freiwillig über den tariflichen Standard der Arbeitszeit disponiert und mit dem Arbeitgeber eine abweichende Arbeitszeitregelung vereinbart. Macht der Arbeitnehmer von dieser Möglichkeit Gebrauch, so verbleibt ihm aufgrund der obligatorischen Rückkehrmöglichkeit auf die tarifvertragliche Regelung der tarifliche Schutzstandard als „Sockel“, auf den er jederzeit zurückkehren kann. Auch vor dem Hintergrund einer Vereinbarung auf der Grundlage des Optionsmodells bestimmen die Tarifvertragsparteien mithin nach wie vor die tarifpolitischen Daten, die dann auch Ausgangspunkt für abweichende arbeitsvertragliche Dispositionen sind.[973] Auf der Grundlage des Optionsmodells verschafft die tarifliche Arbeitszeitregelung dem Arbeitnehmer selbst dann, wenn er sich freiwillig zu einer abweichenden Vereinbarung mit Rückkehrmöglichkeit mit dem Arbeitgeber bereit gefunden hat, eine Rechtsposition im Sinne eines Schutzstandards, der stets nur arbeitnehmerseitig disponibel bleibt und dessen dauerhafte bzw. unbefristete Entziehung rechtlich nicht wirksam im Wege des Individualvertrages bewirkt werden kann. Die Normativität des Tarifvertrages kann hiernach bezüglich des einzelnen Arbeitsverhältnisses durch individualvertragliche Vereinbarung abweichender Arbeitsbedingungen unter dem Tarifniveau nur insoweit aufgehoben werden, als dem Arbeitnehmer eine anwartschaftsähnlich verdichtete Rechtsposition auf den Genuss der Tariffrüchte durch Ausübung der obligatorischen Rückkehroption verbleibt.[974]

Im Hinblick auf den mit tarifvertraglichen Arbeitszeitregelungen intendierten Schutz des Arbeitnehmers vor einer Fremdbestimmung durch den Arbeitgeber kommt den Arbeitszeitregelungen mithin keinesfalls bloßer Empfehlungscharakter zu. Soweit aufgrund der Wahlrechtslösung dem Arbeitnehmer hingegen die privatautonom selbstbestimmte Auswahl der favorisierten Arbeitszeitgestaltung ermöglicht wird, ist dies gewünschte Konsequenz des Günstigkeitsprinzips und der zugrundeliegenden verfassungsrechtlichen Vorgaben von Tarifautonomie einerseits und Privatautonomie andererseits, nach denen es bei Fehlen einer entsprechenden sozialstaatlichen Rechtfertigung von Eingriffen in die Privatautonomie der freien, selbstverantwortlichen Entscheidung des einzelnen Beschäftigten überlassen bleiben muss, ob ihm mehr Freizeit oder aber mehr Geld infolge längerer Arbeitszeiten

972 Vgl. dazu schon oben unter § 6 IV, S. 172.
973 *Buchner*, DB 1996, Beilage Nr. 12, S. 14; ähnlich *ders.*, DB 1990, S. 1715ff. (1721, Fn. 42).
974 Auch nach *Löwisch*, BB 1991, S. 59ff. (62) liegt in dem Spezifikum der Rückkehroption, einen völligen Entzug tarifvertraglicher Rechtspositionen zu verhindern, eine entscheidende Voraussetzung für die Anerkennung des Optionsmodells im Kontext des § 4 Abs. III TVG.

lieber ist.[975] Bei dem Präjudiz der Tarifvertragsparteien bezüglich der Arbeitsbedingungen wird es dennoch bei einem großen Teil der Arbeitsverhältnisse bleiben, der um so größer sein wird, je mehr sich die Tarifvertragsparteien beim Abschluss von Tarifverträgen an den wirtschaftlichen Gegebenheiten orientieren.[976] Zur Verwirklichung eines etwaigen Interesses von Arbeitnehmern an kürzeren Arbeitszeiten bedarf es indes keines Verbotes, länger zu arbeiten.[977]

2) Uneinheitlichkeit der „Tariffront" und der Arbeitskampfbereitschaft auf Seiten der Arbeitnehmerverbände?

Ein unverhältnismäßiger Eingriff in die Funktionsfähigkeit der Tarifautonomie durch einzelvertragliche Arbeitszeitvereinbarungen in Abweichung vom Tarifvertrag könnte nach einer Auffassung in der Literatur auch unter dem Gesichtspunkt vorliegen, dass die hieraus folgende Individualisierung der Arbeitszeitregelungen ein einheitliches Eintreten des Arbeitnehmerverbandes für tarifpolitische Arbeitszeitregelungen vereitele und durch eine Zersplitterung der Tariffront die Durchsetzungskraft des Verbandes insgesamt schwäche.[978] Es sei hiernach zu befürchten, dass es den Mitgliedern der Koalition an der Bereitschaft fehlen könne, gewerkschaftliche Zielsetzungen bis hin zur Streikbereitschaft mitzutragen, wenn entsprechende Tarifnormen für diese aufgrund der individualvertraglichen Vereinbarung ohnehin nicht zur Anwendung gelangten.[979]

Zum einen ändert jedoch die Möglichkeit einer individualvertraglichen Abweichung auf der Ebene des Arbeitsvertrags nichts daran, dass der Arbeitnehmerverband auf der Ebene des Kollektivvertrages einheitlich für ein konkretes tarifpolitisches Ziel im Hinblick auf die Arbeitzeit eintritt. Zum anderen ist auf der Grundla-

---

975 *Bergner*, Die Zulässigkeit kollektivvertraglicher Arbeitszeitregelungen, S. 153; ähnlich *Buchner*, DB 1989, S. 2029ff. (2030): „woher nimmt man den Mut, den einzelnen Arbeitnehmer auf die tarifliche Arbeitszeit festzulegen?"; vgl. auch *Krummel*, Die Geschichte des Unabdingbarkeitsgrundsatzes und des Günstigkeitsprinzips im Tarifvertragsrecht, S. 237: „Wer, wenn nicht der Arbeitnehmer selbst, soll denn entscheiden, ob in seiner individuellen Lebenssituation eine Verlängerung der Arbeitszeit bei entsprechender Lohnerhöhung in seinem Interesse liegt?"; ebenso *Joost*, ZfA 1984, S. 173ff. (182f.), der eine „Einschätzungsautonomie" des Arbeitnehmers dort annimmt, wo der Arbeitnehmer eines Schutzes nicht bedürfe; vgl. ferner *Zöllner*, DB 1989, S. 2121ff. (2126): „Wo die mit der vertraglichen Regelung konkurrierende Tarifnorm den Arbeitnehmer nicht in einem relevanten Bereich schützt, ihn andererseits aber in einem seine persönliche und berufliche Entfaltung betreffenden Bereich einengt, spricht viel, wenn nicht alles, für den Vorrang der Einzelvertragsfreiheit"; ebenso *Joost*, ZfA 1984, S. 173ff. (175).

976 Vgl. *Buchner*, DB 1996, Beilage Nr. 12, S. 14.

977 *Hromadka*, DB 1992, S. 1042 (1045/1046).

978 So etwa *Belling*, Günstigkeitsprinzip, S. 170; *Tyska*, ArbuR 1985, S. 276 (281).

979 *Belling*, Günstigkeitsprinzip, S. 170; *Tyska*, ArbuR 1985, S. 276 (281): „...da kein Arbeitnehmer das Opfer eines Arbeitskampfes auf sich nehmen wird, wenn er damit rechnen muss, dass der Tarifvertrag im nachhinein unterlaufen wird."

ge des Optionsmodells mit obligatorischer Rückkehrmöglichkeit zu der tarifvertraglichen Regelung auch eine die Durchsetzungskraft des Verbandes nachhaltig beeinträchtigende Fragmentierung der Unterstützung tarifpolitischer Ziele seitens der Verbandsmitglieder insoweit nicht in Rechnung zu stellen, als die Tariffrüchte allen Arbeitnehmern zugute kommen, sei es als geltende tarifvertragliche Arbeitszeitregelung oder als durch die Rückkehroption im Rahmen einer einzelvertraglichen Arbeitszeitregelung vermittelte anwartschaftsähnlich verdichtete Rechtsposition bezüglich der tarifvertraglichen Arbeitszeitregelung, die als Grundlage entsprechender arbeitsvertraglicher Dispositionen fungiert.

Auch unter diesem Gesichtspunkt ist eine unverhältnismäßige Beeinträchtigung der Funktionsfähigkeit der Tarifautonomie durch individualvertragliche Arbeitszeitvereinbarungen über dem tariflichen Niveau bei einer Rückkehroption des Arbeitnehmers nicht in Rechnung zu stellen.

VI.) Ergebnis

Die individualvertragliche Vereinbarung einer über dem Tarifniveau liegenden Wochenarbeitszeit seitens tarifgebundener Arbeitsvertragsparteien ist hiernach dann eine Abweichung „zugunsten des Arbeitnehmers“ im Sinne des § 4 Abs. III TVG, wenn die individuelle Abweichung auf Seiten des Arbeitnehmers freiwillig erfolgt und die im Wege freier Selbstbestimmung getroffene Vereinbarung der Arbeitsvertragsparteien eine Option des Arbeitnehmers vorsieht, unverzüglich oder binnen einer Frist von bis zu vier Wochen auf die tarifvertragliche Vereinbarung der Wochenarbeitszeit zurückzukehren. Die bestehende Wahlmöglichkeit des Arbeitnehmers ist widerlegliches Indiz für die arbeitnehmerseitige Freiwilligkeit der Regelung im Sinne des § 4 Abs. III TVG.

§ 8 Das Wahlrechtkriterium im Hinblick auf untertarifliche Lohnvereinbarungen zur Beschäftigungsförderung/-sicherung

Fraglich ist, inwieweit einer Rückkehroption des Arbeitnehmers auf tarifliche Regelungen der Arbeitsbedingungen im Rahmen des Günstigkeitsprinzips auch bezüglich untertariflicher Lohnvereinbarungen zur Beschäftigungssicherung und-förderung eine hinreichende Indizwirkung für ein fehlendes Schutzbedürfnis des Arbeitnehmers und die bestehende Freiwilligkeit der Abweichung zukommen kann.[980] Auf einer zweiten Ebene ist sodann zu prüfen, ob und unter welchen Voraussetzungen die Anwendung des Optionsmodells auf Lohnvereinbarungen nicht zu einer nachhaltig funktionsbeeinträchtigenden Aushöhlung der Tarifmacht führt und in dieser Hinsicht mit dem Sozialstaatsprinzip und der verfassungsrechtlichen Gewährleistung des Art. 9 Abs. III GG vereinbar ist.[981]

I.) Die Anwendung des Optionsmodells auf individualvertragliche Vereinbarungen untertariflicher Löhne zur Beschäftigungsförderung

1) Beschäftigungsförderung bezüglich der Begründung einzelner neuer Arbeitsverhältnisse

Fraglich ist zunächst, ob unter dem Gesichtspunkt der Freiwilligkeitskontrolle des § 4 Abs. III TVG die Entwicklung von Tatbestandsvoraussetzungen gelingen kann, die eine Feststellung einer arbeitnehmerseitig selbstbestimmten freiwilligen Anpassung der Lohnvereinbarung zum Zwecke der Begründung eines neuen Beschäftigungsverhältnisse erlauben.

a) Problemstellung

Dass in dieser Hinsicht ein Interesse Arbeitssuchender an einer gewissen Gestaltungsfreiheit bezüglich zeitlich befristeter Vereinbarungen untertariflichen Lohnes

---

980 Zur Erforderlichkeit eines hinreichend sicheren Nachweises der Autonomie der Entscheidung des Arbeitnehmers als Grundlage der Anknüpfung an die individuelle Selbstbestimmung des Arbeitnehmers im Kontext des § 4 Abs. III TVG, vgl. *Rieble*, Arbeitsmarkt und Wettbewerb, S. 485, Rn. 1606.

981 Das auch aus Sicht überwiegender Teile der Arbeitnehmerschaft dem Erhalt des Arbeitsplatzes eine Bedeutung zukommt, die durchaus das Opfer eines Lohnverzichts rechtfertigen kann, belegt eindrucksvoll eine Emnid Umfrage aus dem Jahr 1993. Danach würden 73 % der Deutschen unter Tarif arbeiten, wenn sie damit Arbeitslosigkeit vermeiden könnten, vgl. FAZ vom 8.11.1993, S. 17.

bestehen kann,[982] zeigt folgender Beispielsfall:

> Eine im metallverarbeitenden Gewerbe tätige Firma stellt bei beiderseitiger Tarifgebundenheit im Geltungsbereich eines Tarifvertrages einen Langzeitarbeitslosen als Schweißer ein. Da dieser mit der im Betrieb verwendeten modernen Schweißtechnik noch nicht vertraut ist, zieht die Firma die Einstellung nur deshalb in Betracht, weil man sich für eine Einarbeitungszeit von 6 Monaten auf 80% des Tariflohns einigt. Der Arbeitnehmer empfindet diese Gestaltung aufgrund dieser Sachverhaltslage als vorteilhaft, weil er anderenfalls den Arbeitsplatz gar nicht bekommen hätte.

In Bezug auf den Schutz der Normwirkung tarifvertraglicher Lohnregelungen liegt hier eine Sachverhaltslage vor, in der die Normwirkung die vollumfängliche Transformation der tariflichen Lohnabrede in das Arbeitsverhältnis faktisch nicht zu bewirken vermag. Sofern man dieses Faktum unter dem Gesichtspunkt einer „Auslese der Arbeitgeber" mit der Erwägung auszublenden sucht, die zwingende Normwirkung habe die gewünschte Nebenwirkung, Arbeitskraft in Unternehmen umzuleiten, deren Betriebsökonomie eine Vergütung entsprechend der Tarifvereinbarung zulasse, ist dem in dieser Allgemeinheit bereits widersprochen worden.[983]

Gerade aus dem Zweck der Normwirkung, eine Transformation der Tariflohnbedingungen in das Arbeitsverhältnis zu gewährleisten, folgt, dass der Bestand des Arbeitsverhältnisses als Grundvoraussetzung der Transformation tarifvertraglicher Regelungsinhalte in das Arbeitsverhältnis nicht außer Betracht bleiben kann. Die Schlussfolgerung, eine nominal untertarifliche Lohnvereinbarung sei stets ungünstiger und gleichsam unwiderlegbares Indiz für eine Störung der individuellen Selbstbestimmung des Arbeitnehmers ist nicht haltbar, soweit im Einzelfall die Vereinbarung eines geringeren Lohnes das einzige Mittel zur Erlangung oder zum Erhalt des Arbeitsplatzes ist.[984] Auch im Hinblick auf die Tätigkeit der Tarifvertragsparteien macht der Wortlaut des Art. 9 Abs. III GG deutlich, dass mit der „Wahrung" der Arbeitsbedingungen auch die Aufgabe der Sicherung des Bestandes von Arbeitsverhältnissen als Grundlage der Arbeitsbedingungen in Bezug genommen ist[985] und es sich hier keinesfalls um eine außerhalb des tarifvertraglichen Regelungskontextes liegende oder gar „außerrechtliche"[986] Frage handelt. Zudem hat

[982] Vgl. zu der arbeitsmarktökonomischen Indikation einer Lohnstruktur, die den Betreffenden erst unterhalb und dann – mit größer werdender Berufserfahrung – oberhalb seines Wertgrenzproduktes entlohnt *Franz*, Beschäftigungsprobleme auf Grund von Inflexibilitäten auf Arbeitsmärkten, in: Scherf, Beschäftigungsprobleme hochentwickelter Volkswirtschaften, S. 303ff. (312).

[983] Vgl. dazu schon oben § 5 III 5, S. 152.

[984] *Th. B. Schmidt*, Günstigkeitsprinzip, S. 127.

[985] *Buchner*, DB 1996 Beilage Nr.12, S. 13; *Freihube*, Probleme der Tarifbindung, S. 90/91.

[986] So *Hueck/Nipperdey*, Bd. II/1, S. 607.

der Sachverständigenrat in seinem Jahreshauptgutachten 2000/2001 darauf hingewiesen, dass Arbeitnehmer, denen es gelingt, zunächst einmal zu einem niedrigeren Lohn eine Anstellung in einem Betrieb zu finden, statistisch nachweisbar in der Einkommenshierarchie im Laufe der Zeit aufsteigen (sog. vertikale Mobilität).[987]

Nach der verfassungsrechtlichen Ausgangslage muss der Arbeitnehmer bei dieser Sachverhaltslage selbstverantwortlich entscheiden können, ob er den Verzicht auf den konkreten Arbeitsplatz oder ein entsprechendes Zugeständnis im Rahmen der Lohnvereinbarung für „günstiger" hält.[988] Zu Letzterem wird der Arbeitnehmer umso mehr tendieren, je pessimistischer er seine Chancen auf dem Arbeitsmarkt beurteilt. Voraussetzung des Geltungsanspruchs der privatautonomen Entscheidung des Arbeitnehmers ist, dass die Vereinbarung nach Inhalt und Rahmenbedingungen entgegen der spezifischen Gefahr einer Beeinträchtigung der Selbstbestimmung des Arbeitnehmers hinreichend sicher als von der freien Selbstbestimmung des Arbeitnehmers getragen qualifiziert werden kann.[989] Unter dieser Voraussetzung muss der Arbeitnehmer insbesondere im Fall individuell unterdurchschnittlicher Chancen auf den Erwerb eines Arbeitsplatzes in gewissen Grenzen die Möglichkeit haben, sich durch (evtl. befristete) Zugeständnisse beim Lohn für den Arbeitgeber interessant zu machen und so einen Arbeitsplatz zu erhalten, den er sonst nicht erhalten hätte; eben darin liegt die Vertragsautonomie im Arbeitsrecht.[990]

b) Tatbestandsvoraussetzungen für eine hinreichend sichere Feststellung privatautonomer Selbstbestimmung des Arbeitnehmers

Nun ist bei der grundsätzlichen Anerkennung einer im Einzelfall schützenswerten Interessenlage des Arbeitnehmers bezüglich dieses Arbeitsplatzarguments im Rahmen des § 4 Abs. III TVG nicht zu verkennen, dass diese eine erhebliche Gefahr des Missbrauchs durch den Arbeitgeber und einer hieraus folgenden nachhaltigen

---

987 *Sachverständigenrat*, Jahresgutachten 2000/2001, Rn. 407, S. 231.

988 *Freihube*, Probleme der Tarifbindung, S. 121; vgl. auch *Buchner*, DB 1989, S. 2121ff. (2126): „Wo die mit der vertraglichen Regelung konkurrierende Tarifnorm den Arbeitnehmer nicht in einem relevanten Bereich schützt, ihn andererseits aber in einem seine persönliche und berufliche Entfaltung betreffenden Bereich einengt, spricht viel, wenn nicht alles, für den Vorrang der Einzelvertragfreiheit".

989 *Martens*, FS-Zeuner, S. 101ff. (113): „Eine derartige individualbezogene Betrachtungsweise setzt allerdings voraus, dass der Arbeitnehmer in freier Entscheidung über seine tariflichen Rechte zugunsten einer einzelvertraglichen Kompensationsregelung verfügt hat"; ebenso *Heinze*, NZA 1991, S. 329ff. (333); ähnlich *Hromadka*, DB 1992, S. 1042ff. (1046), der angesichts der Schutzvorkehrungen des bestehenden Arbeitsrechts eine positive Feststellung der Voraussetzungen autonomer Selbstbestimmung des Arbeitsnehmers allerdings für entbehrlich hält; ferner *Thüsing*, FS-Wiedemann, S. 559ff. (568): „...kann die bloße Unangemessenheit einer Vereinbarung allein noch kein Grund zur Korrektur sein; entscheidend ist, ob sie Ergebnis eines freien Willens war oder nicht und ob es das tatsächlich Gewollte ist".

990 Vgl. *Thüsing*, FS-Wiedemann, S. 559ff. (578).

Beeinträchtigung der Funktionsfähigkeit der Tarifautonomie in sich trägt.[991] Die Behauptung als solche, ohne die nominal untertarifliche Lohnvereinbarung komme eine Einstellung nicht in Betracht, vermag den Arbeitsvertragparteien daher über § 4 Abs. III TVG keinesfalls einen Gestaltungsspielraum bezüglich der Lohnvereinbarung zu eröffnen. Es bedarf vielmehr objektiv feststellbarer Merkmale, die das Vorliegen einer derartigen Sachverhaltslage stützen und an einzelfallbezogene Umstände in der Person des Arbeitnehmers anknüpfen. Die gesetzliche Ausgestaltung der Normwirkung des Tarifvertrages in § 4 Abs. I TVG als Ausgangslage wirkt hier Missbrauchstendenzen dadurch entgegen, dass eine entsprechende Abweichung über § 4 Abs. III TVG nur möglich ist, soweit dessen Voraussetzungen nachweislich vorliegen. Verbleiben insoweit Zweifel, bleibt es bei der Ausgangslage der zwingenden Normwirkung gemäß § 4 Abs. I TVG.

aa) Objektive Indizien für die einzelfallbezogene beschäftigungsfördernde Zielsetzung der Vereinbarung untertariflichen Lohns

Festzuhalten ist zunächst, dass dem Wahlrechtsgedanken bezüglich untertariflicher Lohnvereinbarungen für die Dauer der Probezeit eine geringe Indizwirkung für das Vorliegen einer arbeitnehmerseitig selbstbestimmten Vereinbarung zukommt.[992] Der Arbeitnehmer genießt in den ersten sechs Monaten noch nicht den Kündigungsschutz des KSchG,[993] soweit dieses überhaupt anwendbar ist. Es besteht insoweit die Gefahr, dass der Arbeitnehmer sich an der Ausübung einer derartigen Rückkehroption aus Furcht vor einer arbeitgeberseitigen Kündigung des Arbeitsverhältnisses gehindert sehen kann und damit eine freie Selbstbestimmung des Arbeitnehmers gerade nicht gewährleistet erscheint.

Als objektives Indiz für das Fehlen alternativer Beschäftigungsmöglichkeiten zu Tariflohnbedingungen und ein damit verbundenes Fehlschlagen der sozialstaatlichen Zielsetzung der tarifvertraglichen Normwirkung, eine Transformation der tariflichen Lohnvereinbarung in ein neues Arbeitsverhältnis zu bewirken, kommt je-

---

[991] *Schmidt*, Das Günstigkeitsprinzip, S. 128: „Würde man das Arbeitsplatzargument zulassen, so gäbe es keine kollektiven Mindestnormen mehr. Jede nominal untertarifliche Lohnvereinbarung ließe sich mit der kaum überprüfbaren Behauptung rechtfertigen, andernfalls käme eine Anstellung nicht in Betracht."; *Schmidt* lehnt zwar unter diesem Gesichtpunkt die Arbeitsplatzsicherheit als berücksichtigungsfähigen Umstand im Kontext des § 4 Abs. III TVG ab, weist jedoch darauf hin, dass die Zulassung des Arbeitsplatzarguments möglich sei, soweit sich entsprechende Fallgruppen bilden lassen, die eine Missbrauchsgefahr ausschließen; vgl. *Schmidt*, a.a.O., S. 128, Fn. 234.

[992] Es fehlt insoweit an Rahmenbedingungen, die den Schluss zulassen, sowohl der Abschluss der tarifabweichenden Vereinbarung mit Rückkehroption als auch die Nichtausübung der Rückkehroption seitens des Arbeitnehmers erfolge unter den Bedingungen innerer Autonomie, vgl. dazu *Rieble*, Arbeitsmarkt und Wettbewerb, S. 485, Rn. 1606.

[993] Vgl. § 1 Abs. I KSchG.

doch eine vorausgegangene Langzeitarbeitslosigkeit des betroffenen Arbeitnehmers in Betracht. Die Arbeitsmarktpolitik und die rechtswissenschaftliche Literatur verstehen unter dem Begriff der Langzeitarbeitslosigkeit eine Arbeitslosigkeit von mehr als 12 Monaten.[994] Für diesen Zeitraum steht der Vermutung eines Funktionsdefizits des Individualvertrages einerseits auf der anderen Seite der Befund einer Funktionsstörung der Normwirkung des kollektiven Tarifvertrages im Bezug auf die tarifvertraglich-sozialstaatliche Utopie einer von den Tarifvertragsparteien als angemessen veranschlagten Teilhabe der Arbeitnehmerschaft an der wirtschaftlichen Wohlfahrt gegenüber. Die Ursache liegt im Fehlen einer entsprechenden Arbeitsmarktnachfrage unter Tariflohnbedingungen in Bezug auf den betroffenen Arbeitslosen. Vor diesem Hintergrund ist eine nominal untertarifliche Lohnvereinbarung nicht zwingend Ausdruck einer kraft Verhandlungsüberlegenheit des Arbeitgebers aufgezwungenen Vereinbarung wider die Interessen des Arbeitnehmers, sondern kann sich durchaus als Abweichung zugunsten und auf Wunsch des Arbeitnehmers darstellen, weil erst sie eine entsprechende Nachfrage nach der Arbeitskraft des konkret betroffenen Arbeitnehmers erzeugt.[995] Als Beleg für das Vorliegen einer derartigen Sachverhaltslage kommt auch ein entsprechendes personenspezifisches Qualifikationsdefizit des Arbeitnehmers in Betracht, das zu Beginn des Arbeitsverhältnisses eine entsprechend kostenintensive und produktivitätshemmende Weiterbildung des Arbeitnehmers erfordert.

Erforderlich ist unter dem Gesichtspunkt der Sicherung einer privatautonomen Entscheidung des Arbeitnehmers jedoch die Feststellung, dass die individualvertragliche Vereinbarung tatsächlich an derartige Umstände in der Sphäre des Arbeitnehmers im Hinblick auf die Begründung des konkreten Arbeitsverhältnisses anknüpft. Ein Interessenausgleich der Arbeitsvertragsparteien in diesem Sinne liegt gerade nicht vor, wenn der Arbeitgeber ein tatsächlich nicht bestehendes Anpassungsbedürfnis für den Zeitraum der Probezeit nur vorgibt. Zugleich wäre die Funktionsfähigkeit der Tarifautonomie im Hinblick auf tarifliche Lohnvereinbarungen nachhaltig gefährdet, sofern die Arbeitgeber hier eröffnete Gestaltungsspielräume im Sinne eines „hire and fire“ untertariflich entlohnter Arbeitskräfte innerhalb des Zeitraums der Probezeit zu Lasten der Arbeitnehmer nutzen könnte, um sich so einen permanenten rotierenden Bestand untertariflich entlohnter Arbeitnehmer zu halten.

Die Funktion einer Kontrolle derartiger Missbrauchsgefahren auf Arbeitgeberseite kann eine Stellungnahme des Betriebsrates zu der geplanten Einstellung des Arbeitnehmers unter den anvisierten Konditionen erfüllen. Angesichts demokratischer Elemente der Betriebsverfassung ist die Annahme gerechtfertigt, dass der Betriebs-

[994] Vgl. *Noelle-Neumann*, in: FAZ vom 20. März 2002, Nr. 67, Seite 5, „Arbeitslosigkeit im Wahljahr“.
[995] Vgl. *Thüsing*, FS-Wiedemann, S. 559ff. (578).

rat eine derartige Feststellung nicht treffen wird, soweit es an einem derartigen Anpassungsbedürfnis fehlt und der Arbeitgeber eröffnete Gestaltungsspielräume missbräuchlich zu Lasten des Arbeitnehmers nutzt.[996] Für eine derartige Beteiligung des Betriebsrates ist im Betriebverfassungsgesetz auch bereits eine Grundlage gelegt, soweit die Einstellung des Arbeitnehmers gem. § 99 Abs. I BetrVG in Unternehmen mit in der Regel mehr als zwanzig wahlberechtigten Mitarbeitern der vorherigen umfassenden Information und der Zustimmung des Betriebsrates bedarf. Nach § 99 Abs. II Nr. 4 BetrVG kann der Betriebsrat dabei die Zustimmung verweigern, wenn „der betroffene Arbeitnehmer durch die personelle Maßnahme benachteiligt wird, ohne das dies aus betrieblichen oder in der Person des Arbeitnehmers liegenden Gründen gerechtfertigt ist".

Die wohl überwiegende Auffassung geht hier davon aus, dass § 99 Abs. II Nr. 4 BetrVG keine Anwendung auf die Einstellung finden könne, da diese dem Arbeitnehmer keinen Nachteil bringe und stets ein mehr gegenüber der Nichteinstellung darstelle.[997] Nach der Gegenauffassung sei § 99 Abs. II Nr. 4 BetrVG hingegen auch bei Neueinstellungen einschlägig, soweit die Einstellung ohne sachlichen Grund zu schlechteren Arbeitsbedingungen erfolge als für vergleichbare Arbeitnehmer des Betriebs üblich.[998] Der Meinungsstreit ist vor dem Hintergrund von Bedeutung, dass die untertarifliche Entlohnung (anders als eine nach dem Tarifvertrag unrichtige Eingruppierung des Arbeitnehmers) nach herrschender Auffassung auch nicht unter die Regelung des Zustimmungserfordernisses des § 99 Abs. II Nr. 1 BetrVG fällt, da hier die Einstellung selbst – nicht allein der zugrundeliegende Arbeitsvertrag - gegen entgegenstehende Tarifvorschriften verstoßen muss.[999] Das BAG hat diese Auffassung im Jahre 2000 erneut bekräftigt und dem Betriebsrat ein Recht zur Verweigerung der Zustimmung im Hinblick auf eine vereinbarte untertarifliche Vergütung verweigert,[1000] da es zur Vermeidung der damit möglicherweise verbundenen Gesetzesverletzung nicht erforderlich sei, dass die Einstellung unterbleibe. Vielmehr könne der Arbeitnehmer mögliche Tarifansprüche nach der Einstellung gegenüber dem Arbeitgeber durchsetzen.[1001]

---

[996] Vgl. *Schmidt*, Günstigkeitsprinzip, S. 131.

[997] BAG, Urt. v. 9.7.1996, AP Nr. 9 zu § 99 BetrVG 1972 Einstellung; LAG Düsseldorf, BB 1980, S. 578; *Löwisch/Kaiser*, BetrVG, § 99, Rn. 67; *Richardi/Thüsing*, in: Richardi, BetrVG, § 99, Rn. 228 m.w.N.

[998] *Fitting/Kaiser/Heither/Engels/Schmidt*, BetrVG, § 99, Rn. 201; *Heinze*, Personalplanung, Rn. 322; *Kittner*, in: Däubler/Kittner/Klebe, BetrVG, § 99, Rn. 193; *Otto*, Personale Freiheit und soziale Bindung, S. 22f.

[999] BAG NZA 1993, S. 187; *Löwisch/Kaiser*, BetrVG, § 99, Rn. 56; *Richardi/Thüsing*, in: Richardi, BetrVG, § 99, Rn. 186.

[1000] BAG RdA 2002, S. 46ff.

[1001] BAG RdA 2002, S. 46ff. (48), mit zustimmenden Anmerkungen von *Thüsing*.

Für die Bedeutung einer Zustimmung des Betriebsrates zu der untertariflichen Entlohnung im Rahmen des § 4 Abs. III TVG bedarf die Frage, ob dem Betriebsrat im Sinne der letztgenannten Auffassung bei Fehlen eines sachlichen Grundes für eine untertarifliche Entlohnung ein Zustimmungsverweigerungsrecht gemäß des § 99 Abs. II Nr. 4 BetrVG zusteht, im Rahmen dieser Untersuchung keiner Klärung. Denn die Entscheidung, dem Betriebsrat die Möglichkeit einer völligen Blockade der Einstellung des Arbeitnehmers durch die Zubilligung eines Zustimmungsverweigerungsrechtes im Sinne der erstgenannten Auffassung zu versagen, hindert nicht daran, eine derartige Zustimmung des Betriebsrates im Hinblick auf das Vorliegen sachlicher Gründe betrieblicher oder in der Person des Arbeitnehmers angesiedelter Art bezüglich der tariflichen Entlohnung im Rahmen des § 4 Abs. III TVG und des tariflichen Systems der Übermachtkontrolle des Arbeitnehmers als Indiz anzuerkennen. Denn in diesem Regelungskontext geht es nicht um die Begründung des Arbeitsverhältnisses als solchem, sondern um die Wirksamkeit der Vereinbarung eines untertariflichen Lohnes.

Soweit ein in der Person des Arbeitnehmers liegender sachlicher Differenzierungsgrund seitens des Betriebsrates anerkannt und eine zustimmende Stellungnahme zugunsten einer in ihrem Umfang bestimmten und maximal auf die Dauer der Probezeit im Sinne des § 1 KSchG beschränkten untertariflichen Entlohnung erfolgt ist, liegt hierin ein starkes Indiz, dass sich die anvisierte Vereinbarung als Ergebnis eines tatsächlichen Interessenausgleichs der Arbeitsvertragsparteien und gerade nicht als einseitiges Diktat von Arbeitsbedingungen seitens des Arbeitgebers im Dienste der Gewinnmaximierung darstellt. Gleichwohl wird man zusätzlich als absolute inhaltliche Grenze eine Entlohnung von nicht unter 80% des Tariflohns annehmen müssen, um wirtschaftliche Anreize für einen Missbrauch seitens des Arbeitgebers zusätzlich zu begrenzen. Darüber hinaus dürfte eine weitergehende Unterschreitung des Tariflohns auch einer Inhaltskontrolle der tarifabweichenden arbeitsvertraglichen Vereinbarungen nach Maßgabe der §§ 307 Abs. I, Abs. III, 310 Abs. IV S. 3 BGB nicht standhalten, so dass sich auch hieraus eine derartige absolute Grenze der Gestaltungsbefugnis der Arbeitsvertragsparteien ergibt.[1002]

Die zeitliche Obergrenze für die Laufzeit derartiger Vereinbarungen untertariflicher Löhne markiert die Probezeit des Arbeitnehmers im Sinne des § 1 KSchG. Mit Erlangen des gesetzlichen Kündigungsschutzes erstarkt der Arbeitnehmer in seiner Verhandlungsposition gegenüber dem Arbeitgeber. Insoweit greift die Möglichkeit einer Ausgestaltung im Sinne des Optionsmodells wieder ein. Die individualvertragliche Vereinbarung muss mithin so gestaltet sein, dass spätestens nach sechs

[1002] *Däubler*, NZA 2001, S. 1329ff. (1335): Es spreche „alles dafür, die Unterschreitung des Tariflohns um mehr als 20% als unangemessen im Sinne des § 307 Abs. I zu qualifizieren"; hiergegen *Thüsing*, FS-Wiedemann, S. 559ff. (577).

Monaten wieder die tarifvertragliche Lohnvereinbarung für das Arbeitverhältnis Geltung erlangt.

bb) Ergebnis

Von einer Freiwilligkeit der Arbeitnehmerentscheidung im Sinne der verfassungskonformen Auslegung des § 4 Abs. III TVG im Hinblick auf die Vereinbarung eines untertariflichen Lohnes für den Zeitraum der Probezeit ist hiernach bei kumulativem Vorliegen folgender objektiver Indizien auszugehen:

- Es liegen besondere Umstände in der Person des Arbeitnehmers vor, die sich nachhaltig zu Lasten der Nachfrage des Arbeitsmarktes nach der Arbeitskraft des Arbeitnehmers zu Tariflohnbedingungen auswirken. Als Indiz kommen hier eine vorausgegangene Langzeitarbeitslosigkeit des Arbeitnehmers sowie ein Defizit in der berufsqualifizierenden Ausbildung im Hinblick auf das konkrete Arbeitsverhältnis in Betracht.
- Der Betriebsrat hat unter Anknüpfung an diese Umstände eine zustimmende Stellungnahme zu der Einstellung des Arbeitnehmers unter konkret zu nennenden untertariflichen Lohnbedingungen für die Dauer der Probezeit im Sinne des § 1 KSchG abgegeben.
- Die individualvertragliche Vereinbarung des untertariflichen Lohnes ist in zeitlicher Hinsicht auf die Dauer der Probezeit im Sinne des § 1 Abs. I KSchG beschränkt in der Weise, dass mit Ablauf der Probezeit wieder die Tariflohnvereinbarung des Tarifvertrages gilt.
- Die vorübergehende untertarifliche Lohnvereinbarung der Arbeitsvertragsparteien liegt nicht unterhalb von 80% des Tariflohns.

2) Beschäftigungsförderung bezüglich ganzer Betriebe oder Betriebsteile am Beispiel des Modells 5000 x 5000 bei Volkswagen

Zu erörtern ist ferner, ob eine Entwicklung entsprechender Kriterien für beschäftigungsfördernde Vereinbarungen bezüglich ganzer Betriebe oder Betriebsteile gelingen kann.

a) Problemstellung

Die Problemstellung soll anhand des sog. Modells „5000 x 5000" der Volkswagen AG aus dem Jahre 2001 dargelegt werden:

> Von Mai bis Juni 2001 verhandelten das Automobilunternehmen Volkswagen mit der IG Metall zunächst in sechs Verhandlungsrunden über das Projekt 5000 x 5000, mit dem in Wolfsburg und Hannover bis zu 5000 neue Arbeitsplätze entstehen sollten. Die Volkswagen AG

machte die Produktion eines neuen Fahrzeugstyps im Werk in Wolfsburg davon abhängig, 5000 Arbeitssuchende zu einem Bruttolohn von monatlich 5000 DM – d.h. unter Tariflohnniveau - einstellen zu können. Anderenfalls sollte der Produktionsstandort aus Gründen der kostengünstigeren Produktion im Ausland errichtet werden. Weiterer Streitpunkt war die von VW angestrebte Festschreibung einer Wochenarbeitszeit von 42,5 Stunden, während die IG Metall auf der tariflich festgelegten Höchstarbeitszeit von 35 Stunden pro Woche bestand. Die Verhandlungen scheiterten zunächst in der sechsten Verhandlungsrunde. Ende August 2001 kam es schließlich doch zu einer Einigung bezüglich des Projektes mit leichten inhaltlichen Modifikationen.[1003]

Vor dem Hintergrund der hohen Zahl an Bewerbungen[1004] auf die in Aussicht gestellten Arbeitsplätze zu den Arbeitsbedingungen des Modells 5000 x 5000 ist offenkundig, dass auch hier eine nicht zu vernachlässigende Bereitschaft der Bewerber um die in Aussicht gestellten Arbeitsplätze bestand, zum Zwecke der Schaffung und der Inanspruchnahme der Arbeitsplätze eine Minderung des tariflichen Lohnes in Kauf zu nehmen.

b) Tatbestandsvoraussetzungen für eine hinreichend sichere Feststellung privatautonomer Selbstbestimmung der Arbeitnehmer

Auch hier vermag das Optionsmodell als Gestaltungsform keinen Beitrag als Indiz für eine bestehende freiwillige Selbstbestimmung der einzelnen Arbeitnehmer zu leisten, weil die beschäftigungssichernde Vereinbarung eine längerfristige Geltung der Lohnsenkung voraussetzt und eine Gestaltung im Sinne einer Rückkehroption des Arbeitnehmers daher ausscheidet. Dem durch die Normwirkung des Tarifvertrages anvisierten Schutz des Arbeitnehmers kann hier mithin nicht durch eine entsprechende Gestaltung der individualvertraglichen Vereinbarung im Sinne der Optionslösung Rechnung getragen werden.

Die Eröffnung eines Gestaltungsspielraums zugunsten der Arbeitsvertragsparteien kommt jedoch auf der Grundlage einer positiven Feststellung in Betracht, dass die tarifvertragliche Normwirkung im konkreten Fall ihren Schutzzweck zugunsten des konkret betroffenen Arbeitssuchenden nicht zu verwirklichen vermag. Bei der dem 5000 x 5000 Modell zugrundeliegenden Sachverhaltslage ist dieses Funktionsdefi-

1003 Vgl. zum Ganzen F.A.Z. vom 29. August 2001, S. 1 und „Wirtschaft"; vgl. aus der Sicht der IG-Metall: *Schwitzer*, ArbuR 2001, S. 441ff. sowie *Meine/Schwitzer*, Das IG Metall-Tarifsystem für das Volkswagen-Projekt 5.000 x 5.000, WSI-Mitteilungen 2001, S. 580ff.

1004 Bereits vor der Einigung der Tarifvertragsparteien hatten sich über 10.000 Arbeitnehmer auf entsprechende Arbeitsstellen im Rahmen des Modells 5000 x 5000 zu den dort vorgesehenen Arbeitsbedingungen beworben (vgl. F.A.Z. vom 29. August 2001, S. 1 und „Wirtschaft").

zit des Tarifvertrages dabei nicht auf arbeitnehmerbezogene Umstände des Einzelfalls, sondern auf betriebsbezogene Umstände zurückzuführen. Fraglich ist, ob sich die Feststellung einer derartigen Funktionsstörung des Tarifvertrages an hinreichend sichere objektive betriebsbezogene Tatbestandsmerkmale anknüpfen lässt.

In Betracht käme hier eine Stellungnahme des Betriebsrates, dass der betroffene Standort für den Aufbau der Produktion und die damit verbundene Schaffung von Arbeitsplätzen aus betriebswirtschaftlichen Erwägungen zu Tariflohnbedingungen nicht in Betracht kommt und eine Auslagerung der Produktion aus dem Geltungsbereich des Tarifvertrages in Rechnung zu stellen ist, sofern nicht eine Absenkung des Lohnniveaus auf eine in der Feststellung zu bestimmende Schwelle erfolgt.[1005] Angesichts demokratischer Elemente der Betriebsverfassung ist die Annahme gerechtfertigt, dass der Betriebsrat eine derartige Feststellung nicht treffen wird, soweit es an einer entsprechenden Sachverhaltslage fehlt.[1006] Der bestehenden Gefahr, dass unter dem Etikett einer ernsthaft überhaupt nicht in Betracht gezogenen Standortwahl im Ausland als Druckmittel von den Arbeitssuchenden Konzessionen abverlangt werden, derer es tatsächlich zur Schaffung der Arbeitsplätze nicht bedarf,[1007] würde damit entgegengewirkt.

Gleichwohl ist die Berücksichtigung einer Stellungnahme des Betriebsrates im Rahmen des § 4 Abs. III BetrVG im Hinblick auf die Bindung von Unternehmen an Produktionsstandorte und der Schaffung neuer Arbeitsplätze in neu zu gründenden Unternehmen abzulehnen. Es handelt sich hier gerade nicht um eine Flexibilisierung der Tarifbindung im Hinblick auf personenbezogene Umstände oder vorübergehende betriebliche Notlagen und damit um nach Umfang und Dauer eng beschränkte Flexibilisierungen der Tarifbindung. Vielmehr erfordert die Standortentscheidung notwendig eine langfristige Anpassung der Lohnbedingungen für in der Regel eine Vielzahl von Arbeitsverhältnissen des geplanten Betriebs- oder Betriebsteils. Mit der Anknüpfung an eine derartige Feststellung des Betriebsrates wären nachhaltige Beeinträchtigungen der Tarifautonomie verbunden, da der Arbeitgeber aufgrund der Indizwirkung einer derartigen Feststellung des Betriebsrates längerfristig und in Bezug auf alle Arbeitsverhältnisse des geplanten Betriebs oder Betriebsteils Arbeitskraft nur zu untertariflichen Lohnbedingungen nachfragen könnte. Auch soweit eine derartige Feststellung des Betriebsrats dogmatisch an § 99 Abs. II Nr. 4 BetrVG angelehnt wird, handelt es sich in den dort genannten Fäl-

[1005] Vgl. *Löwer*, in: v.Münch/Kunig, GG, Bd. 1, Art. 9, Rn. 80, Stichwort „Öffnungsklauseln", S. 667 oben.

[1006] *Schmidt*, Günstigkeitsprinzip, S. 131, dort zu der nach dessen Auffassung trotz § 77 Abs. III BetrVG zulässigen unmittelbaren Gestaltung der Lohnvereinbarungen durch Betriebsvereinbarung nach Maßgabe des § 4 Abs. III TVG; vgl. dazu eingehend unten § 9 I, S. 236ff.

[1007] Vgl. dazu *Buchner*, NZA 1999, S. 897ff. (901).

len im Hinblick auf betriebliche Gründe im Sinne der Vorschrift stets um eine ausnahmsweise Zulässigkeit der Differenzierung. Des weiteren greift bei der Gründung neuer Betriebe oder Betriebsteile auch der in Bezug genommene Gesichtspunkt der Unzumutbarkeit der Tarifbindung für den Arbeitgeber in der Rechtsprechung nicht ein.[1008] Von einer „notstandsähnlichen Situation" in diesem Sinne lässt sich gerade nicht sprechen, wo schon die Neubegründung von Betrieben oder Betriebsteilen von vornherein nur unter den Voraussetzungen einer Anpassung der tarifvertraglichen Lohnvereinbarung in Betracht kommt. Es handelt sich hier um eine im Vorfeld arbeitsvertraglicher Gestaltungsmöglichkeiten angesiedelte tarifpolitische Weichenstellung. Diese Erwägung korrespondiert auch mit der herrschenden Auffassung, wonach aus der Teilhabedimension des Art. 12 GG kein subjektiv-öffentliches „Recht auf Arbeit" im Sinne der Schaffung zusätzlicher Arbeitsplätze abgeleitet werden kann.[1009]

Im übrigen wäre hier der tarifpolitische Kern der Gestaltungsbefugnis der Tarifvertragsparteien nachhaltig betroffen, soweit diese mit der Zuweisung der Aufgabe der „Wahrung und Förderung der Arbeits- und Wirtschaftbedingungen" bei der Festsetzung der Arbeitsbedingungen auch den Erhalt eine hinreichenden Nachfrage nach Arbeitskraft zu berücksichtigen haben.[1010]

c) Ergebnis

Bezüglich der Anpassung tarifvertraglicher Lohnregelungen im Hinblick auf Standortneubegründungen ganzer Betriebe oder Betriebsteile ist daher auf die Gestaltungsmöglichkeiten unter Einbeziehung der Tarifvertragsparteien, d.h. auf den Abschluss entsprechender Haustarifverträge zu verweisen.

II.) Anwendung des Optionsmodells auf individualvertragliche Vereinbarungen untertariflicher Löhne zur Rettung bestehender Arbeitsverhältnisse/Betriebe

Zu untersuchen ist weiterhin, ob sich bezüglich bereits bestehender Arbeitsverhältnisse entsprechende typisierbare objektive Tatbestandsmerkmale entwickeln lassen, die den Arbeitsvertragsparteien unter dem Gesichtspunkt einer fehlenden spezifischen Schutzbedürftigkeit des Arbeitnehmers oder eines Funktionsdefizits der tarifvertraglichen Normwirkung bezüglich der Lohnvereinbarung über das Günstigkeitsprinzip des § 4 Abs. III TVG einen Gestaltungsspielraum zu eröffnen vermögen. Zu differenzieren ist hier zwischen Vereinbarungen untertariflicher Löhne zur

[1008] Vgl. dazu im vorigen sowie bei *Freihube*, Probleme der Tarifbindung, S. 210 – 215.

[1009] Vgl. *Häberle*, JZ 1984, S. 345ff. (352); *Löwisch*, ArbR, Rn. 123, S. 35; *Wank*, Recht auf Arbeit, S. 66.

[1010] Vgl. dazu schon oben § 3 I 2 a, S. 40f.

Rettung einzelner bestehender Arbeitsverhältnisse einerseits und ganzer Betriebe oder Betriebsteile andererseits.[1011] Bekanntes Beispiel für ein derartiges Regelungsbedürfnis ist der Burda-Fall.[1012] Hier stimmten 98,5% der Arbeitnehmer einer Unterschreitung des Tariflohns zu, um den Betrieb und die bestehenden Arbeitsplätze zu erhalten.

1) Einzelvertragliche Lohnvereinbarung mit Rückkehroption als Indiz für eine freiwillige Disposition des Arbeitnehmers über den tariflichen Lohnstandard

Die Untersuchung hat ergeben, dass das sog. Günstigkeitsprinzip des § 4 Abs. III TVG verfassungskonform dahingehend auszulegen ist, dass bei bestehender privatautonomer Selbstbestimmung des Arbeitnehmers der auf diesem Wege zustande gekommenen individualvertraglichen Abweichung vom Arbeitsvertrag als eine Abweichung „zugunsten" des Arbeitnehmers im Sinne des § 4 Abs. III TVG im Grundsatz gegenüber dem Tarifvertrag zur Geltung zu verhelfen ist.[1013]

Auch im Bereich der Lohnvereinbarungen kommt – wie auch im Bereich der Arbeitszeitregelungen[1014] - als Indiz für das Vorliegen einer derartigen freien Selbstbestimmung des Arbeitnehmers eine Ausgestaltung der individualvertraglichen untertariflichen Lohnvereinbarung im Sinne des skizzierten Optionsmodells mit Rückkehroption des Arbeitnehmers auf die tarifliche Lohnvereinbarung in Betracht.[1015] Dem Arbeitnehmer wird der tarifliche Standard der Lohnvereinbarung hier nicht dauerhaft entzogen. Vielmehr erhält die Rückkehroption dem Arbeitnehmer die Tariffrüchte bezüglich der Lohnvereinbarung im Sinne einer anwartschaftsähnlich verdichteten Rechtsposition. Die dem Tarifvertragswesen zugrundeliegende Annahme eines Funktionsdefizits des Individualvertrages im Arbeitsrecht aufgrund eines bestehenden Überschusses an Verhandlungsmacht auf Arbeitgeberseite

[1011] Im Rahmen der traditionellen Dogmatik des Günstigkeitsvergleichs findet die Erwägung Eingang in der Forderung nach einer Auslegung des Günstigkeitsvergleichs in dem Sinne, dass ein untertariflich bezahlter Arbeitsplatz jedenfalls als (quantitativ) „günstiger" i.S.d. § 4 III TVG anzusehen sei als Arbeitslosigkeit; vgl. dazu *Adomeit*, NJW 1984, S. 26f. (27). Die Öffnung des Tarifvertragswesens für beschäftigungssichernde Lohnvereinbarungen wurde bereits zur Zeit der Geltung des TVVO diskutiert, vgl. etwa *Ehlers*, „Unabdingbarkeit" und Wirtschaftskrise, GewKfGer 1926, S. 495ff.; *Hueck*, Die Vereinbarung untertariflicher Löhne zur Verhütung der Arbeitslosigkeit, in: SchlichtW 1924, S. 183ff.

[1012] BAG NZA 1999, S. 887.

[1013] Vgl. oben § 6 VI, S. 185.

[1014] Vgl. dazu oben § 7 VI S. 198.

[1015] *Löwisch*, BB 1991, S. 59ff. (62); Löwisch/*Rieble*, § 4 TVG, Rn. 212/213; gegen die Relevanz eines Wahlrechtes im Kontext des § 4 Abs. III TVG *Wank*, in: Wiedemann, § 4 TVG, Rn. 466; Wahlrecht anerkennend, jedoch unentschieden hinsichtlich der Frage, ob das Wahlrecht über die Abrede zur einzelvertraglichen Verlängerung der tariflichen Arbeitszeit hinaus aufrechtzuerhalten ist („Rückkehroption") hingegen *Bengelsdorf*, ZfA 1990, S. 563ff. (599).

kommt folglich nicht zum Tragen. Es bedarf hier zur Herstellung des von den Tarifvertragsparteien angestrebten Zustandes bezüglich der Lohnvereinbarung keines Verhandelns zwischen den Arbeitsvertragsparteien mehr, bei dem sich ein etwaiges Verhandlungsungleichgewicht sozialstaatwidrig zu Lasten des Arbeitnehmers auswirken könnte. Einem Missbrauch seitens des Arbeitgebers ist durch die Rückkehroption des Arbeitnehmers schon dadurch entgegen gewirkt, dass für eine Übervorteilung des Arbeitnehmers kein Anreiz besteht, solange ein unausgewogenes Verhandlungsergebnis von diesem jederzeit korrigiert werden kann.[1016] Auch einer durchaus legitimen Änderung der individuellen Interessenlage des Arbeitnehmers ist insoweit in optimaler Weise Rechnung getragen.[1017]

Übt der Arbeitnehmer die vereinbarte Rückkehroption nicht aus, so ist dies jedenfalls dann als Ausdruck seiner individuellen Präferenz– aus welchen Erwägungen auch immer - für die individualvertragliche Vereinbarung zu werten, wenn eine Beeinträchtigung seiner Willensbetätigung bezüglich der Ausübung der Rückkehroption nicht in Rechnung zu stellen ist.[1018] Hier ist bereits ausgeführt worden, dass § 612a BGB jede Maßregelung des Arbeitnehmers und eine entsprechende Androhung des Arbeitgebers zum Zwecke der Hinderung des Arbeitnehmers an der Ausübung der Rückkehroption verbietet.[1019] Auch die Androhung einer Kündigung als Folge der Ausübung des Optionsrechts - hierin liegt der entscheidende Unterschied zu der Sachverhaltslage bei der Begründung neuer Arbeitsverhältnisse und entsprechender individualvertraglicher Lohnvereinbarungen unter dem Aspekt der Beschäftigungsförderung - scheidet als Druckmittel auf Arbeitgeberseite aus, soweit der Arbeitnehmer den Kündigungsschutz des KSchG genießt, d.h. im Betrieb regelmäßig mehr als fünf Arbeitnehmer beschäftigt sind (§ 23 Abs. I KSchG) und das Arbeitsverhältnis des betroffenen Arbeitnehmers mehr als sechs Monate besteht (§ 1 Abs. I KSchG).

Mit der Vereinbarung einer Rückkehroption auf die tarifvertragliche Lohnvereinbarung im Rahmen der individualvertraglichen Vereinbarung eines untertariflichen Lohnes liegt mithin ein Indiz für eine entsprechende Präferenz des Arbeitnehmers für die individualvertragliche Vereinbarung und für die Funktionsfähigkeit des In-

---

[1016] Vgl. *Mäckler*, Das Günstigkeitsprinzip – Verzicht auf geldwerte Leistungen gegen Beschäftigungsgarantie?, in: Arbeitsrecht und Arbeitsgerichtsbarkeit, FS zum 50-jährigen Bestehen der Arbeitsgerichtsbarkeit in Rheinland-Pfalz, S. 381ff. (392).

[1017] *Lesch*, DB 2000, S. 322 (325); *Mäckler*, Das Günstigkeitsprinzip – Verzicht auf geldwerte Leistungen gegen Beschäftigungsgarantie?, in: Arbeitsrecht und Arbeitsgerichtsbarkeit, FS zum 50-jährigen Bestehen der Arbeitsgerichtsbarkeit in Rheinland-Pfalz, S. 381ff. (392).

[1018] Kritisch *Buschmann*, NZA 1990, S. 387f. (388); *Däubler*, Tarifvertragsrecht, Rn. 221; *Zachert*, DB 1990, S. 986ff. (989); jedoch jeweils ohne eingehende Überprüfung der These der spezifischen Gefahr der Beeinträchtigung der Willensbetätigung des Arbeitnehmers bei einer Rückkehroption des Arbeitnehmers.

[1019] Vgl. schon oben § 6 V 3, S. 179f.

dividualvertrages zur Wahrung der Interessen des Arbeitnehmers unter dem Gesichtspunkt der Freiwilligkeit vor,[1020] soweit diese im Rahmen eines bestehenden Arbeitsverhältnisses erfolgt und auf dieses das KSchG anwendbar ist. Aufgrund der Funktionsfähigkeit der Privatautonomie bedarf es angesichts der eingreifenden Richtigkeitsgewähr des Individualvertrages bei der Prüfung der individualvertraglichen Vereinbarung am Maßstab des verfassungskonform ausgelegten § 4 Abs. III TVG folglich keines Eindringens der Arbeitsgerichte in Wertungsfragen der Tarifpolitik.[1021]

2) Das sozialstaatliche Schutzbedürfnis des Arbeitnehmers und das Optionsmodell im Bereich von beschäftigungssichernden Lohnvereinbarungen

Vor dem Hintergrund der vertraglichen Verankerung einer Rückkehroption des Arbeitnehmers im Rahmen der individualvertraglichen untertariflichen Lohnvereinbarung verfängt auch hier der Einwand nicht,[1022] durch eine derartige Interpretation werde der Schutz des Arbeitnehmers faktisch aufgehoben.[1023]

Angesichts der anwartschaftsähnlich verdichteten Rechtsposition des Arbeitnehmers bezüglich der tariflichen Lohnregelung erfolgt vielmehr eine Öffnung der zwingenden Wirkung von Tarifnormen lediglich insofern, als der Arbeitnehmer eben auf der Grundlage dieser Gestaltung bei typisierender Betrachtung in der Lage ist, seine Rechte selbst wahrzunehmen.[1024] Die Gewerkschaften liefern mit der Vermittlung dieser Rechtsposition insofern das Grundgerüst, von dem aus der Arbeitnehmer imstande ist, seine Arbeitsbedingungen frei mit dem Arbeitgeber auszuhandeln.[1025] Die obligatorische Rückkehroption des Arbeitnehmers zur tariflichen Regelung gewährleistet, dass der Schutz der Normwirkung der tariflichen Lohnregelung dem Arbeitnehmer gerade nicht in einer Weise entzogen werden kann, bei der dieser sich zur Wahrnehmung seiner Interessen wieder auf vertragliche Gestaltungsmittel verwiesen sähe, deren Funktionalität zur Wahrung der eigenen Interes-

---

[1020] So auch *Löwisch*, BB 1991, S. 59ff. (63); *ders.*, DB 1989, S. 1185ff. (1187); *ders.*, NZA 1989, S. 959ff. (960).

[1021] *Buchner*, NZA 1999, S. 897ff. (902).

[1022] Vgl. bezüglich Arbeitszeitregelungen schon oben § 7 V 1, S. 195.

[1023] So die Kritik von *Wank*, in: Wiedemann, TVG, § 4, Rn. 444.

[1024] Zu dieser Bestimmung der Reichweite der Normwirkung aus historischer Sicht *Wendt*, Günstigkeitsvergleich, S. 10.

[1025] So die Funktionsbestimmung der Gewerkschaften und kollektiver Lohnfindungsprozesse durch *Picker*, FAZ, Ausgabe Nr. 158 vom 11. Juli 1998, S. 15; in der von *Däubler*, Tarifvertragsrecht, S. 143, Rn. 206 geäußerten Befürchtung, die Arbeitsvertragsparteien könnten die Tarifbestimmungen zum „Handelsobjekt“ machen, ist jedenfalls solange nichts Bedrohliches zu entdecken, wie der Tarifvertrag seinem Schutzauftrag durch die Herstellung einer Verhandlungsposition des Arbeitnehmers gerecht wird, die keine typisierbare Gefahr der Fremdbestimmung durch den Arbeitgeber erwarten lässt.

sen durch ein chronisches Machtungleichgewicht zwischen den Vertragsparteien untergraben zu werden droht. Soweit man die Aufgabe des Tarifvertragswesen zutreffend nicht in einem Schutz des Arbeitnehmers vor sich selbst, sondern in einem Schutz des Arbeitnehmers vor einer Beeinträchtigung seiner Selbstbestimmung erblickt,[1026] ist dieser Schutzzweck der Tarifwesens damit gerade verwirklicht.

Der Schutz eines aus sozialstaatlicher Sicht unentbehrlichen Standards in Bezug auf die inhaltliche Gestaltung der Lohnvereinbarung wird demgegenüber durch § 138 BGB und die Vorschriften der AGB-Kontrolle gewährleistet, an denen die Gestaltungsfreiheit der Arbeitsvertragsparteien hinsichtlich der Lohnvereinbarung ihre Grenze findet.[1027]

3) Einmaliges Wahlrecht oder obligatorische Rückkehroption?

Aufgrund dieser Spezifika der Rückkehroption des Arbeitnehmers ist auch für den Bereich der Lohnvereinbarungen am obigen Befund[1028] festzuhalten, dass nicht ein einmaliges Wahlrecht des Arbeitnehmers zwischen individualvertraglicher und arbeitsvertraglicher Regelung, sondern lediglich eine im Individualvertrag verankerte Rückkehroption des Arbeitnehmers auf die tarifliche Lohnregelung die Vermutung eines Funktionsdefizits der individualvertraglichen Vereinbarung zu widerlegen geeignet ist.

Nur das Vorliegen eines Wahlrechts im Sinne einer Rückkehroption indiziert eine Verwirklichung des Schutzzwecks der Normwirkung des Tarifvertrages, die den Befund einer fehlenden Schutzbedürftigkeit des Arbeitnehmers und das Fehlen einer sozialstaatlichen Legitimation der zwingenden Normwirkung rechtfertigt.

Die Problematik derartiger Gestaltungen auf dem Prinzip der Freiwilligkeit mit beschäftigungssichernder Zielsetzung wird offenbar, wenn auf dieser Grundlage Sanierungskonzepte für ganze Betriebe entwickelt werden sollen, zu deren Rettung es im Einzelfall einer möglichst umfassenden Umsetzung lohnsenkender Vereinbarungen in der Belegschaft bedarf. So könnte der Bestand eines betrieblichen Sanierungskonzepts in Frage gestellt sein, wenn einzelne Arbeitnehmer durch Ausübung ihrer Rückkehroption einen zunächst umfassend in der Belegschaft zur Rettung des Betriebes erklärten solidarischen Lohnverzicht für ihr Arbeitsverhältnis rückgängig machen. Es obliegt hier indes dem Arbeitgeber und dem Betriebsrat einzuschätzen, inwieweit die in der außergewöhnlichen Situation einer Existenzkrise des Betriebs geforderte Solidarität der Arbeitnehmer untereinander[1029] gegeben ist und ein be-

---

[1026] Vgl. dazu schon oben unter § 6 V 2, S. 177.

[1027] Vgl. *Heinze*, NZA 1991, S. 329ff. (334).

[1028] Vgl. oben § 7 II, S. 189, dort im Bezug auf Arbeitszeitregelungen.

[1029] Vor diesem Hintergrund ist *Hilger*, Das betriebliche Ruhegeld, S. 263, darin zuzustimmen, dass der Erhalt des Unternehmens über eine Krisenzeit hinweg als Lebensgrundlage für die

triebliches Sanierungskonzept auf dem Prinzip der freiwilligen Lohnsenkung mit Rückkehroption zu tragen vermag.[1030] Erscheint dies nicht gewährleistet, so werden sich Unternehmensleitung und Betriebsrat um eine andere Gestaltung des Sanierungskonzepts bemühen.[1031]

4) Erforderlichkeit der Vereinbarung einer (befristeten) Beschäftigungsgarantie?

Fraglich ist, ob die Anerkennung der individualvertraglichen Vereinbarung mit Rückkehroption im Rahmen des § 4 Abs. III TVG davon abhängig ist, dass der Vorteil der Beschäftigungssicherung im Rahmen der Vereinbarung in einer befristeten Beschäftigungsgarantie, d.h. dem Verzicht auf eine betriebsbedingte Kündigung für einen bestimmten Zeitraum, zugunsten des Arbeitnehmers vertraglich festgeschrieben wird.[1032]

Die einzelvertraglich vereinbarte befristete Unkündbarkeit bedeutet für den Arbeitnehmer - soweit nicht schon aus anderen Gründen Unkündbarkeit besteht - eine wesentlich effektivere Absicherung des Bestands des Arbeitsverhältnisses auch dann, wenn der Arbeitnehmer bereits Kündigungsschutz nach dem KSchG genießt. Letzterer vermag etwa Kündigungen aus Anlass der Standortverlegung nicht auszuschließen.[1033] Auch vermag das Erfordernis der Sozialauswahl in Krisenzeiten keine vergleichbare kalkulierbare Bestandsfestigkeit zu vermitteln.[1034]

Arbeitnehmer durch Zugeständnisse beim Lohn weniger eine Frage der Betriebsgemeinschaft als Gemeinschaft zwischen Arbeitgeber und Belegschaft, sondern vor allem der Solidarität der Arbeitnehmer untereinander ist.

[1030] Dass es derartige Akte der Solidarität innerhalb der Belegschaft geben kann, belegt eindrucksvoll das Beispiel des Lohnverzichts der Angestellten der französischen Bank Bordelaise de CIC aus dem Jahre 1992. Hier hatten sich 93 % des Personals mit Lohnkürzungen einverstanden erklärt, um den Abbau von 40 Arbeitsplätzen zu verhindern (vgl. FAZ vom 13.04.1993, S. 14).

[1031] Vgl. dazu unten § 8 II 6, S. 216ff.

[1032] In diesem Sinne *Buchner*, DB 1996, Beilage 12 zu Heft 29, S. 11.

[1033] Vgl. *Buchner*, DB 1996, Beilage 12 zu Heft 29, S. 11.

[1034] Zwar gewährleistet der Kündigungsverzicht den Bestand des betroffenen Arbeitsverhältnisses des Arbeitnehmers. Umstritten ist in Rechtsprechung und Literatur indes die Frage, ob Arbeitnehmer mit einem arbeitsvertraglichen Unkündbarkeitsstatus von der Sozialauswahl ausgenommen sind und damit die Möglichkeit der Kündigung in der Sozialauswahl an sich nachrangiger Arbeitnehmer eröffnet wird. In diesem Sinne *Dorndorf*, in: Dorndorf/Weller/Hauck/Kriebel/Höland/Neef, Kündigungsschutzgesetz, § 1, Rn. 1055a, S. 317; *Färber*, NZA 1985, S. 175ff. (179); *Kittner*, in: Kittner/Däubler/Zwanziger, § 1, Rn. 443; *Jobs*, DB 1986, S. 538ff. (539); *Meisel*, DB 1991, S. 92ff. (94); *Schaub*, RdA 1981, S. 371ff. (375); *Weller*, RdA 1986, S. 222 (229). Gegen einen Ausschluss von Arbeitnehmern aus der Sozialauswahl kraft individualvertraglichen Kündigungsverzichts hingegen *Berkowsky*, Betriebsbedingte Kündigung, § 8, Rn. 102ff., S. 105; *v. Hoyningen-Huene/Linck*, KSchG, § 1, Rn. 459; *Linck*, Die soziale Auswahl bei betriebsbedingter Kündigung, S. 39/40, 46; *Sä-*

Die Beschäftigungsgarantie macht die Korrelation zwischen Tariflohnverzicht und Beschäftigungssicherung ferner zu einer von den Vertragsparteien ausdrücklich hergestellten vertraglichen Zweckbestimmung, die im Kontext des § 4 Abs. III TVG den Vergleichsmaßstab zu bilden vermag.[1035] Dem durch die beiderseitigen Vertragserklärungen der Arbeitsvertragsparteien konsentierten Regelungszusammenhang der beschäftigungssichernden Vereinbarung kommt hiernach die Funktion einer Definition der einzubeziehenden Abwägungsgesichtpunkte zu.[1036] Soweit ein inhaltlicher Sachgruppenvergleich und eine sich hieraus ergebende Günstigkeit für den Arbeitnehmer als Indiz für die Freiwilligkeit der Abweichung auf Arbeitnehmerseite in Betracht kommt, ergibt sich aus dem subjektiv-inneren Regelungszusammenhang, welche Bestimmungen des Einzelarbeitsvertrages die Parteien der Tarifregelung im Rahmen einer Rationalitäts- bzw. Plausibilitätskontrolle gegenübergestellt wissen wollen.[1037]

Die Gewichtung dieser Gesichtpunkte und der aus ihnen hervorgehenden Gestaltungsinteressen des Individuums – d.h. die Abwägung selbst - ist hingegen durch den privatautonomen Abschluss der abweichenden Vereinbarung präjudiziert, wenn und soweit die Voraussetzungen einer privatautonomen Selbstbestimmung des Arbeitnehmers vorliegen und damit die Richtigkeitsgewähr des Individualvertrages Platz greift. Gleichzeitig wird die erforderliche Beschränkung der Gestaltungsbefugnis auf Fälle der beschäftigungs- und bestandsgefährdenden Krise hinsichtlich des Arbeitsverhältnisses oder des Betriebes durch die obligatorische Rückkehroption des Arbeitnehmers und die damit verbundene Indizwirkung für die

---

cker/Oetker, Grundlagen und Grenzen der Tarifautonomie, S. 186 - 188; ähnlich *Kania/Kramer*, RdA 1995, S. 287ff. (288).
Der letztgenannten Auffassung ist nicht nur wegen der zu Recht kritisierten Möglichkeit manipulativer Umgehung der Sozialkriterien seitens des Arbeitgebers der Vorzug zu geben. Gerade im Kontext beschäftigungssichernder Vereinbarungen auf Betriebsebene mit befristetem Verzicht auf ordentliche Kündigungen würde die erstgenannte Auffassung zwangsläufig Kettenreaktionen auslösen und den Druck zum Abschluss der beschäftigungssichernden Vereinbarung rotierend auf Arbeitnehmer verlagern, bei denen ursprünglich eine Gefährdung des Arbeitsplatzes aufgrund der Kriterien der Sozialauswahl gerade nicht gegeben war. Die Arbeitsvertragsparteien haben prinzipiell nicht das Recht, einem Arbeitnehmer einen Arbeitsplatz auf Kosten eines anderen zu „reservieren"; vgl. dazu *Linck*, Die soziale Auswahl bei betriebsbedingter Kündigung, S. 39/40, 46; *Rieble*, Arbeitsmarkt und Wettbewerb, S. 310, Rn. 1033 m.w.N.; zum Ganzen *Tech*, Günstigkeitsprinzip, S. 167.

[1035] *Freihube*, DB 2000, S. 1022ff. (1023); *Krauss*, DB 2000, S. 1962ff. (1963): „Für die Bestimmung der richtigen Vergleichsmethode kommt es also auf die von den Parteien vorausgesetzten Zusammenhänge zwischen den abweichenden Vereinbarungen an."; ebenso *Bengelsdorf*, ZfA 1990, S. 563ff. (594); *Martens*, FS-Zeuner, S. 101ff. (116).

[1036] *Bengelsdorf*, ZfA 1990, S. 563ff. (594); *Courth*, Günstigkeitsprinzip und Günstigkeitsvergleich, S. 122; *Kast/Stuhlmann*, BB 2000, S. 614ff. (615); *Krauss*, DB 2000, S. 1962 (1963); *Martens*, FS-Zeuner, S. 101ff. (116); *Trappehl/Lambrich*, NJW 1999, S. 3217ff. (3221).

[1037] *Courth*, Günstigkeitsprinzip und Günstigkeitsvergleich, S. 122.

Freiwilligkeit des Arbeitnehmers bewirkt.[1038] Der Arbeitnehmer kann sich jederzeit, soweit sich die wirtschaftliche Situation des Unternehmens gebessert hat und er keine wirksame betriebsbedingte Kündigung mehr zu befürchten hat, des zugunsten der Erhaltung seines Arbeitsplatzes übernommenen Opfers der Lohnsenkung unter Aufgabe seiner Besitzschutzzusage wieder entledigen. Insoweit ist zugleich gewährleistet, dass die beschäftigungssichernde Vereinbarung nur dort und nur solange Wirkung entfaltet, wie die Beschäftigungssicherung auch um den Preis des Lohnverzichts der Interessenlage des Arbeitnehmers entspricht. Dies wird nur dort gegeben sein, wo die reale Gefahr einer Betriebsschließung oder einer betriebsbedingten Kündigung besteht.

5) Zwischenergebnis

Im Rahmen der Beschäftigungssicherung bezüglich bestehender Arbeitverhältnisse oder ganzer Betriebe abgeschlossene individualvertragliche Vereinbarungen untertariflicher Löhne bei gleichzeitiger Beschäftigungsgarantie des Arbeitgebers sind dann eine Abweichung „zugunsten des Arbeitnehmers“ im Sinne des § 4 Abs. III TVG, wenn die Vereinbarung eine Option des Arbeitnehmers zur Rückkehr[1039] auf die tarifvertragliche Lohnregelung unter Aufgabe der Bestandsschutzzusage vorsieht[1040] und der Arbeitnehmer den Kündigungsschutz des KSchG genießt.

6) Fristgebundene Bindung des Arbeitnehmers an die beschäftigungssichernde Vereinbarung

a) Planungssicherheit als Voraussetzung betrieblicher Sanierungskonzepte

Die geschilderte Gestaltung kann sich indes als unzureichendes Instrument der Umsetzung betrieblicher Sanierungskonzepte erweisen, wenn bereits die Entscheidung über das Ob der betrieblichen Sanierung nur auf der Grundlage hinreichend feststehender Kalkulationsgrößen hinsichtlich der vorübergehenden Senkung des Lohnkostenniveaus getroffen werden kann. Es kann insbesondere in größeren Betrieben ein berechtigtes Interesse der Unternehmensleitung bestehen, in gewissem Umfang eine rechtliche Bindung der Arbeitnehmer an die einmal getroffene Entscheidung für das Lohnzugeständnis im Rahmen des betrieblichen Beschäftigungs-

---

[1038] So auch *Buchner*, DB 1996, Beilage Nr. 12 zu Heft Nr. 29, S. 11.

[1039] Freilich unter Einhaltung einer entsprechenden Ankündigungsfrist; *Buchner*, DB 1996, Beilage 12 zu Heft 29, S. 11 schlägt hier als möglichen Maßstab für eine angemessene Frist die gesetzliche Kündigungsfrist vor.

[1040] *Buchner*; DB 1996, Beilage 12 zu Heft Nr. 29, S. 15.

paktes vereinbaren zu können, um so eine hinreichende Planungssicherheit für die Umsetzung des betrieblichen Beschäftigungspaktes zu gewährleisten.[1041]

Sieht die individualvertragliche Vereinbarung eine derartige befristete Bindung des Arbeitnehmers an die individualvertragliche Vereinbarung der Lohnsenkung vor, so fehlt es für den Zeitraum der Bindung des Arbeitnehmers an der beschriebenen Indizwirkung einer Rückkehroption für ein fehlendes Schutzbedürfnis des Arbeitnehmers bezüglich der normativen Wirkung des Tarifvertrags. Dennoch kann die Vereinbarung auch unter den Voraussetzungen einer befristeten Bindung des Arbeitnehmers an die beschäftigungssichernde Lohnsenkung den Präferenzen des Arbeitnehmers entsprechen, wenn es dieser Bindung als Grundlage des Sanierungskonzepts bedarf und ohne Sanierung die Schließung des Betriebes und der Verlust des Arbeitsplatzes in Rechnung zu stellen ist.

Vor diesem Hintergrund tritt neben dem Gesichtpunkt einer erforderlichen Schutzbedürftigkeit des Arbeitnehmers als rechtfertigende Grundlage der tarifvertraglichen Normwirkung die Erwägung in den Vordergrund, dass die Normwirkung des Tarifvertrages dort zurücktreten muss, wo sie den beabsichtigten Schutz zugunsten des Arbeitnehmers nicht zu entfalten vermag.[1042] Dies ist jedoch in dem Umfang der Fall, in dem eine Anpassung der Lohnvereinbarung unter Tarifniveau unentbehrlich ist, um die Betriebsexistenz und den Bestand des Arbeitsverhältnisses des Arbeitnehmers als Voraussetzung der Inanspruchnahme des Tariflohns zu sichern. Es handelt sich hier um einen Zwang, der originär gerade nicht von einer Verhandlungsübermacht des Arbeitgebers, sondern von der Gefährdung der Betriebsexistenz als Erwerbsgrundlage der Belegschaft ausgeht.[1043] Angesichts des Fehlgehens der Transformation der Tariflohnvereinbarung in das Arbeitsverhältnis ist auch hier der Ausgangsbefund einer nicht funktionsfähigen Privatautonomie dadurch erschüttert, dass sich die Entscheidung des Arbeitnehmers zugunsten einer Absenkung des Tariflohns zur Sicherung des Arbeitsverhältnisses als die Verwirklichung eines sinnvollen, deshalb rational nachvollziehbaren Marktverhaltens erweist.[1044]

Soweit die Annahme der Freiwilligkeit der individualvertraglichen Vereinbarung im Sinne des § 4 Abs. III TVG und die hieraus folgende Anerkennung eines Gestal-

---

[1041] *Mäckler*, Das Günstigkeitsprinzip – Verzicht auf geldwerte Leistungen gegen Beschäftigungsgarantie?, in: Arbeitsrecht und Arbeitsgerichtsbarkeit, FS zum 50-jährigen Bestehen der Arbeitsgerichtsbarkeit in Rheinland-Pfalz, S. 381ff. (392).

[1042] Vgl. dazu schon oben unter § 5 III 4 und 5, S. 150ff.

[1043] *Zöllner*, AcP 196 (1996), S. 1ff. (32) allgemein zur gerichtlichen Kontrolle von unter den Bedingungen der Imparität getroffenen vertraglichen Vereinbarungen: „Deutlich sollte jedenfalls sein, dass solcher Zwang, der vom Gegenüber weder ausgeht noch von ihm ausgenutzt wird, nicht ohne weiteres den Vertragsinhalt richterlicher Kontrolle unterwirft...".

[1044] Vgl. *Thüsing*, FS-Wiedemann, S. 559ff. (583) betreffend den „Burda-Fall" sowie *Picker*, NZA 2002, S. 761ff. (768), dort allerdings allgemein zum Kompensationsgedanken.

tungsspielraums der Vertragsparteien an diesen Befund anknüpft und nicht aus sich heraus - wie das Optionsmodell mit Rückkehroption - einen angemessenen Ausgleich zwischen individualvertraglicher Gestaltungsfreiheit und tarifvertraglicher Schutzfunktion gewährleistet, bedarf es zur Vermeidung einer arbeitgeberseitigen Missbrauchsgefahr und einer hieraus folgenden unverhältnismäßigen Beeinträchtigung der Funktionsfähigkeit der Tarifautonomie jedoch einer Beschränkung des Gestaltungsspielraums der Arbeitvertragsparteien nach Anlass und Umfang unter dem Gesichtspunkt einer hinreichend sicheren Feststellung der Gefährdung der Betriebsexistenz nach objektiven Kriterien.[1045] Nur bei tatsächlichem Vorliegen einer Gefährdung der Betriebsexistenz liegt ein Funktionsdefizit des Tarifvertrages im oben genannten Sinne vor, infolge dessen der Arbeitnehmer entscheiden können muss, ob er zur Rettung des Betriebes eine Lohneinbuße hinzunehmen bereit ist, oder ob er die Schließung des Betriebes und den Verlust des Arbeitsplatzes in Kauf nimmt. Der Akzent liegt bei dieser Situation in der Fähigkeit des Individuums, innerhalb der beschränkten Handlungsmöglichkeiten – vorübergehende Lohnsenkung zur Rettung des Arbeitsplatzes bzw. Betriebes einerseits und etwaige anderweitige Beschäftigungsmöglichkeiten zu Tariflohnbedingungen andererseits - die Variante auszusuchen, die den persönlichen Nutzen maximiert.[1046] Die Entscheidungsfreiheit des Arbeitnehmers fungiert insoweit als Garant einer pareto-optimalen Ausgestaltung des Vertragsverhältnisses.[1047]

b) Übereinstimmende Feststellung der drohenden Betriebsstillegung durch Unternehmensleitung und Betriebsrat als Anknüpfungspunkt

Als objektives Kriterium kommt hier die übereinstimmende Feststellung einer Gefährdung der Betriebsexistenz, einer bevorstehenden Stillegung des Betriebs oder einer geplanten Verlagerung der Produktion an einen ausländischen Standort unter den Voraussetzungen tariflicher Entlohnung durch Unternehmensleitung und Betriebsrat in Betracht.[1048] Für eine derartige gemeinsame Feststellung ist im Mitbe-

---

[1045] Auch nach *Mäckler*, Das Günstigkeitsprinzip – Verzicht auf geldwerte Leistungen gegen Beschäftigungsgarantie?, in: Arbeitsrecht und Arbeitsgerichtsbarkeit, FS zum 50-jährigen Bestehen der Arbeitsgerichtsbarkeit in Rheinland-Pfalz, S. 381ff. (392) ist in diesem Bereich die eigentliche Missbrauchsproblematik angesiedelt.

[1046] *Konzen*, ZfA 1991, S. 379ff. (390).

[1047] Vgl. hierzu *Thüsing*, FS-Wiedemann, S. 559ff. (569).

[1048] Vgl. „Den Platz im Korridor suchen“, in: FAZ vom 5.6.1993, S. 13: Feststellung des Vorliegens einer wirtschaftlichen Notlage und „akut erkennbaren Gefahren für die Beschäftigung“; vgl. auch *Junker*, ZfA 1996, S. 383ff. (413); *Trappehl/Lambrich*, NJW 1999, S. 3217ff. (3221); auch *Löwer* in v. Münch/Kunig, GG, Bd. 1, Art. 9, Rn. 80, Stichwort „Öffnungsklauseln“ hält es verfassungsrechtlich unter dem Gesichtspunkt der Funktionsfähigkeit der Tarifautonomie für unbedenklich, den Vertragsparteien in diesen Fällen einen Gestaltungsspielraum zu eröffnen, soweit derartige Vereinbarungen an bestimmte Tatbestandsvoraussetzungen gebunden sind, namentlich eine derartige gemeinsame Feststellung von Unternehmensleitung und Betriebsrat. Ablehnend gegenüber dem Kriterium

stimmungsrecht bereits eine Grundlage gelegt, soweit nach §§ 87 Abs. I Nr. 3, 111 ff. BetrVG wirtschaftliche Krisen und diesbezüglich in Betracht kommende Maßnahmen des Unternehmens durch Arbeitgeber und Betriebsrat im kooperativen Zusammenwirken bewältigt werden sollen.

Angesichts demokratischer Elemente der Betriebsverfassung ist die Annahme gerechtfertigt, dass der Betriebsrat eine derartige Feststellung, die – soweit hieran die Öffnung eines Gestaltungsspielraums der Arbeitsvertragparteien geknüpft wird – den Abschluss nominal untertariflicher Lohnvereinbarungen gestattet, nicht treffen wird, soweit es mangels Vorliegens eine Betriebskrise an einer tatsächlichen Gefährdung der Arbeitsplätze fehlt.[1049] Die Feststellung des Betriebsrates wirkt damit einem Missbrauch des Beschäftigungspaktes entgegen und beschränkt die Einschränkung der Normwirkung des § 4 Abs. I TVG über das Günstigkeitsprinzip auf derartige Krisenfälle, in denen der Schutz der Normwirkung zugunsten des Arbeitnehmers bezüglich der Lohnvereinbarung im Bezug auf das einzelne Arbeitsverhältnis versagt. Angesichts der wesentlich stärkeren Verhandlungsposition des Betriebsrates gegenüber dem Arbeitgeber[1050] und der demokratischen Elemente der Betriebsverfassung kommt dieser Feststellung des Betriebsrates zudem eine höhere Indizwirkung der Richtigkeitsgewähr zugunsten der arbeitnehmerseitigen Freiwilligkeit der individualvertraglichen beschäftigungssichernden Vereinbarung zu als der Entscheidung des einzelnen Arbeitnehmers für die Lohnkürzung als solcher.[1051] Die freie Zustimmung des Betriebsrates macht eine Missbrauchskontrolle wegen Übermacht des Arbeitgebers im Verhältnis zur Belegschaft jedenfalls im Hinblick auf die ursprüngliche beschäftigungssichernde Intention der Vereinbarung mithin weitgehend entbehrlich.[1052]

und Betriebsrat. Ablehnend gegenüber dem Kriterium der Zustimmung des Betriebsrates *Dieterich*, RdA 2002, S. 1ff. (15).

1049 *Schmidt*, Günstigkeitsprinzip, S. 131, dort zu der nach dessen Auffassung trotz § 77 Abs. III BetrVG zulässigen unmittelbaren Gestaltung der Lohnvereinbarungen durch Betriebsvereinbarung nach Maßgabe des § 4 Abs. III TVG; vgl. dazu eingehend unten § 9 I, S. 236.

1050 So sind etwa die Mitglieder des Betriebsrates individuell durch § 15 Abs. I KSchG mit einem besonderen Kündigungsschutz ausgestattet und genießen durch §§ 103, 37 Abs. IV und V BetrVG einen umfangreichen Diskriminierungsschutz. Sie bieten insoweit für eine arbeitgeberseitige Beeinflussung der Entscheidungsfindung durch Druckmittel kaum eine Angriffsfläche. Dennoch ist davon auszugehen, dass der Betriebsrat nicht in gleicher Weise vom Arbeitgeber unabhängig ist wie tariffähige Koalitionen.

1051 *Martens*, FS-Zeuner, S. 101ff. (114) zu einer derartigen Stellungnahme des Betriebsrats: „Auch dessen Zustimmung schließt nicht automatisch jegliche Günstigkeitskontrolle aus. Aber sie bietet doch eine weitergehende Richtigkeits- und Günstigkeitsgewähr als das Einverständnis des einzelnen Arbeitnehmers“; ähnlich *Th. B. Schmidt*, Günstigkeitsprinzip, S. 131; *Reuter*, RdA 1991, S. 193ff. (202) spricht aufgrund dieser Elemente der Betriebsverfassung einer Betriebsvereinbarung sogar generell eine „Vermutung der Richtigkeit“ zu, die „die des Tarifvertrages deutlich übertrifft.“

1052 *Reuter*, FS-Wiedemann, S. 449ff. (490).

Die Feststellung eines drohenden Konkurses oder einer bevorstehenden Betriebsstillegung dürfte auch mit ausreichender Sicherheit möglich sein.[1053] Erscheint die Unternehmensbilanz als Beurteilungsgrundlage aufgrund etwaiger Manipulationsmöglichkeiten als unzureichend[1054] oder stellt sich die Beurteilung für den Betriebsrat als zu komplex dar, so steht es diesem frei, die Stellungnahme zu der Betriebskrise von der Betriebsprüfung durch eine neutrale Prüfungsinstanz, d.h. etwa Wirtschaftsprüfungsgesellschaften abhängig zu machen.[1055] Auch die Deregulierungskommission hatte 1991 im Rahmen ihres Vorschlages gesetzlicher Öffnungsklauseln eine Anlehnung der materiell-rechtlichen Definition einer wirtschaftlichen Notlage an die Rechtsprechung zu § 7 Abs. I BetrAVG[1056] in seiner damaligen Fassung angeregt.[1057] Nach dieser hatte der Arbeitgeber im Falle der Leistungsverweigerung wegen einer wirtschaftlichen Notlage i.S.d. § 7 Abs. I S. 3 Nr. 5 BetrAVG a.F. mit den Mitteln der modernen Betriebswirtschaft nachzuweisen, dass eine wirtschaftliche Notlage vorliege. Zu einem solchen Nachweis gehöre, dass eine von einem unparteiischen Sachverständigen erstellte Betriebsanalyse die wirtschaftliche Notlage und deren Ursachen im Einzelnen darlege.[1058] Ferner müsse ein Sanierungsplan erstellt werden, der eine gerechte Lastenverteilung unter Heranziehung sämtlicher Beteiligten vorsehe.[1059]

[1053] Vgl. zum Beurteilungsmaßstab *Henssler*, ZfA 1994, S. 487ff. (501/502); vgl. ferner *Beuthien/Meik*, DB 1993, S. 1518ff. (1519).

[1054] So etwa *Henssler*, ZfA 1994, S. 487ff. (501/502); demgegenüber halten *Beuthien/Meik*, DB 1993, S. 1518ff. (1519) die Unternehmensbilanz als Einschätzungsgrundlage offenkundig für hinreichend.

[1055] Vgl. *Henssler*, ZfA 1994, S. 487ff. (502).

[1056] § 7 Abs. I BetrAVG in der Fassung vom 19.12.1974, gültig bis 31.12.1998:
„(1) Versorgungsempfänger, deren Ansprüche aus einer unmittelbaren Versorgungszusage des Arbeitgebers nicht erfüllt werden, weil über das Vermögen des Arbeitgebers oder über seinen Nachlass das Konkursverfahren eröffnet worden ist, und ihre Hinterbliebenen haben gegen den Träger der Insolvenzsicherung einen Anspruch in Höhe der Leistung, die der Arbeitgeber auf Grund der Versorgungszusage zu erbringen hätte, wenn das Konkursverfahren nicht eröffnet worden wäre. [...]
Der Eröffnung des Konkursverfahrens stehen bei der Anwendung der Sätze 1 und 2 gleich
1. – 4. [...]
5. die Kürzung oder die Einstellung von Versorgungsleistungen wegen wirtschaftlicher Notlage des Arbeitgebers, soweit dies durch rechtskräftiges Urteil eines Gerichts für zulässig erklärt worden ist.
Im Falle des Satzes 3 Nr. 5 kann der Träger der Insolvenzsicherung auch ohne das Vorliegen eines rechtskräftigen Urteils leisten, wenn er die Kürzung oder die Einstellung von Versorgungsleistungen wegen wirtschaftlicher Notlage des Arbeitgebers für zulässig erachtet".
Der Sicherungsfall der wirtschaftlichen Notlage wurde in der seit 1.1.1999 in Kraft getretenen Neufassung des § 7 BetrAVG gestrichen.

[1057] Deregulierungskommission, in: Marktöffnung und Wettbewerb 1991, S. 150.

[1058] BAG DB 1993, S. 1927ff. (1928); BAG DB 1972, S. 491ff. (492); vgl. zum Ganzen *Freihube*, Probleme der Tarifbindung, S. 210/211; *Konzen*, in: Tarifautonomie auf dem Prüfstand, S. 35.

[1059] BAG DB 1993, S. 1927ff. (1928) m.w.N.

Vor diesem Hintergrund kann nicht eingewandt werden, das Vorliegen einer wirtschaftlichen Notlage sei generell oder zumindest für den Betriebsrat nicht mit hinreichender Sicherheit feststellbar.[1060] Auch wird niemand ernsthaft befürchten, die Unternehmen ließen sich reihenweise vorsätzlich in den Konkurs treiben, um so bewusst die Voraussetzungen für einen arbeitnehmerseitigen Lohnverzicht herzustellen.[1061]

Räumt die individualvertragliche Vereinbarung eines untertariflichen Lohnes zur Beschäftigungssicherung dem Arbeitnehmer keine jederzeitige Rückkehroption auf die tarifvertragliche Lohnregelung ein, sondern bindet diesen befristet an die vereinbarte Lohnkürzung, bedarf es für deren Wirksamkeit nach Maßgabe des § 4 Abs. III TVG einer übereinstimmenden Feststellung von Unternehmensleitung und Betriebsrat, dass und in welchem Umfang es der Kürzung des Tariflohnes zur Rettung des Betriebes oder zur Vermeidung von Massenentlassungen bedarf.

c) Eingreifen der AGB-Kontrolle gem. §§ 307 Abs. I, Abs. III, 310 Abs. IV S. 3 BGB bei Anknüpfung der Vereinbarung an die Feststellung einer wirtschaftlichen Notlage durch den Betriebsrat

Auch wenn mit der Stellungnahme des Betriebsrates eine Kontrolle im Hinblick auf das Nichtvorliegen eines einseitigen Missbrauchs eröffneter individualvertraglicher Gestaltungsspielräume gegeben ist und die privatautonome Entscheidung des Arbeitnehmers für den Abschluss der Vereinbarung als solche regelmäßig als privatautonome Entscheidung über § 4 Abs. III TVG anzuerkennen ist, rechtfertigt es die arbeitsvertragliche Bezugnahme auf die Stellungnahme des Betriebsrates im Hinblick auf den Umfang der erforderlichen Lohnsenkung, das Merkmal eines „Aushandelns“ der einzelnen Vertragsbedingungen zwischen den Arbeitsvertragsparteien selbst im Sinne des § 305 Abs. I S. 3 BGB als nicht erfüllt anzusehen. Die Vereinbarung kann folglich zwar nach § 4 Abs. III TVG Geltung gegenüber dem Tarifvertrag beanspruchen, unterliegt jedoch einer Inhaltskontrolle nach Maßgabe der §§ 305ff. BGB.[1062] Eine unangemessene Benachteiligung der Vertragspartei im Sinne des § 307 Abs. I BGB durch die entsprechende Klausel ist dabei insbesondere dann anzunehmen, wenn der Verwender durch einseitige Vertragsgestaltung missbräuchlich eigene Interessen auf Kosten seines Vertragspartners durchzusetzen

[1060] Vgl. zu weiteren Vorschlägen zur Gewährleistung hinreichender objektiven Anknüpfungsmöglichkeiten bei der Feststellung wirtschaftlicher Notlagen des Unternehmens *Freihube*, Probleme der Tarifbindung, S. 210ff.

[1061] Vgl. *Th. B. Schmidt*, Günstigkeitsprinzip, S. 129.

[1062] Vgl. zur AGB-Kontrolle im Arbeitsrecht nach der am 1.1.2002 in Kraft getretenen Schuldrechtsreform schon oben, § 5 III 3 c, S. 141ff.

versucht, ohne von vornherein auch dessen Belange hinreichend zu berücksichtigen und ihm einen angemessenen Ausgleich zuzugestehen.[1063]

Eine unangemessene Benachteiligung des Arbeitnehmers in diesem Sinne ist anzunehmen, wenn dem Arbeitnehmer unter dem Etikett eines Beschäftigungspaktes Konzessionen abverlangt werden, derer es zur Rettung des Arbeitsplatzes oder des Betriebs nicht bedarf. Aus dem beschäftigungssichernden Charakter der Vereinbarung folgt, dass ein angemessener Ausgleich der Interessen und eine hinreichende Berücksichtigung der Belange des Arbeitnehmers nur dann gegeben ist, wenn sich die Lohnsenkung zur Beschäftigungssicherung im Hinblick auf Dauer und Umfang im Rahmen dessen hält, was zum Zwecke der Beschäftigungssicherung geboten ist. Hieraus folgt zunächst, dass eine Bindung des Arbeitnehmers an die einzelvertraglich vereinbarte Lohnsenkung nur solange erfolgen kann, wie die Feststellung des Betriebsrates zur Erforderlichkeit einer Lohnanpassung zur Rettung des Betriebes oder zur Vermeidung von Massenentlassungen Bestand hat.[1064] Die individualvertragliche Vereinbarung hält daher einer Inhaltskontrolle im Sinne des § 307 Abs. I BGB nur stand, soweit ihre Geltung vertraglich an den Bestand der Feststellung des Betriebsrates geknüpft wird. Hebt der Betriebsrat sein Votum zugunsten der beschäftigungssichernden Vereinbarung aufgrund einer Änderung der wirtschaftlichen Bedingungen des Betriebes auf, so muss auch die Bindung des Arbeitnehmers an die individualvertragliche untertarifliche Lohnvereinbarung enden. Auch hier ist durch die beschriebenen Rahmenbedingungen des BetrVG hinreichend gewährleistet, dass der Betriebsrat sein Votum nicht länger und stets nur in dem Umfang aufrechterhalten wird, in dem die beschäftigungs- und bestandsgefährdende Krise des Unternehmens andauert.

Zum anderen folgt aus diesen Erwägungen, dass bereits die übereinstimmende Feststellung von Unternehmensleitung und Betriebsrat den Umfang der erforderli-

[1063] BGH NJW 2000, S. 1110ff. (1112).

[1064] Dies entspricht auch den Empfehlungen des Deutschen Juristentages an den Gesetzgeber zur Öffnung des Tarifvertragswesen zugunsten beschäftigungssichernder Betriebsvereinbarungen: „Den Betriebsparteien sollte durch Novellierung des § 4 Abs. III TVG und des § 77 Abs. III BetrVG gestattet werden, in einer konkret festzustellenden Notsituation durch Betriebsvereinbarung tarifliche Leistungen vorübergehend herabzusetzen, wobei ein solcher Notfall nur anzunehmen ist, wenn das Unternehmen in seiner Existenz bedroht ist oder erhebliche Teile der Belegschaft ihren Arbeitsplatz zu verlieren drohen"; vgl. Beschlüsse des 61. DJT Karlsruhe 1996, abgedruckt in DB 1996, S. 2030f. (2030/2031), dort Nr. 3; auch die zeitlich befristete Bindung des Arbeitnehmers an individualvertragliche Vereinbarungen zur beschäftigungssichernden Lohnsenkung unter Anknüpfung an eine gemeinsame Feststellung der bestandsgefährdenden Unternehmenskrise durch Unternehmensleitung und Betriebsrat ist nach ihrer Zweckbestimmung nach Anlass und Umfang der Lohnsenkung auf derartige Notfälle zu beschränken. Jedenfalls unter diesen Voraussetzungen würde einer derartigen Gestaltung wohl auch nach Auffassung des Deutschen Juristentages jedenfalls nicht der Einwand einer nachhaltigen Beeinträchtigung der Tarifautonomie entgegenstehen.

chen Lohnkürzung zur Rettung des Betriebes festlegen muss. Die individualvertragliche Vereinbarung hat an der durch die Feststellung des Betriebsrates vermittelten Richtigkeitsgewähr nur Teil, soweit sich der Umfang der individualvertraglichen Lohnkürzung im Rahmen dessen hält, was Unternehmensleitung und Betriebsrat übereinstimmend als zur Beschäftigungssicherung erforderliche Lohnsenkung festgestellt haben.[1065] Nur dann ist gewährleistet, dass die Lohnsenkung sich innerhalb des zum Zwecke der Beschäftigungssicherung Angemessenen hält und dem Arbeitnehmer keine darüber hinausgehenden Konzessionen abverlangt werden, die den Befund einer unangemessenen Benachteiligung des Arbeitnehmers im Sinne des § 307 Abs. I BGB rechtfertigen würden.

d) Vereinbarkeit mit § 77 Abs. III BetrVG

Angesichts der Mitwirkung des Betriebsrates stellt sich die Frage der Vereinbarkeit dieser Konstruktion mit der in § 77 Abs. III TVG angeordneten Sperrwirkung des Regelungsinstruments des Tarifvertrages gegenüber der Betriebsvereinbarung.

Hier ist jedoch zu beachten, dass Unternehmensleitung und Betriebsrat mit der beschriebenen übereinstimmenden Feststellung nicht selbst Arbeitsbedingungen regeln. Die Herabsetzung der tariflichen Leistungen erfolgt nicht unmittelbar und unabhängig von einer rechtsgeschäftlichen Mitwirkung des Arbeitnehmers, sondern erst durch die individualvertragliche Vereinbarung der Arbeitsvertragsparteien unter Bezugnahme auf die gemeinsame Feststellung der bestandsgefährdenden Unternehmenskrise durch Arbeitgeber und Betriebsrat.[1066] Rechtlich ausschlaggebend ist insoweit die Zustimmung des individuellen Arbeitnehmers zur entsprechenden Änderung seines Arbeitsvertrages.[1067]

Eine Kollision mit § 77 Abs. III BetrVG liegt somit nicht vor, weil die Betriebsparteien nicht unmittelbar und mit normativer Wirkung im Sinne einer Betriebsvereinbarung auf das Arbeitsverhältnis einwirken.[1068]

[1065] Nur in diesem Umfang tritt neben das Freiwilligkeitsindiz des Einverständnisses des Arbeitnehmers zusätzlich die „weitergehende Richtigkeits- und Günstigkeitsgewähr" (vgl. *Martens*, FS-Zeuner, S. 101ff. [114]) der Zustimmung des Betriebsrates.

[1066] *Möschel*, BB 2002, S. 1314ff. (1317); so auch *Buchner*, DB 1996, Beilage 12, S. 14 zu der parallelen Sachverhaltslage einer durch Betriebsvereinbarung eröffneten Option der Arbeitnehmer zwischen Beschäftigungssicherung und Tarifstatus.

[1067] *Möschel*, BB 2002, S. 1314ff. (1317).

[1068] Die Sperrwirkung des § 77 Abs. III TVG ist darüber hinaus gerade in jüngster Zeit zunehmend in die Kritik geraten, vgl. etwa *Ehmann/Lambrich*, NZA 1996, S. 346ff. (352f.) sowie eingehend unten § 9 II 1 a und b, S. 247ff.

e) Quorum von 75% der Betriebsangehörigen zugunsten untertariflicher beschäftigungsichernder Lohnvereinbarungen als Tatbestandsmerkmal der Günstigkeit?

Im Jahre 2000 stellte die F.D.P im deutschen Bundestag einen Antrag betreffend die Reform des Tarifvertragsrechts.[1069] Der Antrag sah eine Erweiterung des Günstigkeitsprinzips durch eine Ergänzung des § 4 Abs. III TVG dahingehend vor, dass sich ein Lohnverzicht der Arbeitnehmer oder eine längere Arbeitszeit dann als günstiger darstellen, wenn dies den Erhalt des Arbeitsplatzes sichert und 75% der abstimmenden Mitarbeiter dem zugestimmt haben.[1070] Die Verankerung eines derartigen Referendums zur Gewährleistung der Justiziabilität des Ausnahmetatbestands einer „betrieblichen Notlage" war zuvor auch in der rechtswissenschaftlichen Literatur bereits zur Diskussion gestellt worden.[1071] Soweit der Vorschlag der F.D.P. zugleich auch auf eine Einschränkung der Regelungssperre des § 77 Abs. III BetrVG abzielt, ist dies Gegenstand gesonderter Erörterung.[1072]

Im Kontext des § 4 Abs. III TVG fügt sich jedoch das Kriterium eines Quorums von 75% der abstimmenden Mitarbeiter im Hinblick auf eine Indizwirkung zugunsten der Freiwilligkeit der individualvertraglichen Vereinbarung in die bisherigen Ausführungen zur Auslegung des sog. Günstigkeitsprinzips ein. Wo sich die Entscheidung der Arbeitnehmer zugunsten einer Absenkung des Tariflohns zur Sicherung des Arbeitsverhältnisses ausweislich einer Zustimmung von 75% der abstimmenden Belegschaft offenkundig als die Verwirklichung eines sinnvollen, deshalb rational nachvollziehbaren Marktverhaltens erweist,[1073] ist für die Annahme, das Vorliegen einer Vereinbarung untertariflicher Löhne sei per se Beleg faktischer arbeitgeberseitiger Fremdbestimmung, kein Raum.

[1069] Vgl. BT-Drucksache 14/2612.

[1070] Vgl. BT-Drucksache 14/2612, S. 2; in einem weiteren Antrag aus dem Jahre 2001 (BT-Drucksache 14/5764) verzichtete die F.D.P. hingegen auf das Erfordernis eines Quorums von 75% der Mitarbeiter und regte eine Erweiterung des § 4 Abs. III TVG in der Weise an, dass sich ein Lohnverzicht oder eine längere Arbeitszeit schon dann als günstiger darstellt, wenn dies den Erhalt der Arbeitsplätze sichert, vgl. BT-Drucksache 14/5764, S. 3 unten). Parallel hierzu knüpfte die F.D.P. jeweils in einem weiteren Punkt des Antrags eine Einschränkung der Regelungssperre des § 77 Abs. III BetrVG an eine derartige Abstimmungsmehrheit in der Belegschaft, vgl. dazu unten § 9 II 1 b, S. 247f.

[1071] *Konzen*, NZA 1995, S. 913ff. (919); aufgegriffen mit einem ausformulierten Regelungsvorschlag von *Hromadka*, NZA 1996, S. 1233ff. (1239); dagegen *Dieterich*, RdA 2002, S. 1ff. (15); *Kittner*, FS-Schaub, S. 389ff. (418); skeptisch auch *Henssler*, ZfA 1994, S. 487ff. (506f.); *Junker*, ZfA 1996, S. 383ff. (396f.); *Möschel*, BB 2002, S. 1314ff. (1318), der jedoch eine Verfahrenslösung für möglich hält, wonach der individuelle Arbeitnehmer für sich bestimmt, was als günstiger zu gelten hat.

[1072] Vgl. unten § 9 II 1 b, S. 247f.

[1073] Vgl. *Thüsing*, FS-Wiedemann, S. 559ff. (583) betreffend den „Burda-Fall" sowie *Picker*, NZA 2002, S. 761ff. (768), dort allerdings allgemein zum Kompensationsgedanken.

Dies gilt insbesondere vor dem Hintergrund der Erwägung, dass eine derartige Abstimmung unter der Belegschaft anonym ausgestaltet werden kann. Soweit der Arbeitnehmer aufgrund der Anonymität der Stimmabgabe keine personenbezogenen Repressalien des Arbeitgebers zu fürchten hat, wenn er sich gegen eine Absenkung des Tariflohns ausspricht, ist die Aussagekraft einer derartigen Abstimmung zur Ermittlung des - im Wege unbeeinträchtigter Selbstbestimmung gebildeten - wirklichen Willens in der Arbeitnehmerschaft hoch anzusetzen.[1074] Kommt es auf dieser Grundlage zu der individualvertraglichen Vereinbarung der abstimmungsgegenständlichen Lohnsenkung, so ist das Quorum folglich aussagekräftiges Indiz, dass sich die Vereinbarung als das Resultat einer freien Selbstbestimmung auch auf Arbeitnehmerseite darstellt. Eben dies ist jedoch ausweislich der verfassungsrechtlichen Grundlegung der Privatautonomie im Verhältnis zur Tarifautonomie entscheidender Anknüpfungspunkt für die Anerkennung individualvertraglicher Gestaltungsmacht und ihrer Durchsetzung gegenüber der kollektiven Privatautonomie im Kontext des § 4 Abs. III TVG.

Soweit in der Literatur der Gedanke der Unmündigkeit der Arbeitnehmer auch vor diesem Hintergrund mit dem Hinweis aufrechterhalten wird, die Arbeitnehmer seien prinzipiell außerstande zu beurteilen, ob - insb. bei der Ankündigung einer in Frage stehenden Verlagerung von Produktionsstandorten in das Ausland bei Großkonzernen - eine tatsächliche wirtschaftliche Drucksituation des Unternehmens und eine hieraus folgende Gefährdung der Arbeitsverhältnisse vorliege oder ob es sich lediglich um das Vorschieben einer unternehmenspolitisch und betriebsökonomisch in Abhängigkeit vom betrieblichen Lohnniveau gerade nicht zwingenden Maßnahme handelt,[1075] trägt dieses Argument nicht. Gerade in mittelständischen und großen Betrieben steht den Arbeitnehmern der Betriebsrat zur Seite, der hier aufklärend und beratend tätig werden und als Grundlage eine eigene Beurteilung zu der Frage abgeben kann. Des weiteren bleibt festzuhalten, dass auch die Gewerkschaften bei Abschluss von Haustarifverträgen oder der Frage einer stillschweigenden Duldung tarifwidriger Lohnvereinbarungen zum Zwecke des Erhalts deutscher Unternehmensstandorte gleichsam vorgeschaltet die Frage werden beurteilen müssen, ob eine Verlagerung des Standortes tatsächlich droht.

Soweit die Gewerkschaften - obwohl für die Betriebsräte insoweit die größere Sachnähe und die ausschließliche Betriebsbezogenheit der Interessenwahrnehmung

---

[1074] Anderer Ansicht insoweit *Dieterich*, RdA 2002, S. 1ff. (15): Zwar könne ein Zugeständnis dieser Art und mit solcher Einhelligkeit nur erwartet werden, wenn sich alle betroffenen Arbeitnehmer in einer existenziellen Zwangslage fühlen. Eine solche Drucksituation hänge jedoch keinesfalls allein von der wirtschaftlichen Lage eines Unternehmens ab, sondern könne unternehmenpolitisch insbesondere bei Großkonzernen etwa mit der Androhung einer Auslagerung von Produktionen oder Geschäftszweigen in das Ausland mühelos erzeugt werden.

[1075] So offenbar *Dieterich*, RdA 2002, S. 1ff. (15).

streitet - hier eine alleinige oder zumindest ungleich höhere Sachkompetenz zur Beurteilung dieser Frage reklamieren, bleibt es auch diesen unbenommen, in den Betrieben im Vorfeld derartiger Abstimmungen eine entsprechende Aufklärung der Arbeitnehmer zu leisten. Es geht nicht an, der Abstimmung der Belegschaft mithilfe des hier reklamierten informativen oder gar intellektuellen Defizits die Relevanz abzusprechen und eine alleinige Sachkompetenz der Gewerkschaften zu propagieren, wenn ersterem Umstand - unter weitgehender Erhaltung der privatautonomen Entscheidungs- und Gestaltungsbefugnis der Arbeitnehmer - durch entsprechende beratende Begleitung im Vorfeld des Abstimmungsprozesses seitens der Arbeitnehmerverbände als „milderes Mittel" abgeholfen werden kann.[1076] Es verbleibt dann für die Gewerkschaften das Risiko, dass sich die Belegschaft in entsprechender Mehrheit gleichwohl entgegen dem Votum der Gewerkschaft für die Lohnsenkung entscheidet; indes ist dies notwendige Konsequenz der Anerkennung der Selbstbestimmung des Arbeitnehmers, deren Verwirklichung die Koalitionsfreiheit in ihrer Ausprägung als Individual- wie auch als Kollektivgrundrecht gerade zu dienen bestimmt ist.

Stimmen die solchermaßen durch Betriebsrat und/oder Gewerkschaft „aufgeklärten" Arbeitnehmer in einer – die unbeeinträchtigte Willensbildung gewährleistenden weil anonymen – Abstimmung mit einer Mehrheit von mindestens 75% zu, so sind keine intellektuellen oder auf störender fremdbestimmender Einflussnahme basierenden Defizite erkennbar, die das Judiz rechtfertigen, dem Quorum komme „nicht die geringste legitimierende Aussagekraft"[1077] zu.[1078]

[1076] Namentlich die IG-Metall weist in ihrem Zukunftsmanifest „Offensive 2010" unter dem Stichpunkt „Mitgliederorientierung und Beteiligung" darauf hin, dass ein Lernprozess hin zu einer „Kultur der Beteiligung" der Arbeitnehmer stattfinden müsse und das zu ihren Hauptleistungen neben dem Abschluss von Tarifverträgen gerade auch die Bereitstellung von Beratungsleistungen und Hilfestellungen rund um das Thema Arbeit gehöre, vgl. *IG-Metall*, Offensive 2010, S.52, Nr. 133 und 134.

[1077] So aber *Dieterich*, RdA 2002, S. 1ff. (15).

[1078] Soweit sich die Kritiker hier darauf stützen, in den beiden prominentesten Fällen untertariflicher betrieblicher Lohnvereinbarungen, dem Fall der Viessmann-Werke GmbH und der Burda-GmbH seien die Unternehmen gerade nicht in wirtschaftlichen Schwierigkeiten gewesen (Vgl. etwa *Dieterich*, RdA 2002, S. 1ff. [15]) mag man zu Recht die betriebsökonomisch rationale wenn auch für die deutsche Tariflohnpolitik unerfreuliche Entwicklung beklagen, dass in Zeiten der Globalisierung der Märkte und abnehmender Produktionstiefe der Unternehmen – bei börsennotierten Unternehmen insbesondere auch unter dem Druck des Börsenkurses – die Tendenz besteht, auch ohne eine bereits existierende akute wirtschaftliche Notlage aus unternehmenspolitischen Gründen eine Verlagerung der Produktion an Standorte mit niedrigeren Lohnkosten außerhalb des Geltungsbereichs des deutschen Tarifrechts zu erwägen. Das hier zutage tretende Problem hat seine Ursache in der Unvollständigkeit des Tarifkartells, das – anders als bei der Beschränkung der Betrachtung auf den Geltungsbereich des deutschen Tarifrechts – im Hinblick auf den internationalen Standortvergleich die Fähigkeit verliert, den Löhnen den Charakter wettbewerbsneutraler Kosten zu verleihen, die ohne weiteres an den

Unbestritten kommt den Gewerkschaften die wichtige Aufgabe zu darüber zu wachen, dass sich entsprechende Zugeständnisse beim Lohn nach Anlass und Umfang auf das zur Erhaltung des Standortes notwendige Maß beschränken. Es ist auf der Grundlage des dargestellten Abstimmungsmodells jedoch nicht begründbar, warum dies gerade unter kategorischem Ausschluss der Präferenz und Entscheidungsbefugnis der Mehrheit der betroffenen Mitglieder des Betriebes - als derjenigen, bei denen die Entscheidung in Gestalt von Lohneinbußen einerseits oder aber in einem Verlust des Arbeitplatzes andererseits Wirkung zeitigt - erfolgen muss.[1079]

Gerade hieraus folgt zugleich, dass ein derartiges Quorum keine Lohnsabsenkung ohne entsprechende individualvertragliche Willensbetätigung des individuellen Arbeitnehmers – etwa durch Betriebsvereinbarung – ermöglichen kann.[1080] Es bedarf vielmehr der individualvertraglichen Umsetzung der Lohnsenkung, wobei das Abstimmungsergebnis starke Indizwirkung für eine Anerkennung der individualvertraglichen Vereinbarung als Resultat faktischer individueller Selbstbestimmung auch auf Arbeitnehmerseite entfaltet.

Des weiteren wird sich auch hier – insoweit wird auf die Ausführungen zur Indizwirkung einer Stellungnahme des Betriebsrates verwiesen[1081] - die Vereinbarung gleichwohl als unangemessene Benachteiligung des Arbeitnehmers und unverhältnismäßige Beeinträchtigung der Koalitionsfreiheit darstellen, soweit sie den Arbeitnehmer auch bei Wegfall der betrieblichen Notlage weiterhin unbefristet bindet. Die individualvertragliche Vereinbarung muss auch hier so ausgestaltet sein, dass der Arbeitnehmer durch einseitige Erklärung auf das tarifvertragliche Lohnniveau zurückkehren kann, soweit in einer neuerlichen Abstimmung die Belegschaft ihr Votum zugunsten der beschäftigungssichernden Vereinbarung nicht mit der erfor-

---

Verbraucher weitergegeben werden können. Dem daraus folgenden Standortwettbewerb – der sich durchaus zu einem spürbaren wirtschaftlichen Druck auf die Arbeitgeber zum Standortwechsel verdichten kann - könnte alleine durch eine Ausdehnung des Tarifkartells insbesondere auf sog. Niedriglohnländer, d.h. auf internationaler Ebene begegnet werden. Die hieraus folgende tatsächliche Gefährdung des jeweiligen Standorts und der betroffenen Arbeitsverhältnisse erweist sich indes als nicht weniger real als bei einer schon akut gewordenen wirtschaftlichen Krise des Unternehmens, so dass die Problematik für die grundsätzliche Beurteilung des „Abstimmungsmodells" ohne spezifischen Erkenntniswert ist.

1079 Wie eine Umfrage der IG Metall unter ihren Mitgliedern und anderen Beschäftigten für das im Juni 2002 vorgestellte Zukunftsmanifest „Offensive 2010" belegt, äußern auch Arbeitnehmer zunehmend ihren Wunsch, ihre eigenen auf den Betrieb bezogene Interessen bekunden zu können. Das Ergebnis der Umfrage ist offenkundig in das Manifest eingeflossen, soweit es dort heißt: „Die IG Metall muss lernen, die Beteiligungswünsche der Mitglieder aktiv aufzunehmen und eine Kultur der Beteiligung zu schaffen. Die traditionellen Formen entsprechen oft nicht dem Wunsch nach unmittelbarer und häufig zeitlich befristeter Mitgestaltung. Für die Betriebspolitik und die örtliche Arbeit brauchen wir Formen unmittelbarer Beteiligung"; vgl. *IG-Metall*, Offensive 2010, S. 52, Nr. 134.

1080 Vgl. dazu unten § 9 II 1 b, S. 247f.

1081 Vgl. oben § 8 II 6 c, S. 221f.

derlichen Mehrheit von 75% aktualisiert hat bzw. eine solche neuerliche Abstimmung nicht spätestens binnen Jahresfrist erfolgt. Ferner muss die Abstimmung eine in ihrem Umfang konkretisierte Lohnsenkung zum Gegenstand haben, in deren Rahmen sich die individualvertragliche Vereinbarung halten muss.

Der vorgeschlagenen gesetzlichen Verankerung dieses Modells im Rahmen des § 4 Abs. III TVG bedarf es indes nicht, wenn man die bestehende Regelung zutreffend nicht im Sinne des tradierten Fehlverständnisses als ausschließlich quantitativen Sachgruppenvergleich auslegt. Soweit der Günstigkeitsvergleich bei Beachtung der gesamtverfassungsrechtlichen Freiheitsentscheidung des Grundgesetzes darauf ausgerichtet sein muss zu ermitteln, ob eine funktionsfähige individuell privatautonome Vertragsgestaltungsfreiheit des Arbeitnehmers bei Vertragsabschluß bestand oder ob die Abweichungen gegenüber dem Tarifvertrag auf der arbeitgeberseitigen Ausnutzung einer überwiegenden Verhandlungsmacht unter Verdrängung der privatautonomen Selbstbestimmung des Arbeitnehmers beruhen,[1082] ist ein derartiges Quorum vielmehr auch schon nach der geltenden Regelung als Indiz anzuerkennen, ausweislich dessen die bezugnehmende individualvertragliche Vereinbarung in der Regel als Ergebnis freier Selbstbestimmung auch auf Arbeitnehmerseite über § 4 Abs. III TVG Geltung zu erlangen vermag.

f) Zwischenergebnis

Eine zeitlich befristete Bindung des Arbeitnehmers an eine abgeschlossene individualvertragliche Vereinbarung untertariflicher Löhne gegen eine arbeitgeberseitige Beschäftigungsgarantie kann nach Maßgabe des § 4 Abs. III TVG und § 307 Abs. I BGB wirksam herbeigeführt werden, soweit die individualvertragliche Vereinbarung der Lohnsenkung in ihrem Bestand an das Vorliegen und den Bestand einer übereinstimmenden Feststellung der beschäftigungs- bzw. betriebsgefährdenden Unternehmenskrise durch Unternehmensleitung und Betriebsrat geknüpft ist und der Umfang der individualvertraglichen Lohnsenkung nominal von dem seitens Arbeitgeber und Betriebsrat festgestellten Lohnsenkungsbedürfnis zum Zwecke der Beschäftigungssicherung gedeckt ist.

Eine individualvertragliche Vereinbarung untertariflichen Lohns ist ferner in der Regel dann als eine „freiwillige" Abweichung zugunsten des Arbeitnehmers im Sinne des § 4 Abs. III TVG anzusehen, wenn sich 75% der abstimmenden Arbeitnehmer des Betriebs für eine entsprechende Lohnsenkung ausgesprochen haben. Die individualvertragliche Vereinbarung muss auch hier so ausgestaltet sein, dass der Arbeitnehmer durch einseitige Erklärung auf das tarifvertragliche Lohnniveau

---

1082 Vgl. *Heinze*, NZA 1991, S. 329ff.(333); auf eine derartige Abschlusskontrolle stellen auch *Hromadka*, DB 1992, S. 1042ff. (1047) und *Martens*, FS-Zeuner, S. 101ff. (111) ab.

zurückkehren kann, soweit in einer neuerlichen Abstimmung die Belegschaft ihr Votum zugunsten der beschäftigungssichernden Vereinbarung nicht mit der erforderlichen Mehrheit von 75% aktualisiert hat bzw. eine solche neuerliche Abstimmung nicht spätestens binnen Jahresfrist erfolgt.

III.) Sozialstaatskonformität des Optionsmodells bei Lohnvereinbarungen im Hinblick auf die Funktionsfähigkeit des Tarifvertragssystems

Auch die beschriebene Anwendung des Optionsmodells auf beschäftigungssichernde individualvertragliche Lohnvereinbarungen im Kontext des § 4 Abs. III TVG ist auf einer zweiten Stufe daraufhin zu untersuchen, ob mit dieser nicht bei einer Gesamtbetrachtung eine nachhaltige Beeinträchtigung der Funktionsfähigkeit der durch Art. 9 Abs. III GG verfassungsrechtlich geschützten Tarifautonomie im Hinblick auf deren sozialstaatliche Schutzfunktion einhergeht.

1) Schutz der Funktionsfähigkeit des Tarifvertragssystems aus Sicht der Arbeitnehmerverbände

a) Bloßer Empfehlungscharakter tariflicher Lohnregelungen?

Bei der Anwendung des Optionsmodells auf individualvertragliche Vereinbarungen untertariflicher Löhne zur Beschäftigungssicherung kann eine nachhaltige Funktionsbeeinträchtigung der Tarifautonomie ebenfalls nicht mit dem Hinweis begründet werden, entgegen der in § 4 Abs. I TVG vorgesehenen Normwirkung tariflicher Lohnvereinbarungen komme diesen nach Maßgabe des Optionsmodells nur noch Empfehlungscharakter zu.[1083]

Nach Maßgabe der Optionsmodells gelten vielmehr als Ausgangslage die tariflichen Lohnregelungen unmittelbar für das Arbeitsverhältnis. Eine Dispositionsbefugnis über die zwingende Wirkung der tariflichen Lohnregelung wird durch das Optionsmodell nur auf Seiten des Arbeitnehmers und nur in dem Umfang eröffnet, dass diesem der Schutz der Normwirkung der tariflichen Lohnregelung aufgrund der Rückkehroption nicht dauerhaft entzogen werden kann. Auch sofern unter Anknüpfung an eine entsprechende Feststellung der bestandsgefährdenden Unternehmenskrise durch den Betriebsrat eine befristete Bindung des Arbeitnehmers an die individualvertragliche Vereinbarung herbeigeführt werden kann, bleibt dem Arbeitnehmer der tarifliche Schutzstandard erhalten, da er mit der Aufhebung der Feststellung der bestandsgefährdenden Unternehmenskrise durch den Betriebsrat, spätestens jedoch mit Ende der Geltungsfrist der individualvertraglichen Vereinbarung wieder zwingend in den Genuss des Tariflohns gelangt, soweit er nicht seiner-

[1083] So aber *Däubler*, DB 1989, S. 2534ff. (2538); *Dieterich*, DB 2001, S. 2398ff. (2402); *Zachert*, DB 1990, S. 986ff. (987).

seits neuerlich individualvertraglich über den Schutz der tariflichen Lohnvereinbarung disponiert.

b) Uneinheitlichkeit der „Tariffront" und der Arbeitskampfbereitschaft auf Seiten der Arbeitnehmerverbände?

Hieraus folgt zugleich, dass auch im Bereich individualvertraglicher Lohnvereinbarungen aufgrund des beschriebenen Optionsmodells nicht mit einer nachhaltigen Schwächung der Verhandlungsmacht der Verbände infolge einer Zersplitterung der Tariffront bezüglich der Arbeitskampfbereitschaft zu rechnen ist.[1084] Wo dem Arbeitnehmer stets eine anwartschaftsähnliche Rechtsposition bezüglich der tariflichen Lohnregelung verbleibt, wird es auch nicht an der Bereitschaft fehlen, die Ziele gewerkschaftlicher Lohnpolitik gegebenenfalls bis hin zur Streikbereitschaft zu unterstützen.

c) Gefahr des Unterbietungswettkampfs der Arbeitnehmer im Lohnsektor infolge der Aufweichung der wettbewerbsausgleichenden Kartellfunktion des Tarifvertrages?

Zu untersuchen ist weiter der Einwand, die Anwendung des Optionsmodells auf beschäftigungssichernde Vereinbarungen untertariflicher Löhne könne bei einer Umsetzung untertariflicher Lohnvereinbarungen in einem Unternehmen auch Beschäftigte in einem anderen Unternehmen unter Druck setzen, sich entsprechend zu verhalten. Die wettbewerbsausgleichende „Kartellfunktion" des Tarifvertrages werde damit aufgehoben.[1085]

Mit diesem Argument ist zunächst der Wettbewerb der Anbieter von Arbeitskraft angesprochen. Zu beachten ist darüber hinaus, dass es auch auf Seiten der Nachfrager von Arbeitskraft erst die Kartellierung von Arbeitsbedingungen für die ebenfalls im Wettbewerb stehenden einzelnen Unternehmer überhaupt möglich machte, in relevantem Umfang bessere Arbeitsbedingungen zu gewähren, weil diese Bedingungen nunmehr die Qualität wettbewerbsneutraler Kosten annahmen, die über die Gütermärkte an die Abnehmer der Güter weitergegeben werden konnten.[1086]

[1084] Vgl. im Kontext von Arbeitszeitregelungen dazu schon oben unter § 7 V 2, S. 197f.

[1085] *Zachert*, DB 1990, S. 986ff. (989); *Kempen/Zachert*, TVG, § 4, Rn. 197, S. 706 befürchtet hier einen „Schneeballeffekt"; nach *Kohte*, BB 1986, S. 397ff. (406) provoziere ein derartiges Verständnis des § 4 Abs. III TVG „den Unterbietungswettbewerb der je einzeln von Arbeitslosigkeit bedrohten Arbeitnehmer" und stelle damit die Funktionsvoraussetzungen der Tarifautonomie in Frage; ähnlich auch Wiedemann/*Wank*, TVG, § 4, Rn. 444, S. 1111; kritisch hierzu, soweit mit dieser Erwägung ein Ordnungsprinzip durch „durch die Hintertür" eingeführt werde *Löwisch*, BB 1991, S. 59ff. (61).

[1086] *Zöllner*, AcP 196 (1996), S. 1ff. (20).

Der hier anklingenden Befürchtung eines neuerlichen Unterbietungswettbewerbs ist jedoch entgegenzuhalten, dass die Bereitschaft der Arbeitnehmer zur Vereinbarung untertarifliche Löhne gegen Beschäftigungsgarantie mit Rückkehroption wie auch eine Feststellung des Betriebsrates im oben genannten Sinne nur in den Ausnahmefällen einer tatsächlich vorliegenden bestandsgefährdenden Krise des Betriebes vorliegen wird.[1087] Die Gefahr eines „Schneeballeffekts" besteht folglich jedenfalls dann nicht, wenn die tariflichen Arbeitsbedingungen im wesentlichen der durchschnittlichen wirtschaftlichen Leistungskraft der Betriebe und den volkswirtschaftlichen Rahmenbedingungen angemessen sind.

Wo jedoch im Einzelfall im Bezug auf den Betrieb oder den einzelnen Arbeitnehmer eine Nachfrage nach Arbeitskraft unter Tariflohnbedingungen nicht Bestand haben kann, können jedenfalls nicht tarifgebundene Arbeitnehmer nicht am Abschluss untertariflicher Lohnvereinbarungen zur Beschäftigungssicherung gehindert werden. Angesichts anhaltend hoher Arbeitslosenzahlen und entsprechender Umfragen, wonach ca. 73% der Arbeitnehmer lieber untertariflich arbeiten würden, wenn sie damit einen Verlust des Arbeitsplatzes vermeiden könnten,[1088] ist nicht von der Hand zu weisen, dass die Dogmatik des Festhaltens an tariflichen Lohnvereinbarungen auch um den Preis des Verlustes des Arbeitsplatzes und die Einräumung eines entsprechenden Unterlassungsanspruchs der Gewerkschaften durch die Rechtsprechung[1089] geeignet erscheint, eine Entwicklung der Stärkung der Außenseiterkonkurrenz durch Verbandsaustritte und Einführung von OT-Mitgliedschaften auszulösen.[1090] Die Beeinträchtigung der Funktionsfähigkeit der Privatautonomie durch eine derartige nicht zu verhindernde Außenseiterkonkurrenz ist jedoch nicht geringer zu veranschlagen. Vielmehr wäre auch hier zu befürchten, dass auf diese Weise provozierte Verbandsaustritte und die Stärkung der Außenseiterkonkurrenz eine Kettenreaktion der Verbandsflucht auslösen.[1091] Die Lösung der Konflikte im Rahmen betrieblicher Sanierungen unter dem Dach des Tarifvertragssystems und damit der Erhalt eines möglichst hohen Organisationsgrades sowohl bei Arbeitgebern als auch bei Arbeitnehmern ist ein ebenso dringliches Gebot der Funktionsfähigkeit der Tarifautonomie.[1092]

[1087] Vgl. dazu schon oben unter § 8 II 4, S. 214.

[1088] Vgl. FAZ vom 8.11.1993, S. 17.

[1089] BAG NZA 1992, S. 317ff. (319).

[1090] So auch *Buchner*, NZA 1999, S. 897ff. (902); *Trappehl/Lambrich*, NJW 1999, S. 3217ff. (3223); auf diese grundsätzliche Gefahr für die Funktionsfähigkeit der Tarifautonomie weist auch Wiedemann/*Wank*, TVG, § 4, Rn. 444, S. 1111, hin.

[1091] *Trappehl/Lambrich*, NJW 1999, S. 3217ff. (3222), nach dessen Auffassung eine Kettenreaktion im Sinne eines „Rette sich, wer kann" im Hinblick auf die Möglichkeit zum Abschluss beschäftigungssichernder Vereinbarungen drohe.

[1092] Vgl. *Hanau*, FS-Wiedemann, S. 283ff. (294): „Diesem Grundsatz könnte freilich entgegengehalten werden, dass es der Koalitionsfreiheit besser entspreche, innerhalb des Tarifsystems

Dem kann auch nicht mit dem formalistischen Einwand begegnet werden, durch etwaige Verbandsaustritte und hieraus folgende Außenseiterkonkurrenz in Form untertariflicher Lohnvereinbarungen zur Beschäftigungssicherung bleibe anders als bei dem Optionsmodell die zwingende Wirkung tarifvertraglicher Normen jedenfalls als solche unberührt.[1093] Es geht nicht um den Schutz der Normativität um ihrer selbst willen, sondern um den Schutz des Arbeitnehmers willen. Hier ist jedoch die Optionslösung gerade unter dem Gesichtspunkt der Effektivität des Arbeitnehmerschutzes mit geringeren Einbußen verbunden, da dem Arbeitnehmer hier der tarifliche Schutzstandard aufgrund der obligatorischen Rückkehroption bzw. Befristung der untertariflichen Lohnvereinbarung nicht vollumfänglich entzogen werden kann.[1094] Die Arbeitnehmer stehen angesichts dieser Möglichkeit zu einer einseitigen Herbeiführung des tariflich geregelten Zustands kraft der Rückkehroption den Arbeitgebern gerade nicht genauso machtlos gegenüber wie vor der Entwicklung des Tarifvertragssystems.[1095] Dies wäre jedoch der Fall, wenn man das offensichtlich bestehende Gestaltungsinteresse in der Arbeitnehmerschaft an beschäftigungssichernden Vereinbarungen nur außerhalb der Tarifbindung anerkennen und die Arbeitnehmer so zu einer Preisgabe des tariflichen Schutzes insgesamt durch (vorsorglichen[1096]) Verbandsaustritt zwingen würde, wo eine solche Präferenz besteht. Der Tarifvertrag würde damit endgültig zum „Schönwetterinstrument"[1097], dessen Inanspruchnahme sich der Arbeitnehmer insgesamt nur leisten kann, wenn er mit hinreichender Sicherheit nicht um den Bestand seines Arbeitsverhältnisses als solchem fürchten muss und welches auch in sozialstaatlicher Sicht nur dann funktionieren könnte, wenn Zuwächse zu verteilen sind.[1098]

Im Bezug auf die Arbeitgeberseite wird in der Literatur zum Teil die Auffassung vertreten, gerade wegen der Möglichkeit zur Vermeidung oder Beseitigung der Tarifbindung durch Fernbleiben bzw. Austritt aus dem Verband verbiete sich jede Aufweichung der Normwirkung des Tarifvertrages bei bestehender Tarifbin-

– also nicht durch Fernbleiben von ihm – erforderliche Anpassungen an Krisensituationen zu ermöglichen".

1093 So aber Wiedemann/*Wank*, TVG, § 4, Rn. 444, S. 1111.

1094 Vgl. dazu schon oben unter § 8 II 4, S. 214.

1095 So aber Wiedemann/*Wank*, TVG, § 4, Rn. 444, S. 1111.

1096 Einer ad hoc Aufhebung der Tarifbindung durch Verbandsaustritt bei Auftreten einer solchen Betriebskrise und einem entsprechenden Interesse des Arbeitnehmers an einer Lohnkürzung gegen Beschäftigungsgarantie steht die in § 3 Abs. III TVG angeordnete Fortdauer der Tarifbindung bis zum Ende des Tarifvertrages entgegen.

1097 Vgl. *Franz*, Flächentarifvertrag in der chemischen Industrie, in: Perspektiven – 50 Jahre Tarif- und Sozialpolitik in der Chemie, S. 29ff. (43); *Konzen*, in: Tarifautonomie auf dem Prüfstand, S. 28, 32.

1098 *Franz*, Flächentarifvertrag in der chemischen Industrie, in: Perspektiven – 50 Jahre Tarif- und Sozialpolitik in der Chemie, S. 29ff. (43).

dung.[1099] Infolge einer Umwälzung der Verbandslandschaft auf Arbeitgeberseite durch zunehmende Verbandsaustritte und Einführung von OT-Mitgliedschaften wären die Gewerkschaften indes in zunehmendem Umfang auf den Abschluss von Haustarifverträgen verwiesen, um ihren Mitgliedern überhaupt einen tariflichen Schutz zu vermitteln. Damit droht jedoch ein „Häuserkampf"[1100], der die Effektivität und Funktionsfähigkeit des Tarifvertragssystems und den Anwendungsbereich von Flächentarifverträgen gleichermaßen stark herabsetzen würde.

Im übrigen ist hier festzustellen, dass auch die Durchsetzung eines derartigen Haustarifvertrages unweigerlich von der Unterstützung der Belegschaft bis hin zur Streikbereitschaft abhängig ist, an der es jedenfalls dann fehlen wird, wenn sich Arbeitgeber und Belegschaft über die Diskrepanz zwischen den Anforderungen der Tarifvertragspraxis und den evtl. akuten Bedürfnissen ihres Betriebes im Wesentlichen einig sind.[1101]

Es fehlt demzufolge an einer spezifischen und signifikant höheren Beeinträchtigung der Funktionsfähigkeit der Tarifautonomie, die sich gerade auf die Zulassung untertariflicher Lohnvereinbarungen gegen eine Beschäftigungsgarantie bei bestehender Verbandszugehörigkeit und Tarifbindung zurückführen ließe.

2) Auf Seiten der Arbeitgeberverbände

a) Die wettbewerbsausgleichende Kartellfunktion des Tarifvertrages zugunsten der Arbeitgeberseite

Die angesprochene Frage der Kartellfunktion des Tarifvertrages auch auf Seiten der Arbeitgeber führt zu der Frage, ob es auf dieser Grundlage Beschränkungen der individuellen Marktkompetenz des einzelnen Arbeitgebers im Verhältnis zu seinem Verband geben kann, deren Durchbrechung durch individualvertragliche Vereinbarungen untertariflicher Löhne nach Maßgabe des Optionsmodells mit einer unverhältnismäßigen Beeinträchtigung der Funktionsfähigkeit der Tarifautonomie auf Seiten der Arbeitgeberverbände einhergehen könnte.[1102]

Eine derartige Beschränkung der Vertragsfreiheit des Arbeitgebers aufgrund der Bindung an einen bestehenden Tarifvertrag seines Verbandes wäre etwa denkbar,

---

[1099] *Franzen*, RdA 2001, S. 1ff. (4/5): „Die Botschaft des geltenden Tarifrechts [...] an diejenigen Verbandmitglieder, die von zwingenden tariflichen Regelwerken abweichen wollen, lautet: Verlasst den tarifschließenden Verband!"; *Hanau*, FS-Wiedemann, S. 283ff. (295/296): „... dass tarifwidrige Regelungen auf betrieblicher und arbeitsvertraglicher Ebene nur dann erforderlich und zulässig sein können, wenn sich die Freiheit vom Tarifvertrag nicht durch Aufgabe der Tarifbindung in zumutbarer Frist erreichen lässt".

[1100] So *Reuter*, FS-Wiedemann, S.449ff. (475).

[1101] Vgl. *Reuter*, FS-Wiedemann, S. 449ff. (475)

[1102] Vgl. *Rieble*, Arbeitsmarkt und Wettbewerb, S. 487, Rn. 1614.

wenn dem Tarifvertrag und der wettbewerbausgleichenden Funktion des Tarifkartells auch die Aufgabe zukäme, durch die geschaffene Wettbewerbsneutralität der Lohnkosten einen diesbezüglichen Wettbewerb unter den Arbeitgebern zu verhindern und die Mitglieder des Arbeitgeberverbandes auch insoweit untereinander vor Konkurrenz zu schützen.

b) Schutz des Arbeitgeberverbandes vor seinen Mitgliedern?

Die Annahme eines derartigen dem Tarifwesen immanenten Schutzes des Arbeitgeberverbandes ist jedoch ausweislich des Verhältnisses von Verbandstarifvertrag zum Haustarifvertrag abzulehnen.

Der Arbeitgeber ist nach § 2 Abs. I TVG schlechthin tariffähig, d.h. auch dann, wenn er Mitglied eines Arbeitgeberverbandes ist und ein einschlägiger Verbandstarifvertrag besteht. Diese Tariffähigkeit des einzelnen Arbeitgebers gehört nach dem BAG zum Kernbereich seiner Betätigungsfreiheit aus Art. 9 Abs. III TVG.[1103] Zwar unterliegt der Arbeitgeber als Mitglied des Arbeitgeberverbandes der tarifvertraglichen Friedenspflicht aus dem Verbandstarifvertrag, soweit ein solcher bereits gilt. Kommt es jedoch ohne Arbeitskampf zum Abschluss eines Haustarifvertrages zwischen Arbeitgeber und der Gewerkschaft – etwa auch mit dem Inhalt einer zeitlich befristeten Herabsetzung des Lohnniveaus gegenüber dem Verbandstarifvertrag zu Rettung des betroffenen Betriebes[1104] - so gilt der Haustarifvertrag als speziellere Regelung.[1105] Im Verhältnis zu seinen Mitgliedern kann der Arbeitgeberverband daher von vornherein nur dispositive tarifliche Regelungen setzen.[1106] Einen Schutz des Arbeitgeberverbandes vor seinen Mitgliedern oder einen dem Tarifwesen immanenten Schutz der Mitglieder des Arbeitgeberverbandes untereinander vor einem Unterlaufen der wettbewerbsneutralisierenden Kartellwirkung des Verbandstarifvertrages im Hinblick auf die Lohnkosten kann es hiernach nicht geben.

IV.) Ergebnis

Bei typisierender Betrachtung ist weder bei der Vereinbarung untertariflicher Löhne gegen eine Beschäftigungsgarantie unter Vereinbarung einer Rückkehroption

[1103] BAG SAE 1991, S. 314ff. (316), mit kritischer Anmerkung von Rieble.

[1104] Für die Anwendung des Günstigkeitsprinzips ist hier von vornherein kein Raum, vgl. BAG BB 2001, S. 1310f. (1311); auch eine Verdrängung der Regelungen des Flächentarifvertrags zu Lasten der Arbeitnehmer ist hiernach möglich.

[1105] Vgl. BAG BB 2001, S. 1310f. (1311); im Ergebnis ebenso, aber mit abweichender Begründung *Rieble*, Arbeitsmarkt und Wettbewerb, S. 489, Rn. 1619, nicht die Regelung, sondern die Marktkompetenz des Arbeitgebers, die die Regelung hervorbringe, sei hiernach gegenüber der des Arbeitgeberverbandes spezieller. Deshalb komme es entgegen der herrschenden Auffassung auch nicht darauf an, welche Regelung zuerst abgeschlossen worden sei.

[1106] Vgl. *Rieble*, Arbeitsmarkt und Wettbewerb, S. 490, Rn. 1621.

des Arbeitnehmer zur tarifvertraglichen Regelung[1107] noch bei einer zeitlich befristeten Bindung des Arbeitnehmers an diese individualvertragliche Vereinbarung unter Anknüpfung an die Feststellung einer bestandsgefährdenden Unternehmenskrise durch den Betriebsrat nachhaltige Beeinträchtigungen der Funktionsfähigkeit des Tarifvertragssystems in Rechnung zu stellen.[1108]

[1107] So auch *Buchner*, NZA 1999, S. 897ff. (902): „Eine unter dem Günstigkeitsprinzip eröffnete Option zugunsten auch der tarifgebundenen Mitglieder für beschäftigungssichernde Modelle steht keineswegs entgegen".

[1108] *Löwer*, in: v.Münch/Kunig, GG, Bd.1, Art. 9, Rn. 80, S. 666/667: „.. besteht kein verfassungsrechtlicher Hinderungsgrund, seinen [des Arbeitnehmers, Anm. d. V.] Horizont des für ihn günstigen für maßgeblich zu halten, wenn dafür tatbestandliche Voraussetzungen im Gesetz normiert sind, etwa die Existenzgefährdung des Betriebs nach übereinstimmender Einschätzung vom Betriebsrat und Unternehmensleitung".

§ 9 Anwendung der Grundsätze des Wahlrechts des Arbeitnehmers im Rahmen des sog. Günstigkeitsprinzips auf das Verhältnis Tarifvertrag zu Betriebsvereinbarung ?

Fraglich ist, ob die Vereinbarung von Lohnsenkungen gegen Beschäftigungsgarantie bzw. die Verlängerung der Wochenarbeitszeit nach Maßgabe der hier vertretenen Auslegung des Günstigkeitsprinzips auch durch Betriebsvereinbarung mit unmittelbarer Wirkung für die betroffenen Arbeitsverhältnisse des Betriebs herbeigeführt werden kann.

Einer derartigen Regelung durch Betriebsvereinbarung könnte jedoch § 77 Abs. III BetrVG entgegenstehen, wonach tarifliche geregelte oder üblicherweise tariflich geregelte Arbeitsbedingungen nicht Gegenstand einer Betriebsvereinbarung sein können. Diese Regelungssperre erstreckt sich insbesondere auch auf Arbeitsentgelte.[1109]

I.) Geltung des Günstigkeitsprinzips des § 4 Abs. III TVG im Rahmen des § 77 Abs. III TVG?

In der Literatur ist umstritten, ob im Rahmen der Regelungssperre des § 77 Abs. III BetrVG wiederum das Günstigkeitsprinzip des § 4 Abs. III TVG zur Anwendung gelangen kann mit der Folge, dass auch Betriebsvereinbarungen über Arbeitsentgelte gegenüber dem Tarifvertrag wirksam sind, wenn diese eine Abweichung zugunsten des Arbeitnehmers enthalten.

1) Der Meinungsstand

Die Anwendung des § 4 Abs. III TVG auf Betriebsvereinbarungen und darin enthaltene Regelungen im Sinne des § 77 Abs. III BetrVG ist in der Literatur jedoch gerade in jüngster Zeit lebhaft umstritten.

a) Die herrschende Auffassung: Keine Geltung des § 4 Abs. III TVG im Rahmen des § 77 Abs. III TVG

Nach der wohl überwiegenden Ansicht gilt im Rahmen des § 77 Abs. III BetrVG das Günstigkeitsprinzip des § 4 Abs. III TVG nicht, da die Vorschrift des § 77 Abs.

[1109] *Berg*, in: Däubler/Kittner/Klebe, BetrVG, § 77, Rn. 63, S. 1072; *Fitting/Kaiser/Heither /Engels/Schmidt*, BetrVG, § 77, Rn. 70.

III BetrVG Vorrang vor § 4 Abs. III TVG genieße.[1110] § 4 Abs. III TVG sei hiernach zwar grundsätzlich von seinem Anwendungsbereich auch auf die Betriebsvereinbarung im Verhältnis zum Tarifvertrag anwendbar. Gerade deshalb müsse jedoch § 77 Abs. III BetrVG lex specialis gegenüber § 4 Abs. III TVG sein, weil sich anderenfalls die Bedeutung des § 77 Abs. III BetrVG in einer überflüssigen Wiederholung des Unabdingbarkeitsgrundsatzes des § 4 Abs. I TVG erschöpfen würde.[1111]

Die Regelungssperre des § 77 Abs. III BetrVG schließe hiernach bei tariflicher Regelung oder Tarifüblichkeit eine Regelung dieses Gegenstandes durch Betriebsvereinbarung schlechthin und ohne Rücksicht auf die verbessernde oder verschlechternde Wirkung aus und normiere das Konkurrenzverhältnis zur tariflichen Ebene abschließend, indem es eine Kollision von vornherein ausschließe.[1112] Es bedürfe mithin tariflicher Öffnungsklauseln, um der Betriebsvereinbarung hier überhaupt einen Regelungsbereich zu eröffnen.[1113]

b) Gegenansicht: Geltung des § 4 Abs. III TVG im Rahmen des § 77 Abs. III TVG

Nach der Gegenauffassung sei das Günstigkeitsprinzip des § 4 Abs. III TVG hingegen zumindest als Rechtsgedanke auch auf das Verhältnis von Tarifvertrag und Betriebsvereinbarung anwendbar.[1114]

Eine Regelung der Arbeitsbedingungen durch Betriebsvereinbarung setze sich hiernach gegenüber der normativen Wirkung des Tarifvertrages im Sinne des § 4 Abs. I TVG[1115] und gegenüber der Regelungssperre des § 77 Abs. III BetrVG

[1110] *Belling*, Günstigkeitsprinzip, S. 158; *Berg*, in Däubler/Kittner/Klebe, BetrVG, § 77, Rn. 11, S. 1055; *Fitting/Kaiser/Heither/Engels/Schmidt*, BetrVG, § 77, Rn. 97 m.w.N.; *Kempen*, Struktur- und Funktionsunterschiede zwischen Tarifvertrag und Betriebsvereinbarung, in: Arbeitsrecht der Gegenwart 30 (1993), S. 97ff. insb. S. 110; *Koch*, in: Schaub, § 231 II 10b, S. 2345/2346; *Rieble*, RdA 1996, S. 151ff. (153); *Walker*, ZfA 1996, S. 353ff. (373); *Zachert*, RdA 1996, S.140ff. (145f.).

[1111] Vgl. *Belling*, Günstigkeitsprinzip, S. 158.

[1112] *Belling*, Günstigkeitsprinzip, S. 158; *Däubler*, Tarifvertragsrecht, Rn. 224, S. 153; *Kempen/Zachert*, TVG § 4, Rn. 175, S. 693.

[1113] *Däubler*, Tarifvertragsrecht, Rn. 224, S. 153; *Wiedemann*, TVG, § 4, Rn. 558/559, S. 1150; *Koch*, in: Schaub, § 231 II 10b, S. 2345/2346.

[1114] *Blomeyer*, NZA 1996, S. 337ff. (345/346); *Th. B. Schmidt*, Günstigkeitsprinzip, S. 106ff. (115); *Ehmann/Schmidt*, NZA 1995, S. 193ff. (199/200); *Ehmann/Lambrich*, NZA 1996, S. 346ff. (354); *Lambrich*, Tarif- und Betriebsautonomie, S. 234/235; *G. Müller*, ArbuR 1992, S. 257ff. (261).

[1115] Soweit § 4 Abs. I TVG eingreift, d.h. der Betrieb unter den räumlichen, betrieblichen, fachlichen, und zeitlichen Geltungsbereich fällt und der Arbeitnehmer tarifgebunden ist (persönlicher Geltungsbereich); die Regelungssperre des § 77 Abs. III BetrVG gilt hingegen nach h.M. unabhängig von einer Tarifgebundenheit der Arbeitsvertragsparteien, soweit die übrigen gedurch, wenn diese sich als eine Abweichung zugunsten des Arbeitnehmers im Sinne des dem § 4 Abs. III TVG zugrundeliegenden Rechtsgedankens darstelle.[1116] Das Günstigkeitsprinzip müsse demzufolge als ein Verfassungsprinzip zur Herstellung praktischer Konkordanz gleichermaßen im Verhältnis von Tarifautonomie und Betriebsautonomie Geltung erlangen.[1117] Teilweise wird der Anwendung des Günstigkeitsprinzips auch unter der Prämisse einer Verfassungswidrigkeit des § 77 Abs. III BetrVG der Weg eröffnet.[1118]

Zum Teil wird eine Kompetenz des Betriebsrats speziell im Zusammenhang mit Lohnsenkungen zur Rettung des Betriebes ferner als Annexkompetenz zu § 111 BetrVG hergeleitet, die ungeachtet der Regelungssperre des § 77 Abs. III BetrVG ausgeübt werden könne.[1119]

2) Stellungnahme

Festzuhalten ist zunächst, dass es angesichts der Entscheidung des Gesetzgebers, eine Anwendung des Günstigkeitsprinzips im Kontext der Regelung des § 77 Abs. III BetrVG auch im Rahmen der jüngst erfolgten Reform der Betriebsverfassung trotz Kenntnis des Meinungstands in Rechtsprechung und Literatur nicht zu normieren, an einer planwidrigen Regelungslücke als Voraussetzung einer analogen Anwendung des § 4 Abs. III TVG fehlt.[1120] Zu erörtern bleibt damit die Frage, ob

nannten Voraussetzungen des Geltungsbereichs des Tarifvertrages erfüllt sind, vgl. BAG, Urt. v. 7.11.2000, AP § 77 BetrVG 1972 Tarifvorbehalt, Nr. 14; BAGE 82, S. 89ff. (94); BAGE 85, S. 208ff. (218); *Berg*, in Däubler/Kittner/Klebe, BetrVG, § 77, Rn. 69, S. 1074; *Fitting/Kaiser/Heither/Engels/Schmidt*, BetrVG, § 77, Rn. 78; MünchHbArbR/*Matthes*, Bd. 3, § 327, Rn. 68; *Wank*, RdA 1991, S. 129ff. (133); *Waltermann*, RdA 1996, S. 129ff. (131); *Wiedemann*, TVG, § 4, Rn. 562, S. 1151; **a.A.:** *Barwasser*, DB 1975, S. 2275f. (2275); *Ehmann/Schmidt*, NZA 1995, S. 193ff. (196); *Ehmann*, ZRP 1996, S. 314ff. (317); *ders.*, FS-Zöllner, Band II, S. 715ff. (732); *Ehmann/Lambrich*, Anm. zu BAG, Urt. v. 7.11.2000, AP § 77 BetrVG 1972 Tarifvorbehalt, Nr. 14; *Fabricius*, RdA 1973, S. 126; *Feudner*, DB 1993, S. 2231ff. (2231/2232); *Nickel*, ZfA 1979, S. 357ff. (394); *Richardi*, FS-Schaub, S. 639ff. (644/645).

1116 *Blomeyer*, NZA 1996, S. 337ff. (345/346); *Th. B. Schmidt*, Günstigkeitsprinzip, S. 106ff. (115); *Ehmann/Schmidt*, NZA 1995, S. 193ff. (199/200); *Ehmann/Lambrich*, NZA 1996, S. 346ff. (354); *G. Müller*, ArbuR 1992, S. 257ff. (261).

1117 *Lambrich*, Tarif- und Betriebsautonomie, S. 234/235, der freilich als Unterbau dieser Begründung zunächst einen grundrechtlichen Schutz der Betriebsautonomie unter dem Gesichtspunkt konstruiert, dass die betriebliche Mitbestimmung die Selbstbestimmung sowohl des Arbeitgebers als auch der Arbeitnehmer realisiere, vgl. *Lambrich*, a.a.O., S. 220, 224; *Ehmann/Lambrich*, Anm. zu BAG, Urt. v. 7.11.2000, AP § 77 BetrVG 1972 Tarifvorbehalt, Nr. 14 (Bl. 11).

1118 *Ehmann*, ZRP 1996, S. 314ff. (318) (vornehmlich wegen Verstoßes gegen das Subsidiaritätsprinzip); *Reuter*, RdA 1991, S. 193ff.(199) (wegen Verstoßes gegen das Übermaßverbot und den Verhältnismäßigkeitsgrundsatz); zustimmend *Hablitzel*, NZA 2001, S. 467ff. (470).

1119 So *Vollmer*, DB 1982, S. 1670ff. (1672).

1120 Vgl. dazu *Freihube*, Probleme der Tarifbindung, S. 127 – 129 m.w.N.

der Regelung des § 4 Abs. III TVG ein allgemeines Rechtsprinzip des Arbeitsrechts entnommen werden kann, das als solches auch auf das Verhältnis zwischen Tarifvertrag und Betriebsvereinbarung Anwendung finden kann und muss.

Die Untersuchung der verfassungsrechtlichen Grundlagen der Regelung des § 4 Abs. III TVG hat ergeben, dass diese dem Schutz der Privatautonomie im Arbeitsrecht dient und als solche an der verfassungsrechtlichen Gewährleistung der Art. 12 Abs. I und Art. 2 Abs. I GG als Außenschranken der Tarifautonomie teilhat.[1121] § 4 Abs. III TVG eröffnet den Arbeitsvertragsparteien einen privatautonomen Gestaltungsspielraum dort, wo der Schutz der tariflichen Normwirkung zugunsten des Arbeitnehmers nicht verwirklicht werden kann oder es an einem entsprechenden Schutzbedürfnis des Arbeitnehmers fehlt[1122] und ist damit Ausdruck des verfassungsrechtlichen Schutzes der allgemeinen Handlungsfreiheit des Art. 2 Abs. I GG, der Menschenwürde des Art. 1 I GG sowie der Arbeitsvertragsfreiheit des Art. 12 GG. Das Günstigkeitsprinzip betrifft hiernach allein das Aufeinandertreffen von Privatautonomie und kollektiver Regelungsmacht[1123] und schützt den Arbeitnehmer als Individuum vor dem eigenen Verband.

Damit korrespondiert, dass als maßgebliches Interesse im Rahmen des § 4 Abs. III TVG allein das des betroffenen Arbeitnehmers in Betracht kommt und auch nur ein in dessen Person vorliegendes fehlendes Schutzbedürfnis im Hinblick auf die Normativität des Tarifvertrages ein Zurücktreten des Tarifvertrages im Kontext des § 4 Abs. III TVG rechtfertigt.[1124] Dieser Schutz der tariflichen Normwirkung zugunsten des Individuums als Effektuierung der Betätigung der individuellen Koalitionsfreiheit sowie der in § 4 Abs. III TVG ausgeprägte Grundrechtsschutz des Arbeitnehmers aus den Art. 12 I GG, Art. 1 und 2 GG wird jedoch missachtet, wo die privatnützige Regelung des § 4 Abs. III TVG auf die Betriebsvereinbarung im Sinne eines kollektiven Günstigkeitsvergleichs[1125] angewendet wird[1126] und die Aufhebung der Normativität tariflicher Regelungen zum Nachteil des Individuums durch ein Gesamtinteresse der Belegschaft legitimiert werden kann.[1127] Ein derartiges kollektives Verständnis des Günstigkeitsprinzips als notwendige Begleiterscheinung der

---

[1121] Vgl. dazu oben unter § 3 II 2, S. 68f.

[1122] Vgl. dazu oben unter § 5 III 4 und 5, S. 150ff.

[1123] So auch *Wiedemann*, TVG, § 4, Rn. 558, S. 1150.

[1124] Vgl. *Rieble*, RdA 1996, S. 151ff. (153).

[1125] Nur in diesem Sinne kommt eine Anwendung des Günstigkeitsprinzips auf Betriebsvereinbarungen tatsächlich in Betracht.

[1126] Ebenso *Bengelsdorf*, ZfA 1990, S. 563ff. (595); *Joost*, ZfA 1984, S. 173ff. (179); *Richardi*, ZfA 1990, S. 211ff. (230).

[1127] *Bengelsdorf*, ZfA 1990, S. 563ff. (595); *Richardi*, ZfA 1990, S. 211ff. (230): „Ein kollektiver Günstigkeitsvergleich verkehrt das Günstigkeitsprinzip in sein Gegenteil. Dass andere Arbeitnehmer günstiger als bisher gestellt werden, rechtfertigt keinen Einbruch in die individuelle Vertragsfreiheit".

Anwendung auf Betriebsvereinbarungen verkehrt das Günstigkeitsprinzip in sein Gegenteil und greift in die individuelle sowie kollektive Koalitionsfreiheit und in die individuelle Privatautonomie ein.[1128] Entgegen seiner Funktion als Vorbehalt zugunsten der individuellen Vertragsfreiheit erhielte das Günstigkeitsprinzip den Charakter einer Eröffnung von Gestaltungsbefugnissen der Betriebsparteien hinsichtlich des Arbeitsverhältnisses unter Ausschluss einer Entscheidungsbefugnis des Arbeitnehmers.[1129]

Das Günstigkeitsprinzip statuiert im Kontext des Tarifvertrages das Prinzip der Freiheit des Individuums, das stets dort Geltung verlangt, wo Vertragsgerechtigkeit nach dem Prinzip der Freiheit des Individuums möglich ist.[1130] Aufgrund dieser verfassungsrechtlichen Grundlegung des Günstigkeitsprinzips ist dieses unmittelbar wie auch als Rechtsgedanke für die Herleitung von Grundsätzen bezüglich des Verhältnisses von Tarifvertrag und Betriebsvereinbarung unergiebig.

In der Literatur wird dieser Befund teilweise auch mit der These begründet, dass die Betriebsvereinbarung in Bezug auf die Arbeitnehmer als Individuen gerade eine Fremdbestimmungsordnung errichte.[1131] Nur die Unterwerfung unter die Normsetzungsgewalt der Gewerkschaft durch den Beitritt des Arbeitnehmers, nicht jedoch die Unterwerfung unter die normative Geltung von Betriebsvereinbarungen als untrennbare Begleiterscheinung der freilich für sich genommen privatautonomen Begründung eines Arbeitsverhältnisses stelle sich hiernach als Akt eigenverantwortlicher Selbstbestimmung des Einzelnen dar.[1132] Diesem Befund wurde in der Literatur entgegengehalten, der Arbeitnehmer sei ebenso frei, einen Arbeitsvertrag abzuschließen wie der Gewerkschaft beizutreten und gliedere sich in Kenntnis der bestehenden und der Möglichkeit noch abzuschließender Betriebsvereinbarungen durchaus auch in dieser Hinsicht privatautonom in die betriebliche Ordnung ein.[1133]

Vor dem Hintergrund der geschilderten verfassungsrechtlichen Grundlegung der Regelung des § 4 Abs. III TVG ist die Frage irrelevant, ob in dieser Weise eine pri-

---

[1128] Vgl. *Richardi*, ZfA 1992, S. 307ff. (315); *ders.*, ZfA 1990, S. 211ff. (230); *Rieble*, RdA 1996, S. 151 (153); ähnlich *Kempen*, Struktur- und Funktionsunterschiede zwischen Tarifvertrag und Betriebsvereinbarung, Arbeitsrecht der Gegenwart 30, S. 97ff. (insb. 109ff.).

[1129] So auch *Richardi*, DB 1990, S. 1613ff. (1616).

[1130] In diesem Sinne auch *Th. B. Schmidt*, Günstigkeitsprinzip, S. 67ff; *Zöllner*, DB 1989, S. 2121ff. (2125).

[1131] *Richardi*, Kollektivgewalt und Individualwille, S. 313ff., insb. S. 316; *Heinze*, ZfA 1988, S. 53ff. (62); *Kreutz*, Grenzen der Betriebsautonomie, S. 208ff. (222); *Waltermann*, NZA 1996, S. 357ff. (360); hiergegen *Ehmann/Lambrich*, NZA 1996, S. 346ff. (351).

[1132] *Richardi*, Kollektivgewalt und Individualwille, S. 313ff., insb. S. 316; *Waltermann*, NZA 1996, S. 357ff. (360).

[1133] So *Ehmann/Lambrich*, NZA 1996, S.346 ff. (351); *Lambrich*, Tarif- und Betriebsautonomie, S. 206/207.

vatautonome Legitimation der Betriebsvereinbarung konstruiert werden kann.[1134] Festzuhalten bleibt, dass sich jedenfalls die Betriebsvereinbarung selbst nicht als Ausübung der verfassungsrechtlich geschützten Vertragsfreiheit und des Rechts auf freie Entfaltung der Persönlichkeit – d.h. als Akt der Selbstbestimmung - gerade des Arbeitnehmers begreifen lässt, zu dessen Schutz § 4 Abs. III TVG die Normsetzungsgewalt der Koalitionen einschränkt. Anders als die Privatautonomie der Arbeitsvertragsparteien beruht die Regelungsbefugnis der Betriebsparteien nicht in diesem Sinne unmittelbar auf der Ausübung von Grundrechten seitens der am Arbeitsverhältnis beteiligten Parteien, insb. der Arbeitnehmer.[1135]

Die Bindung des Arbeitnehmers an die kollektive Grundlegung der Interessenverfolgung des Verbandes ist das entscheidende Spezifikum der Unterwerfung unter kollektive Rechtsetzungsmacht. Sie zu begrenzen - wo die verfassungsrechtliche Anerkennung der Menschenwürde und der Freiheit des Individuums, insb. der Vertragsfreiheit dies erfordern - ist individualschützende Aufgabe des Günstigkeitsprinzips gerade auch dann, wenn der Akt der Unterwerfung unter die Rechtsetzungsgewalt des Kollektivs privatautonom und freiwillig erfolgt.[1136] Aus dieser Zweckbestimmung folgt, dass sich mithilfe des Günstigkeitsprinzips als individualschützendem Instrument zur Begrenzung kollektiver Rechtsetzungsmacht im Bereich der Arbeitsbedingungen niemals umgekehrt ein (vorrangiger) Geltungsanspruch einer kollektiven Regelung vor einer anderen unter Aussparung und Ausschluss individualvertraglicher Gestaltungsinteressen lässt.[1137] Nach der verfassungsrechtlichen Grundlegung des Günstigkeitsprinzips handelt es sich bei der zu schützenden Gestaltungsfreiheit um die des selbstverantwortlichen Individuums als

---

[1134] Gegen eine derartige Gleichsetzung von Betriebsvereinbarung und Tarifvertrag bestehen allerdings, soviel sei dazu gesagt, angesichts der fundamentalen Unterschiede zwischen der Betriebsverfassung als „Staatsveranstaltung“ und des Betriebsrates als hoheitlich installierte Selbstverwaltungskörperschaft einerseits und des Tarifvertragswesens als gerade und ausschließlich zum Zwecke der kollektiven Gestaltung der Arbeitsbedingungen freiwillig mitgliedschaftlich verfassten Interessenvertretung erhebliche Bedenken; so auch *Rieble*, RdA 1996, S. 151 (153); vgl. zu den Unterschieden zwischen Betriebsvereinbarung und Tarifvertrag eingehend *Richardi*, ZfA 1992, S. 307 (309f.); *Kempen*, Struktur- und Funktionsunterschiede zwischen Tarifvertrag und Betriebsvereinbarung, Arbeitsrecht der Gegenwart 30, S. 97ff. (insb. 109ff.); *Wank*, NJW 1996, S. 2273ff. (2274).

[1135] *Löwisch*, NJW 1997, S. 905ff. (906).

[1136] Dies ist angesichts der Koalitionsfreiheit des Art. 9 Abs. III GG beim Eintritt in die Gewerkschaft wohl stets anzunehmen, entbindet jedoch nicht von der verfassungsrechtlichen Erforderlichkeit, der Privatautonomie des Individuums gegenüber der Tarifautonomie im Sinne praktischer Konkordanz einen Anwendungsbereich zu sichern; vgl. dazu schon oben § 3 III 4, S. 76f.

[1137] Schon deshalb kommt entsprechend der herrschenden Auffassung auch von vornherein eine Anwendung des Günstigkeitsprinzips auf das Verhältnis zweier Tarifverträge zueinander nicht in Betracht; vgl. *Löwisch/Rieble*, FS-Schaub, S. 457ff. (464); *Wiedemann/Arnold*, ZTR 1994, S. 399ff. (406/407) m.w.N.; Wiedemann/*Wank*, § 4, Rn. 283, S. 1057; **a.A.**: *Däubler*, Tarifvertragsrecht, Rn. 1493f.

Leitbild unserer Verfassung.[1138] Namentlich auch das Grundrecht der Berufsfreiheit des Art. 12 Abs. I GG sichert dem Einzelnen, nicht ihm als Mitglied eines Kollektivs die Freiheit in der Wahl und Beibehaltung eines Arbeitsplatzes.[1139] Nur in diesem Kontext ist eine Zurückdrängung der normativen Wirkung im Sinne der Ausführungen auch der Deregulierungskommission gerechtfertigt:

> „Deregulierung im Sinne des Abbaus unnötiger Regulierungen trägt ihren Wert in sich, weil Freiheit ihren Wert in sich trägt."[1140]

Es kommt als andere Abmachung im Sinne des § 4 Abs. III TVG hiernach nur eine Vereinbarung in Betracht, mit der das Individuum unmittelbar und selbstverantwortlich eine Gestaltung der Arbeitsbedingungen gemäß seiner individuellen Interessenlage herbeiführt. Abweichende „Abmachung" im Sinne des § 4 Abs. III TVG ist allein der Individualvertrag zwischen den Arbeitsvertragsparteien.[1141] § 4 Abs. III TVG regelt unmittelbar allein das Verhältnis von Tarifvertrag (bzw. Betriebsvereinbarung) und Individualarbeitsvertrag[1142] und grenzt diese voneinander ab -

[1138] Vgl. *Junker*, NZA 1997, S. 1305ff. (1318); *Zöllner*, DB 1989, S. 2121ff. (2125); dies verkennen m.E. *Ehmann/Schmidt*, NZA 1995, S. 193ff. (195), wenn sie zum Zwecke der Übertragung des Günstigkeitsprinzip aus diesem Prinzip der Freiheit im Kontext des § 4 Abs. III TVG einen Grundsatz des Inhalts herleiten: „Solange die jeweils kleinere Einheit selbst imstande ist, sachgerechte Vertragsbedingungen auszuhandeln, bleibt sie allein zuständig". Nicht die Gestaltungsformen einer „jeweils kleineren Einheit", sondern präzise und ausschließlich die grundgesetzlich verankerte Privatautonomie und eigenverantwortliche Selbstbestimmung des Individuums, die sich in der Form des Individualvertrags vollzieht, verwirklicht im Kontext des § 4 Abs. III TVG dieses Prinzip der Freiheit und vermag eine Beschränkung der Tarifmacht zu legitimieren; zutreffend insoweit zunächst auch *Beuthien/Meik*, DB 1993, S. 1518ff. (1518): „Wo die Tarifvertragsparteien die Tarifautonomie fehlgebraucht haben, sind vornehmlich die Arbeitsvertragsparteien aufgerufen, die wirtschaftlich aus dem Lot geratenen Dinge privatautonom zu ordnen". Entgegen dieses Befundes treten *Beuthien/Meik* jedoch sodann für die Eröffnung einer Gestaltungskompetenz der Betriebsparteien ein, vgl. a.a.O., S. 1520.

[1139] Vgl. *Richardi*, DB 2000, S. 42ff. (42).

[1140] Deregulierungskommission 1991, Tz. 37; vgl. dazu einerseits *Ewers*, Von den Grenzen der Tarifautonomie und der staatlichen Regulierung des Arbeitsmarktes, in: *Kantzenbach/Mayer*, Beschäftigungsentwicklung und Arbeitsmarktpolitik, S. 131ff. (132f.) sowie andererseits *Markmann*, Deregulierung schafft keine Arbeitsplätze, in: in: *Kantzenbach/Mayer*, Beschäftigungsentwicklung und Arbeitsmarktpolitik, S. 143ff. (143f.).

[1141] Aus formaler Sicht hat hier bereits *Flatow*, Betriebsvereinbarungen und Arbeitsordnung, S. 56ff. bezüglich der ähnlich gestalteten Regelung des § 1 Abs. I Satz 1 TVVO zutreffend festgestellt, dass unter dem dort verwandten Begriff der „günstigeren Vereinbarungen" i.S. von § 1 Abs. I Satz 2 TVVO schon deshalb ausschließlich Arbeitsverträge verstanden werden dürften, weil dem Gesetzgeber bei der Schaffung der TVVO im Jahr 1918 das Institut der Betriebsvereinbarung noch unbekannt gewesen sei.

[1142] So auch *Ehmann/Lambrich*, NZA 1996 S. 346ff. (347); *Ehmann/Schmidt*, NZA 1995, S. 193ff. (199); *Jahnke*, Tarifautonomie und Mitbestimmung, S. 45; *Th. B. Schmidt*, Günstigkeitsprinzip, S. 109ff; dies entspricht auch der ursprünglich herrschenden Auffassung zu der gleich gestalteten Regelung in der TVVO, vgl. *Flatow*, Betriebsvereinbarungen und Arbeitsordnung, S. 54ff; die von *Hueck*, NZfA 1926, Sp.385ff. (404) begründete Gegenauffassung, die sich sodann als herrschende Auffassung etablierte, war gerade nicht von Zweck und Faskollektiver Schutz versus individuelle Selbstbestimmung.[1143] Damit entfällt in der Tat auch das Argument der herrschenden Auffassung, wonach § 77 Abs. III BetrVG als lex specialis gegenüber § 4 Abs. III TVG aufgefasst werden müsse, weil er sich sonst in einer überflüssigen Wiederholung des bereits mit § 4 Abs. I TVG normierten Vorrangs des Tarifvertrages erschöpfe.[1144] Die Normen überschneiden sich vielmehr in ihren Anwendungsbereichen von vornherein nicht.[1145]

Unzutreffend ist angesichts dieser verfassungsrechtlichen Grundlegung des Günstigkeitsprinzips allerdings ebenso die Schlussfolgerung, die grundsätzliche Anwendung des Günstigkeitsprinzips im Verhältnis von Tarifvertrag und Betriebsvereinbarung werde durch diese Beschränkung des Anwendungsbereichs des § 4 Abs. III TVG nicht berührt.[1146] Zwar ist § 4 Abs. III TVG im oben beschriebenen Sinne Ausdruck eines Strukturprinzips des kollektiven Arbeitsrechts, dass zu seiner Geltung nicht notwendig einer ausdrücklichen einfachgesetzlichen Normierung bedarf.[1147] Gleichwohl muss das dem § 4 Abs. III TVG und seiner verfassungsrechtlichen Grundlegung zu entnehmende Prinzip inhaltlich zutreffend erfasst werden und auf das Verhältnis von Betriebsvereinbarung und Tarifvertrag anwendbar sein.

Hieran fehlt es, da das der Regelung des § 4 Abs. III TVG zugrundeliegende verfassungsrechtliche Prinzip eine Subsidiarität des tariflichen Arbeitnehmerschutzes und eine dahingehende Beschränkung der Tarifmacht der Koalitionen gerade nur um der Gestaltungsfreiheit des Individuums willen vor dem Hintergrund der Menschenwürde und dem Leitbild der Verfassung vom Bürger als einem mündigen und

---

sung der Norm selbst getragen, sondern vielmehr von dem Bemühen, auch Betriebsvereinbarungen trotz des Tarifvorbehalts zur Wirksamkeit zu verhelfen. Soweit die heute herrschende Auffassung mit der aus der Anwendbarkeit des § 4 Abs. II TVG gezogenen Schlussfolgerung, § 77 Abs. II BetrVG sei als lex specialis zu § 4 Abs. III TVG aufzufassen, diese ursprüngliche Zielsetzung des Hueck'schen Ansatzes vereitelt, ist diese tiefere Rechtfertigung des Ansatzes jedoch entfallen; vgl. zum Ganzen *Th. B. Schmidt*, Günstigkeitsprinzip, S. 111.

[1143] So auch *Freihube*, Probleme der Tarifbindung, S. 134; *Rieble*, RdA 1996, S. 151ff. (156); *Heinze*, NZA 1991, S. 329ff. (332); *Zöllner*, DB 1989, S. 2121ff. (2125).

[1144] Vgl. oben unter § 9 I 1 a, S. 236.

[1145] Vgl. *Th. B. Schmidt*, Günstigkeitsprinzip, S. 112.

[1146] So aber *Ehmann/Schmidt*, NZA 1995, S. 193ff. (195); *Schmidt*, Günstigkeitsprinzip, S. 112; ähnlich *G. Müller*, ArbuR 1992, S. 257ff. (261).

[1147] Vgl. BAG (GS), Beschluss vom 16.09.1986, AP Nr. 17 zu § 77 BetrVG 1972, Bl. 269f.; vor diesem Hintergrund ist auch die entstehungsgeschichtliche Begründung von Wiedemann/*Wank*, TVG, § 4, Rn. 559, S. 1150 nur wenig tragfähig, wonach der Gesetzgeber des BetrVG 1952 das Günstigkeitsprinzip gekannt habe und bewusst keine dem § 4 Abs. III TVG entsprechende Regelung aufgenommen habe, weil er eine Anwendung nicht wollte. Im Verhältnis Betriebsvereinbarung zu Individualvertrag fehlt eine derartige Regelung auch; gleichwohl befürwortet hier die herrschende Auffassung eine Anwendung des Günstigkeitsprinzips, vgl. BAG BB 1990, S. 1840ff. (1841); *Berg, in:* Däubler/Kittner/Klebe, BetrVG, § 77, Rn. 19, S. 1057 m.w.N.

mit der Fähigkeit zur Selbstbestimmung ausgestatteten Persönlichkeit statuiert.[1148] Es liegt gerade keine Verwirklichung dieses Prinzips der Freiheit und der Selbstverantwortung des Individuums vor, wo infolge der Anwendung des § 4 Abs. III TVG auch auf Betriebsvereinbarungen die eine kollektive Bestimmung der Arbeitsbedingungen durch Tarifvertrag durch die andere - wenn auch in einer kleineren Regelungseinheit erfolgende - kollektive Bestimmung durch Betriebsvereinbarung ersetzt wird, der sich der Arbeitnehmer zudem angesichts des Zwangsverbandes „Belegschaft“ bei Zulassung der Betriebsvereinbarung als normativem Gestaltungsmittel nur um den Preis der Aufgabe seines Arbeitsplatzes zu entziehen vermag.[1149] Mit der in dieser Weise auf Zwangskorporation gegründeten Regelungsmacht der Betriebsparteien und der hieraus folgenden Heteronomie ist der freiheitliche und die Privatautonomie schützende Grundgedanke des § 4 Abs. III TVG im Hinblick auf eine Anwendung des Günstigkeitsprinzips auch auf Betriebsvereinbarungen inkompatibel.[1150] Allein mit Vorliegen einer individualvertraglichen Abweichung vom Tarifvertrag liegt zudem in diesem Sinne eine Willensbetätigung des Arbeitnehmers dahingehend vor, über den Schutz der nur kraft seines freiwilligen Verbandsbeitritts mitgliedschaftlich legitimierten tariflichen Normwirkung im Sinne des § 4 Abs. I TVG zu disponieren. Der Grundgedanke des § 4 Abs. III TVG wird völlig verfehlt, soweit mittels der Anwendung des - in diesem Zusammenhang notwendig kollektiv im Hinblick auf die Interessen der Gesamtbelegschaft verstan-

---

[1148] So auch *Rieble*, RdA 1996, S. 151ff. (153): der Vorschlag einer Kollektivierung und Übertragung des Günstigkeitsprinzips auch auf das Verhältnis Betriebsvereinbarung zu Tarifvertrag verkenne, dass das Günstigkeitsprinzip „das Individuum vor dem eigenen Verband schützt und dementsprechend dem Arbeitsvertrag individuelle Gestaltungsräume vorbehält. Das Günstigkeitsprinzip fragt gerade nicht: Was ist günstiger für die Belegschaft?“ “; von einer fehlenden Anwendbarkeit des Rechtsgedankens des § 4 Abs. III TVG auf das Verhältnis zwischen Betriebsvereinbarung und Tarifvertrag geht auch *Reuter*, RdA 1991, S. 193ff. (201/202) aus, wenn auch mit abweichender Begründung.

[1149] Im Sinne eine Charakterisierung der Betriebsverfassung als Zwangsrepräsentation auch *Belling*, Günstigkeitsprinzip, S. 114; *H. Hanau*, Individualautonomie, S. 69/70; *Rieble*, Arbeitsmarkt und Wettbewerb, Rn. 1411; die von *Lambrich*, Tarif- und Betriebsautonomie, S. 218/219 hiergegen vorgebrachte Erwägung, rein tatsächliche Umstände und äußere Zwänge müssten für den selbstbestimmten Charakter eines Willensaktes grundsätzlich außer Betracht bleiben, geht m.E. völlig fehl. Dem Tarifvertragswesen insgesamt liegt der Gedanke der Gegenmachtbildung und damit die Beseitigung äußerer Zwänge als Hindernis individueller Selbstbestimmung des Arbeitnehmers zugrunde. In einer auf den möglichst weitgehenden Schutz der individuellen Selbstbestimmung des Arbeitnehmers angelegten Ordnung des Tarifvertragswesens fügt sich eine Konstruktion von vornherein nicht ein, in der zwei Komponenten der grundrechtlichen Gewährleistung des Art. 12 GG gegeneinander ausgespielt werden, indem auf Seiten des Arbeitnehmers die freie Wahl des Arbeitgebers und der verfassungsrechtliche Schutz des Bestandes des Arbeitsverhältnisses nur um den Preis einer Zwangsrepräsentation bezüglich der inhaltlichen Gestaltung der Arbeitsbedingungen und die Freiheit von letzterer nur bei weitgehender Aufgabe erster grundrechtlich geschützter Werte zu haben ist.

[1150] Vgl. *Picker*, FS-Knobbe-Keuk, S. 879ff. (924).

denen - § 4 Abs. III TVG auch auf die Betriebsvereinbarung eine Herausdrängung tarifgebundener Arbeitnehmer aus der von ihnen selbst gewählten Tarifbindung gegen ihren Willen durch dispositionsbereite Betriebsräte konstruiert wird.[1151] Das Günstigkeitsprinzip ist gerade nicht allgemein Ausdruck eines Subsidiaritätsprinzips,[1152] als einem Prinzip, das den Vorrang der kleineren sozialen Einheit vor der jeweils größeren Einheit begründet.[1153]

Vor diesem Hintergrund ist die Behauptung unzutreffend, das dem § 4 Abs. III TVG zu entnehmende Prinzip strukturiere mit der gleichen Notwendigkeit das Verhältnis von Tarifvertrag zu Betriebsvereinbarung wie das Verhältnis von Betriebsvereinbarung zum Einzelarbeitsvertrag, auf das nach der herrschenden Auffassung[1154] das Günstigkeitsprinzip des § 4 Abs. III TVG trotz Fehlens einer gesetzlichen Anordnung Anwendung finde.[1155] Allein auf das letztere Verhältnis ist das Günstigkeitsprinzip im Sinne des § 4 Abs. III TVG anwendbar, weil es hier die Aufgabe einer Beschränkung der Normwirkung der Betriebsvereinbarung gerade zugunsten der individuellen Privatautonomie und der eigenverantwortlichen Selbstbestimmung des Arbeitnehmers erfüllt und damit die verfassungsrechtlichen Zielvorgaben des Günstigkeitsprinzips verwirklicht, der Kollektivmacht zugunsten der individuellen Vertragautonomie eine Schranke zu setzen.[1156]

3) Zwischenergebnis

§ 4 Abs. III TVG kann kein Prinzip entnommen werden, das auch auf die Regelung des Verhältnisses kollektivrechtlicher Gestaltungsformen zueinander Anwendung finden könnte.[1157] Das Günstigkeitsprinzip ist vielmehr ein Instrument zur Kompetenzabgrenzung zwischen den Individuen und ihren (Tarif-) Verbänden[1158] und sichert die vertragsfreiheitliche Rechtsgestaltung durch den einzelnen Arbeitnehmer

---

[1151] Vgl. dazu eingehend *Kempen*, Struktur- und Funktionsunterschiede zwischen Tarifvertrag und Betriebsvereinbarung, in: Arbeitsrecht der Gegenwart 30 (1993), S. 97ff. insb. S. 110.

[1152] So aber *Th. B. Schmidt*, Günstigkeitsprinzip, S. 96.

[1153] Vgl. zu diesem Wesensmerkmal des Subsidiaritätsprinzips *Moersch*, Leistungsfähigkeit und Grenzen des Subsidiaritätsprinzips, S. 52: „Sind mindestens zwei Handlungseinheiten in gleicher Weise zur Erfüllung der betreffenden Aufgabe geeignet, so erfolgt auf der zweiten Stufe die Zuordnung der Aufgabe unter Rückgriff auf das Kriterium der „Nähe zum Individuum", das bedeutet, dass die Wahrnehmung der entsprechenden Tätigkeit der dem Menschen „am nächsten" stehenden Organisationseinheit übertragen wird. Hierin besteht die zentrale Aussage des Subsidiaritätsgrundsatzes".

[1154] Vgl. BAG BB 1990, S. 1840ff. (1841); *Berg*, in: Däubler/Kittner/Klebe, BetrVG, § 77, Rn. 19, S. 1057 m.w.N.; *Löwisch/Kaiser*, BetrVG, § 77, Rn. 76, S. 405 jeweils m.w.N.

[1155] So aber *Schmidt*, Günstigkeitsprinzip, S. 112.

[1156] Vgl. zu dieser verfassungsrechtlichen Zweckbestimmung des Günstigkeitsprinzips *Belling*, DB 1982, S. 2513ff. (2514); *Freihube*, Probleme der Tarifbindung, S. 134; *Heinze*, NZA 1991, S. 329ff. (332); *Joost*, ZfA 1984, S. 173ff. (178).

[1157] So i.E. auch Wiedemann/*Wank*, TVG, § 4, Rn. 558, S. 1150.

[1158] *Rieble*, RdA 1996, S. 151ff. (153); *Wank*, in: Wiedemann, TVG, § 4, Rn. 558.

gegenüber der Rechtsetzungsmacht der Tarifvertragsparteien sowie der Betriebspartner.[1159] Das Günstigkeitsprinzip und der diesem zugrundeliegende Rechtsgedanke betrifft mithin allein das Aufeinandertreffen von Privatautonomie und kollektiver Regelungsmacht.[1160]

Eine Anwendung des § 4 Abs. III TVG wie auch des diesem zu entnehmenden Rechtsgedankens auf Betriebsvereinbarungen im Sinne des § 77 Abs. III BetrVG im Verhältnis zu Tarifverträgen und damit im Verhältnis zweier kollektiver Regelungen zueinander scheidet hiernach aus. Vielmehr errichtet § 77 Abs. III BetrVG – insoweit im Ergebnis in Übereinstimmung mit der herrschenden Auffassung[1161] - eine absolute Regelungssperre, in deren Anwendungsbereich eine Regelung durch Betriebsvereinbarung ausgeschlossen ist.

II.) Erforderlichkeit und Verfassungsmäßigkeit einer gesetzgeberischen Einschränkung oder Beseitigung des § 77 Abs. III TVG

Vor dem Hintergrund dieses Befundes bezüglich des Verhältnisses des § 77 Abs. III BetrVG zu § 4 Abs. III TVG stellt sich sodann die Frage, inwieweit die bestehende Regelung der Sperrwirkung des § 77 Abs. III BetrVG in ihrer rechtlichen Tragweite und in ihrer rechtspolitischen Berechtigung in Frage zu stellen und eine gesetzgeberische Änderung geboten ist.

1) Der Meinungsstand der rechtspolitischen Diskussion um § 77 Abs. III BetrVG

Die Frage einer Aufhebung oder Einschränkung der Regelungssperre des § 77 Abs. III BetrVG ist gerade in jüngster Zeit verstärkt Gegenstand der Diskussion im rechtswissenschaftlichen Schrifttum gewesen.[1162] Gleichwohl haben sich dahingehende rechtspolitische Forderungen bislang insbesondere auch in dem am 28. Juli 2001 in Kraft getretenen Betriebsverfassungs-Reformgesetz nicht durchzusetzen vermocht, bei dem der Gesetzgeber an der bisherigen Regelung des § 77 Abs. III BetrVG festgehalten hat.

[1159] *Belling*, DB 1982, S. 2513ff. (2514).
[1160] Vgl. *Wank*, in: Wiedemann, TVG, § 4, Rn. 558.
[1161] Vgl. *Däubler*, Tarifvertragsrecht, Rn. 234, S. 157; *Löwisch/Kaiser*, BetrVG, § 77, Rn. 58, S. 399; *Wank*, in: Wiedemann, TVG, § 4 Rn. 556, S. 1149; *Heinze*, NZA 1995, S. 5ff. (6); *Hromadka*, DB 1987, S. 1991ff. (1993); *Kissel*, NZA 1995, S. 1ff. (4); *Konzen*, NZA 1995, S. 913ff. (915); *Neumann*, RdA 1990, S. 257ff. (259); *Rieble*, RdA 1996, S. 151ff. (153); *Waltermann*, Rechtsetzung durch Betriebsvereinbarung, S. 262 - 266; *Zachert*, ArbuR 1993, S. 97ff. (99).
[1162] Vgl. den Überblick bei *Junker*, ZfA 1996, S. 383ff. (393f.).

a) Beseitigung der Regelungssperre des § 77 Abs. III BetrVG

Von einem Teil der rechtswissenschaftlichen Literatur wird vorgeschlagen, die kollektivrechtliche Regelung von Arbeitsbedingungen durch eine Aufhebung des § 77 III BetrVG auch auf Betriebsebene im Wege der Betriebsvereinbarung zu ermöglichen.[1163] Dies entspricht auch einem Vorschlag der Monopolkommission, den diese im Rahmen ihres gem. § 24 Abs. 3 – 5 GWB erstatteten Zehnten Hauptgutachtens 1992/1993 unterbreitet hat.[1164] Tarifvertragsgesetz und Betriebsverfassungsgesetz sollen hiernach dahin geändert werden, dass von tarifvertraglichen Regelungen generell abgewichen werden kann. Die Monopolkommission schlägt zur Umsetzung dieser Änderung eine allgemeine, durch Gesetz erzwungene Öffnungsklausel im Sinne des § 77 Abs. III BetrVG vor.[1165]

b) Einschränkung der Regelungssperre des § 77 Abs. III BetrVG

Ein anderer Teil der Literatur plädiert hingegen für eine nur teilweise Lockerung der Regelungssperre des § 77 Abs. III BetrVG. So schlägt *Adomeit*[1166] vor, dem Gedanken der Beschäftigungsförderung als Ziel der Betriebsvereinbarung im Rahmen des § 77 Abs. III BetrVG Raum zu verschaffen und die Ausnahme von der Regelungssperre in § 77 Abs. Abs. III S. 2 BetrVG wie folgt zu ändern:

> „Dies gilt nicht, wenn ein Tarifvertrag den Abschluss ergänzender Betriebsvereinbarungen ausdrücklich zulässt *oder eine solche Regelung durch das Ziel der Beschäftigungsförderung geboten ist* [H.d.V.]“.[1167]

Eine die Tarifnormen unterschreitende Betriebsvereinbarung wäre hiernach im Ergebnis immer dann zulässig, wenn zum Ausgleich eine Beschäftigungsgarantie gewährt wird.

Auch der deutsche Juristentag hat im Jahre 1996 bereits empfohlen:

> „Den Betriebsparteien sollte durch Novellierung des § 4 Abs. III TVG und des § 77 Abs. III BetrVG gestattet werden, in einer konkret festzustellenden Notsituation durch Betriebsvereinbarung tarifliche Leistungen

[1163] *Reuter*, ZfA 1995, S.1ff. (65ff.), hält § 77 Abs. III BetrVG gar für verfassungswidrig und plädiert für eine Abschaffung. (m.w.N.); *ders.*, RdA 1991, S. 193ff. (199).

[1164] Monopolkommission, Zehntes Hauptgutachten 1992/93, BT-Drucksache 12/8323, insb. Nr. 933/934 (S. 375/376), Nr. 936 am Ende (S. 376), Nr. 937 (S. 376/377).

[1165] Monopolkommission, Zehntes Hauptgutachten 1992/93, BT-Drucksache 12/8323, insb. Nr. 933/934 (S. 375/376), Nr. 936 am Ende (S. 376), Nr. 937 (S. 376/377).

[1166] *Adomeit*, Regelungen von Arbeitsbedingungen und ökonomische Notwendigkeiten, S. 70f.

[1167] *Adomeit*, Regelungen von Arbeitsbedingungen und ökonomische Notwendigkeiten, S. 71; zurückhaltender *Hanau*, FS-Wiedemann, S. 283ff. (299), der nur Betriebsvereinbarungen mit nicht tarifgebundenen Arbeitgebern im Falle der Betriebsänderung bei entsprechender beschäftigungsfördernder Zielsetzung von der Sperrwirkung freistellen will.

vorübergehend herabzusetzen, wobei ein solcher Notfall nur anzunehmen ist, wenn das Unternehmen in seiner Existenz bedroht ist oder erhebliche Teile der Belegschaft ihren Arbeitsplatz zu verlieren drohen“[1168].

Demgegenüber weist der Sachverständigenrat in seinem Jahresgutachten 1996/1997 darauf hin, dass die Eröffnung betrieblicher Gestaltungskompetenzen erst in derartigen betrieblichen Notfällen für eine wirksame Bekämpfung des Arbeitsplatzabbaus zu spät ansetze.[1169] Er plädiert dafür, einen derartigen betrieblichen Gestaltungsspielraum zur Beschäftigungssicherung schon zu eröffnen, bevor eine derartige betriebliche Notsituation vorliegt, und zwar dann, wenn Unternehmensleitung, Betriebsrat und Belegschaft der Nutzung einer Öffnungsklausel zustimmen.[1170] *Vollmer*[1171] geht gar davon aus, auch bei der geltenden Rechtslage trotz der Regelungssperre des § 77 Abs. III BetrVG eine derartige unmittelbar auf tarifvertraglich oder individualvertraglich begründete Löhne und Leistungen einwirkende Kürzungskompetenz von Arbeitgeber und Betriebsrat in der Situation der bestandsgefährdenden Unternehmenskrise als Annexkompetenz zu § 111 BetrVG herleiten zu können.

Auf eine Einschränkung der Regelungssperre des § 77 Abs. III BetrVG zielen auch Anträge der F.D.P. im Deutschen Bundestag ab, die sowohl im Jahre 2000[1172] als auch im Jahre 2001[1173] gestellt wurden. Die Anträge beinhalten unter anderem eine Änderung des § 77 Abs. III BetrVG dahingehend, dass jegliche Vereinbarungen auf betrieblicher Ebene möglich sind, wenn sie freiwillig abgeschlossen werden und diesen 75% der abstimmenden Mitarbeiter des Unternehmens zugestimmt haben.[1174]

Als eine die Tarifautonomie weniger einschränkende Form der Lockerung der Regelungssperre des § 77 Abs. III BetrVG erweist sich demgegenüber der vom Sachverständigenrat in seinem Jahresgutachten 1996/1997 vorgelegte Vorschlag, die Ausgestaltung auch als Tarifüblichkeitssperre aufzuheben und die Sperrwirkung und den Schutz der Tarifautonomie damit auf Fälle tatsächlich ausgeübter, nicht jedoch bloß potentieller Tarifmacht zu beschränken.[1175] Im Jahresgutachten 2000/2001 hat der Sachverständigenrat hingegen jedoch für eine völlige Beseitigung der Regelungssperre des § 77 Abs. III BetrVG plädiert.[1176]

[1168] Beschlüsse des 61. DJT Karlsruhe 1996, DB 1996, S. 2030f. (2030/2031), dort Nr. 3.
[1169] So auch *Gentz*, in FS-Schaub, S. 205ff. (214).
[1170] *Sachverständigenrat*, Jahresgutachten 1996/1997, Rn. 325.
[1171] *Vollmer*, DB 1982, S. 1670ff. (1673).
[1172] Vgl. BT-Drucksache 14/2612.
[1173] Vgl. BT-Drucksache 14/5764.
[1174] BT-Drucksache 14/2612, S. 2; BT-Drucksache 14/5764, S. 4 oben; dagegen aus verfassungsrechtlichen Gründen *Dieterich*, RdA 2002, S. 1ff. (16), *ders.*, DB 2001, S. 2398ff. (2402).
[1175] *Sachverständigenrat*, Jahresgutachten 1996/1997, Rn. 325.
[1176] *Sachverständigenrat*, Jahresgutachten 2000/2001, Rn. 417.

Im Schrifttum vertreten ferner einige Autoren die Auffassung, die Sperrwirkung des § 77 Abs. 3 BetrVG setze stets die Tarifgebundenheit des Arbeitgebers voraus, so dass die Wirkung als Tarifüblichkeitssperre jedenfalls insoweit einzuschränken sei.[1177] Diesen Weg verfolgt nunmehr auch der Sachverständigenrat in seinem Jahresgutachten 2002/2003 und schlägt vor, Betriebsvereinbarungen mit nicht tarifgebundenen Arbeitgebern von § 77 Abs. III BetrVG freizustellen.[1178]

c) Ablehnung der Begründung paralleler betrieblicher Regelungskompetenz

Gegenüber diesen Vorschlägen zu einer partiellen oder vollständigen Begründung einer Gestaltungskompetenz auf Betriebsebene im Bereich der kollektivrechtlichen Ordnung der abhängigen Arbeit bleibt die überwiegende Auffassung in der rechtswissenschaftlichen Literatur hingegen von der Richtigkeit eines generellen Vorrangs der Tarifparteien bei der kollektivrechtlichen Gestaltung der abhängigen Arbeit auch im Fall der bestandsgefährdenden Unternehmenskrise überzeugt.[1179]

An der Regelungssperre des § 77 Abs. III BetrVG sei hiernach im Sinne einer absoluten Verdrängung der Betriebsvereinbarung als Gestaltungsmittel sowohl im Falle des Vorliegens als auch im Falle der Üblichkeit einer tariflichen Regelung unabhängig von einer bestehenden Tarifbindung des Arbeitgebers festzuhalten.[1180]

2) Stellungnahme

Die Eröffnung einer auch nur partiellen parallelen Normsetzungsmacht auf Betriebsebene in Form des Gestaltungsmittels der Betriebsvereinbarung durch eine Streichung oder Einschränkung des § 77 Abs. III BetrVG ist abzulehnen.

Der prinzipielle Ausschluss der Betriebsvereinbarung als Regelungsinstrument durch § 77 Abs. III BetrVG sowohl bei einer bestehenden tariflichen Regelung als auch bei Tarifüblichkeit realisiert auf der Ebene des einfachen Gesetzes nichts anderes als das Verfassungsgebot des Art. 9 Abs. III GG im Hinblick auf die positive

---

[1177] So etwa *Ehmann/Schmidt*, NZA 1995, S. 193ff (196); *Richardi*, FS-Schaub, S. 639ff.(644); kritisch dazu *Hanau*, FS-Wiedemann, S. 283ff. (296-299).

[1178] *Sachverständigenrat*, Jahresgutachten 2002/2003, Kapitel 5 I, S. 408.

[1179] *Berg*, in Däubler/Kittner/Klebe, BetrVG, § 77, Rn. 76, S. 1077; *Blanke*, FS-Gnade, S. 25ff. (30/31); *Hanau*, RdA 1993, S. 1ff. (5f.); *Heinze*, NZA 1995, S. 5ff. (6/7); *ders.*, NZA 2001, S. 1ff. (4); *Joost*, JuS 1989, S. 274ff. (275); *Kissel*, NZA 1986, S. 73ff. (78/79); *Lieb*, NZA 1994, S. 289ff. (291) sowie S. 337ff. (341/342); *Löwisch/Kaiser*, BetrVG, § 77, Rn. 58, S. 399; *Mäckler*, in FS-50 Jahre Arbeitsgerichtsbarkeit Rheinland-Pfalz (Arbeitsrecht und Arbeitsgerichtsbarkeit), S. 387; *Neumann*, RdA 1990, S. 257 (259); *Rieble*, RdA 1996, S. 151ff. (153); *Waltermann*, RdA 1996, S. 129ff. (139); *Zachert*, ArbuR 1995, S. 1ff. (6).

[1180] *Löwisch/Kaiser*, BetrVG, § 77, Rn. 58, S. 399; *Mäckler*, in FS-50 Jahre Arbeitsgerichtsbarkeit Rheinland-Pfalz (Arbeitsrecht und Arbeitsgerichtsbarkeit), S. 387; *Waltermann*, RdA 1996, S. 129ff. (139).

Koalitionsfreiheit einerseits und den Schutz des Außenseiters als Ausfluss der negativen Koalitionsfreiheit andererseits.[1181] Festzuhalten ist zunächst, dass die gesetzliche Regelung einer allgemeinen betrieblichen Öffnungsklausel ohne tatbestandliche Einschränkung die Tarifautonomie faktisch zugunsten der Betriebsautonomie völlig aufheben würde und folglich mit Art. 9 Abs. III GG nicht zu vereinbaren ist.[1182] Art. 9 Abs. III GG ist in seiner Ausgestaltung als negative Koalitionsfreiheit gerade Ausdruck des angesichts der verfassungsrechtlichen Gewährleistung des Art. 1 Abs. I GG, des Art. 2 Abs. I GG sowie dem sich hieraus ergebenden Menschenbild des Grundgesetzes[1183] zwingend vorgegebenen Prinzips, wonach es dem einzelnen gerade freistehen muss, ob er sich organisiert oder nicht, ob er seine Angelegenheiten – insbesondere seine Arbeitsbedingungen – individuell oder kollektiv regelt.[1184] Das Grundgesetz garantiert dem einzelnen Arbeitnehmer gerade auch die Freiheit, seine Angelegenheiten unabhängig vom Staat und von den Verbänden eigenverantwortlich zu regeln.[1185] Diese verfassungsrechtlichen Vorgaben werden verkannt, wo mit einer völligen Streichung des § 77 Abs. III BetrVG (bzw. einer gesetzlichen Öffnungsklausel) oder einer Aufhebung der Regelungssperre bei Tarifüblichkeit der Betriebsrat zu einer beitragslosen Ersatzgewerkschaft erhoben wird, die sich infolge der zwingenden Verknüpfung von Betriebseintritt (d.h. dem Abschluss eines Arbeitsvertrages) mit der normativen Geltung von Betriebsvereinbarungen zugleich als „Zwangsgewerkschaft"[1186] darstellt.[1187, 1188] Die These, eine

[1181] Vgl. *Heinze*, NZA 1995, S. 5ff. (6).

[1182] *Hanau*, RdA 1993, S. 1ff. (6, 10); *Heinze*, NZA 1995, S. 5ff. (7); *Junker*, ZfA 1996, S. 383 (395); *Konzen*, NZA 1995, S. 913ff. (915).

[1183] Vgl. dazu schon oben unter § 3 III 1, S. 69f.

[1184] Vgl. *Rieble*, RdA 1996, S. 151ff. (155).

[1185] *Junker*, NZA 1997, S. 1305 (1318); *Rieble*, Arbeitsmarkt und Wettbewerb, S.347, Rn. 1154.

[1186] So zutreffend *Heinze*, NZA 1995, S. 5ff. (6); ebenso *Wank*, NJW 1996, S. 2273ff. (2274): Belegschaft sei im Gegensatz zur Koalition ein „Zwangsverband".

[1187] Ablehnend auch *Buchner*, NZA 1986, S. 377ff. (378); *Hanau*, RdA 1993, S. 1ff. (7); *Heinze*, NZA 1995, S. 5ff. (7); *Henssler*, ZfA 1994, S. 487ff. (511); *Junker*, ZfA 1996, S. 383ff. (394f.); *Konzen*, NZA 1995, S. 913ff. (915, 919); *Linnenkohl*, BB 1988, S. 1459f. (1459); *Walker*, ZfA 1996, S. 353ff. (369/370); *Wank*, NJW 1996, S. 2273ff. (2280); *Zöllner*, ZfA 1988, S. 265ff. (275).

[1188] Dem kann auch nicht mit *Ehmann/Lambrich*, NZA 1996, S .346 ff. (351) entgegen gehalten werden, dem Arbeitnehmer stehe es frei, einen Arbeitsvertrag abzuschließen und er tue dies in Kenntnis der damit begründeten Bindung an bestehende und zukünftige Betriebsvereinbarungen. Die Gewährleistung des Art. 12 GG erschöpft sich nicht in der Gewährleistung der Freiheit bezüglich des „ob" eines Vertragsabschlusses, sondern gewährleistet grundsätzlich und gleichzeitig auch die inhaltliche Gestaltungsfreiheit. Dieser Inhalt der Gewährleistung des Art. 12 GG wird verfassungswidrig verfälscht, wenn beide Aspekte der Gewährleistung faktisch im Sinne eines Alternativverhältnisses mit dem Hinweis interpretiert werden, die Normsetzungsgewalt der Betriebsparteien sei zwar zwingende – jedoch bewusst vorhergesehene – Begleiterscheinung des Vertragsschlusses und der Privatautonomie sei in dieser Hinsicht dadurch genüge getan, dass es dem Arbeitnehmer frei stehe, von einem Vertragsabschluß abzusehen. Es besteht gerade keine Freiheit der inhaltlichen Vertragsgestaltung, wo die Begründung eines

umfassende gesetzliche Öffnungsklausel könne ohne Verfassungsänderung eingeführt werden, ist mithin schlicht unhaltbar.[1189]

Soweit sich die Monopolkommission in ihren Vorschlag zur Einführung gesetzlicher Öffnungsklauseln zugunsten abweichender Betriebsvereinbarungen[1190] und dessen vermeintlicher verfassungsrechtlicher Unbedenklichkeit insbesondere durch die Entscheidung des BAG[1191] aus dem Jahre 1994 zur Wirksamkeit tarifvertraglicher Altersgrenzenregelungen bestätigt sieht,[1192] wird verkannt, dass es der Entscheidung des BAG im verfassungsrechtlichen Kontext allein um die Zurückdrängung der tarifvertraglichen Normsetzungsgewalt zugunsten der Gestaltungsfreiheit der Arbeitnehmer vor dem Hintergrund der Wertentscheidung des Art. 12 I GG geht.[1193] Mit der Eröffnung einer umfassenden konkurrierenden Gestaltungskompetenz der Betriebsparteien könnten jedoch tarifgebundene Arbeitsvertragsparteien gerade auch gegen ihren Willen durch dispositionsbereite Betriebsräte aus der selbstgewählten Tarifbindung herausgedrängt werden.[1194]

Auch im Hinblick auf Öffnungsklauseln mit einer nur begrenzten Öffnungswirkung - etwa für den Fall betrieblicher Notsituationen - begegnet die Eröffnung betrieblicher Gestaltungskompetenzen vor diesem Hintergrund durchgreifenden Bedenken. Schon die hier offenkundig zugrundeliegende Annahme, es bestehe in diesen Fällen ein gleichsam überindividuelles Interesse der Betriebsparteien an einer Anpassung der tariflichen Arbeitsbedingungen, dem nur durch die Bereitstellung eines überindividuellen kollektiven Gestaltungsmittels mit normativer Wirkung genügt werden

---

Arbeitverhältnisses – die überhaupt erst die Grundlage jedweder Möglichkeit der inhaltlichen Ausgestaltung bildet – zwingend mit der Begründung einer die Selbstbestimmung des Individuums weitgehend ausschließenden kollektiven Normsetzungsgewalt auf betrieblicher Ebene zusammenfällt; im Ergebnis ebenso *Waltermann*, Rechtsetzung durch Betriebsvereinbarung, S. 88/89.

1189 Ebenso im Ergebnis *Hanau*, RdA 1993, S. 1ff (5, 10); *Henssler*, ZfA 1994, S. 487ff. (511); *Junker*, ZfA 1996, S. 383 (395); *Kempen*, RdA 1994, S. 140ff. (151); *Kittner*, ArbuR 1995, S. 385ff. (393); *Konzen*, NZA 1995, S. 913ff. (915, 919); *Walker*, ZfA 1996, S. 353ff. (370).

1190 Vgl. Monopolkommission, 10. Hauptgutachen 1992/93, BT-Drucks. 12/8323, Nr. 937, S. 376.

1191 Vgl. BAG NJW 1994, S. 538ff.

1192 Vgl. Monopolkommission, 10.Hauptgutachen 1992/93, BT-Drucks. 12/8323, Nr. 941, S. 378.

1193 BAG NJW 1994, S. 538ff. (541): „...wird mit der Flexibilisierung der Lebensarbeitszeit den Arbeitnehmern die Möglichkeit eröffnet, selbst darüber zu entscheiden, wann sie das Altersruhegeld in Anspruch nehmen und aus dem Arbeitsleben ausscheiden. Diese Stärkung der Rechtsstellung der Arbeitnehmer auch gegenüber den Tarifvertragsparteien ist, insbesondere unter Berücksichtigung der Wertentscheidung des Art. 12 I GG, verfassungsrechtlich nicht zu beanstanden."

1194 Zu diesem Aspekt ausführlich *Kempen*, Struktur- und Funktionsunterschiede zwischen Tarifvertrag und Betriebsvereinbarung, Arbeitsrecht der Gegenwart 30, S. 97ff. (110): Da die Betriebsratsmitglieder nicht notwendig tarifgebunden sein müssen, gehe mit dieser Dispositionsbefugnis der Verlust des Selbstgesetzgebungsmechanismus als Basis tarifautonomer Normsetzungsbefugnis einher.

könne, beruht auf einer im Ansatz angesichts des Grundprinzips der rechtsgeschäftlichen Ordnung des Arbeitslebens[1195] bereits verfehlten ideologischen und freiheitsfeindlichen Überhöhung des Kollektivismus, die von der Intention einer derartigen Öffnung der Normwirkung des Tarifvertrages unter dem Aspekt der Beschäftigungssicherung zudem nicht indiziert wird.

Die Zusammenfassung zahlreicher Arbeitsverhältnisse in der Einheit „Betrieb" darf nicht darüber hinwegtäuschen, dass es der Öffnung des Tarifvertrages zugunsten beschäftigungssichernder Abweichungen um die Erhaltung des Beschäftigungsverhältnisses des Individuums als Erwerbsgrundlage und damit gerade um den sozialstaatlichen Schutz individueller Rechtspositionen und Besitzstände geht. Mit dem Schutz des Bestandes des individuellen Arbeitsverhältnisses ist der Kern der Gewährleistung des Art. 12 I GG einschließlich der Bezüge zu Art. 1 GG und Art. 2 I GG im Hinblick auf das individuelle Arbeitsverhältnis der betroffenen Arbeitnehmer berührt. Die Kompetenz zur Regelung durch Betriebsvereinbarung ist jedoch gerade nicht in diesem Sinne eine das individuelle Arbeitsverhältnis betreffende Kompetenz.[1196] Auch im Hinblick auf beschäftigungssichernde Zielsetzungen ist insoweit daran festzuhalten, dass die Betriebsparteien als in keiner denkbaren Weise den Koalitionen zurechenbare Stelle (tarifvertraglich begründete) Rechte des Individuums nicht gewissermaßen als „Verhandlungsmasse" in die Auseinandersetzungen mit der Arbeitgeberseite einbringen können.[1197]

Auch verfassungsrechtlich hat das System kollektiver Lohnfindung im TVG eine Ausgestaltung gefunden, auf deren Grundlage es dem Arbeitnehmer ausweislich der negativen Koalitionsfreiheit des Art. 9 Abs. III GG gerade freigestellt ist und bleiben muss, ob er sich des Schutzes kollektiver Lohnfindung bedient.[1198] Der Anerkennung der Betriebsvereinbarung als konkurrierendes Gestaltungsmittel mit normativer Wirkung im Bezug auf beschäftigungssichernde Lohnkürzungen steht bereits entgegen, dass dem Arbeitnehmer angesichts der zwingenden Bindung an Betriebsvereinbarungen mit Betriebseintritt und deren normative Wirkung keine Möglichkeit verbliebe, sich diesem aufgezwungenen Schutz zu entziehen.[1199] Der Arbeitnehmer würde hier auf Betriebsebene – im Gegensatz zu der auf Tarifebene

[1195] Vgl. *Richardi*, ZfA 1992, S. 307ff. (315).
[1196] *Richardi*, DB 1990, S. 1613ff. (1618); *Zöllner*, ZfA 1988, S. 265ff. (276).
[1197] Vgl. *Däubler*, NZA 1988, S. 857ff. (866); *Hanau*, ArbuR 1983, S. 257ff. (264).
[1198] Vgl. *Rieble*, RdA 1996, S. 151ff. (155).
[1199] *Richardi*, NZA 2000, S. 617ff. (621): „Wer für die Aufhebung des Tarifvorbehalts eintritt, um der Betriebsautonomie Raum zu geben, ersetzt in der letzten Konsequenz das Recht des freien Arbeitsvertrags, auf dem die marktwirtschaftliche Ordnung des Arbeitslebens beruht, durch ein betriebskorporatistisches System. [...] An die Stelle der Vertragsfreiheit und der auf ihr basierenden Tarifautonomie tritt der Betriebs-Feudalismus"; *ders.*, DB 1990, S. 1613ff. (1618): hierdurch würde „das rechtsgeschäftliche Dienstleistungsversprechen durch ein Betriebsdiktat ersetzt".

durch Art. 9 Abs. III GG gewährleisteten negativen Koalitionsfreiheit – zum Objekt einer zwingenden Verbandsherrschaft.[1200]

Vor diesem Hintergrund ist es folgerichtig, dass § 77 Abs. III BetrVG nach ganz überwiegender Auffassung in Rechtsprechung[1201] und Schrifttum[1202] zwar die Betriebsvereinbarung als normativ wirkendes Gestaltungsmittel, nicht jedoch die Regelungsabrede ausschließt.[1203] Anders als die Betriebsvereinbarung setzt die Regelungsabrede noch einen individualvertraglichen Umsetzungsakt des Inhalts der Regelungsabrede in das Arbeitsverhältnis voraus, kraft dessen der Arbeitnehmer sodann im Hinblick auf die individualvertragliche Umsetzung frei entscheiden kann, ob er den im Rahmen der Regelungsabrede anvisierten kollektiv vereinbarten Regelungsinhalt unter Abbedingung der tariflichen Regelung inhaltlich in sein Arbeitsverhältnis transformiert. Soweit man § 4 Abs. III TVG ein allgemeines Rechtsprinzip des Inhalts entnehmen kann, die zwingende Normwirkung der tarifvertraglicher Regelungen zugunsten der individuellen Privatautonomie dort zurückzudrängen, wo diese sich als Instrument der Selbstbestimmung des Arbeitsnehmers als funktionsfähig erweist, verwirklicht die Differenzierung zwischen Betriebsvereinbarung und Regelungsabrede im Rahmen des § 77 Abs. III BetrVG auf der Grundlage des herausgearbeiteten Optionsmodells konsequent diesen Gedanken.

Mit dem Ausschluss der Betriebsvereinbarung und der Zulässigkeit der Regelungsabrede ist gewährleistet, dass eine betriebliche Gestaltung der in Frage stehenden (üblicherweise) tariflich geregelten Arbeitsbedingungen auch hier nur „zugunsten" des Arbeitnehmers im Sinne der herausgearbeiteten Auslegung des § 4 Abs. III TVG, d.h. im Sinne einer Option des Arbeitnehmers erfolgen kann, deren Ausübung als Akt individueller Selbstbestimmung des Arbeitnehmers begriffen werden kann.[1204]

Auf diesen individualvertraglichen Umsetzungsakt findet § 4 Abs. III TVG unmittelbare Anwendung mit der Folge, dass auch hier entsprechend der herausgearbeiteten Auslegung des § 4 Abs. III TVG von einer Abweichung zugunsten des Arbeitnehmers auszugehen ist, soweit die Vereinbarung eine Lohnkürzung gegen eine Beschäftigungsgarantie vorsieht und dem Arbeitnehmer eine Rückkehroption auf die tarifliche Regelung eingeräumt wird oder die Vereinbarung an den Bestand ei-

---

[1200] *Rieble*, RdA 1996, S. 151ff. (153); ebenso Richardi, ZfA 1992, S. 307ff. (315): etwaige demokratische Legitimation der Betriebparteien rechtfertige keine „Vorherrschaft"; ferner *Preis*, Grundfragen der Vertragsgestaltung im Arbeitsrecht, S. 15ff.

[1201] Vgl. BAG BB 1987, S. 2161f. (2162); BAG BB 1990, S. 1840ff. (1840).

[1202] *Berg*, in: Däubler/*Kittner/Klebe*, BetrVG, § 77, Rn. 19, S. 1057 m.w.N.; *Heinze*, NZA 1995, S. 5ff. (6); *Löwisch/Kaiser*, BetrVG, § 77, Rn. 76, S. 405.

[1203] So auch *Heinze*, NZA 1995, S. 5ff. (6).

[1204] Vgl. dazu schon oben unter § 9 II 2, 249f.

ner entsprechenden Feststellung der bestandsgefährdenden Betriebskrise durch die Betriebsparteien geknüpft ist.[1205]

3) Gestaltungsmöglichkeiten durch Betriebsvereinbarung ohne Kollision mit § 77 Abs. III BetrVG

Aus diesen Erwägungen ergibt sich weiter, dass die Regelungssperre des § 77 Abs. III BetrVG ohnehin keineswegs jedweder Öffnung des Tarifvertragswesens zugunsten beschäftigungssichernder Vereinbarungen auf der Grundlage von Betriebsvereinbarungen entgegensteht.

Eine Betriebsvereinbarung, die den Arbeitnehmern lediglich eine Option eröffnet, durch das Zugeständnis einer vorgesehenen Lohnkürzung vom Arbeitgeber Beschäftigungsgarantien zu erhalten, regelt nicht selbst (üblicherweise) tariflich geregelte Arbeitsbedingungen und kollidiert insoweit auch nicht mit § 77 Abs. III BetrVG.[1206] Die Umgestaltung der Arbeitsbedingungen erfolgt vielmehr erst durch Ausübung der Option seitens der Arbeitnehmer.[1207]

Ausgeschlossen ist hiernach durch § 77 Abs. III BetrVG nur eine Betriebsvereinbarung, kraft derer die Betriebsparteien im Wege der unmittelbaren normativen Wirkung selbst über die „Günstigkeit" der beschäftigungssichernden Vereinbarung mit Wirkung für und wider die Arbeitnehmer befinden.[1208]

Wer angesichts dieser Gestaltungsmöglichkeiten gleichwohl die Erforderlichkeit einer Aufhebung des § 77 Abs. III BetrVG reklamiert, wird begründen müssen, warum die Flexibilisierung der tariflichen Normwirkung zugunsten betrieblicher Vereinbarungen zur Beschäftigungssicherung gerade unter Sperrung einer Entscheidungskompetenz des Arbeitnehmers erfolgen muss, auf deren mitgliedschaftlicher Legitimation die Normwirkung der tariflichen Lohnregelung überhaupt erst gründet. Anderenfalls erweisen sich die bestehenden Möglichkeiten der betrieblichen Gestaltung im Wege der Regelungsabrede oder einer optionseröffnenden Betriebsvereinbarung im oben genannten Sinne als völlig ausreichend[1209] und die Streichung des § 77 Abs. III BetrVG als verfassungswidriger Eingriff in Art. 9 Abs. III TVG einerseits[1210] und Art. 12 GG, Art. 2 I GG andererseits.[1211]

[1205] Vgl. dazu schon oben unter § 8 II 5, S. 216 und § 8 II 6 f, S. 228f.

[1206] Vgl. *Buchner*, Beilage 12 zu DB 1996, Heft Nr. 29, S. 14.

[1207] Auf die Ausübung der Option wäre allerdings auch hier § 4 Abs. III TVG sodann unmittelbar anwendbar, vgl. dazu schon im vorigen.

[1208] So auch *Buchner*, Beilage 12 zu DB 1996, Heft Nr. 29, S. 14.

[1209] So auch *Waltermann*, RdA 1996, S. 129ff. (132).

[1210] Vgl. *Heinze*, NZA 1995, S. 5ff. (6); mangels eines Gesetzesvorbehalts in Art. 9 Abs. III GG ist auch außerhalb des Wesengehalts ein Eingriff in die Tarifautonomie nur zulässig, sofern er zum Schutz anderer Rechtsgüter mit Verfassungsrang erforderlich ist. Auch wenn man der

Wie die verfassungsrechtlich verbürgte Freiheit des Koalitionsbeitritts und der mit diesem herbeigeführten mitgliedschaftlichen Legitimation der Normwirkung des Tarifvertrages, so steht auch die Disposition über den durch den individuellen Verbandsbeitritt erst begründeten Schutz der tariflichen Normwirkung allein dem Arbeitnehmer zu.[1212]

Soweit vorhandene betriebliche Gestaltungsmöglichkeiten indes in diesem Sinne ein Einvernehmen des Betriebsrats, des Arbeitgebers *und des Arbeitnehmers* voraussetzen (Regelungsabrede, optionseröffnende Betriebsvereinbarung), sind diese schon nach geltendem Recht möglich.[1213] Es bedarf hier insoweit nicht der Eröffnung von Gestaltungsfeldern der Betriebsvereinbarung im technischen Sinne, d.h. mit unmittelbarer und zwingender Einwirkung auf die individuellen Beschäftigungsverhältnisse, die letztlich eine Zwangskorporation stabilisieren würde. Letztere kommen jedoch ausweislich der verfassungsrechtlichen Werteordnung bestenfalls als Notlösung in Betracht, wenn individuelle Vertragsfreiheit nicht möglich ist.[1214]

Bei einer Umsetzung derartiger Vereinbarungen durch Individualarbeitsvertrag steht es dem Betriebsrat jedoch frei, hierbei über Regelungsabreden, Ausarbeitung von Musterverträgen, Beratungsangeboten für Arbeitnehmer oder ähnlichem vorbereitend zu helfen.[1215]

4) Ergebnis

Die Forderung nach einer Aufhebung oder Einschränkung der Regelungssperre des § 77 Abs. III BetrVG ist mithin abzulehnen.

Beschäftigungsförderung und Beschäftigungssicherung Verfassungsrang beimisst (so wohl auch die Monopolkommission, Zehntes Hauptgutachen 1992/1993, BT-Drucksache 12/9323, Nr. 204, S. 63 und Nr. 942, S. 378) bestehen unter diesem Gesichtspunkt jedoch erhebliche Zweifel gegenüber der Eröffnung betrieblicher Gestaltungskompetenzen, soweit deren Sinn gerade in einer überindividuellen Ansiedlung der Dispositionsmöglichkeit über den tariflichen Schutzstandard liegt, vgl. *Henssler*, ZfA 1994, S. 487ff. (512); *Walker*, ZfA 1996, S. 353ff. (371); *G. Müller*, ArbuR 1992, S. 257ff. (258).

[1211] Vgl. *Richardi*, NZA 2000, S. 617ff. (621); *Rieble*, RdA 1996, S. 151ff. (153).

[1212] *Rieble* RdA 1996, S. 151 (154), ist daher zuzustimmen:„Will man die Flexibilisierung von Tarifverträgen, dann ist die Alternative zum Kollektivvertrag nicht die Betriebsverfassung, sondern die individuelle Entscheidung des Arbeitnehmers"; zust. *Möschel*, BB 2002, S. 1314ff. (1317); *Picker*, NZA 2002, S. 761ff. (768); i.E. auch *Heinze*, NZA 2001, S. 1ff. (4/5).

[1213] Vgl. *Waltermann*, RdA 1996, S. 129ff. (132).

[1214] *Möschel*, BB 2002, S. 1314ff. (1317).

[1215] Vgl. *Möschel*, BB 2002, S. 1314ff. (1317).

III.) Ergebnis

Auf der Grundlage des Optionsmodells ergeben sich vielmehr auch auf betrieblicher Ebene und unabhängig von einer Mitwirkung der Gewerkschaften ausreichende betriebsbezogene Gestaltungsmöglichkeiten bezüglich beschäftigungssichernder Vereinbarungen.

So ist insbesondere die Eröffnung einer Option der Arbeitnehmer zugunsten beschäftigungssichernder Vereinbarungen auch im Wege der Betriebsvereinbarung oder der Regelungsabrede möglich, soweit die sich aus dem Optionsmodell ergebenden inhaltlichen Voraussetzungen, insbesondere im Hinblick auf die Rückkehr zur tariflichen Regelung (Rückkehroption oder Bindung der Vereinbarung an eine Feststellung des Betriebsrats[1216]) sowie die Gewährung einer Beschäftigungsgarantie[1217] gewahrt sind.

[1216] Vgl. oben unter § 8 II 5, S. 216 und § 8 II 6 f, S. 228f.
[1217] Vgl. oben § 8 II 4, S. 214f.

§ 10 Zusammenfassung der Ergebnisse in Thesen

I.) Der dem Tarifvertragswesen zugrundeliegende Ausgangsgedanke einer Kompensation mangelnder Durchsetzungskraft des Individuums durch eine Kollektivierung vertraglicher Interessenverfolgung im Hinblick auf Zielsetzung und Funktionsweise ist ideen- wie wirtschaftsgeschichtlich ein Geschöpf vor allem des Liberalismus. Es ging nach diesem Grundgedanken darum, den Einzelnen auf der Grundlage eines stets dem Vertrag als Gestaltungsmittel verpflichteten Systems zwar zusammen mit Dritten, aber doch um seiner individuellen Position und seiner individuellen Interessen willen frei wirken zu lassen.

II.) Das Günstigkeitsprinzip ist als Innenschranke der Tarifautonomie über Art. 9 Abs. III GG sowie als Außenschranke der Tarifautonomie im Hinblick auf die Vertragsfreiheit über Art. 12, 2 I GG verfassungsrechtlich gewährleistet.

III.) Sowohl nach außen als auch im Binnenverhältnis des Verbandes findet die Ableitung einer gleichsam überindividuellen verbandlichen Heteronomie aus der verfassungsrechtlichen Gewährleistung des Art. 9 Abs. III GG, soweit diese sich auf den Gedanken einer originären Machtträgerschaft der Koalitionen als zwischen dem Individuum und dem Staat angesiedelte Ordnungsinstanzen zu stützen sucht, nach dem gewachsenen geltenden Recht wie nach den Maximen des Gesamtsystems der sozialen Ordnung verfassungsrechtlich keine Stütze. Die Konstruktion einer Dreiheit von Staat, Individuum und Kollektiv ist verfehlt; es existiert auf dem Fundament des Grundgesetzes allein die Zweiheit „Staat und Individuum".

IV.) Die tarifvertragliche Gestaltungsmacht ist privatrechtlichen Ursprungs. Sie ist nicht eine Befugnis zu autonomer Rechtsetzung, die auf einer öffentlichrechtlichen Delegation staatlicher Hoheitsgewalt beruht, sondern sie stellt einen besonderen Fall normativer Gestaltung innerhalb der Privatautonomie dar. Bei Zugrundelegung dieses privatautonomen Verständnisses des Tarifvertrages geht es bei der Frage des Verhältnisses des Tarifvertrages zu abweichenden individualvertraglichen Vereinbarungen um die funktionale Abgrenzung zweier schuldrechtlicher Verträge.

V.) Die unmittelbare und zwingende Wirkung von Tarifnormen stellt im Hinblick auf die Aufgabe des Tarifvertrages eine rechtstechnische Verbesserung der Effizienz des Tarifvertragssystems dar und dient der Grundrechtseffektivität der positiven individuellen Koalitionsfreiheit des Art. 9 Abs. III GG, indem es die kollektiv-vertragsparitätisch vereinbarten und daher voraussichtlich vertragsgerechten Arbeitsbedingungen im Hinblick auf das Individualarbeitsverhältnis effektuiert. Auch der verfassungsrechtliche Schutz der Koalitionen ergibt sich in diesem Sinne aus der Garantie der individuellen Koalitionsfreiheit und diese besteht, um dem Einzelnen die Möglichkeit zur Entfaltung seiner Persönlichkeit in der Gemeinschaft zu geben.

VI.) Gerade weil die Kollektivautonomie des TVG darauf angelegt ist, die Verwirklichung der gebotenen sozialgerechten Arbeits- und Wirtschaftsordnung nicht durch die weitgehende Aufgabe vertraglicher Gestaltungsformen von Arbeitsbedingungen zugunsten staatlicher Steuerungseingriffe anzustreben, sondern diese vielmehr in ihrer Erscheinungsform als *Vertrags*gerechtigkeit zu realisieren sucht und der Richtigkeitsgewähr vertragsparitätisch vereinbarter privatautonomer Regelungen die inhaltliche Determinierung der Arbeits- und Wirtschaftsordnung weitestgehend belässt, gebietet die sozialstaatliche Zielsetzung des Tarifvertragswesens eine Zurückdrängung privatautonomer Vertragsgestaltung durch die Tarifbindung des Arbeitnehmers vermittels Verbandsbeitritt nicht mehr, wenn und soweit die individuelle Privatautonomie der Arbeitsvertragsparteien diesen sozialstaatlichen Zielvorgaben der Vertragsgerechtigkeit im Arbeitsleben aus sich heraus genügt.

VII.) Auch bei bestehender Tarifbindung lässt die den kollektiven Ansatz rechtfertigende Schwäche des Arbeitnehmers als Verhandlungspartner diesen nicht individualfreiheitsrechtlich im Kollektiv aufgehen. Das Grundgesetz statuiert nach seinem Grundverständnis vom Individuum vielmehr – soweit nicht das Sozialstaatsgebot Ausnahmen legitimiert oder gar erzwingt – den Vorrang der individuellen Privatautonomie vor der Kollektivautonomie. Auch das tarifliche Arbeitsrecht findet seine verfassungsrechtliche Grenze an der Vertragsfreiheit der Arbeitsvertragsparteien, soweit die individuelle Vertragsautonomie sich als funktionsfähig erweist. Bei dem Günstigkeitsgedanken handelt es sich folglich um einen Vorbehalt zugunsten der individuellen Vertragsfreiheit der Parteien des Arbeitsvertrages.

VIII.) Die Drei-Stufen-Lehre des Bundesverfassungsgerichts kann aufgrund der Wesenverschiedenheit von staatlicher und tariflicher Normsetzung für die Rechtfertigung von Eingriffen in die individuelle Vertragsfreiheit durch die normative Wirkung von Tarifnormen keine Anwendung finden. Vielmehr ist nach den Grundsätzen der praktischen Konkordanz die Ausgestaltung der Normwirkung des Tarifvertrages im Hinblick auf die Gewährleistung der individuellen Vertragsfreiheit der Arbeitsvertragsparteien einerseits und die verfassungsrechtlichen Gewährleistung der Tarifautonomie andererseits entsprechend der hinter der Kollektivierung der Interessenverfolgung stehenden tarifsystematischen Zielsetzung danach auszurichten, ob sie für den Rechtsverkehr zwischen Individuen ein Höchstmaß beiderseitiger Selbstbestimmung verwirklicht und dabei die Befugnisse der an einem Rechtsgeschäft Beteiligten in einer die Anforderungen des Sozialstaatsprinzips berücksichtigenden Weise verhältnismäßig zuordnet.

IX.) Die traditionelle Dogmatik des Sachgruppenvergleichs im Rahmen des § 4 Abs. III TVG ist sowohl in ihrer objektiv-hypothetischen als auch in ihrer subjektiv-individuellen Ausgestaltung abzulehnen, soweit sie den Sachgruppenvergleich und ein hier ermitteltes quantitatives Günstigkeitsurteil als zwingende Tatbestandsvoraussetzung des § 4 Abs. III TVG überhöht. Der so ermittelte Befund einer Abweichung „zugunsten" des Arbeitnehmers stellt im Rahmen des § 4 Abs. III TVG nichts anderes dar als ein Indiz des Gesetzes für das verfassungsmäßige Funktionieren der individuellen Privatautonomie auch und gerade unter Beachtung des Sozialstaatgebotes.

X.) Die Ausgestaltung des in § 4 Abs. III TVG zum Ausdruck kommenden Prinzips muss bei Beachtung der gesamtverfassungsrechtlichen Freiheitsentscheidung des Grundgesetzes darauf ausgerichtet sein zu ermitteln, ob eine funktionsfähige individuell privatautonome Vertragsgestaltungsfreiheit des Arbeitnehmers bei Vertragsabschluß bestand oder ob die Abweichungen gegenüber dem Tarifvertrag auf der arbeitgeberseitigen Ausnutzung einer überwiegenden Verhandlungsmacht unter Verdrängung der privatautonomen Selbstbestimmung des Arbeitnehmers beruhen.

XI.) Im Hinblick auf das einzelne betroffene Arbeitsverhältnis ist das Günstigkeitsprinzip des § 4 Abs. III TVG aufgrund der verfassungsrechtlichen Stringenz des freiheitlichen Prinzips der Selbstverantwortung und der Subsidiarität sozialstaatlicher Sicherungssysteme verfassungskonform dergestalt auszulegen, dass jede individualvertragliche Abweichung vom Tarifvertrag, die der Arbeitnehmer im Wege faktisch bestehender privatautonomer Selbstbestimmung auf der Grundlage eines Interessenausgleichs mit dem Arbeitgeber herbeiführt und inhaltlich ausfüllt als eine Abweichung „zugunsten" des Arbeitnehmers im Sinne des § 4 Abs. III TVG anzusehen ist.

XII.) Als objektive Indizien, ausweislich derer sich die individualvertragliche Vereinbarung regelmäßig als Ausdruck individueller Selbstbestimmung auf Seiten des Arbeitnehmers im Sinne des § 4 Abs. III TVG darstellt, kommen dabei - neben der quantitativen Günstigkeit im Sinne des traditionellen Verständnisses des Günstigkeitsprinzips - im Falle der Vereinbarung nominal untertariflicher Arbeitsbedingungen zur Beschäftigungssicherung namentlich folgende Gestaltungen in Betracht:

- In der individualvertraglichen Vereinbarung einer gegenüber der tarifvertraglichen Regelung längeren Wochenarbeitszeit ist eine Option des Arbeitnehmers verankert, unverzüglich oder binnen einer Frist von bis zu vier Wochen durch einseitige Erklärung auf die tarifvertragliche Vereinbarung der Wochenarbeitszeit zurückzukehren und auf das Arbeitsverhältnis ist das KSchG anwendbar.
- Die individualvertragliche Vereinbarung eines untertariflichen Lohns bei gleichzeitiger Gewährung einer Beschäftigungsgarantie seitens des Arbeitgebers im Rahmen der Beschäftigungssicherung bezüglich bestehender Arbeitverhältnisse oder ganzer Betriebe sieht eine Option des Arbeitnehmers zur jederzeitigen Rückkehr auf die tarifvertragliche Lohnregelung (unter Aufgabe der Bestandsschutzzusage) vor und der betroffene Arbeitnehmer genießt den Kündigungsschutz des KSchG.
- Die individualvertragliche Vereinbarung eines untertariflichen Lohns bei gleichzeitiger Gewährung einer Beschäftigungsgarantie im Rahmen der Beschäftigungssicherung bezüglich bestehender Arbeitverhältnisse oder ganzer Betriebe ist an das Vorliegen und den Bestand einer übereinstimmenden Feststellung der beschäftigungs- und bestandsgefährdenden Unternehmenskrise durch Unternehmensleitung und Betriebsrat und eine Zustimmung des Betriebsrates zu einer in ihrem Umfang bestimmten Lohnsenkung geknüpft in der Weise, dass diese (jedenfalls hinsichtlich ihrer Bindungswirkung) auflösend bedingt ist durch die spätere Feststellung des Wegfalls eines Lohnsenkungsbedürfnisses zur Beschäftigungssicherung seitens des Betriebsrates.
- Eine individualvertragliche Vereinbarung untertariflichen Lohns bei gleichzeitiger Gewährung einer Beschäftigungsgarantie im Rahmen der Beschäftigungssicherung bezüglich bestehender Arbeitverhältnisse oder ganzer Betriebe ist ferner in der Regel dann als eine "freiwillige" Abweichung zugunsten des Arbeitnehmers im Sinne des § 4 Abs. III TVG anzusehen, wenn sich 75% der abstimmenden Arbeitnehmer des Betriebs für eine entsprechende Lohnsenkung ausgesprochen haben. Die individualvertragliche Vereinbarung muss auch hier so ausgestaltet sein, dass der Arbeitnehmer durch einseitige Erklärung auf das tarifvertragliche Lohnniveau zurückkehren kann, soweit in einer neuerlichen Abstimmung die Belegschaft ihr Votum zugunsten der beschäftigungssichernden Vereinbarung nicht mit der erforderlichen Mehrheit von

75% aktualisiert hat bzw. eine solche neuerliche Abstimmung nicht spätestens binnen Jahresfrist erfolgt.

XIII.) Es handelt sich bei dem Begriff „zugunsten" in § 4 Abs. III TVG um einen offenen Rechtsbegriff, dessen verfassungskonforme Auslegung durchaus auch den Arbeitsgerichten obliegt, soweit der Gesetzgeber seinem Schutzauftrag zugunsten der individuellen Vertragsfreiheit nicht durch eine ausdrückliche Normierung entsprechender Tatbestandsvoraussetzungen des § 4 Abs. III TVG Rechnung trägt.

XIV.) Eine Anwendung des § 4 Abs. III TVG wie auch des diesem zu entnehmenden Rechtsgedankens auf Betriebsvereinbarungen im Sinne des § 77 Abs. III BetrVG im Verhältnis zu Tarifverträgen und damit im Verhältnis zweier kollektiver Regelungen zueinander scheidet aus. Vielmehr errichtet § 77 Abs. III BetrVG eine absolute Regelungssperre, in deren Anwendungsbereich eine Regelung durch Betriebsvereinbarung ausgeschlossen ist.

XV.) Die Eröffnung einer auch nur partiellen parallelen Normsetzungsmacht auf Betriebsebene in Form des Gestaltungsmittels der Betriebsvereinbarung durch eine Streichung oder Einschränkung des § 77 Abs. III BetrVG im Hinblick auf beschäftigungssichernde Vereinbarungen ist abzulehnen. Wie die verfassungsrechtlich verbürgte Freiheit des Koalitionsbeitritts und der mit diesem herbeigeführten mitgliedschaftlichen Legitimation der Normwirkung des Tarifvertrages, so steht auch die Disposition über den durch den individuellen Verbandsbeitritt erst begründeten Schutz der tariflichen Normwirkung allein dem Arbeitnehmer zu. Soweit vorhandene betriebliche Gestaltungsmöglichkeiten indes in diesem Sinne für beschäftigungssichernde Vereinbarungen ein Einvernehmen des Betriebsrats, des Arbeitgebers *und des Arbeitnehmers* voraussetzen (Regelungsabrede, optionseröffnende Betriebsvereinbarung), sind diese schon nach geltendem Recht möglich.

Literaturverzeichnis

Adomeit, Klaus
Das Arbeitsrecht und unsere wirtschaftliche Zukunft, München 1985
(zitiert: *Adomeit*, Das Arbeitsrecht und unsere wirtschaftliche Zukunft)

Adomeit, Klaus
Das Günstigkeitsprinzip – neu verstanden, in: Neue Juristische Wochenschrift 1984, S. 26ff.
(zitiert: *Adomeit*, NJW 1984)

Adomeit, Klaus
Rechtsquellenfragen im Arbeitsrecht, München 1969 *(zitiert:* Adomeit, *Rechtsquellenfragen)*

Adomeit, Klaus
Regelung von Arbeitsbedingungen und ökonomische Notwendigkeiten, Eine Untersuchung zu aktuellen Fragen des Tarifrechts, München – Landsberg am Lech 1996
(zitiert: *Adomeit*, Regelung von Arbeitsbedingungen und ökonomische Notwendigkeiten)

Annuß, Georg
AGB-Kontrolle im Arbeitsrecht: Wo geht die Reise hin?, in: Betriebs-Berater 2002, S. 458ff.
(zitiert: *Annuß*, BB 2002)

Annuß, Georg
Der Eingriff in den Arbeitsvertrag durch Betriebsvereinbarung, in: Neue Zeitschrift für Arbeitsrecht 2001, S. 756ff.
(zitiert: *Annuß*, NZA 2001)

Badura, Peter
Arbeit als Beruf (Art. 12 Abs. I GG), in: Festschrift für Wilhelm Herschel zum 85. Geburtstag, München 1982, S. 21ff.
(zitiert: *Badura*, Arbeit als Beruf (Art. 12 Abs. I GG), in: FS-Herschel)

Badura, Peter
Arbeitsgesetzbuch, Koalitionsfreiheit und Tarifautonomie, in: Recht der Arbeit 1974, S. 129ff.
(zitiert: *Badura*, RdA 1974)

Badura, Peter | Das Recht der Koalitionen – Verfassungsrechtliche Fragestellungen -, in: Das Arbeitsrecht der Gegenwart, Band 15, Berlin 1978, S. 17ff. (zitiert: *Badura*, Das Recht der Koalitionen)

Badura, Peter | Die Tarifautonomie im Spannungsfeld von Gemeinwohlerfordernissen und kollektiver Interessenwahrung, in: Archiv des öffentlichen Rechts, 104. Band, Tübingen 1979, S. 246ff. (zitiert: *Badura*, AöR 104 [1979])

Balz, Hans | Grenzen der Unabdingbarkeit von Tarifverträgen, Marburg 1928 (zitiert: *Balz*, Grenzen der Unabdingbarkeit von Tarifverträgen)

Bartz, Alexander | „AGB"-Kontrolle nun auch im Arbeitsrecht, in: Arbeit und Arbeitsrecht 2002, S. 62ff. (zitiert: *Bartz*, AuA 2002)

Barwasser, Franz H. | Zur Zulässigkeit von Betriebsvereinbarungen über materielle Arbeitsbedingungen in nicht tarifgebundenen Betrieben, insbes. in Mischbetrieben, in: Der Betrieb 1975, S. 2275f. (zitiert: *Barwasser*, DB 1975)

Bauer, Friedhelm | Die Rechtsstellung der Gewerkschaften und ihre Auswirkung auf § 54 Satz 2 BGB, Mainz 1976 (zitiert: *Bauer*, Rechtsstellung der Gewerkschaften)

Bauer, Jobst-Hubertus | Betriebliche Bündnisse vor dem Aus?, in: Neue Zeitschrift für Arbeits- und Sozialrecht 1999, S. 957ff. (zitiert: *Bauer*, NZA 1999)

Baum, Georg | Das Recht des Arbeitstarifvertrages in der sozialistischen Republik, in: Juristische Wochenschrift 1919, S. 70ff. (zitiert: *Baum*, JW 1919)

Baumann, Thomas | Anforderungen an den Tarifvertrag als Gesetz, in: Recht der Arbeit 1987, S. 270ff. (zitiert: *Baumann*, RdA 1987)

Beck, Thorsten | Rationalisierungsschutz und Grenzen der Tarifmacht (II. Teil), in: Arbeit und Recht 1981, S. 367ff. (zitiert: *Beck*, ArbuR 1981)

Belling, Detlev — Das Günstigkeitsprinzip im Betriebsverfassungsrecht, in: Der Betrieb 1982, S. 2513ff. (zitiert: *Belling*, DB 1982)

Belling, Detlev W. — Das Günstigkeitsprinzip im Arbeitsrecht, Berlin 1984 (zitiert: *Belling*, Günstigkeitsprinzip)

Benda, Ernst — Gedanken zum Sozialstaat, in: Recht der Arbeit 1981, S. 137ff. (zitiert: *Benda*, RdA 1981)

Bengelsdorf, Peter — Tarifliche Arbeitszeitbestimmungen und Günstigkeitsprinzip, in: Zeitschrift für Arbeitsrecht, 21. Jahrgang, 1990, S. 563ff. (zitiert: *Bengelsdorf*, ZfA 1990)

Berg, Peter; *Platow*, Helmut — Unterlassungsanspruch der Gewerkschaften gegen tarifwidrige betriebliche Regelungen, in: Der Betrieb 1999, S. 2362ff. (zitiert: *Berg/Platow*, DB 1999)

Bergner, Ralf — Die Zulässigkeit kollektivvertraglicher Arbeitszeitregelungen und ihr Verhältnis zu abweichenden individualvertraglichen Vereinbarungen im Lichte des Günstigkeitsprinzips, Berlin 1995 (zitiert: *Bergner*, Zulässigkeit kollektivvertraglicher Arbeitszeitregelungen)

Berkowsky, Wilfried — Die betriebsbedingte Kündigung, Eine umfassende Darstellung unter Berücksichtigung des Betriebsverfassungsrechts und des Arbeitsgerichtsverfahrens, 4. Auflage, München 1997 (zitiert: *Berkowsky*, Betriebsbedingte Kündigung)

Berthold, Norbert; *Fehn*, Rainer — Evolution von Lohnverhandlungssystemen – Macht oder ökonomisches Gesetz ?, in: Die Tarifautonomie auf dem Prüfstand, hrsg. von Werner Zohlnhöfer, Berlin 1996, S. 57ff. (zitiert: *Berthold/Fehn*)

Beuthien, Volker; *Meik*, Frank — Wenn Tariftreue unzumutbar wird, in: Der Betrieb 1993, S. 1518ff. (zitiert: *Beuthien/Meik*, DB 1993)

Bieback, Karl-Jürgen — Staatliches Besoldungsangleichungsrecht und die Arbeitsvertragsfreiheit öffentlicher Bediensteter, in: Zeitschrift für Arbeitsrecht, 10. Jahrgang, 1979, S. 453ff. (zitiert: *Bieback*, ZfA 1979)

Biedenkopf, Kurt H. — Grenzen der Tarifautonomie, Karlsruhe 1964 (zitiert: *Biedenkopf*, Grenzen der Tarifautonomie)

Birk, Rolf — Der EuGH und das Widerspruchsrecht des Arbeitnehmers beim Betriebsinhaberwechsel nach §613a BGB, in: Europäische Zeitschrift für Wirtschaftsrecht, 4. Jahrgang 1993, S. 156ff. (zitiert: *Birk*, EuZW 1993)

Blanke, Thomas — Flexibilisierung und Deregulierung: Modernisierung ohne Alternative?, in: Arbeit und Recht, Festschrift für Albert Gnade zum 65. Geburtstag, Köln 1992, S. 25ff. (zitiert: *Blanke*, FS-Gnade)

Blanke, Thomas; *Erd*, Rainer; *Mückenberger*, Ulrich; *Stascheit*, Ulrich — Kollektives Arbeitsrecht, Quellentexte zur Geschichte des Arbeitsrechts in Deutschland, Band 1: 1840 – 1932, Reinbek bei Hamburg 1975 (zitiert: *Blanke/Erd/Mückenberger/Stascheit*, Kollektives Arbeitsrecht, Bd.1)

Bleckmann, Albert — Staatsrecht II – Die Grundrechte, 4. Auflage, Köln – Berlin – Bonn – München, 1997 (zitiert: *Bleckmann*, Staatsrecht II)

Blomeyer, Wolfgang — Besitzstandswahrung durch Tarifvertrag – Zugleich ein Beitrag zu den Grenzen der Tarifmacht, in: Zeitschrift für Arbeitsrecht, 11. Jahrgang, 1980, S. 1ff. (zitiert: *Blomeyer*, ZfA 1980)

Blomeyer, Wolfgang — Das Günstigkeitsprinzip in der Betriebsverfassung – Die Betriebsvereinbarung zwischen Individual- und Tarifvertrag, in: Neue Zeitschrift für Arbeits- und Sozialrecht, 1996, S. 337ff. (zitiert: *Blomeyer*, NZA 1996)

Boemke, Burkhard — Privatautonomie im Arbeitsvertragsrecht, in: Neue Zeitschrift für Arbeits- und Sozialrecht 1993, S. 532ff. (zitiert: *Boemke*, NZA 93)

Bötticher, Eduard — Gestaltungsrecht und Unterwerfung im Privatrecht, Berlin 1964 (zitiert: *Bötticher*, Gestaltungsrecht und Unterwerfung)

Buchner, Herbert — Anmerkung zum Urteil des LAG Baden-Württemberg vom 14.06.1989, „Arbeitszeit und Günstigkeitsprinzip“, in: Der Betrieb 1989, S. 2029ff. (zitiert: *Buchner*, DB 1989)

Buchner, Herbert — Arbeitszeit und Günstigkeitsprinzip, in: Arbeitszeitrecht im Umbruch – eine Zwischenbilanz, herausgegeben von Wolfgang Hromadka, Stuttgart 1988, s. 3ff. (zitiert: *Buchner*, in: Hromadka, Arbeitszeitrecht im Umbruch)

Buchner, Herbert — Arbeitszeitregelungen im Spannungsverhältnis zwischen Tarifvertrag und Betriebsvereinbarung, in: Neue Zeitschrift für Arbeits- und Sozialrecht 1986, S. 377ff. (zitiert: *Buchner*, NZA 1986)

Buchner, Herbert — Beschäftigungssicherung unter dem Günstigkeitsprinzip - Betriebliche Arbeitsplatzgarantien gegen Verzicht auf tarifliche Positionen? -, Beilage Nr. 12 zu: Der Betrieb, Heft Nr. 29/1996 (zitiert: *Buchner*, Beilage Nr. 12 zu DB 1996)

Buchner, Herbert — Der Unterlassungsanspruch der Gewerkschaft – Stabilisierung oder Ende des Verbandstarifvertrages?, in: Neue Zeitschrift für Arbeits- und Sozialrecht, 1999, S. 897ff. (zitiert: *Buchner*, NZA 1999)

Buchner, Herbert — Die Tarifnorm – das Maß aller Dinge? Gesetzgebung auf ordnungspolitischem Irrweg, in: Festschrift für Herbert Wiedemann zum 70. Geburtstag, München 2002, S. 211ff. (zitiert: *Buchner*, FS-Wiedemann)

Buchner, Herbert — Die Umsetzung der Tarifverträge im Betrieb, Bewältigtes und Unbewältigtes aus dem Spannungsverhältnis tariflicher und betrieblicher Regelungsbefugnis, in: Recht der Arbeit, 1990, S. 1ff. (zitiert: *Buchner*, RdA 1990)

Buchner, Herbert — Tarifliche Arbeitszeitbestimmungen und Günstigkeitsprinzip, in: Der Betrieb 1990, S. 1715ff. (zitiert: *Buchner*, DB 1990)

Buchner, Herbert — Tarifvertragsgesetz und Koalitionsfreiheit, Zur verfassungsrechtlichen Problematik der §§ 3 Abs. 2, 3 Abs. 3, 5 und 9 Abs. 1 TVG, München 1964 (zitiert: *Buchner*, Tarifvertragsgesetz und Koalitionsfreiheit)

Buschmann, Rudolf — Die Günstigkeit der Nachtarbeit, in: Neue Zeitschrift für Arbeits- und Sozialrecht 1990, S. 387ff. (zitiert: *Buschmann*, NZA 1990)

Bydlinski, Franz — Die ethischen Grundlagen des Privatrechts, Wien 1994 (zitiert: *Bydlinski*, Die ethischen Grundlagen des Privatrechts)

Canaris, Claus-Wilhelm — Grundrechte und Privatrecht, in: Archiv für die civilistische Praxis, 184. Band, Tübingen 1984, S. 201ff. (zitiert: *Canaris*, AcP 184 [1984])

Coester, Michael — Vorrangprinzip des Tarifvertrages, Heidelberg 1974 (zitiert: *Coester*, Vorrangprinzip)

Courth, Paul — Günstigkeitsprinzip und Günstigkeitsvergleich im Spannungsfeld zwischen Individual- und Kollektivrecht, Hannover 1969 (zitiert: *Courth*, Günstigkeitsprinzip und Günstigkeitsvergleich)

Däubler, Wolfgang — Abschaffung der Tarifautonomie mit Hilfe des Günstigkeitsprinzips?, in: Arbeit und Recht, 1996, S. 347ff. (zitiert: *Däubler*, ArbuR 1996)

Däubler, Wolfgang; *Kittner*, Michael; *Klebe*, Thomas — BetrVG – Betriebsverfassungsgesetz, Kommentar für die Praxis, 7. Auflage, Frankfurt a.M. 2000 (zitiert: *Bearbeiter*, in: Däubler/Kittner/Klebe, BetrVG)

Däubler, Wolfgang — Das neue Klagerecht der Gewerkschaften bei Tarifbruch des Arbeitgebers, in: Arbeitsrecht im Betrieb 1999, S. 481ff. (zitiert: *Däubler*, AiB 1999)

Däubler, Wolfgang — Der Arbeitsvertrag – ein Mittel zur Verlängerung der Wochenarbeitszeit ?, in: Der Betrieb 1989, S. 2534ff. (zitiert: *Däubler*, DB 1989)

Däubler, Wolfgang — Die Auswirkungen der Schuldrechtsmodernisierung auf das Arbeitsrecht, in: Neue Zeitschrift für Arbeitsrecht 2001, S. 1329ff.
(zitiert: *Däubler*, NZA 2001)

Däubler, Wolfgang — Individuum und Kollektiv im Arbeitsrecht, in: Neue Zeitschrift für Arbeits- und Sozialrecht, S. 857ff. (zitiert: *Däubler*, NZA 1988)

Däubler, Wolfgang — Kollektive Durchsetzung individueller Rechte?, in: Arbeit und Recht 1995, S. 305ff.
(zitiert: *Däubler*, AuR 1995)

Däubler, Wolfgang — Tarifausstieg – Erscheinungsformen und Rechtsfolgen, in: Neue Zeitschrift für Arbeits- und Sozialrecht 1996, S. 225ff.
(zitiert: *Däubler*, NZA 1996)

Däubler, Wolfgang — Tarifvertragsrecht, Ein Handbuch, 3. Auflage, Baden-Baden 1993
(zitiert: *Däubler*, Tarifvertragsrecht)

Degenhart, Christoph — Staatsrecht I, Staatsorganisationsrecht, 16. Auflage, Heidelberg 2000
(zitiert: *Degenhart*, Staatsrecht I)

Deutscher Gewerkschaftsbund (Hrsg.) — Arbeit für alle durch Arbeitszeitverkürzung, Düsseldorf 1983
(zitiert: *DGB*, Arbeit für alle durch Arbeitszeitverkürzung)

Deutschmann, Christoph
Dybowski-Johannson, Gisela — Wirtschaftliche und soziale Determinanten der Arbeitszeitpolitik, zur Geschichte des Kampfes um die Verkürzung der Arbeitszeit, in: Mitteilungen aus der Arbeitsmarkt- und Berufsforschung, 12. Jahrgang, Stuttgart – Berlin – Köln – Mainz 1979, S. 313ff.
(zitiert: *Deutschmann/Dybowski-Johannson*, Wirtschaftliche und soziale Determinanten)

Dieterich, Thomas — Betriebliche Bündnisse für Arbeit und Tarifautonomie, in: Der Betrieb 2001, S. 2398ff.
(zitiert: *Dieterich*, DB 2001)

Dieterich, Thomas — Die betrieblichen Normen nach dem Tarifvertragsgesetz vom 9.4.1949, Heidelberg 1964
(zitiert: *Dieterich*, Betriebliche Normen)

Dieterich, Thomas — Die Grundrechtsbindung von Tarifverträgen, in: Tarifautonomie für ein neues Jahrhundert, Festschrift für Günter Schaub zum 65. Geburtstag, herausgegeben von Monika Schlachter, Reiner Ascheid, Hans-Wolf Friedrich, München 1998, S. 117ff. (zitiert: *Dieterich*, FS-Schaub)

Dieterich, Thomas — Die grundrechtsdogmatischen Grenzen der Tarifautonomie in der Rechtsprechung des Bundesarbeitsgerichts, in: Festschrift für Herbert Wiedemann zum 70. Geburtstag, München 2002, S. 229ff. (zitiert: *Dieterich*, FS-Wiedemann)

Dieterich, Thomas — Erfurter Kommentar zum Arbeitsrecht, 2. Auflage, München 2001
(zitiert: *Bearbeiter*, in: Erfurter Komm. z. ArbR)

Dieterich, Thomas — Flexibilisiertes Tarifrecht und Grundgesetz, in: Recht der Arbeit 2002, S. 1ff.
(zitiert: Dieterich, RdA 2002)

Dieterich, Thomas — Grundgesetz und Privatautonomie im Arbeitsrecht, in: Recht der Arbeit 1995, S. 129ff.
(zitiert: *Dieterich*, RdA 1995)

Dieterich, Thomas
Hanau, Peter
Henssler, Martin
Oetker, Hartmut
Wank, Rolf
Wiedemann, Herbert — Arbeitsgruppe Tarifvertragsrecht, Empfehlungen zur Entwicklung des Tarifvertragsrechts, in: Recht der Arbeit 2004, S. 65ff.
(zitiert: *Dieterich/Hanau/Henssler/Oetker/Wank/Wiedemann*, Arbeitsgruppe Tarifvertragsrecht)

Dietz, Rolf — Tarifrechtliche Fragen aus Anlass des Beitritts eines Arbeitgebers zu einem Arbeitgeberverband, in: Festschrift für Hans Carl Nipperdey zum 70. Geburtstag, München und Berlin 1965, S. 141ff.
(zitiert: *Dietz*, FS-Nipperdey, Band II)

Dietz, Rolf — Verbot der Verabredung übertariflicher Arbeitsbedingungen durch Beschluss eines Arbeitgeberverbandes, in: Der Betrieb 1965, S. 591ff.
(zitiert: *Dietz*, DB 1965)

Dorndorf, Eberhard — Das Verhältnis von Tarifautonomie und individueller Freiheit als Problem dogmatischer Theorie, in: Arbeitsrecht in der Bewährung, Festschrift für Otto Rudolf Kissel zum 65. Geburtstag, München 1994, S. 139ff.
(zitiert: *Dorndorf*, FS-Kissel)

Dorndorf, Eberhard
Weller, Bernhard
Hauck, Friedrich
Kriebel, Volkhart
Neef, Klaus — Heidelberger Kommentar zum Kündigungsschutzgesetz, 4. Auflage, Heidelberg 2001
(zitiert: *Bearbeiter*, in: Dorndorf/Weller/Hauck/Kriebel/Neef)

Dreier, Horst — Grundgesetz, Kommentar, herausgegeben von Horst Dreier, Band I, Artikel 1 – 19, Tübingen 1996
(zitiert: Dreier/*Bearbeiter*, GG)

Dreier, Horst — Grundgesetz, Kommentar, herausgegeben von Horst Dreier, Band II, Artikel 20 – 82, Tübingen 1998
(zitiert: Dreier/*Bearbeiter*, GG)

Ehlers — „Unabdingbarkeit" und Wirtschaftskrisen, in: Gewerbe- und Kaufmannsgericht – „Das Arbeitsgericht", 31. Jahrgang, 1926, S. 495ff.
(zitiert: *Ehlers*, GewKfGer 1926)

Ehmann, Horst
Schmidt, Thomas Benedikt — Betriebsvereinbarungen und Tarifverträge, in: Neue Zeitschrift für Arbeits- und Sozialrecht 1995, S. 193ff.
(zitiert: *Ehmann/Schmidt*, NZA 1995)

Ehmann, Horst — Deutschland, eine Standortfrage? : Flucht aus den Tarifverträgen und aus der sozial- und nationalstaatlichen Ordnung, Bonn 1996 (zitiert: *Ehmann*, Deutschland, eine Standortfrage?)

Ehmann, Horst — Die Tarifbindung des Arbeitgebers als Voraussetzung des Tarifvorbehalts, in: Festschrift für Wolfgang Zöllner zum 70. Geburtstag, Band II, Köln – Berlin – Bonn – München 1998, S. 715ff. (zitiert: *Ehmann*, FS-Zöllner, Band II)

Ehmann, Horst — Empfiehlt es sich, die Regelungsbefugnisse der Tarifparteien im Verhältnis zu den Betriebsparteien zu ordnen?, in: Zeitschrift für Rechtspolitik, 29. Jahrgang 1996, S. 314ff. (zitiert: *Ehmann*, ZRP 1996)

Ehmann, Horst; *Lambrich*, Thomas — Vorrang der Betriebs- vor der Tarifautonomie kraft des Subsidiaritätsprinzips? – Betriebsvereinbarungen als „andere Abmachungen", in: Neue Zeitschrift für Arbeits- und Sozialrecht, 1996, S. 346ff. (zitiert: *Ehmann/Lambrich*, NZA 1996)

Engel, Ludwig — Über die Rechtsnatur des Tarifvertrags, Mannheim – Berlin – Leipzig 1932 (zitiert: *Engel*, Über die Rechtsnatur des Tarifvertrags)

Ewers, Hans-Jürgen — Von den Grenzen der Tarifautonomie und der staatlichen Regulierung des Arbeitsmarktes – Bemerkungen zu den Vorschlägen der Deregulierungskommission und der Kritik an diesen Vorschlägen, in: Beschäftigungsentwicklung und Arbeitsmarktpolitik, hrsg. von Erhard Kantzenbach und Otto G. Mayer, Berlin 1992, S. 131ff. (zitiert: *Ewers*, Von den Grenzen der Tarifautonomie)

Färber, Peter — Die horizontale und vertikale Vergleichbarkeit von Arbeitnehmern im Rahmen der Sozialauswahl, in: Neue Zeitschrift für Arbeits- und Sozialrecht 1985, S. 175ff. (zitiert: *Färber*; NZA 1985)

Fastrich, Lorenz — Inhaltskontrolle im Arbeitsrecht nach der Bürgschaftsentscheidung des Bundesverfassungsgerichts vom 19.10.1993, in: Recht der Arbeit 1997, S. 65ff. (zitiert: *Fastrich*, RdA 1997)

Fastrich, Lorenz — Richterliche Inhaltskontrolle im Arbeitsrecht, München 1992 (zitiert: *Fastrich*, Richterliche Inhaltskontrolle im Arbeitsrecht)

Fastrich, Lorenz — Vom Menschenbild des Arbeitsrechts, Eine Skizze, in: Arbeitsrecht in der Bewährung, Festschrift für Otto Rudolf Kissel zum 65. Geburtstag, herausgegeben von Meinhard Heinze und Alfred Söllner, München 1994, S. 193ff. (zitiert: *Fastrich*, FS-Kissel)

Feudner, Bernd W. — Betriebsautonomie versus Tarifautonomie, in: Der Betrieb 1993, S. 2231ff. (zitiert: *Feudner*, DB 1993)

Fischer, Christian — Richterliche Rechtsfindung zwischen „Gesetzesgehorsam" und „ökonomischer Vernunft", in: Zeitschrift für Arbeitsrecht 2002, S. 215ff. (zitiert: *Fischer*, ZfA 2002)

Fitting, Karl; *Kaiser*, Heinrich; *Heither*, Friedrich; *Engels*, Gerd; *Schmidt*, Ingrid — Betriebsverfassungsgesetz, Handkommentar, 21. Auflage, München 2002 (zitiert: *Fitting/Kaiser/Heither/Engels/Schmidt*, BetrVG)

Flatow, Georg; *Kahn-Freund*, Otto — Betriebsrätegesetz, 13. Auflage, Berlin 1931 (zitiert: *Flatow/Kahn-Freund*, Betriebsrätegesetz)

Flatow, Georg — Betriebsvereinbarungen und Arbeitsordnung: Eine arbeitsrechtliche Studie, Mannheim 1921 (zitiert: *Flatow*, Betriebsvereinbarungen und Arbeitsordnung)

Födisch, Rolf A. — Freiheit und Zwang im geltenden Koalitionsrecht, in: Recht der Arbeit 1955, S. 88ff. (zitiert: *Födisch*, RdA 1955)

Franz, Wolfgang — Beschäftigungsprobleme auf Grund von Inflexibiltäten auf Arbeitsmärkten, in: Beschäftigungsprobleme hochentwickelter Volkswirtschaften, hrsg. von Harald Scherf, Schriften des Vereins für Socialpolitik, Band 178, Berlin 1989 (zitiert: *Franz*, Beschäftigungsprobleme auf Grund von Inflexibiltäten auf Arbeitsmärkten, in: Scherf, Beschäftigungsprobleme hochentwickelter Volkswirtschaften)

Franz, Wolfgang — Der Flächentarifvertrag in der chemischen Industrie im Spannungsfeld zwischen Tarifpolitik und Beschäftigung, in: Perspektiven – 50 Jahre Tarif- und Sozialpolitik in der Chemie, Wiesbaden 1999 (zitiert: *Franz*, Flächentarifvertrag in der chemischen Industrie)

Franzen, Martin — Tarifrechtssystem und Gewerkschaftswettbewerb – Überlegungen zur Flexibilisierung des Flächentarifvertrags, in: Recht der Arbeit 2001, S. 1ff. (zitiert: *Franzen*, RdA 2001)

Freihube, Dirk — Die einzelvertragliche Umsetzung von Beschäftigungsbündnissen, in: Der Betrieb 2000, S. 1022ff. (zitiert: *Freihube*, DB 2000)

Freihube, Dirk — Probleme der Tarifbindung in der Unternehmenskrise, Beschäftigungszusagen im Günstigkeitsvergleich und außerordentliche Kündigung des Tarifvertrages, Berlin 2001 (zitiert: *Freihube*, Probleme der Tarifbindung)

Galperin, Hans — Die autonome Rechtsetzung im Arbeitsrecht, in: Festschrift für Erich Molitor zum 75. Geburtstag, München und Berlin 1962, S. 143ff. (zitiert: *Galperin*, FS-Molitor)

Galperin, Hans — Inhalt und Grenzen des kollektiven Koalitionsrechts, in: Arbeit und Recht 1965, S. 1ff. (zitiert: *Galperin*, ArbuR 1965)

Galperin, Hans — Vereinsautonomie und Kontrahierungszwang im Koalitionsrecht, in: Der Betrieb 1969, S. 704ff. (zitiert: *Galperin*, DB 1969)

Gamillscheg, Franz — Das deutsche Arbeitsrecht am Ende des Jahrhunderts, in: Recht der Arbeit 1998, S. 2ff. (zitiert: *Gamillscheg*, RdA 1998)

Gamillscheg, Franz — Die Grundrechte im Arbeitsrecht, Berlin 1989 (zitiert: *Gamillscheg*, Die Grundrechte im Arbeitsrecht)

Gamillscheg, Franz — Die Grundrechte im Arbeitsrecht, in: Archiv für die civilistische Praxis, 164. Band, Tübingen 1964, S. 385ff. (zitiert: *Gamillscheg*, AcP 164 [1964])

Gast, Wolfgang — Arbeitsrecht und herrschaftsfreie Sozialordnung, in: Betriebs-Berater 1990, S. 1637ff. (zitiert: *Gast*, BB 1990)

Gentz, Manfred — Werden die geltenden Tarifverträge der betrieblichen Praxis gerecht?, in: Tarifautonomie für ein neues Jahrhundert, Festschrift für Günter Schaub zum 65. Geburtstag, hrsg. Von Monika Schlachter, Reiner Ascheid, Hans-Wolf Friedrich, München 1998 (zitiert: *Gentz*, in FS-Schaub)

Giesen, Richard — Tarifvertragliche Rechtsgestaltung für den Betrieb – Gegenstand und Reichweite betrieblicher und betriebsverfassungsrechtlicher Tarifnormen, Tübingen 2002 (zitiert: *Giesen*, Tarifvertragliche Rechtsgestaltung)

Gitter, Wolfgang
Boerner, Dietmar — Altersgrenzen in Tarifverträgen, in: Recht der Arbeit, 1990, S. 129ff. (zitiert: *Gitter/Boerner*, RdA 1990)

Gitter, Wolfgang — Zum Maßstab des Günstigkeitsvergleichs, in: Entwicklungen im Arbeitsrecht und Arbeitsschutzrecht, Festschrift für Otfried Wlotzke zum 70. Geburtstag, München 1996, S. 297ff. (zitiert: *Gitter*, FS-Wlotzke)

Gotthardt, Michael — Der Arbeitsvertrag auf dem AGB-rechtlichen Prüfstand, in: ZIP – Zeitschrift für Wirtschaftsrecht 2002, S. 277ff. (zitiert: *Gotthardt*, ZIP 2002)

Grunsky, Wolfgang — Vertragsfreiheit und Kräftegleichgewicht, Berlin – New York 1995
(zitiert: *Grunsky*, Vertragsfreiheit und Kräftegleichgewicht)

Häberle, Peter — Arbeit als Verfassungsproblem, in: Juristenzeitung 1984, S. 345ff. (zitiert: *Häberle*, JZ 1984)

Hablitzel, Hans — Das Verhältnis von Tarif- und Betriebsautonomie im Lichte des Subsidiaritätsprinzips, in: Neue Zeitschrift für Arbeitsrecht 2001, S. 467ff.
(zitiert: *Hablitzel*, NZA 2001)

Hagemeier, Christian
Kempen, Otto Ernst
Zachert, Ulrich
Zilius, Jan — Tarifvertragsgesetz, Kommentar für die Praxis, Zweite Auflage, Köln 1990
(zitiert: *Bearbeiter*, in: Hagemeier/Kempen/Zachert/Zilius)

Hallstein, Walter — Wiederherstellung des Privatrechts, in: Süddeutsche Juristen-Zeitung 1946, S. 1ff.
(zitiert: *Hallstein*, SJZ 1946)

Hanau, Hans — Individualautonomie und Mitbestimmung in sozialen Angelegenheiten, Köln – Berlin – Bonn – München 1994 (zitiert: *H. Hanau*, Individualautonomie)

Hanau, Peter — Der Tarifvertrag in der Krise, in: Recht der Arbeit 1998, S. 65ff. (zitiert: *Hanau*, RdA 1998)

Hanau, Peter — Die Deregulierung von Tarifverträgen durch Betriebsvereinbarungen als Problem der Koalitionsfreiheit (Art. 9 Abs. 3 GG), in: Recht der Arbeit, 1993, S. 1ff. (zitiert: *Hanau*, RdA 1993)

Hanau, Peter — Entwicklungslinien im Arbeitsrecht, in: Der Betrieb 1998, S. 69ff. (zitiert: *Hanau*, DB 1998)

Hanau, Peter
Thüsing, Gregor — Neue Herausforderungen der Sozialpartner: Tarifverträge zur Beschäftigungssicherung, in: Tarifautonomie im Wandel, Beiträge zum Tarif-, Arbeitskampf- und Koalitionsrecht, herausgegeben von Orf. Dr. Gregor Thüsing, Köln 2003
(zitiert: *Hanau/Thüsing*, Tarifautonomie im Wandel)

Hanau, Peter — Wege zu einer beschäftigungsorientierten Arbeitsmarktordnung: Spannungsverhältnis Individualvertrag, Betriebsvereinbarung, Tarifvertrag, in: Festschrift für Herbert Wiedemann zum 70. Geburtstag, München 2002, S. 283ff.
(zitiert: *Hanau*, FS-Wiedemann)

Hanau, Peter — Zum Kernbereich des Koalitionswesens, in: Arbeit und Recht 1983, S. 257ff.
(zitiert: *Hanau*, ArbuR 1983)

Hedemann, Justus Wilhelm — Das bürgerliche Recht und die neue Zeit, Rede gehalten bei Gelegenheit der akademischen Preisverteilung in Jena am 21. Juni 1919, Jena 1919 (zitiert: *Hedemann*; Das bürgerliche Recht und die neue Zeit)

Heidenreich, Peter — Rechtsprobleme des Tarifvertrages über Einführung und Anwendung rechnergesteuerter Textsysteme, in: Presserecht und Pressefreiheit, Festschrift für Martin Löffler zum 75. Geburtstag, München 1980, S. 69ff.
(zitiert: *Heidenreich*, FS-Löffler)

Heinze, Meinhard — Gibt es eine Alternative zur Tarifautonomie ? – Thesen zur aktuellen Diskussion -, in: Der Betrieb 1996, S. 729ff.
(zitiert: *Heinze*, DB 1996)

Heinze, Meinhard — Inhalt und Grenzen betriebsverfassungsrechtlicher Rechte, in: Zeitschrift für Arbeitsrecht, 19. Jahrgang, 1988, S. 53ff.
(zitiert: *Heinze*, ZfA 1988)

Heinze, Meinhard — Kollektive Arbeitsbedingungen im Spannungsfeld zwischen Tarif- und Betriebsautonomie, in: Neue Zeitschrift für Arbeits- und Sozialrecht 1995, S. 5ff. (zitiert: *Heinze*, NZA 1995)

Heinze, Meinhard — Personalplanung, Einstellung und Kündigung, Die Mitbestimmung des Betriebsrates bei personellen Maßnahmen, Stuttgart 1982
(zitiert: *Heinze*, Personalplanung)

Heinze, Meinhard — Tarifautonomie und sogenanntes Günstigkeitsprinzip, in: Neue Zeitschrift für Arbeits- und Sozialrecht 1991, S. 329 ff. (zitiert: *Heinze*, NZA 1991)

Heinze, Meinhard — Zukunft der Arbeitsbeziehungen, in: Neue Zeitschrift für Arbeits- und Sozialrecht 2001, S. 1ff. (zitiert: *Heinze*, NZA 2001)

Henssler, Martin — Flexibilisierung der Arbeitsmarktordnung, in: Zeitschrift für Arbeitsrecht, 25. Jahrgang, 1994, S. 487ff. (zitiert: *Henssler*, ZfA 1994)

Herschel, Wilhelm — Die Aufhebung des Lohnstops, in: Recht der Arbeit 1948, S. 121ff. (zitiert: *Herschel*, RdA 1948)

Herschel, Wilhelm — Zur Entstehung des Tarifvertragsgesetzes, in: Zeitschrift für Arbeitsrecht, 4. Jahrgang, Köln – Berlin – Bonn – München, 1973 (zitiert: *Herschel*, ZfA 1973)

Herschel, Wilhelm — Zur Rechtsnatur der Allgemeinverbindlicherklärung von Tarifverträgen, in: Sozialreform und Sozialrecht, Festschrift für Walter Bogs, Berlin 1959, S. 125ff. (zitiert: *Herschel*, FS-Bogs)

Hilger, Marie Luise — Das betriebliche Ruhegeld – Zugleich ein Beitrag zum Recht der betrieblichen Arbeitsbedingungen, Heidelberg 1959 (zitiert: *Hilger*, Das betriebliche Ruhegeld)

Hillgruber, Christian — Der Schutz des Menschen vor sich selbst, München 1992 (zitiert: *Hillgruber*, Der Schutz des Menschen vor sich selbst)

Hinz, Manfred O. — Tarifhoheit und Verfassungsrecht, Eine Untersuchung über die tarifvertragliche Vereinbarungsgewalt, Berlin 1971 (zitiert: *Hinz*, Tarifhoheit und Verfassungsrecht)

Hofbauer, Hans — Der Rechtscharakter der Tarifverträge und der Allgemeinverbindlicherklärung, Berlin 1974 (zitiert: *Hofbauer*, Rechtscharakter der Tarifverträge)

Hoyningen-Huene, Gerrick
Linck, Rüdiger

Kündigungsschutzgesetz, Kommentar, 13. Auflage, München 2002
(zitiert: *v.Hoyningen-Huene/Linck*, KSchG)

Hromadka, Wolfgang
Maschmann, Frank

Arbeitsrecht Band 2, Kollektivarbeitsrecht + Arbeitsstreitigkeiten, Berlin – Heidelberg 1999
(zitiert: *Hromadka/Maschmann*, Arbeitsrecht, Band 2)

Hromadka, Wolfgang

Betriebsvereinbarung über mitbestimmungspflichtige soziale Angelegenheiten bei Tarifüblichkeit: Zwei-Schranken-Theorie ade?, in: Der Betrieb 1987, S. 1991ff. (zitiert: *Hromadka*, DB 1987)

Hromadka, Wolfgang

Mehr Flexibilität für die Betriebe – Ein Gesetzesvorschlag, in: Neue Zeitschrift für Arbeitsrecht 1996, S. 1233ff. (zitiert: *Hromadka*, NZA 1996)

Hromadka, Wolfgang

Privat- versus Tarifautonomie – Ein Beitrag zur Arbeitszeitdiskussion, in: Der Betrieb 1992, S. 1042ff. (zitiert: *Hromadka*, DB 1992)

Hromadka, Wolfgang

Reformbedarf im Tarifrecht?, in: Entwicklungen im Arbeitsrecht und Arbeitsschutzrecht, Festschrift für Otfried Wlotzke zum 70. Geburtstag, München 1996, S. 333ff.
(zitiert: *Hromadka*, FS-Wlotzke)

Hromadka, Wolfgang

Zukunft des Arbeitsrechts, in: Neue Zeitschrift für Arbeits- und Sozialrecht 1998, S. 1ff.
(zitiert: *Hromadka*, NZA 1998)

Huber, Ernst Rudolf

Wirtschaftsverwaltungsrecht, Zweiter Band, 2. Auflage, Tübingen 1954
(zitiert: *E. R. Huber*, Wirtschaftsverwaltungsrecht, Bd. II)

Hueck, Alfred

Das Recht des Tarifvertrages unter besonderer Berücksichtigung der Verordnung vom 23. Dezember 1918, Berlin 1920 (zitiert: *Hueck*, Das Recht des Tarifvertrages unter besonderer Berücksichtigung der Verordnung vom 23. Dezember 1918)

Hueck, Alfred

Das Tarifrecht, Handbuch des Arbeitsrechtes, III. Buch, Stuttgart 1922 (zitiert: *Hueck*, Das Tarifrecht)

Hueck, Alfred — Die Vereinbarung untertariflicher Löhne zur Verhütung des Arbeitslosigkeit, in: Das Schlichtungswesen, Monatsschrift für Schlichtung und Arbeitsrecht, Jahrgang 1924, S. 183ff. (zitiert: *Hueck*, SchlichtW 1924)

Hueck, Alfred — Konkurrenz von Gesamtvereinbarungen, in: Neue Zeitschrift für Arbeitsrecht 1926, Sp. 385ff. (zitiert: *Hueck*, NZfA 1926)

Hueck, Alfred / *Nipperdey*, Hans Carl — Lehrbuch des Arbeitsrechts, Erster Band, 7. Auflage, Berlin und Frankfurt a.M. 1963 (zitiert: *Hueck/Nipperdey*, Arbeitsrecht, Bd. I)

Hueck, Alfred / *Nipperdey*, Hans Carl — Lehrbuch des Arbeitsrechts, Zweiter Band, Kollektives Arbeitsrecht, Erster Halbband (II/1), 7. Auflage, Berlin und Frankfurt a.M. 1966 (zitiert: *Hueck/Nipperdey*, Arbeitsrecht, Bd. II/1)

Hueck, Alfred / *Nipperdey*, Hans-Carl / *Stahlhacke*, Eugen — Tarifvertragsgesetz, Kommentar, 4. Auflage, München und Berlin 1964 (zitiert: *Hueck/Nipperdey/Stahlhacke*, TVG)

IG-Metall (Vorstand) (Hrsg.) — Das Zukunftsmanifest, Offensive 2010, Frankfurt a.M. 2002 (zitiert: IG-Metall, Offensive 2010)

Isensee, Josef / *Kirchhof*, Paul — Handbuch des Staatsrechts der Bundesrepublik Deutschland, herausgegeben von Josef Isensee und Paul Kirchhof, Band V, Allgemeine Grundrechtslehren, Heidelberg 1992 (zitiert: *Bearbeiter*, in: HStR V)

Isensee, Josef / *Kirchhof*, Paul — Handbuch des Staatsrechts der Bundesrepublik Deutschland, herausgegeben von Josef Isensee und Paul Kirchhof, Band I, Grundlagen von Staat und Verfassung, Heidelberg 1987 (zitiert: *Bearbeiter*, in: HStR I)

Isensee, Josef / *Kirchhof*, Paul — Handbuch des Staatsrechts der Bundesrepublik Deutschland, herausgegeben von Josef Isensee und Paul Kirchhof, Band VI, Freiheitsrechte, Heidelberg 1989 (zitiert: *Bearbeiter*, in: HStR VI)

Jacobi, Erwin — Grundlehren des Arbeitsrechts, Leipzig 1927 (zitiert: *Jacobi*, Grundlehren des Arbeitsrechts)

Jahnke, Volker — Tarifautonomie und Mitbestimmung, München 1984 (zitiert: *Jahnke*, Tarifautonomie und Mitbestimmung)

Jarass, Hans D.
Pieroth, Bodo — Grundgesetz für die Bundesrepublik Deutschland, Kommentar, 6. Auflage, München 2002 (zitiert: *Bearbeiter*, in: Jarass/Pieroth, GG)

Jobs, Friedhelm — Soziale Auswahl bei betriebsbedingter Kündigung, in: Der Betrieb 1986, S. 538ff. (zitiert: *Jobs*, DB 1986)

Joerges, Rudolf — Tarifvertragsrecht in seinem Verhältnis zum Arbeitsvertrag und zur Betriebsvereinbarung und günstigere Arbeitsbedingungen, Eine Entgegnung, in: Das Schlichtungswesen, Monatsschrift für Schlichtung und Arbeitsrecht, Jahrgang 1926, S. 83ff. (zitiert: *Joerges*, SchlichtW 1926)

Joost, Detlev — Ablösende Betriebsvereinbarungen und Allgemeine Arbeitsbedingungen, in: Recht der Arbeit 1989, S. 7ff. (zitiert: *Joost*, RdA 1989)

Joost, Detlev — Lohnverluste bei Arbeitszeitverkürzung mit vollem Lohnausgleich – BAG, NZA 1987, 848, in: Juristische Schulung 1989, S. 274ff. (zitiert: *Joost*, JuS 1989)

Joost, Detlev — Tarifrechtliche Grenzen der Verkürzung der Wochenarbeitszeit - Das Günstigkeitsprinzip als Schranke der Kollektivmacht -, in: Zeitschrift für Arbeitsrecht 1984, S. 173 ff. (zitiert: *Joost*, ZfA 1984)

Joussen, Jacob — Arbeitsrecht und Schuldrechtsreform, in: Neue Zeitschrift für Arbeitsrecht 2001, S. 745ff. (zitiert: *Joussen*, NZA 2001)

Junker, Abbo — Der Flächentarifvertrag im Spannungsverhältnis von Tarifautonomie und betrieblicher Regelung, in: Zeitschrift für Arbeitsrecht, 27. Jahrgang, 1996, S. 383ff. (zitiert: *Junker*, ZfA 1996)

Junker, Abbo — Individualwille, Kollektivgewalt und Staatsinternvention im Arbeitsrecht, in: Neue Zeitschrift für Arbeits- und Sozialrecht 1997, S. 1305ff. (zitiert: *Junker*, NZA 1997)

Kahn-Freund, Otto — Umfang der normativen Wirkung des Tarifvertrages und Wiedereinstellungsklausel, Berlin 1928 (zitiert: *Kahn-Freund*, Umfang der normativen Wirkung des Tarifvertrages und Wiedereinstellungsklausel)

Kania, Thomas
Kramer, Michael — Unkündbarkeitsvereinbarungen in Arbeitsverträgen, Betriebsvereinbarungen und Tarifverträgen, in: Recht der Arbeit 1995, S. 287ff. (zitiert: *Kania/Kramer*, RdA 1995)

Käppler, Renate — Tarifvertragliche Regelungsmacht, in: Neue Zeitschrift für Arbeits- und Sozialrecht 1991, S. 744ff. (zitiert: *Käppler*, NZA 1991)

Karakatsanis, Alexander — Die kollektivrechtliche Gestaltung des Arbeitsverhältnisses und ihre Grenzen, Heidelberg 1963 (zitiert: *Karakatsanis*, Die kollektivrechtliche Gestaltung des Arbeitsverhältnisses und ihre Grenzen)

Kaskel, Walter — Hauptfragen der Tarifrechts, Arbeitsrechtliche Seminarvorträge, Band II, hrsg. von Walter Kaskel, Berlin 1927 (zitiert: *Bearbeiter*, in: Kaskel (Hrsg.), Hauptfragen II)

Kaskel, Walter — Zur Lehre vom Tarifbruch, in: Neue Zeitschrift für Arbeitsrecht 1922, S. 397ff. (zitiert: *Kaskel*, NZfA 1922)

Kast, Matthias
Stuhlmann, Christian — Sind betriebliche Bündnisse für Arbeit noch durchführbar?, in: Betriebs-Berater 2000, S. 614ff. (zitiert: *Kast/Stuhlmann*, BB 2000)

Katz, Alfred — Staatsrecht, Grundkurs im öffentlichen Recht, 14. Auflage, Heidelberg 1999 (zitiert: *Katz*, Staatsrecht)

Kauffmann, Hermann — Normsetzungsbefugnis der Tarifpartner, in: Neue Juristische Wochenschrift 1966, S. 1681ff. (zitiert: *Kauffmann*, NJW 1966)

Kelsen, Hans
Reine Rechtslehre, Mit einem Anhagng: Das Problem der Gerechtigkeit, Wien 1960
(zitiert: *Kelsen*, Reine Rechtslehre)

Kempen, Otto Ernst
Betriebsverfassung und Tarifvertrag, in: Recht der Arbeit 1994, S. 140ff.
(zitiert: *Kempen*, RdA 1994)

Kempen, Otto Ernst
Struktur- und Funktionsunterschiede zwischen Tarifvertrag und Betriebsvereinbarung, dargestellt anhand des Problems gesetzlicher Tariföffnungsklauseln im kollektiven Arbeitsrecht, in: Das Arbeitsrecht der Gegenwart, Jahrbuch für das gesamte Arbeitsrecht und die Arbeitsgerichtsbarkeit, Nachschlagewerk für Wissenschaft und Praxis, Band 30, Berlin 1993, S. 97ff.
(zitiert: *Kempen*, Struktur- und Funktionsunterschiede zwischen Tarifvertrag und Betriebsvereinbarung, Arbeitsrecht der Gegenwart 30)

Kempen, Otto Ernst
Zachert, Ulrich
Tarifvertragsgesetz, Kommentar für die Praxis, begründet von Christian Hagemeier, Otto Ernst Kempen, Ulrich Zachert, Jan Zilius, 3. Auflage, Köln 1997 (zitiert: *Kempen/Zachert*, TVG)

Kemper, Michael
Die Bestimmung des Schutzbereichs der Koalitionsfreiheit (Art. 9 Abs. 3 GG), Zugleich ein Beitrag zur Lehre von den Einrichtungsgarantien, Heidelberg 1989
(zitiert: *Kemper*, Koalitionsfreiheit)

Kirchhof, Ferdinand
Private Rechtsetzung, Berlin 1987
(zitiert: *F.Kirchhof*, Private Rechtsetzung)

Kissel, Otto Rudolf
Das Spannungsfeld zwischen Betriebsvereinbarung und Tarifvertrag, in: Neue Zeitschrift für Arbeits- und Sozialrecht 1986, S. 73ff.
(zitiert: *Kissel*, NZA 1986)

Kissel, Otto Rudolf
Kollektive Arbeitsbedingungen im Spannungsfeld zwischen Tarif- und Betriebsautonomie, in: Neue Zeitschrift für Arbeits- und Sozialrecht 1995, S. 1ff. (zitiert: *Kissel*, NZA 1995)

Kittner, Michael — Arbeitsrecht und marktwirtschaftliche Unternehmensführung – ein Gegensatz?, in: Arbeit und Recht 1995, S. 385ff.
(zitiert: *Kittner*, ArbuR 1995)

Kittner, Michael
Däubler, Wolfgang
Zwanziger, Bertram — Kündigungsschutzrecht, Kommentar für die Praxis zu Kündigungen und anderen Formen der Beendigung des Arbeitsverhältnisses, 4. Auflage, Frankfurt/Main 1999
(zitiert: *Bearbeiter*, in: Kittner/Däubler/Zwanziger)

Kittner, Michael — Öffnung des Flächentarifvertrags, in: Tarifautonomie für ein neues Jahrhundert, Festschrift für Günter Schaub zum 65. Geburtstag, herausgegeben von Monika Schlachter, Reiner Ascheid, Hans-Wolf Friedrich, München 1998, S. 389ff.
(zitiert: *Kittner*, FS-Schaub)

Knigge, Dieter — Die Einschränkbarkeit des Günstigkeitsprinzips im arbeitsvertraglichen Verbandsgestaltungsrecht, Peine 1964 (zitiert: *Knigge*, Einschränkbarkeit des Günstigkeitsprinzips)

Knobel, Ulrike — Wandlungen im Verständnis der Vertragsfreiheit, Berlin 2000 (zitiert: *Knobel*, Wandlungen im Verständnis der Vertragsfreiheit)

Kohte, Wolfhard — Über den Umgang mit Tarifverträgen, Eine Intervention aus aktuellem Anlaß, in: Der Betriebs-Berater 1986, S. 397ff. (zitiert: *Kohte*, BB 1986)

Koller, Ingo — Die Zulässigkeit von Rationalisierungsschutzabkommen in Tarifverträgen, in: Zeitschrift für Arbeitsrecht, 9. Jahrgang, 1978, S. 45ff.
(zitiert: *Koller*, ZfA 1978)

Konzen, Horst — Die Tarifautonomie zwischen Akzeptanz und Kritik, in: Die Tarifautonomie auf dem Prüfstand, hrsg. von Werner Zohlnhöfer, Berlin 1996, S. 25ff.
(zitiert: *Konzen*, in: Tarifautonomie auf dem Prüfstand)

Konzen, Horst — Die Tarifautonomie zwischen Akzeptanz und Kritik, in: Neue Zeitschrift für Arbeits- und Sozialrecht 1995, S. 913ff. (zitiert: *Konzen*, NZA 1995)

Koselke, Bruno — Gutachten – Das neue Tarifvertragsgesetz, in: Betriebs-Berater 1949, S. 83f. (zitiert: *Koselke*, BB 1949)

Kraft, Alfons — Probleme im Spannungsfeld zwischen Betriebsverfassungsrecht und Koalitionsfreiheit, in: Zeitschrift für Arbeitsrecht, 4. Jahrgang, 1973, S. 243ff. (zitiert: *Kraft*, ZfA 1973)

Krahl, Willi — Der Verband der Deutschen Buchdrucker, fünfzig Jahre gewerkschaftliche Arbeit mit einer Vorgeschichte, hrsg. vom Vorstand des Verbandes der Deutschen Buchdrucker, 1. Band, Berlin 1916 (zitiert: *Krahl*, Buchdrucker, Bd.1)

Krauss, Stefan — Günstigkeitsprinzip und Autonomiebestreben am Beispiel der Arbeitszeit, Bayreuth 1995 (zitiert: *Krauss*, Günstigkeitsprinzip)

Krauss, Stefan — Noch lange nicht am Ende: Betriebliche Bündnisse für Arbeit, in: Der Betrieb 2000, S. 1962ff. (zitiert: *Krauss*, DB 2000)

Kreis, Werner — Die Zulässigkeit von Höchstarbeitsbedingungen, Frankfurt a.M. 1960 (zitiert: *Kreis*, Die Zulässigkeit von Höchstarbeitsbedingungen)

Kreis, Werner — Die Zulässigkeit von Höchstarbeitsbedingungen, in: Recht der Arbeit 1961, S. 97ff. (zitiert: *Kreis*, RdA 1961)

Kreis, Werner — Die Zulässigkeit von Höchstarbeitsbedingungen, in: Recht der Arbeit 1961, S. 97f. (zitiert: *Kreis*, RdA 1961)

Kreutz, Peter — Grenzen der Betriebsautonomie, München 1979 (zitiert: *Kreutz*, Grenzen der Betriebsautonomie)

Krummel, Christoph — Die Geschichte des Unabdingbarkeitsgrundsatzes und des Günstigkeitsprinzips im Tarifvertragsrecht, Frankfurt am Main – Bern – New York – Paris 1991 (zitiert: *Krummel*, Die Geschichte des Unabdingbarkeitsgrundsatzes und des Günstigkeitsprinzips)

Küchenhoff, Günther — Einwirkungen des Verfassungsrechts auf das Arbeitsrecht, in: Festschrift für Hans Carl Nipperdey zum 70. Geburtstag, 21. Januar 1965, hrsg. von Rolf Dietz und Heinz Hübner, Band II, München und Berlin 1965, S. 317ff. (zitiert: *Küchenhoff*, FS-Nipperdey, Bd. II)

Küchenhoff, Günther — Verbandsautonomie, Grundrechte und Staatsgewalt, in: Arbeit und Recht 1963, S. 321ff. (zitiert: *Küchenhoff*, ArbuR 1963)

Kunze, Otto — Streikbereitschaft als Voraussetzung der Tariffähigkeit, in: Betriebs-Berater 1964, S. 1311ff. (zitiert: *Kunze*, BB 1964)

Lambrich, Thomas — Tarif- und Betriebsautonomie, Ein Beitrag zu den Voraussetzungen und Grenzen des Tarifvorbehalts, insbesondere dem Erfordernis der Tarifbindung des Arbeitgebers, Berlin 1999 (zitiert: *Lambrich*, Tarif- und Betriebsautonomie)

Leinemann, Wolfgang (Hrsg.) — Kasseler Handbuch zum Arbeitsrecht, Bd. 2, Besondere Arbeitsverhältnisse, berufliche Bildung, Beendigung des Arbeitsverhältnisses, Mitbestimmung in Unternehmen, Konzernen, Tarifvertrag und Arbeitskampf, arbeitsgerichtliche Verfahren, neue Bundesländer, Europarecht, 2. Auflage, Neuwied, Kriftel 2000 (zitiert: Kasseler Handbuch/*Bearbeiter*)

Leinemann, Wolfgang — Wirkungen von Tarifverträgen und Betriebsvereinbarungen auf das Arbeitsverhältnis, in: Der Betrieb 1990, S. 732ff. (zitiert: *Leinemann*, DB 1990)

Lesch, Hagen — Dezentralisierung der Tarifpolitik und Reform des Tarifrechts, in: Der Betrieb 2000, S. 322ff. (zitiert: *Lesch*, DB 2000)

Lieb, Manfred — Mehr Flexibilität im Tarifvertragsrecht? „Moderne“ Tendenzen auf dem Prüfstand, in Neue Zeitschrift für Arbeits- und Sozialrecht 1994, S. 289ff. (I) und S. 337ff. (II) (zitiert: *Lieb*, NZA 1994)

Linck, Rüdiger — Die soziale Auswahl bei betriebsbedingter Kündigung, Köln – Berlin – Bonn – München 1990 (zitiert: *Linck*, Die soziale Auswahl bei betriebsbedingter Kündigung)

Lingemann, Stefan — Allgemeine Geschäftsbedingungen und Arbeitsvertrag, in: Neue Zeitschrift für Arbeitsrecht 2002, S. 181ff. (zitiert: *Lingemann*, NZA 2002)

Linnenkohl, Karl
Rauschenberg, Hans-Jürgen
Reh, Dirk A. — Abschied vom „Leber-Kompromiß“ durch das Günstigkeitsprinzip?, in: Betriebs-Berater 1990, S. 628f. (zitiert: *Linnenkohl/Rauschenberg/Reh*, BB 1990)

Linnenkohl, Karl — Flexibilisierung (Verkürzung) der Lebensarbeitszeit: Arbeitnehmerstatus und „Zwangspensionierung“ im Zusammenhang mit Vorruhestandsregelungen, in: Betriebs-Berater 1984, S. 603ff. (zitiert: *Linnenkohl*, BB 1984)

Linnenkohl, Karl — Zulässigkeit von Betriebsvereinbarungen zur tariflichen Arbeitszeitverkürzung in der Metallindustrie, in: Betriebs-Berater 1988, S. 1459f. (zitiert: *Linnenkohl*, BB 1988)

Loritz, Karl-Georg — Rechtsprobleme der tarifvertraglichen Regelung des „freien Wochenendes“, in: Zeitschrift für Arbeitsrecht, 21. Jahrgang, 1990, S. 133ff. (zitiert: *Loritz*, ZfA 1990)

Lotmar, Philipp — Der Arbeitsvertrag nach dem Privatrecht des Deutschen Reiches, Erster Band, Leipzig 1902 (zitiert: *Lotmar*, Arbeitsvertrag, Band I)

Lotmar, Philipp — Die Tarifverträge zwischen Arbeitgebern und Arbeitnehmern, in: Archiv für soziale Gesetzgebung und Statistik, hrsg. von Heinrich Braun, 15. Band, 1900, S. 1ff. (zitiert: *Lotmar*, Die Tarifverträge zwischen Arbeitgebern und Arbeitnehmern, in: Brauns Archiv für soziale Gesetzgebung und Statistik)

Löwisch, Manfred — Arbeitsrecht, Ein Studienbuch, 5. Auflage, Düsseldorf 2000 (zitiert: *Löwisch*, ArbR)

Löwisch, Manfred — Auswirkungen der Schuldrechtsreform auf das Recht des Arbeitsverhältnisses, in: Festschrift für Herbert Wiedemann zum 70. Geburtstag, München 2002, S. 311ff. (zitiert: *Löwisch*, FS-Wiedemann)

Löwisch, Manfred
Kaiser, Dagmar — Betriebsverfassungsgesetz, Kommentar, 5. Auflage, Heidelberg 2002 (zitiert: *Löwisch/Kaiser*, BetrVG)

Löwisch, Manfred — Die Freiheit zu arbeiten – nach dem Günstigkeitsprinzip, in: Der Betriebsberater 1991, S. 59ff. (zitiert: *Löwisch*, BB 1991)

Löwisch, Manfred — Dienstleistungsabend mit freiwilligen Mitarbeitern, in: Neue Zeitschrift für Arbeits- und Sozialrecht 1989, S. 959ff. (zitiert: *Löwisch*, NZA 1989)

Löwisch, Manfred — Schutz der Selbstbestimmung durch Fremdbestimmung – Zur verfassungsrechtlichen Ambivalenz des Arbeitnehmerschutzes - in: Zeitschrift für Arbeitsrecht, 27.Jahrgang, 1996, S. 293ff. (zitiert: *Löwisch*, ZfA 1996)

Löwisch, Manfred — Tariföffnung bei Unternehmens- und Arbeitsplatzgefährdung, in: Neue Juristische Wochenschrift 1997, S. 905ff. (zitiert: *Löwisch*, NJW 1997)

Löwisch, Manfred
Rieble, Volker — Tarifvertragsgesetz, Kommentar, München 1992 (zitiert: *Löwisch/Rieble*, TVG)

Löwisch, Manfred
Rieble, Volker — Tarifvertragsrechtliche und arbeitskampfrechtliche Fragen des Übergangs vom Haustarif zum Verbandstarif, in: Tarifautonomie für ein neues Jahrhundert, Festschrift für Günter Schaub zum 65. Geburtstag, herausgegeben von Monika Schlachter, Reiner Ascheid, Hans-Wolf Friedrich, München 1998, S. 457ff. (zitiert: *Löwisch/Rieble*, FS-Schaub)

Löwisch, Manfred — Zur Zulässigkeit freiwilliger Samstagsarbeit nach dem Günstigkeitsprinzip, in: Der Betrieb 1989, S. 1185ff. (zitiert: *Löwisch*, DB 1989)

Mäckler, Franz-Josef — Das Günstigkeitsprinzip – Verzicht auf geldwerte Leistungen gegen Beschäftigungsgarantie? in: Arbeitsrecht und Arbeitsgerichtsbarkeit, Festschrift zum 50-jährigen Bestehen der Arbeitsgerichtsbarkeit in Rheinland-Pfalz, Neuwied - Kriftel 1999, S. 381ff. (zitiert: *Mäckler*, Das Günstigkeitsprinzip – Verzicht auf geldwerte Leistungen gegen Beschäftigungsgarantie? in: Arbeitsrecht und Arbeitsgerichtsbarkeit)

Magis, Hans-Günter — Zum Günstigkeitsprinzip, Bonn 1966 (zitiert: *Magis*, Günstigkeitsprinzip)

Mangoldt, Hermann von; *Klein*, Friedrich; *Starck*, Christian — Das Bonner Grundgesetz, Kommentar, Band 1: Präambel, Artikel 1 bis 19, 4. Auflage, München 1999 (zitiert: *Bearbeiter*, in: v. Mangoldt/Klein/Starck, GG)

Markmann, Heinz — Deregulierung schafft keine Arbeitsplätze, in: Beschäftigungsentwicklung und Arbeitsmarktpolitik, hrsg. von Erhard Kantzenbach und Otto G. Mayer, Berlin 1992, S. 143ff. (zitiert: *Markmann*, Deregulierung schafft keine Arbeitsplätze, in: Kantzenbach/Mayer, Beschäftigungsentwicklung und Arbeitsmarktpolitik)

Martens, Klaus-Peter — Das tarifliche Günstigkeitsprinzip und der Günstigkeitsvergleich, in: Festschrift für Albrecht Zeuner zum siebzigsten Geburtstag, hrsg. von Karl August Bettermann, Manfred Löwisch, Hansjörg Otto, Karsten Schmidt, Tübingen 1994, S. 101ff. (zitiert: *Martens*, FS-Zeuner)

Martens, Klaus-Peter — Die Einheit des Privatrechts und das Arbeitsrecht, in: Juristische Schulung 1987, S. 337ff. (zitiert: *Martens*, JuS 1987)

Maunz, Theodor; *Dürig*, Günther — Grundgesetz, Kommentar, Band 1, (Art. 1 – 11), Stand: 39. Ergänzungslieferung, München Juli 2001 (zitiert: *Bearbeiter*, in: Maunz/Dürig, GG, Bd. 1)

Maunz, Theodor
Dürig, Günter
Grundgesetz, Kommentar, Band 2, (Art. 12 – 20), Stand: 39. Ergänzungslieferung, München Juli 2001 (zit.: *Bearbeiter*, in: Maunz/Dürig, GG, Bd. 2)

Mayer, Ralf Erhard
Das Verhältnis des Tarifvertrages zu früheren und späteren günstigeren arbeitsvertraglichen Absprachen, Köln 1986
(zitiert: *Mayer*, Das Verhältnis des Tarifvertrages zu früheren und späteren günstigeren arbeitsvertraglichen Absprachen)

Meik, Frank Andreas
Der Kernbereich der Tarifautonomie, Dargestellt am Funktionszusammenhang von Unternehmens- Betriebs- und Tarifautonomie, Berlin 1987
(zitiert: *Meik*, Tarifautonomie)

Meine, Hartmut
Schwitzer, Helga
Das IG Metall-Tarifsystem für das Volkswagen-Projekt 5.000 x 5.000, in: WSI-Mitteilungen 2001, S. 580ff. (zitiert: *Meine/Schwitzer*, WSI-Mitteilungen 2001)

Meisel, Peter G.
Die soziale Auswahl bei betriebsbedingten Kündigungen, in: Der Betrieb 1991, S. 92ff.
(zitiert: *Meisel*, DB 1992)

Meissinger, H.
Einige Grundgedanken zum neuen Tarifrecht, in: Der Betrieb 1949, S. 623ff.
(zitiert: *Meissinger*, DB 1949)

Meyer-Cording, Ulrich
Die Rechtsnormen, Tübingen 1971
(zitiert: *Meyer-Cording*, Rechtsnormen)

Misera, Karlheinz
Tarifmacht und Individualbereich unter Berücksichtigung der Sparklausel, Berlin 1969
(zitiert: *Misera*, Tarifmacht)

Moersch, Wolfram
Leistungsfähigkeit und Grenzen des Subsidiaritätsprinzips, Eine rechtsdogmatische und rechtspolitische Studie, Berlin 2001
(zitiert: *Moersch*, Leistungsfähigkeit und Grenzen des Subsidiaritätsprinzips)

Mohl, Robert von — Die Polizei-Wissenschaft nach den Grundsätzen des Rechtsstaates, Zweiter Band, Dritte Auflage, Freiburg im Breisgau 1866
(zitiert: *v. Mohl*, Polizei-Wissenschaft)

Moll, Wilhelm — Altersgrenzen in Kollektivverträgen, in: Der Betrieb 1992, S. 475ff. (zitiert: *Moll*, DB 1992)

Möschel, Wernhard — Das Spannungsverhältnis zwischen Individualvertrag, Betriebsvereinbarung und Tarifvertrag, in: Der Betriebs-Berater 2002, S. 1314ff.
(zitiert: *Möschel*, BB 2002)

Möschel, Wernhard — Tarifautonomie – ein überholtes Ordnungsmodell ?, in: Die Tarifautonomie auf dem Prüfstand, hrsg. von Werner Zohlnhöfer, Berlin 1996, S. 11ff. (*Möschel*, in: Tarifautonomie auf dem Prüfstand)

Muhr, Gerd — Arbeitskampf, Verwirklichung des Sozialstaatsauftrags und Neutralität der Bundesanstalt für Arbeit; in: Recht der Arbeit 1973, S. 9ff.
(zitiert: *Muhr*, RdA 1973)

Müller, Christoph Johannes — Die Berufsfreiheit des Arbeitgebers, Einwirkungen des Art. 12 Abs. I GG auf das Individual- und Kollektivarbeitsrecht, Köln 1996
(zitiert: *C. J. Müller*, Die Berufsfreiheit des Arbeitgebers)

Müller, Gerhard — Die Tarifautonomie in der Bundesrepublik Deutschland, Rechtliche und ethische Grundlagen, Berlin 1990 (zitiert: *G. Müller*, Tarifautonomie)

Müller, Gerhard — Zum Verhältnis zwischen Betriebsautonomie und Tarifautonomie, in: Arbeit und Recht 1992, S. 257ff. (zitiert: *G. Müller*, ArbuR 1992)

Müller, Hans-Peter — Privatautonomie gegen Kollektivgewalt, in: Der Betrieb 1999, S. 2310ff. (zitiert: *Müller*, DB 1999)

Münch, Ingo von
Kunig, Philip — Grundgesetz-Kommentar, Band 1 (Präambel, Art. 1 bis 19), begründet von Prof. em. Dr. Dr. h.c. Ingo von Münch, herausgegeben von Prof. Dr. Philip Kunig, 5. Auflage, München 2000
(zitiert: *Verfasser*, in: v.Münch/Kunig, GG, Bd. 1)

Münch, Ingo von
Kunig, Philip
Grundgesetz-Kommentar, Band 2 (Art. 20 bis 69), 5. Auflage, München 2001
(zitiert: *Verfasser*, in: v.Münch/Kunig, GG, Bd. 2)

Murmann, Klaus
Tarifautonomie und Wettbewerbsordnung, in: Die Tarifautonomie auf dem Prüfstand, hrsg. von Werner Zohlnhöfer, Berlin 1996, S. 43ff.
(*Murmann*, in: Die Tarifautonomie auf dem Prüfstand)

Neumann, Dirk
Tarif- und Betriebsautonomie, in: Recht der Arbeit, 1990, S. 257ff. (zitiert: *Neumann*, RdA 1990)

Nickel, Egbert
Die Entwicklung des arbeitsrechtlichen Schrifttums im Jahre 1978, in: Zeitschrift für Arbeitsrecht, 10. Jahrgang, 1979, S. 357ff.
(zitiert: *Nickel*, ZfA 1979)

Niebler, Michael
Schmiedl, Wolfgang
Sind Abweichungen vom Tarifvertrag zur Beschäftigungssicherung zulässig?, in: Der Betriebsberater 2001, S. 1631ff.
(zitiert: *Niebler/Schmiedl*, BB 2001)

Nikisch, Arthur
Arbeitsrecht, I. Band, Allgemeine Lehren und Arbeitsvertragsrecht, 3. Auflage, Tübingen 1961
(zitiert: *Nikisch*, Arbeitsrecht, Band I)

Nikisch, Arthur
Arbeitsrecht, II. Band, Koalitionsrecht, Arbeitskampfrecht und Tarifvertragsrecht, 2. Auflage, Tübingen 1959 (zitiert: *Nikisch*, Arbeitsrecht, Band II)

Nikisch, Arthur
Inhalt und Grenzen des tariflichen Günstigkeitsprinzips, in: Der Betrieb 1963, S. 1254ff.
(zitiert: *Nikisch*, DB 1963)

Nipperdey, Hans Carl
Beiträge zum Tarifrecht, Mannheim – Berlin – Leipzig 1924
(zitiert: *Nipperdey*, Beiträge zum Tarifrecht)

Nipperdey, Hans Carl
Der Schiedsspruch auf Wiedereinstellung entlassener Arbeitnehmer, in : Arbeitsrecht - Zeitschrift für das gesamte Dienstrecht der Arbeiter, Angestellten und Beamten, Jahrgang 1924, S. 553ff. (zitiert: *Nipperdey*, ArbR 1924)

Nipperdey, Hans Carl — Die Rechtsprechung des Reichsgerichts zum Tarifrecht (1919 – 1925), in: Neue Zeitschrift für Arbeitsrecht 1926, S. 193ff.
(zitiert: *Nipperdey*, NZfA 1926)

Nipperdey, Hans Carl — Soziale Marktwirtschaft und Grundgesetz, Kartellrundschau, Heft 2, 3. Auflage, Köln – Berlin – München – Bonn 1965 (zitiert: *Nipperdey*, Soziale Marktwirtschaft und Grundgesetz)

Nipperdey, Hans-Carl — Das Recht des Tarifvertrages – Seine Entwicklung und künftige Gestaltung, in: Betriebs-Berater 1948, S. 157ff.
(zitiert: *Nipperdey*, BB 1948)

Nipperdey, Hans-Carl — Das Tarifvertragsgesetz des vereinigten Wirtschaftsgebietes, in: Recht der Arbeit 1949, S. 81ff. (zitiert: *Nipperdey*, RdA 1949)

Oertmann, Paul — Zur Lehre vom Tarifvertrag, in: Zeitschrift für Socialwissenschaft 1907, S. 1ff.
(zitiert: *Oertmann*, ZSocWiss)

Oetker, Hartmut — Arbeitsvertragliche Bezugnahme auf Tarifverträge und AGB-Kontrolle, in: Festschrift für Herbert Wiedemann zum 70. Geburtstag, München 2002, S. 383ff. (zitiert: *Oetker*, FS-Wiedemann)

Otto, Hansjörg — Mitbestimmung des Betriebsrats bei der Regelung von Dauer und Lage der Arbeitszeit, in: Neue Zeitschrift für Arbeits- und Sozialrecht 1992, S. 97ff. (zitiert: *Otto*, NZA 1992)

Otto, Hansjörg — Personale Freiheit und soziale Bindung, Zur Kontrolle und Gewährleistung personal motivierten Verhaltens im Privatrecht, München 1978
(zitiert: *Otto*, Personale Freiheit und soziale Bindung)

Papier, Hans-Jürgen — Der verfassungsrechtliche Rahmen für Privatautonomie im Arbeitsrecht, in: Recht der Arbeit 1989, S. 137ff. (zitiert: *Papier*, RdA 1989)

Papritz, Ludwig — Das Günstigkeitsprinzip im Arbeitsrecht – Auch in verfassungsrechtlicher Sicht, Würzburg 1976 (zitiert: *Papritz*, Günstigkeitsprinzip)

Papst, Christian — Möglichkeiten einer Flexibilisierung der Arbeitszeit – die Manteltarifverträge des Tarifgebietes Nordwürttemberg/Nordbaden von 1984 und 1990 im Vergleich -, Duisburg 1995 (zitiert: *Papst*, Möglichkeiten einer Flexibilisierung der Arbeitszeit)

Peters, Hans; *Ossenbühl*, Fritz — Die Übertragung von öffentlich-rechtlichen Befugnissen auf die Sozialpartner unter besonderer Berücksichtigung des Arbeitszeitschutzes, Berlin und Frankfurt a.M. 1967 (zitiert: *Peters/Ossenbühl*, Übertragung von öffentlich-rechtlichen Befugnissen)

Pfarr, Heide M.; *Kittner*, Michael — Solidarität im Arbeitsrecht, in: Recht der Arbeit 1974, S. 284ff. (zitiert: *Pfarr/Kittner*, RdA 1974)

Picker, Eduard — Die Regelung der „Arbeits- und Wirtschaftsbedingungen" – Vertragsprinzip oder Kampfprinzip?, in: Zeitschrift für Arbeitsrecht, 17. Jahrgang, 1986, S. 199ff. (zitiert: *Picker*, ZfA 1986)

Picker, Eduard — Privatautonomie und Kollektivautonomie - Arbeitsrecht als Freiheitsproblem, in: Recht und Freiheit, Symposium zu Ehren von Herrn Professor Dr. Reinhard Richardi, München 2003, S. 25ff. (zitiert: *Picker*, Privatautonomie und Kollektivautonomie)

Picker, Eduard — Tarifautonomie – Betriebsautonomie – Privatautonomie, in: Neue Zeitschrift für Arbeitsrecht 2002, S. 761ff. (zitiert: *Picker*, NZA 2002)

Picker, Eduard — Tarifmacht und tarifvertragliche Arbeitsmarktpolitik, Höchstarbeitszeitregeln als Prüfstein für das Verständnis von Koalitionsfunktion und Tarifautonomie, in: Zeitschrift für Arbeitsrecht, 29. Jahrgang, 1998, S. 573ff. (*Picker*, ZfA 1998)

Picker, Eduard — Ursprungsidee und Wandlungstendenzen des Tarifvertragswesens, in: Gedächtnisschrift für Brigitte Knobbe-Keuk, Köln 1997, S. 879ff. (zitiert: *Picker*, GS-Knobbe-Keuk)

Pieroth, Bodo; *Schlink*, Bernhard — Grundrechte, Staatsrecht II, 14. Auflage, Heidelberg 1998 (zitiert: *Pieroth/Schlink*)

Post, Erich E. R. — Zur Verwendung des Sozialstaatsarguments im Arbeitsrecht, in: Zeitschrift für Arbeitsrecht, 9. Jahrgang, 1978, S. 421ff. (zitiert: *Post*, ZfA 1978)

Potthof, Heinz — „Bessere Bedingungen" im Tarifvertrage, in: Neue Zeitschrift für Arbeitsrecht 1929, Sp. 95ff. (zitiert: *Potthof*, NZfA 1929)

Potthof, Heinz — Tarifbruch durch Verbandsmitglieder, in: Arbeitsrecht – Zeitschrift für das gesamte Dienstrecht der Arbeiter, Angestellten und Beamten, Jahrgang 1923, S. 193ff. (zitiert: *Potthof*, ArbR 1923)

Preis, Ulrich — Arbeitsvertragliche Verweisungen auf Tarifverträge, in: Festschrift für Herbert Wiedemann zum 70. Geburtstag, München 2002, S. 425ff. (zitiert: *Preis*, FS-Wiedemann)

Preis, Ulrich — Grundfragen der Vertragsgestaltung im Arbeitsrecht, Neuwied 1993 (zitiert: Preis, Grundfragen der Vertragsgestaltung im Arbeitsrecht)

Püttner, Günter — Mitbestimmung über Verträge und Verfassungsrecht – Zur verfassungsrechtlichen Zulässigkeit von „Tariföffnungsklauseln", in: Betriebs-Berater 1987, S. 1122ff. (zitiert: *Püttner*, BB 1987)

Ramm, Thilo — Die Parteien des Tarifvertrags, Kritik und Neubegründung der Lehre vom Tarifvertrag, Stuttgart 1961 (zitiert: *Ramm*, Die Parteien des Tarifvertrags)

Reichold, Hermann — Rechtsprobleme der Einführung einer 32-Stunden-Woche durch Tarifvertrag oder Betriebsvereinbarung, in: Zeitschrift für Arbeitsrecht, 29. Jahrgang, 1998, S. 237ff. (zitiert: *Reichold*, ZfA 1998)

Reuter, Dieter | Das Verhältnis von Individualautonomie, Betriebsautonomie und Tarifautonomie, in: Recht der Arbeit, 1991, S. 193ff. (zitiert: *Reuter*, RdA 1991)

Reuter, Dieter | Möglichkeiten und Grenzen einer Auflockerung des Tarifkartells, in Zeitschrift für Arbeitsrecht, 26. Jahrgang, 1995, S. 1 ff. (zitiert: *Reuter*, ZfA 1995)

Reuter, Dieter | Möglichkeiten und Grenzen einer Deregulierung des Arbeitsrechts, in: Festschrift für Herbert Wiedemann zum 70. Geburtstag, München 2002, S. 449ff. (zitiert: *Reuter*, FS-Wiedemann)

Reuter, Dieter | Unterlassungsanspruch der Gewerkschaften bei tarifabweichenden betrieblichen Regelungen zwischen Arbeitgeber und Betriebsrat, in: Sammlung arbeitsrechtlcher Entscheidungen, 53. Jahrgang, 1999, S. 253f., 262f. (zitiert: *Reuter*, SAE 1999)

Reuter, Dieter | Zulässigkeit und Grenzen tarifvertraglicher Besetzungsregeln, in: Zeitschrift für Arbeitsrecht, 9. Jahrgang, 1978, S. 1ff. (zitiert: *Reuter*, ZfA 1978)

Richardi, Reinhard | Arbeitszeitflexibilisierung – kollektive Arbeitszeitregelung und individuelle Arbeitszeitsouveränität, in: Festschrift für Franz Merz zum 65. Geburtstag am 3. Februar 1992, Köln 1992, S. 481ff. (zitiert: *Richardi*, FS-Merz)

Richardi, Reinhard | Arbeitszeitverlängerung nach der Tarifvertragsregelung in der Metallindustrie, in: Der Betrieb 1990, S. 1613ff. (zitiert: *Richardi*, DB 1990)

Richardi, Reinhard | Betriebsverfassungsgesetz mit Wahlordnung, Kommentar, 8. Auflage, München 2002 (zitiert: *Bearbeiter*, in: Richardi, BetrVG)

Richardi, Reinhard | Der Beschluß des Großen Senats des Bundesarbeitsgerichts zur ablösenden Betriebsvereinbarung, in: Neue Zeitschrift für Arbeits- und Sozialrecht 1987, S. 185ff. (zitiert: *Richardi*, NZA 1987)

Richardi, Reinhard | Die Betriebsvereinbarung als Rechtsquelle des Arbeitsverhältnisses, Zur Reichweite eines betriebsverfassungsrechtlichen Gestaltungsrechts in einer rechtsgeschäftlichen Ordnung des Arbeitslebens, in: Zeitschrift für Arbeitsrecht, 23. Jahrgang, 1992, S. 307ff. (zitiert: *Richardi*, ZfA 1992)

Richardi, Reinhard | Koalitionsgewalt und individuelle Koalitionsfreiheit, in: Archiv des öffentlichen Rechts, 93. Band, Tübingen 1968, S. 243ff. (zitiert: *Richardi*, AöR 93 [1968])

Richardi, Reinhard | Kollektivgewalt und Individualwille bei der Gestaltung des Arbeitsverhältnisses, München 1968 (zitiert: *Richardi*, Kollektivgewalt und Individualwille)

Richardi, Reinhard | Kollektivvertragliche Arbeitszeitregelung – Fremdbestimmung durch Kollektivnorm oder Regelung der Arbeitsbedingungen für ein rechtgeschäftlicher Diensleistungsversprechen? – in: Zeitschrift für Arbeitsrecht, 21. Jahrgang, 1990, S. 211ff. (zitiert: *Richardi*, ZfA 1990)

Richardi, Reinhard; *Wlotzke*, Otfried | Münchener Handbuch zum Arbeitsrecht, Band 1, Individualarbeitsrecht I, 2. Auflage, München 2000 (zitiert: MünchHbArbR/*Bearbeiter*, Bd. 1)

Richardi, Reinhard; *Wlotzke*, Otfried | Münchener Handbuch zum Arbeitsrecht, Band 3, Kollektives Arbeitsrecht, 2. Auflage, München 2000 (zitiert: MünchHbArbR/*Bearbeiter*, Band 3)

Richardi, Reinhard | Prinzipien des Grundrechtsschutzes im Arbeitsverhältnis nach deutschen Recht, in: Arbeit, Recht und Gesellschaft, Festschrift für Walter Schwarz zum 65. Geburtstag, hrsg. von Oswin Martinek, Wien 1991, S. 781ff. (zitiert: *Richardi*, FS-Schwarz)

Richardi, Reinhard | Tarifautonomie und Betriebsautonomie als Formen wesenverschiedener Gruppenautonomie im Arbeitsrecht, in: Der Betrieb 2000, S. 42ff. (zitiert: *Richardi*, DB 2000)

Richardi, Reinhard — Tarifautonomie und Betriebsautonomie als Formen wesensverschiedener Gruppenautonomie im Arbeitsrecht, in: Der Betriebs-Berater 2000, S. 42ff. (zitiert: *Richardi*, BB 2000)

Richardi, Reinhard — Tarifvorbehalt und Tarifgebundenheit, in: Tarifautonomie für ein neues Jahrhundert, Festschrift für Günter Schaub zum 65. Geburtstag, herausgegeben von Monika Schlachter, Reiner Ascheid, Hans-Wolf Friedrich, München 1998, S. 639ff. (zitiert: *Richardi*, FS-Schaub)

Richardi, Reinhard — Welche Folgen hätte eine Aufhebung des Tarifvorbehalts (§ 77 III BetrVG)?, in: Neue Zeitschrift für Arbeits- und Sozialrecht 2000, S. 617ff. (zitiert: *Richardi*, NZA 2000)

Rieble, Volker — Arbeitsmarkt und Wettbewerb: der Schutz von Vertrags- und Wettbewerbsfreiheit im Arbeitsrecht, Berlin – Heidelberg – New York – Barcelona – Budapest – HongKong – London – Mailand – Paris – Santa Clara – Singapur – Tokio 1996 (zitiert: *Rieble*, Arbeitsmarkt und Wettbewerb)

Rieble, Volker — Beschäftigungspolitik durch Tarifvertrag, in: Zeitschrift für Tarifrecht 1993, S. 54ff. (zitiert: *Rieble*, ZTR 1993)

Rieble, Volker — Der Tarifvertrag als kollektiv-privatautonomer Vertrag, in: Zeitschrift für Arbeitsrecht, Band 31, Jahrgang 2000, S. 5ff. (zitiert: *Rieble*, ZfA 2000)

Rieble, Volker — Krise des Flächentarifvertrages? in: Recht der Arbeit 1996, S. 151ff. (zitiert: *Rieble*, RdA 1996)

Riedel, Ingo — Das Grundrecht der Berufsfreiheit im Arbeitsrecht, Würzburg 1987 (zitiert: *Riedel*, Berufsfreiheit)

Rieth, Horst — Die Steuerung unternehmerischen Handelns durch Tarifvertrag, Freiburg 1980 (zitiert: *Rieth*, Steuerung unternehmerischen Handelns)

Roos, Walter — Behandlung der Tarifnormen als Höchstnormen durch den Arbeitgeberverband, Leverkusen 1961 (zitiert: *Roos*, Höchstnormen)

Rosenthal, Eduard — Die gesetzliche Regelung des Tarifvertrages, Tübingen 1908 (zitiert: *Rosenthal*, Die gesetzliche Regelung des Tarifvertrages)

Rüfner, Wolfgang — Zur Gemeinwohlbindung der Tarifvertragsparteien, in: Recht der Arbeit 1985, S. 193ff. (zitiert: *Rüfner*, RdA 1985)

Rundstein, S. — Die Tarifverträge und die moderne Rechtswissenschaft, Eine rechtsvergleichende Untersuchung, Leipzig 1906 (zitiert: *Rundstein*, Die Tarifverträge)

Sachs, Michael — Grundgesetz, Kommentar, 2. Auflage, München 1999 (zitiert: Sachs/*Bearbeiter*, GG)

Sachverständigenrat zur Begutachtung der gesamtwirtschaftlichen Entwicklung — „Chancen auf einen höheren Wachstumspfad", Jahresgutachten 2000/2001, Wiesbaden, November 2000 (zitiert: *Sachverständigenrat*, Jahresgutachten 2000/2001)

Sachverständigenrat zur Begutachtung der gesamtwirtschaftlichen Entwicklung — „Für Stetigkeit - gegen Aktionismus", Jahresgutachten 2001/2002, Wiesbaden, November 2001 (zitiert: *Sachverständigenrat*, Jahresgutachten 2001/2002)

Sachverständigenrat zur Begutachtung der gesamtwirtschaftlichen Entwicklung — „Reformen voranbringen", Jahresgutachten 1996/97, Wiesbaden, November 1996 (zitiert: *Sachverständigenrat*, Jahresgutachten 1996/1996)

Sachverständigenrat zur Begutachtung der gesamtwirtschaftlichen Entwicklung — Zwanzig Punkte für Beschäftigung und Wachstum, Jahresgutachten 2002/2003, Wiesbaden im November 2002 (zitiert: *Sachverständigenrat*, Jahresgutachten 2002/2003)

Säcker, Franz Jürgen — Das neue Entgeltfortzahlungsgesetz und die individuelle und kollektive Vertragsfreiheit, in: Arbeit und Recht 1994, S. 1ff. (zitiert: *Säcker*, ArbuR 1994)

Säcker, Franz Jürgen
Oetker, Hartmut
Grundlagen und Grenzen der Tarifautonomie, erläutert anhand aktueller tarifpolitischer Fragen, München 1992 (zitiert: *Säcker/Oetker*, Grundlagen und Grenzen der Tarifautonomie)

Säcker, Franz-Jürgen
Grundprobleme der kollektiven Koalitionsfreiheit, Rechtsquellen- und interpretationstheoretische Bemerkungen zur legislativen und judikativen Konkretisierung des Art. 9 Abs. 3 GG, Düsseldorf 1969 (zitiert: *Säcker*, Grundprobleme der kollektiven Koalitionsfreiheit)

Säcker, Franz-Jürgen
Gruppenautonomie und Übermachtkontrolle im Arbeitsrecht, Berlin 1972 (zitiert: *Säcker*, Gruppenautonomie)

Säcker, Franz-Jürgen
Kollektivgewalt und Individualwille bei der Gestaltung des Arbeitsverhältnisses, in: Recht der Arbeit 1969, S. 291ff. (zitiert: *Säcker*, RdA 1969)

Schall, Wilhelm
Das Privatrecht der Arbeitstarifverträge, Jena 1907 (zitiert: *Schall*, Privatrecht der Arbeitstarifverträge)

Schaub, Günter
Aktuelle Fragen zum Kündigungsschutzrecht unter besonderer Berücksichtigung der betriebsbedingten Kündigung, in: Recht der Arbeit 1981, S. 371ff. (zitiert: *Schaub*, RdA 1981)

Schaub, Günter
Arbeitsrechts-Handbuch, Systematische Darstellung und Nachschlagewerk für die Praxis, 10. Auflage, München 2002 (zitiert: Schaub/*Bearbeiter*)

Scheuner, Ulrich
Der Inhalt der Koalitionsfreiheit, in: Koalitionsfreiheit, Drei Rechtsgutachten von Werner Weber, Ulrich Scheuner, Rolf Dietz, Berlin und Frankfurt a.M. 1961, S. 27ff. (*Scheuner*, in: Weber/Scheuner/Dietz, Koalitionsfreiheit)

Schlachter, Monika
Gleichheitswidrige Tarifnormen, in: Tarifautonomie für ein neues Jahrhundert, Festschrift für Günter Schaub zum 65. Geburtstag, hrsg. von Monika Schlachter, Reiner Ascheid, Hans-Wolf Friedrich, München 1998, S. 651ff. (zitiert: *Schlachter*, FS-Schaub)

Schliemann, Harald — Tarifliches Günstigkeitsprinzip und Arbeitsvertragsfreiheit, in: Recht und Freiheit, Symposium zu Ehren von Herrn Professor Dr. Reinhard Richardi, München 2003, S. 1ff.
(zitiert: *Schliemann*, Tarifliches Günstigkeitsprinzip und Arbeitsvertragsfreiheit)

Schlüter, Wilfried — Die Grenzen der Tarifmacht bei der Regelung der Wochenarbeitszeit, in: Festschrift für Walter Stree und Johannes Wessels zum 70. Geburtstag, Heidelberg 1993, S. 1061ff.
(zitiert: *Schlüter*, FS-Stree/Wessels)

Schlüter, Wilfried
Belling, Detlev W. — Die Zulässigkeit von Altersgrenzen im Arbeitsverhältnis, in: Neue Zeitschrift für Arbeits- und Sozialrecht 1988, S. 297ff.
(zitiert: *Schlüter/Belling*, NZA 1988)

Schlüter, Wilfried — Tarifmacht gegenüber Außenseitern, in: Festschrift für Rudolf Lukes zum 65. Geburtstag, Köln – Berlin – Bonn – München 1989, S. 559ff.
(zitiert: *Schlüter*, FS-Lukes)

Schmidt, Paul-Günther — Strukturmerkmale des Arbeitsmarktes und gesamtwirtschaftliche Stabilität – Eine vergleichende Analyse der OECD-Länder, in: Die Tarifautonomie auf dem Prüfstand, hrsg. von Werner Zohlnhöfer, Berlin 1996, S. 95ff.
(zitiert: *P. G. Schmidt*, in: Tarifautonomie auf dem Prüfstand)

Schmidt, Thomas Benedikt — Das Günstigkeitsprinzip im Tarifvertrags- und Betriebsverfassungsrecht, Zugleich ein Beitrag zum Verhältnis von Tarifvertrag und Betriebsvereinbarung, Berlin 1994
(zitiert: *Th. B. Schmidt*, Günstigkeitsprinzip)

Schmidt-Bleibtreu, Bruno
Klein, Franz — Kommentar zum Grundgesetz, unter Mitarbeit von Hans Bernhard Brockmeyer, Christoph Kannengießer, Rüdiger Sannwald, 9. Auflage, Neuwied 1999
(zitiert: *Bearbeiter*, in: Schmidt-Bleibtreu/Klein, GG)

Schnorr, Gerhard | Genehmigungsbedürftigkeit tariflicher Indexlöhne?, in: Arbeit und Recht 1963, S. 137ff. (zitiert: *Schnorr*, ArbuR 1963)

Scholz, Rupert | Die Berufsfreiheit als Grundlage und Grenze arbeitsrechtlicher Regelungssysteme, in: Zeitschrift für Arbeitsrecht, 12. Jahrgang, 1981, S. 265ff. (zitiert: *Scholz*, ZfA 1981)

Scholz, Rupert | Die Koalitionsfreiheit als Verfassungsproblem, München 1971 (zitiert: *Scholz*, Koalitionsfreiheit als Verfassungsproblem)

Scholz, Rupert | Tarifautonomie, Arbeitskampf und privatwirtschaftlicher Wettbewerb, in: Festschrift für Fritz Rittner zum 70. Geburtstag, München 1991, S. 629ff. (zitiert: *Scholz*, FS-Rittner)

Schulze, Peter R. | Das Günstigkeitsprinzip im Tarifvertragsrecht, Frankfurt am Main - Bern - New York, 1985 (zitiert: *Schulze*, Günstigkeitsprinzip)

Schwabe, Jürgen | Bundesverfassungsgericht und „Drittwirkung" der Grundrechte, in: Archiv des öffentlichen Rechts, 100. Band, Tübingen 1975, S. 442ff. (zitiert: *Schwabe*, AöR 100 [1975])

Schwarze, Roland | Die Grundrechtsbindung der Tarifnormen aus der Sicht grundrechtlicher Schutzpflichten, in: Zeitschrift für Tarifrecht 1996, S. 1ff. (zitiert: *Schwarze*, ZTR 1996)

Schweibert, Ulrike | Die Verkürzung der Wochenarbeitszeit durch Tarifvertrag, Baden-Baden 1994 (zitiert: *Schweibert*, Die Verkürzung der Wochenarbeitszeit durch Tarifvertrag)

Schwitzer, Helga | Das IGM-Tarifsystem 5.000 mal 5.000 bei Volkswagen, Mindeststandards und neue Regelungssätze, in: Arbeit und Recht 2001, S. 441ff. (zitiert: *Schwitzer*, ArbuR 2001)

Seitel, Hans Peter — Öffnungsklauseln in Tarifverträgen – Eine ökonomische Analyse für Löhne und Arbeitszeiten, Band 51 der Veröffentlichungen des Forschungsinstituts für Wirtschaftspolitik an der Universität Mainz, Berlin 1995 (zitiert: *Seitel*, Öffnungsklauseln)

Singer, Reinhard — Tarifvertragliche Normenkontrolle am Maßstab der Grundrechte ?, in: Zeitschrift für Arbeitsrecht, 26. Jahrgang 1995, Köln – Berlin – Bonn – München, S. 611ff. (zitiert: *Singer*, ZfA 1995)

Singer, Reinhard — Tarifvertragliche Normenkontrolle am Maßstab der Grundrechte?, in: Zeitschrift für Arbeitsrecht, 26. Jahrgang, 1995, S. 611ff. (zitiert: *Singer*, ZfA 1995)

Sinzheimer, Hugo — Der korporative Arbeitsnormenvertrag, Eine privatrechtliche Untersuchung, Erster und Zweiter Teil, 2. Auflage, Berlin 1977 (zitiert: *Sinzheimer*, Der korporative Arbeitsnormenvertrag)

Sinzheimer, Hugo — Ein Arbeitstarifgesetz, Die Idee der sozialen Selbstbestimmung im Recht, 2. Auflage, unveränderter Nachdruck der ersten Auflage von 1916, Berlin 1977 (zitiert: *Sinzheimer*, Arbeitstarifgesetz)

Sinzheimer, Hugo — Rechtsfragen des Arbeitstarifvertrages, Brauchen wir ein Arbeitstarifgesetz?, Jena 1913 (zitiert: *Sinzheimer*, Rechtsfragen des Arbeitstarifvertrages)

Sitzler, Friedrich; *Goldschmidt*, Heinz — Tarifvertragsrecht : (Tarifverordnung in der Fassung vom 1. März 1928), Berlin 1929 (zitiert: *Sitzler/Goldschmidt*, Tarifvertragsrecht, 1929)

Sitzler, Friedrich — Die Verordnung über Tarifverträge, Arbeiter- und Angestelltenausschüsse und Schlichtung von Arbeitsstreitigkeiten, in: Gewerbe- und Kaufmannsgericht 1919, S. 94ff. (zitiert: *Sitzler*, GewKfGer 1919)

Sodan, Helge — Verfassungsrechtliche Grenzen der Tarifautonomie, Ein Beitrag zur Auslegung des Art. 9 III GG, in: Juristenzeitung 1998, S. 421ff. (zitiert: *Sodan*, JZ 1998)

Söllner, Alfred — Das Begriffspaar der Arbeits- und Wirtschaftsbedingungen in Art. 9 Abs. III GG, in: *ders.*, Arbeitsrecht in der Verfassungsordnung des Grundgesetzes, Goldbach bei Aschaffenburg 1994 (zitiert: *Söllner*, Das Begriffspaar der Arbeits- und Wirtschaftsbedingungen in Art. 9 Abs. III GG)

Söllner, Alfred — Der verfassungsrechtliche Rahmen für Privatautonomie im Arbeitsrecht, in: Recht der Arbeit 1989, S. 144ff. (zitiert: *Söllner*, RdA 1989)

Söllner, Alfred — Grenzen des Tarifvertrags, in: Neue Zeitschrift für Arbeits- und Sozialrecht, 1996, S. 897ff. (zitiert: *Söllner*, NZA 1996)

Söllner, Alfred — Zu Sinn und Grenzen der Vereinbarungsbefugnis der Tarifvertragsparteien, in: Arbeit und Recht 1966, S. 257ff. (zitiert: *Söllner*, ArbuR 1966)

Söllner, Alfred — Zu Sinn und Grenzen der Vereinbarungsbefugnis der Tarifvertragsparteien, in: Arbeit und Recht, 1966, S. 257ff. (zitiert: *Söllner*, ArbuR 1966)

Stark, Ernst — Verfassungsfragen einer Arbeitsplatzsicherung durch Tarifvertrag, München 1989 (zitiert: *Stark*, Arbeitsplatzsicherung)

Staudinger, J. von — Kommentar zum Bürgerlichen Gesetzbuch mit Einführungsgesetz und Nebengesetzen, Erstes Buch, Allgemeiner Teil, §§ 134 – 163, 13. Bearbeitung, Berlin 1996 (zitiert: Staudinger/*Bearbeiter*)

Stebut, Dietrich von — Der soziale Schutz als Regelungsproblem des Vertragsrechts, Die Schutzbedürftigkeit von Arbeitnehmern und Wohnungsmietern, Berlin 1982 (zitiert: *v. Stebut*, Der soziale Schutz als Regelungsproblem des Vertragsrechts)

Steinmeyer, Heinz-Dietrich — Kollektivrechtliche Altersbegrenzungsregelungen ab 1. Januar 1992, in: Recht der Arbeit 1992, S. 6ff. (zitiert: *Steinmeyer*, RdA 1992)

Storch, Anton — Auf dem Wege zum freien Tarifrecht, in: Betriebs-Berater 1949, S. 233f. (zitiert: *Storch*, BB 1949)

Stucke, Herwart — Die Tarifautonomie – Kritische Betrachtungen zu Gestaltung und Auswirkungen einer missverstandenen und missbrauchten Institution, Frankfurt am Main 1990 (zitiert: *Stucke*, Tarifautonomie)

Tech, Karsten — Günstigkeitsprinzip und Günstigkeitsbeurteilung im Arbeitsrecht, Kiel 1987 (zitiert: *Tech*, Günstigkeitsprinzip)

Thüsing, Gregor — Arbeitsrecht zwischen Markt und Arbeitnehmerschutz, in: Neue Juristische Wochenschrift 2004, S. 2576ff. (zitiert: Thüsing, NJW 2004)

Thüsing, Gregor — Der Schutz des Tarifvertrags vor den tarifvertraglich Geschützten, in: Der Betrieb 1999, S. 1552ff. (zitiert: *Thüsing*, DB 1999)

Thüsing, Gregor — Gedanken zur Vertragsautonomie im Arbeitsrecht, in: Festschrift für Herbert Wiedemann zum 70. Geburtstag, München 2002, S. 559ff. (zitiert: *Thüsing*, FS-Wiedemann)

Trappehl, Bernhard; *Lambrich*, Thomas — Unterlassungsanspruch der Gewerkschaft – das Ende für betriebliche „Bündnisse für Arbeit“?, in: Neue Juristische Wochenschrift 1999, S. 3217ff. (zitiert: *Trappehl/Lambrich*, NJW 1999)

Tyska, Hans-Joachim — Die Zulässigkeit untertariflicher Löhne unter dem Blickpunkt von Tariföffnungsklauseln und Günstigkeitsprinzip, in: Arbeit und Recht 1985, S. 276ff. (zitiert: *Tyska*, AuR 1985)

Ullmann, Peter — Tarifverträge und Tarifpolitik in Deutschland bis 1914, Frankfurt a.M. 1977 (zitiert: *Ullmann*, Tarifverträge)

Ulmer, Peter; *Brandner*, Hans Erich; *Hensen*, Horst-Diether; *Schmidt*, Harry — AGB-Gesetz, Kommentar zum Gesetz zur Regelung des Rechts der Allgemeinen Geschäftsbedingungen, 9. Auflage, Köln 2001 (zitiert: *Bearbeiter*, in: Ulmer/Brandner/Hensen, AGBG)

Vollmer, Lothar — Bestandssicherung existenzgefährdeter Unternehmen durch Kürzung von Löhnen und Leistungen, in: Der Betrieb, 1982, S. 1670ff. (zitiert: *Vollmer*, DB 1982)

Vorkötter, Uwe — Auswirkungen einer Verkürzung der Wochenarbeitszeit auf die Nachfrage der Unternehmen nach Arbeitskräften , Frankfurt/M. 1982 (zitiert: *Vorkötter*, Auswirkungen einer Verkürzung der Wochenarbeitszeit)

Wagenitz, Thomas — Die personellen Grenzen der Tarifmacht, Frankfurt a.M. 1972 (zitiert: *Wagenitz*, Personelle Grenzen)

Walker, Wolf-Dietrich — Möglichkeiten und Grenzen einer flexibleren Gestaltung von Arbeitsbedingungen – Das Spannungsverhältnis zwischen Tarifautonomie und Betriebsautonomie -, in: Zeitschrift für Arbeitsrecht 1996, S. 353ff. (zitiert: *Walker*, ZfA 1996)

Waltermann, Raimund — Altersgrenzen in Kollektivverträgen, in: Recht der Arbeit, 1993, S. 209ff. (zitiert: *Waltermann*, RdA 1993)

Waltermann, Raimund — Berufsfreiheit im Alter, Verfassungsrechtliche und arbeitsrechtliche Schranken tarifvertraglicher Altersgrenzenregelungen, Berlin 1989 (zitiert: *Waltermann*, Berufsfreiheit im Alter)

Waltermann, Raimund — Beschäftigungspolitik durch Tarifvertrag?, in: Neue Zeitschrift für Arbeits- und Sozialrecht 1991, S. 754ff. (zitiert: *Waltermann*, NZA 1991)

Waltermann, Raimund — Gestaltung von Arbeitsbedingungen durch Vereinbarung mit dem Betriebsrat, in: Neue Zeitschrift für Arbeits- und Sozialrecht 1996, S. 357ff. (zitiert: *Waltermann*, NZA 1996)

Waltermann, Raimund — Kollektivvertrag und Grundrechte, Zur Bedeutung der Grundrechte und ihrer Gesetzesvorbehalte für die Rechtsnormensetzung durch Kollektivverträge, in: Recht der Arbeit, 43. Jahrgang, 1990, S. 138ff. (zitiert: *Waltermann*, RdA 1990)

Waltermann, Raimund — Rechtsetzung durch Betriebsvereinbarung zwischen Privatautonomie und Tarifautonomie, Tübingen 1996 (zitiert: *Waltermann*, Rechtsetzung durch Betriebsvereinbarung)

Waltermann, Raimund — Zuständigkeiten und Regelungsbefugnisse im Spannungsfeld von Tarifautonomie und Betriebsautonomie, in: Recht der Arbeit 1996, S. 129ff. (zitiert: *Waltermann*, RdA 1996)

Wank, Rolf — Das Recht auf Arbeit im Verfassungsrecht und im Arbeitsrecht, Königstein/Ts. 1980 (zitiert: *Wank*, Recht auf Arbeit)

Wank, Rolf — Empfiehlt es sich, die Regelungsbefugnisse der Tarifparteien im Verhältnis zu den Betriebsparteien neu zu ordnen?, in: Neue Zeitschrift für Arbeitsrecht 1996, S. 2273ff. (zitiert: *Wank*, NJW 1996)

Wank, Rolf — Kündigung und Wegfall der Geschäftsgrundlage bei Tarifverträgen, in: Tarifautonomie für ein neues Jahrhundert, Festschrift für Günter Schaub zum 65. Geburtstag, hrsg. von Monika Schlachter, Reiner Ascheid, Hans-Wolf Friedrich, München 1998, S. 761ff. (zitiert: *Wank*, FS-Schaub)

Wank, Rolf — Tarifautonomie oder betriebliche Mitbestimmung?, in: Recht der Arbeit, 1991, S. 129ff. (zitiert: *Wank*, RdA 1991)

Wassermann, Rudolf — Kommentar zum Grundgesetz für die Bundesrepublik Deutschland, Reihe Alternativkommtentare, Band 1, Art. 1 – 37, 2. Auflage, Neuwied 1989 (zitiert: AK/*Bearbeiter*, GG)

Weiss, Manfred — Zum Verhältnis von Individuum und Kollektiv im Arbeitsrecht, in: Zur Autonomie des Individuums, Liber Amicorum Spiros Simitis, hrsg. von Dieter Simon und Manfred Weiss, Baden-Baden 2000, S. 467ff. (zitiert: *Weiss*, in: Zur Autonomie des Individuums)

Weller, Bernhard — Betriebliche und tarifvertragliche Regelungen, die sich auf die soziale Auswahl nach § 1 Abs. 3 KSchG auswirken, in: Recht der Arbeit, 1986, S. 222ff. (zitiert: *Weller*, RdA 1986)

Wend, Rainer — Die Zulässigkeit tarifvertraglicher Arbeitsplatzbesetzungsregelungen, Am Beispiel neuerer Tarifvereinbarungen in der Druckindustrie, Bielefeld 1984 (zitiert: *Wend*, Zulässigkeit tarifvertraglicher Arbeitsplatzbesetzungsregelungen)

Wendt, Oliver F. — Der Günstigkeitsvergleich im Verhältnis Einzelarbeitsvertrag zu Tarifvertrag – mit einem Ausblick auf das Verhältnis Einzelarbeitsvertrag zu Gesetz am Beispiel der Entgeltfortzahlung, Aachen 2000 (zitiert: *Wendt*, Der Günstigkeitsvergleich)

Wendt, Rudolf — Tagung der Vereinigung der Deutschen Staatsrechtslehrer in Göttingen 1984 - Berufsfreiheit als Grundrecht der Arbeit, in: Die Öffentliche Verwaltung 1984, S. 601ff. (zitiert: *Wendt*, DÖV 1984)

Wiedemann, Anton — Die Bindung der Tarifnormen an Grundrechte, insbesondere an Art. 12 GG, Heidelberg 1994 (zitiert: *Wiedemann*, Die Bindung der Tarifnormen an Grundrechte)

Wiedemann, Herbert — Die deutschen Gewerkschaften – Mitgliederverband oder Berufsorgan?, in: Recht der Arbeit 1969, S. 321ff. (zitiert: *Wiedemann*, RdA 1969)

Wiedemann, Herbert — Die Gestaltungsaufgabe der Tarifvertragsparteien, in: Recht der Arbeit 1997, S. 297ff. (zitiert: *Wiedemann*, RdA 1997)

Wiedemann, Herbert — Rechtssicherheit – Ein absoluter Wert?, in: Festschrift für Karl Larenz zum 70. Geburtstag, München 1973, S. 199ff. (zitiert: *Wiedemann*, FS-Larenz)

Wiedemann, Herbert
Arnold, Markus
Tarifkonkurrenz und Tarifpluralität in der Rechtsprechung des Bundesarbeitsgerichts (Teil I), in: Zeitschrift für Tarifrecht 1994, S. 399ff.
(zitiert: *Wiedemann/Arnold*, ZTR 1994)

Wiedemann, Herbert
Tarifvertragsgesetz mit Durchführungs- und Nebenvorschriften, Kommentar, herausgegeben von Dr. Herbert Wiedemann, 6. Auflage, München 1999 (zitiert: Wiedemann/*Bearbeiter*, TVG)

Wlotzke, Otfried
Das Günstigkeitsprinzip im Verhältnis des Tarifvertrages zum Einzelarbeitsvertrag und zur Betriebsvereinbarung, Heidelberg 1957
(zitiert: *Wlotzke*, Günstigkeitsprinzip)

Wlotzke, Otfried
Zum Regierungsentwurf eines neuen Arbeitszeitgesetzes, in: Neue Zeitschrift für Arbeits- und Sozialrecht 1984, S. 182ff.
(zitiert: *Wlotzke*, NZA 1984)

Wölbling, Paul
Der Akkordvertrag und der Tarifvertrag, Berlin 1908 (zitiert: *Wölbling*, Der Akkordvertrag und der Tarifvertrag)

Wolf, Manfred
Horn, Norbert
Lindacher, Walter F.
AGB-Gesetz, Gesetz zur Regelung des Rechts der Allgemeinen Geschäftsbedingungen, Kommentar, 4. Auflage, München 1999
(zitiert: *Bearbeiter*, in: Wolf/Horn/Lindacher, AGBG)

Zachert, Ulrich
Aufhebung der Tarifautonomie durch „freiwillige Regelungen" im Arbeitsvertrag ?, in: Der Betrieb 1990, S. 986ff. (zitiert: *Zachert*, DB 1990)

Zachert, Ulrich
Für den Erhalt und die Fortentwicklung der Tarifautonomie, in: Arbeit und Recht 1993, S. 97ff.
(zitiert: *Zachert*, ArbuR 1993)

Zachert, Ulrich
Individuum und Kollektiv im Arbeitsrecht: alte Fragen – neue Probleme, in: Arbeit und Recht 2002, S. 41ff. (zitiert: *Zachert*, AuR 2002)

Zachert, Ulrich
Krise des Flächentarifvertrages? – Herausforderungen für das Tarifrecht -, in: Recht der Arbeit 1996, S. 140ff. (zitiert: *Zachert*, RdA 1996)

Zachert, Ulrich — Rechtsfragen zu den aktuellen Tarifverträgen über Arbeitszeitverkürzung und Beschäftigungssicherung, in: Arbeit und Recht 1995, S. 1ff. (zitiert: *Zachert*, ArbuR 1995)

Zachert, Ulrich — Tarifvertrag, Günstigkeitsprinzip und Verfassungsrecht, Zur Verfassungsmäßigkeit des Vorschlags der CDU/CSU zu Änderungen des Tarifrechts, in: Arbeit und Recht, 2004, S. 121ff. (zitiert: *Zachert*, AuR 2004)

Zeitler, R. — Die rechtliche Natur des Arbeitstarifvertrages, München 1908 (zitiert: *Zeitler*, Die rechtliche Natur des Arbeitstarifvertrages)

Zeuner, Albrecht — Günstigkeitsprinzip und Verbandsbeschluß zur Verhinderung übertariflicher Arbeitsbedingungen, in: Der Betrieb 1965, S. 630ff. (zitiert: *Zeuner*, DB 1965)

Zimmermann, Waldemar — Rechtsfragen des Arbeitstarifvertrages, Haftung – Abdingbarkeit, Jena 1913 (zitiert: *Zimmermann*, Rechtsfragen des Arbeitstarifvertrages)

Zöllner, Wolfgang; *Loritz*, Karl-Georg — Arbeitsrecht, Ein Studienbuch, 5. Auflage, München 1998 (zitiert: *Zöllner/Loritz*, Arbeitsrecht)

Zöllner, Wolfgang — Das Wesen der Tarifnormen, in: Recht der Arbeit 1962, S. 443ff. (zitiert: *Zöllner*, RdA 1962)

Zöllner, Wolfgang — Die Rechtsnatur der Tarifnormen nach deutschem Recht: Zugleich ein Beitrag zur Abgrenzung von Rechtsetzung und Privatautonomie, Wien 1966 (zitiert: *Zöllner*, Rechtsnatur der Tarifnormen)

Zöllner, Wolfgang — Die Zulässigkeit einzelvertraglicher Verlängerung der tariflichen Wochenarbeitszeit, in: Der Betrieb 1989, S. 2121ff. (zitiert: *Zöllner*, DB 1989)

Zöllner, Wolfgang — Flexibilisierung des Arbeitsrechts, in: Zeitschrift für Arbeitsrecht, 19. Jahrgang, 1988, S. 265ff. (zitiert: *Zöllner*, ZfA 1988)

Zöllner, Wolfgang

Regelungsspielräume im Schuldvertragsecht – Bemerkungen zur Grundrechtsanwendung im Privatrecht und zu den sogenannten Ungleichgewichtslagen, in: Archiv für die civilistische Praxis, Band 196, Jahrgang 1996, S. 1ff.
(zitiert: *Zöllner*, AcP 196 [1996])

FSC
www.fsc.org
MIX
Papier | Fördert
gute Waldnutzung
FSC® C083411

Kolibri 360 GmbH
Ferdinand-Jühlke-Straße 7
99095 Erfurt, Deutschland
produktsicherheit@kolibri360.de

Druck:
CPI Druckdienstleistungen GmbH
im Auftrag der
Kolibri 360 GmbH
Ferdinand-Jühlke-Str. 7
99095 Erfurt